U0829652

权威·前沿·原创

皮书系列为
“十二五”“十三五”国家重点图书出版规划项目

BLUE BOOK

智库成果出版与传播平台

工程建设蓝皮书

BLUE BOOK OF
ENGINEERING CONSTRUCTION

中国工程建设行业发展报告（2020）

DEVELOPMENT REPORT ON CHINA'S ENGINEERING CONSTRUCTION INDUSTRY (2020)

中国施工企业管理协会
主　　编／尚润涛
副 主 编／孙晓波　马玉宝　王武民　张长春

社会科学文献出版社
SOCIAL SCIENCES ACADEMIC PRESS (CHINA)

图书在版编目(CIP)数据

中国工程建设行业发展报告．2020／尚润涛主编．-- 北京：社会科学文献出版社，2020.11
（工程建设蓝皮书）
ISBN 978-7-5201-7465-7

Ⅰ.①中… Ⅱ.①尚… Ⅲ.①建筑业-经济发展-研究报告-中国-2020 Ⅳ.①F426.9

中国版本图书馆CIP数据核字（2020）第198537号

工程建设蓝皮书
中国工程建设行业发展报告（2020）

主　　编／尚润涛
副 主 编／孙晓波　马玉宝　王武民　张长春

出 版 人／王利民
责任编辑／吴　丹
文稿编辑／张铭晏

出　　版／社会科学文献出版社（010）59367026
　　　　　地址：北京市北三环中路甲29号院华龙大厦　邮编：100029
　　　　　网址：www.ssap.com.cn
发　　行／市场营销中心（010）59367081　59367083
印　　装／天津千鹤文化传播有限公司

规　　格／开　本：787mm×1092mm　1/16
　　　　　印　张：29.75　字　数：445千字
版　　次／2020年11月第1版　2020年11月第1次印刷
书　　号／ISBN 978-7-5201-7465-7
定　　价／198.00元

工程建设蓝皮书编委会

主要编撰者简介

曹玉书 1948年生，黑龙江双城人。经济学博士，毕业于武汉大学经济学院。现任中国施工企业管理协会会长，曾任国家发展和改革委员会副秘书长兼政策研究室主任、新闻发言人，国务院西部地区开发领导小组办公室副主任（副部长级）。受聘为中国宏观经济学会副秘书长，中国软科学学会常务理事、中国价格协会常务理事、中国投资协会特约常务理事，兼任中国人民大学、北京师范大学、北京交通大学教授、博士生导师。曾参与或负责中共中央、国务院、原国家计委多个重要文件的起草，对宏观经济管理和经济体制改革领域的问题进行过深入研究。曾主持的重大课题包括世界银行与原国家计委合作项目"关于中国服务业的研究"，亚洲开发银行与原国家计委合作项目"中国西部大开发战略研究"，联合国开发计划署与原国家计委合作项目"中国石油发展战略研究"，原国家计委专项软科学基金研究课题"我国加入世界贸易组织前后的应对措施""关于实施走出去战略的研究"（获国家发展和改革委员会科研成果一等奖）。出版专著和参与编写图书十余部，发表论文上百篇，代表作有论文《进一步推进价格改革，完善社会主义市场经济》（获薛暮桥价格研究奖）、《论转变经济增长方式》、《论经济成长新阶段》等，以及著作《宏观调控机制创新》等。

尚润涛 1965年生，山西芮城人。现任中国施工企业管理协会副会长兼秘书长，主要研究方向为工程建设企业管理、行业信用体系建设、行业人才队伍建设、企业"走出去"、企业文化建设等。负责工程建设行业绿色施工评价、工程建设企业财税管理、工程建设全过程质量控制管理咨询等工作。曾主持中国能效市场机制项目"工程建设项目设计、建造和运营绿色水平评价指标体系研究"等。主持编写"'一带一路'工程建设企业合规经营指南"丛书。

主编单位简介

中国施工企业管理协会（China Association of Construction Enterprise Management）成立于1984年2月，是由中国从事工程建设的企业和相关单位自愿组成的全国性跨行业非营利性社会组织，主管单位为国家发展和改革委员会。

协会现有会员企业4016家，涉及工程项目投资、建设、设计、施工、监理、运营及工程设备制造等单位，国有企业占33%（央企占19%、地方国企占14%），民营企业占60%，关联协会占7%。会员总产值占行业总产值的60%以上。会员分布在除我国台湾地区以外的33个省、自治区、直辖市和特别行政区，覆盖冶金、有色、煤炭、石油、石化、化工、电力、核工业、军工、民航、林业、建材、铁路、公路、水运、水利、通信、市政和房屋建筑等行业（专业）。

协会定位为反映施工企业诉求、改善其发展环境，是促进施工企业科技进步与创新的平台，是提升工程施工安全质量的助推器，是政府制定工程建设行业发展规划和政策法规的参谋助手，是谋划工程建设行业发展战略的智库，是培养和造就优秀施工企业家的摇篮。

协会的宗旨是坚持以习近平新时代中国特色社会主义思想为指导，以先进文化为引领，崇尚学以致用、爱岗敬业，鼓励积极探索、创新向上，笃信众志成城、合作共赢，致力于为工程建设行业营造良好发展环境。

协会倡议广大工程建设企业自强自立、励精图治，为中华民族的伟大复兴努力奋斗。

协会被民政部评为5A级协会，协会党支部被评为“国家发展改革委直属机关党委先进基层党组织”，协会党建工作荣获“中央国家机关社会组织党建工作优秀案例”。

摘　要

《中国工程建设行业发展报告（2020）》是关于中国工程建设发展的年度研究报告，是“工程建设蓝皮书”的第二部。本书由中国施工企业管理协会组织编撰，集合了行业协会、工程建设企业、高等院校和有关政府部门等众多专家和学者的智慧，是一部较为全面论述中国工程建设行业发展的研究性成果。

工程建设行业为我国经济社会发展做出了突出贡献。2019 年全行业实现增加值 70904 亿元，同比增长 5.6%，占 GDP 的比重为 7.2%。截至 2019 年底，工程建设企业单位数量共计 103814 家，同比增长 8.8%，吸纳了 5427.38 万从业人员。无论从 GDP 的贡献还是从就业容纳能力来看，工程建设行业都堪称国民经济的支柱产业之一。

进入新时代，我国经济已经由高速增长转入高质量发展阶段，目前正处于转变发展方式、优化经济结构、转换增长动能的攻关期，对工程建设企业的转型升级发展也提出了新的要求。企业要逐步从“要素驱动”向“创新驱动”转变、从“建筑承包商”向“城市运营商”转变、从“劳动力密集”向“建筑工业化”转变、从“粗放式管理”向“精细化管理”转变。

本书以推动工程建设行业高质量发展为目标，对行业发展中的热点、难点问题进行了全面分析和系统阐述。全书包括总报告、行业篇、区域篇、专题篇、调研篇及附录等。

全书以翔实的数据和丰富的产业素材作支撑，对工程建设行业发展中存在的主要问题进行了深入的研究，有助于读者全方位了解中国工程建设行业的发展态势，对行业管理、企业决策及战略研究都具有一定的参考价值和借鉴意义。

关键词： 工程建设行业　工程建设企业　高质量发展

目 录

Ⅰ 总报告

Ⅱ 行业篇

Ⅲ 区域篇

Ⅳ 专题篇

Ⅴ 调研篇

Ⅵ 附录

皮书数据库阅读**使用指南**

总 报 告

General Report

B.1 中国工程建设行业发展报告（2020）*

中国施工企业管理协会**

摘 要： 2019年，工程建设行业完成产值248445.79亿元，同比增长6.0%。本报告梳理了工程建设行业发展情况，认为工程建设行业具有行业发展规模增速持续下滑、国有及国有控股企业优势明显、中小型及民营企业发展环境持续优化、行业发展方式面临新一轮的变革、区域格局优化带动行业发展等特点，从“新基建”将成为市场热点、新冠肺炎疫情将为行业发展带来新机遇、新型城镇化建设将持续推进、

* 本报告数据均来自国家统计局，正文中不再一一注明。GDP及相关数据采用国家统计局公布的2019年初步核算数据，GDP构成等数据有的不等于各产业（行业）之和，是数值修约误差所致，未做机械调整。

** 执笔人：方美惠，中国施工企业管理协会行业发展部主任科员，主要研究方向为工程建设行业发展；冯雷，中国施工企业管理协会行业发展部主任科员，主要研究方向为工程建设行业发展和企业管理。

行业治理能力和治理体系建设将进一步完善、科技创新将继续引领行业发展等方面对2020年国内工程建设行业发展趋势进行总结，并对企业实现高质量发展提出了做好开工复工准备和管理工作、提升企业资源配置能力、强化企业风险管控能力、创新企业经营商业模式和切实提升企业科技创新能力等建议。

关键词： 工程建设　固定资产投资　基础设施建设　高质量发展

2019年，全年国内生产总值达到990865亿元，同比增长6.1%。其中，第一季度为213433亿元，同比增长6.4%；第二季度为237500亿元，同比增长6.2%；第三季度为246865亿元，同比增长6.0%；第四季度为278020亿元，同比增长6.0%（见表1）。

表1　2019年各季度国内生产总值及变化情况

单位：亿元，%

项目	2019年	同比增长率
第一季度	213433	6.4
第二季度	237500	6.2
第三季度	246865	6.0
第四季度	278020	6.0
全年	990865	6.1

分不同产业看，第一产业实现增加值70467亿元，同比增长3.1%；第二产业实现增加值386165亿元，同比增长5.7%；第三产业实现增加值534233亿元，同比增长6.9%（见表2）。

表 2　2019 年各产业增加值及变化情况

单位：亿元，%

项目	2019 年	同比增长率
第一产业	70467	3.1
第二产业	386165	5.7
第三产业	534233	6.9

一　2019年固定资产投资情况

2019 年，全国固定资产投资（不含农户）551478 亿元，同比增长 5.4%（见图 1）。

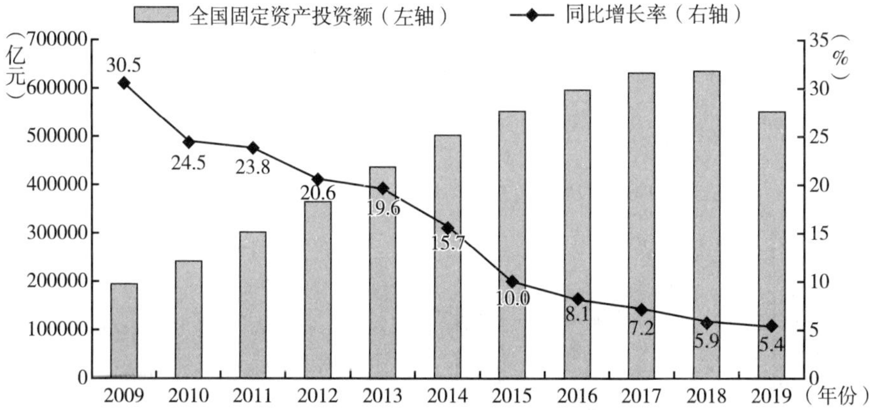

图 1　2009～2019 年全国固定资产投资额及变化情况

分不同产业看，第一产业投资 12633 亿元，同比增长 0.6%；第二产业投资 163070 亿元，同比增长 3.2%，增速提高了 0.8 个百分点；第三产业投资 375775 亿元，同比增长 6.5%，增速下滑了 0.2 个百分点（见表 3）。

表 3　2019 年各产业投资及变化情况

单位：亿元，%

项目	2019 年	同比增长率
第一产业	12633	0.6
第二产业	163070	3.2
第三产业	375775	6.5

分地区看，东部地区投资同比增长4.1%；中部地区投资同比增长9.5%，增速提高了0.2个百分点；西部地区投资同比增长5.6%，增速提高了0.7个百分点；东北地区投资同比下降3.0%，减速下滑了0.7个百分点。

分企业登记注册类型看，内资企业固定资产投资同比增长5.5%；港澳台商投资企业固定资产投资同比增长7.5%，增速提高了5个百分点；外商投资企业固定资产投资同比下降0.7%，减速提高了0.1个百分点。

（一）基础设施投资增速平稳

2019年，基础设施投资150847亿元（不含电力、热力、燃气及水生产和供应业），同比增长3.8%（见图2）。其中，铁路运输业投资同比下降0.1%，道路运输业投资同比增长9.0%，增速提高了0.2个百分点；水利管理业投资同比增长1.4%，增速下滑了0.3个百分点；公共设施管理业投资同比增长0.3%，增速提高了0.1个百分点。

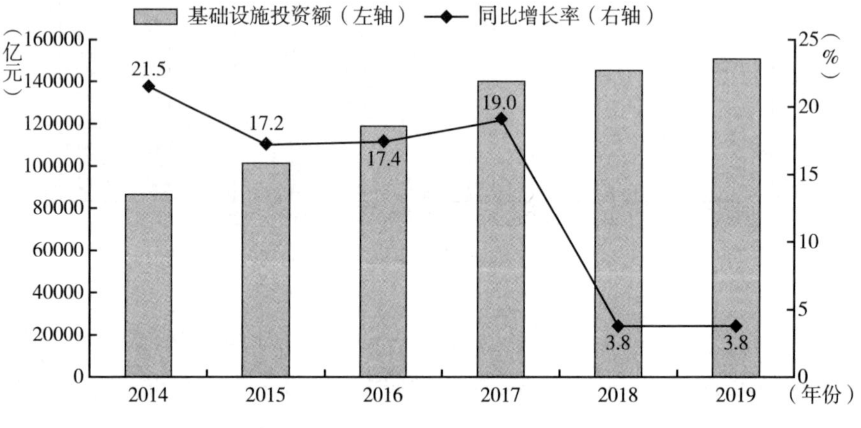

图2　2014～2019年基础设施投资额及变化情况

分不同地区看，东部地区投资同比增长4.1%，中部地区投资同比增长9.5%，西部地区投资同比增长5.6%，东北地区投资同比下降3.0%。

分企业登记注册类型看，内资企业固定资产投资同比增长5.5%，港澳台商投资企业固定资产投资同比增长7.5%，外商投资企业固定资产投资同比下降0.7%。

（二）房地产开发投资小幅增长

2019 年，全国房地产开发投资 132194 亿元，同比增长 9.9%，增速提高了 0.4 个百分点（见图 3）。其中，住宅投资 97071 亿元，同比增长 13.9%，增速提高了 0.5 个百分点。

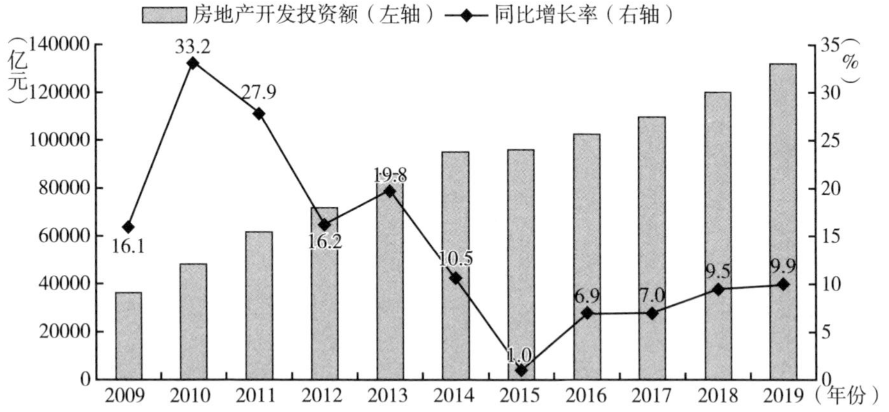

图 3　2009～2019 年房地产开发投资额及变化情况

（三）民间固定资产投资占比略有下降

2019 年，民间固定资产投资 311159 亿元，同比增长 4.7%，增速下滑了 4 个百分点（见图 4）。民间固定资产投资占全国固定资产投资（不含农户）的比重为 56.4%，下滑了 5.6 个百分点。

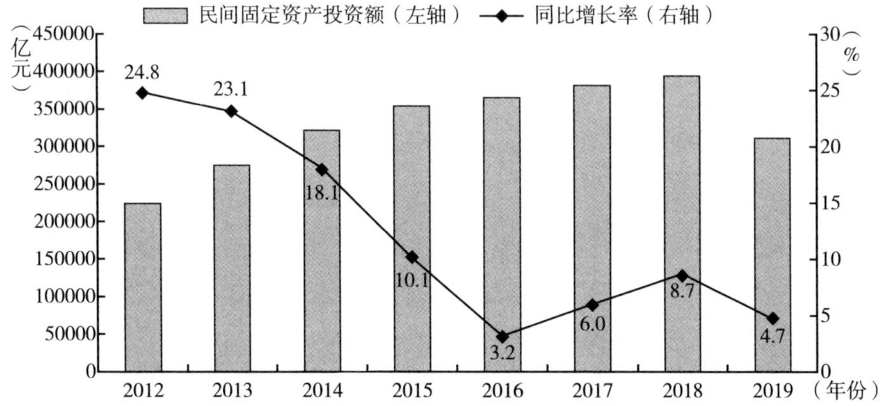

图 4　2012～2019 年民间固定资产投资额及变化情况

二 2019年全国建筑业经营发展情况

（一）行业完成总产值增速下降

2019 年，全国建筑业完成总产值 248445. 79 亿元，同比增长 5. 7%（见图 5），增速降低了 4. 2 个百分点。

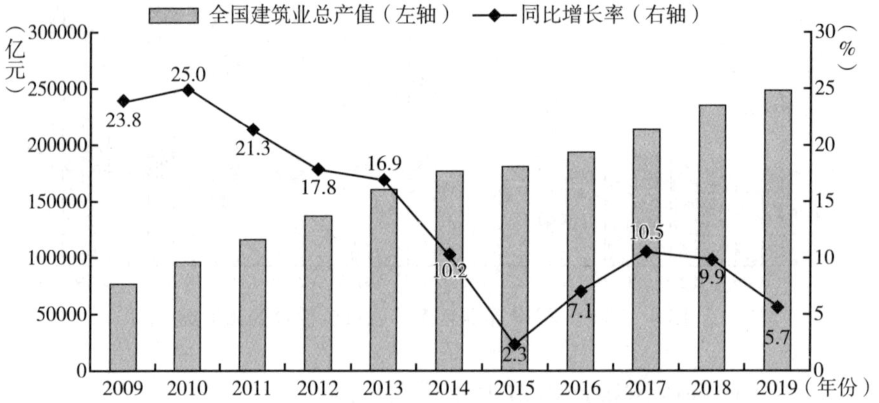

图 5　2009～2019 年全国建筑业总产值及变化情况

全国建筑业实现增加值 70904. 30 亿元，同比增长 5. 6%（见图 6），占国内生产总值的 7. 2%。

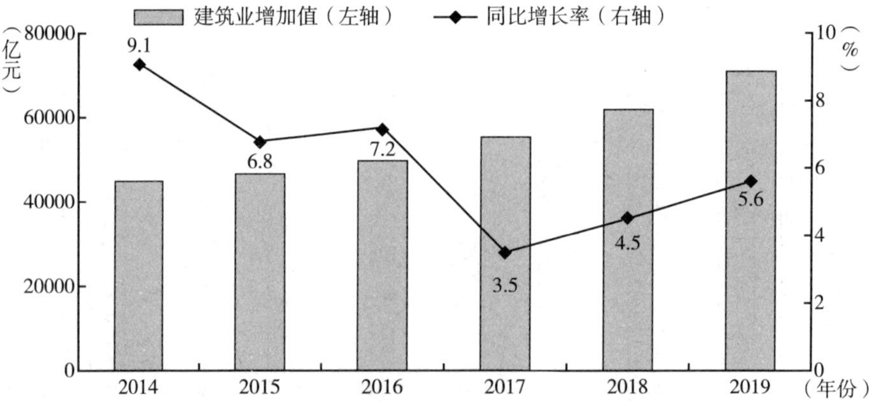

图 6　2014～2019 年全国建筑业增加值及变化情况

分省份看，2019年建筑业完成产值超过10000亿元的省份有江苏、浙江、湖北、广东、四川、山东、福建、河南、北京、湖南。上述10个省市完成建筑业产值占全国建筑业总产值的66.28%（见表4、图7、图8）。

表4　2019年建筑业完成产值前10名省份及变化情况

单位：亿元，%

序号	省份	2019年完成产值	同比增长率
1	江苏	33103.64	7.3
2	浙江	20390.20	-29.1
3	湖北	16979.59	12.2
4	广东	16633.41	21.3
5	四川	14668.15	13.0
6	山东	14269.29	10.6
7	福建	13164.43	14.0
8	河南	12700.97	11.8
9	北京	11999.36	9.7
10	湖南	10800.62	12.7

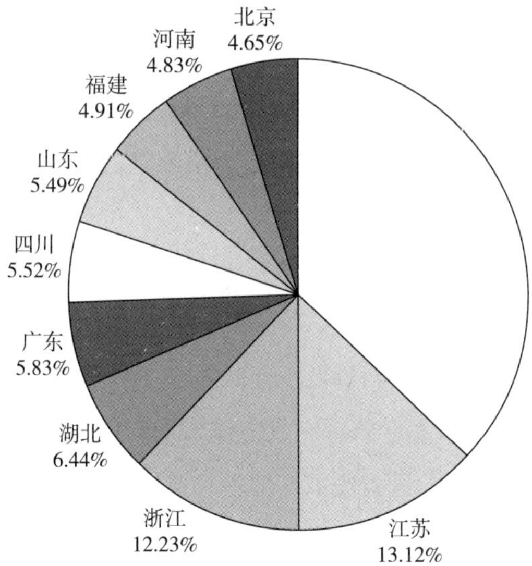

图7　2018年建筑业代表性省份产值占全国的比重

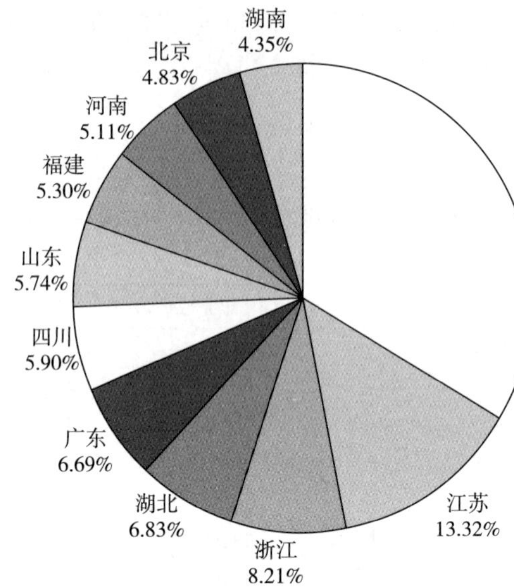

图 8　2019 年建筑业代表性省份产值占全国的比重

排名前三的省份依然为江苏、浙江、湖北。其中，江苏完成产值 33103.64 亿元，浙江完成产值 20390.2 亿元，湖北完成产值 16979.59 亿元。浙江完成产值同比下滑幅度较大，占全国比例下降了 4.02 个百分点。湖南完成产值增幅较大，全省共完成产值 10800.62 亿元，同比增长 12.7%。

全国 31 个省（区、市）中产值增速最快的是西藏，完成总产值 220.31 亿元，同比增长 27.5%；广东同比增长 21.3%，位列第二；广西同比增长 15.8%，位列第三（见图 9）。

全国共计 3 个省份出现负增长，浙江下降幅度最大，同比下降 29.1%，增速下滑了 34.7 个百分点；吉林同比下降 14.68%；黑龙江同比下降 1.1%。

2019 年，全国建筑业企业跨省完成产值 83435.15 亿元，同比增长 1.6%，增速下滑了 8.8 个百分点。跨省完成产值占总产值的比例为 33.58%。

分省份看，江苏建筑业企业跨省完成产值 15367.94 亿元，位列第一；北京完成 8603.83 亿元，位列第二；浙江完成 7297.8 亿元，位列第三（见图 10、表 5）。

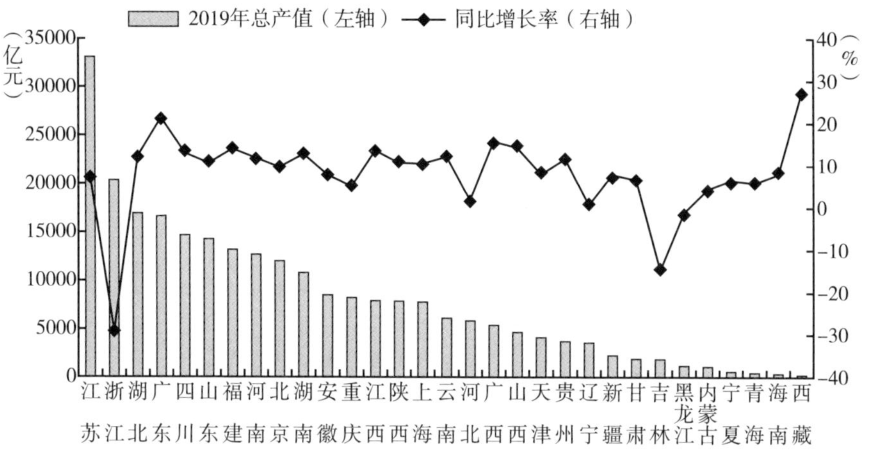

图 9　2019 年全国 31 个省（区、市）建筑业产值及变化情况

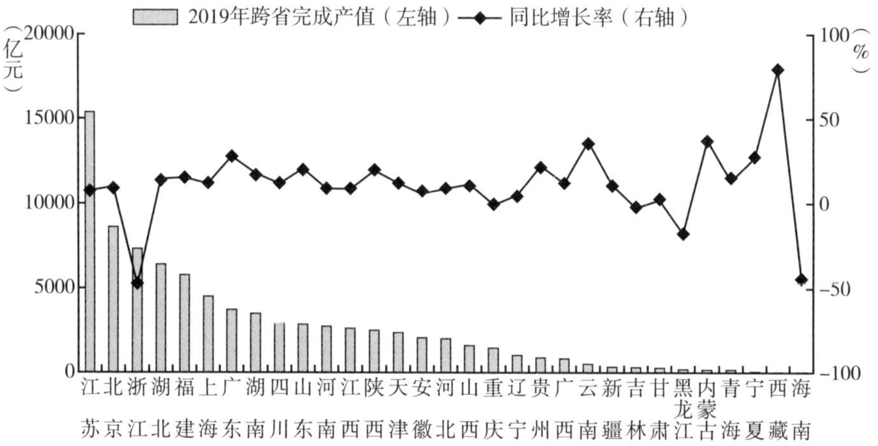

图 10　2019 年全国 31 个省（区、市）建筑业企业跨省完成产值及变化情况

跨省完成产值同比增长幅度最大的是西藏，完成省外产值 7.5 亿元，同比增长 79.0%；内蒙古自治区同比增长 37.6%，位列第二；云南省同比增长 36.7%，位列第三。

全国共有 4 个省市出现负增长，其中浙江和海南下降幅度较大，浙江同比下降 48.3%，增速下降了 49 个百分点，海南同比下降 44.5%。

表5　2019年建筑业企业跨省完成产值前10名省份及变化情况

单位：亿元，%

序号	省份	2018年跨省完成产值	2019年跨省完成产值	2019年同比增长率
1	江苏	14287.00	15367.94	7.6
2	北京	7828.03	8603.83	9.9
3	浙江	14106.65	7297.80	-48.3
4	湖北	5592.17	6403.51	14.5
5	福建	5013.80	5771.47	15.1
6	上海	4014.03	4490.33	11.9
7	广东	2920.94	3731.09	27.7
8	湖南	2979.63	3505.25	17.6
9	四川	2625.53	2937.08	11.9
10	山东	2373.85	2862.32	20.6

分地区看，2019年华东地区完成总产值为105188.25亿元，位列第一；同比增长幅度最大的为华南地区，增幅为19.7%；东北地区同比下降4.4%。

跨省完成总产值最高地区为华东地区，为40517.46亿元，但同比下降8.3%；同比增长幅度最大的为华南地区，为24.3%（见表6）。

表6　2019年各地区建筑业完成总产值、跨省完成总产值及变化情况

单位：亿元，%

地区	建筑业总产值	同比变化率	建筑业省外总产值	同比增长率
华北地区	27683.17	8.2	14807.96	10.6
华东地区	105188.25	-0.8	40517.46	-8.3
华中地区	40481.18	12.2	12653.52	14.1
华南地区	22406.70	19.7	4589.49	24.3
西北地区	13139.08	9.2	3428.80	16.7
西南地区	32948.40	10.7	5840.53	11.6
东北地区	6599.01	-4.4	1597.39	-0.3

注：华北地区包括的省（区、市）有北京、天津、河北、山西、内蒙古；华东地区包括的省（区、市）有上海、江苏、浙江、安徽、福建、江西、山东；华中地区包括的省（区、市）有河南、湖北、湖南；华南地区包括的省（区、市）有广东、广西、海南；西北地区包括的省（区、市）有陕西、甘肃、青海、宁夏、新疆；西南地区包括的省（区、市）有重庆、四川、贵州、云南、西藏；东北地区包括的省（区、市）有辽宁、吉林、黑龙江。

（二）企业新签合同额平稳上升

2019年，全国建筑业企业新签合同额289235亿元，同比增长6.0%（见图11）。

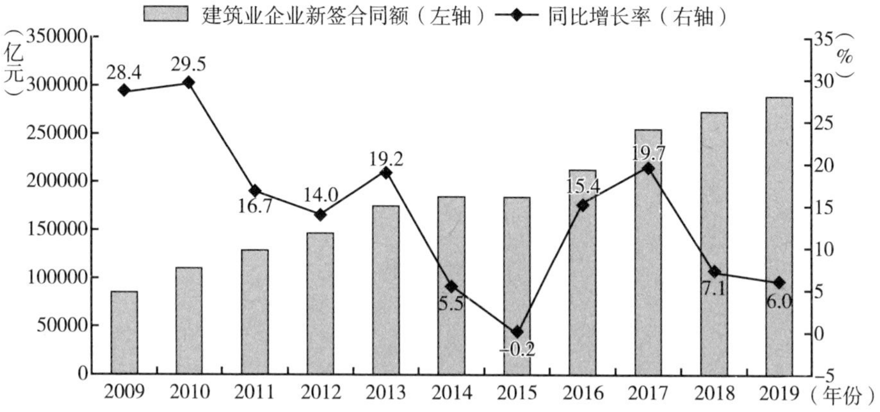

图11　2009～2019年全国建筑业企业新签合同额及变化情况

分省份看，建筑业企业新签合同额超过10000亿元的省份有江苏、浙江、广东、湖北、四川、北京、山东、河南、福建、湖南、上海。上述11个省市的新签合同额占全国新签合同额的69.1%，同比减少1.4%。江苏建筑业企业新签合同额29790.46亿元，位列第一；浙江企业新签合同额22440.79亿元，占全国比例下降了3.39%，位列第二；广东企业新签合同额22159.22亿元，位列第三（见表7）。

表7　2018～2019年建筑业企业新签合同额前10名省份及变化情况

单位：亿元，%

序号	省份	2018年新签合同额	2019年新签合同额	2019年同比增长率
1	江苏	29746.22	29790.46	0.1
2	浙江	30435.75	22440.79	26.3
3	广东	19584.38	22159.22	13.2
4	湖北	18097.15	20214.06	11.7

续表

序号	省份	2018 年新签合同额	2019 年新签合同额	2019 年同比增长率
5	四川	14496. 18	17867. 81	23. 3
6	北京	16000. 04	17247. 52	7. 8
7	山东	14507. 14	16470. 70	13. 5
8	河南	13023. 25	14474. 25	11. 1
9	福建	13707. 58	14060. 75	2. 6
10	湖南	11204. 31	12588. 43	12. 4

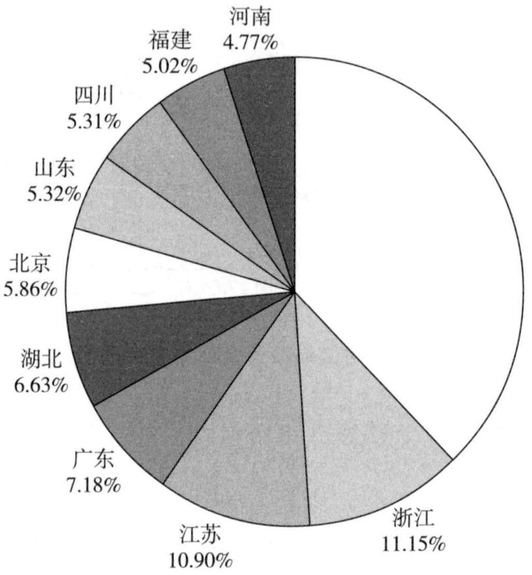

图 12　2018 年建筑业代表性省市新签合同额占比

新签合同额同比增长幅度最大的为甘肃，同比增长 38. 5%；内蒙古同比增长 28. 8%，位列第二；山西同比增长 24. 9%，位列第三。浙江、黑龙江为负增长，浙江同比下降 26. 3%，比 2018 年下滑了 31. 1 个百分点；黑龙江同比下降 2. 0%（见图 14）。

分地区看，华东地区新签合同额 111865. 49 亿元，位列第一，东北地区最低，为 7797. 80 亿元。西北地区新签合同额同比增长幅度最大，为 19. 4%。华东地区为负增长，同比下降 3. 4%，比 2018 年下滑了 13. 3 个百分点（见表 8）。

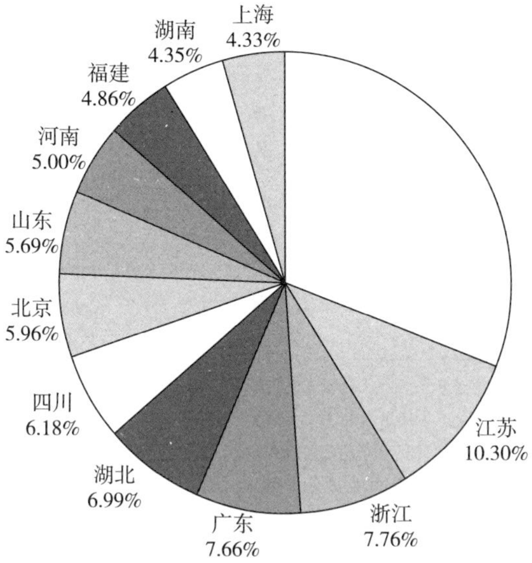

图 13　2019 年建筑业代表性省市新签合同额占比

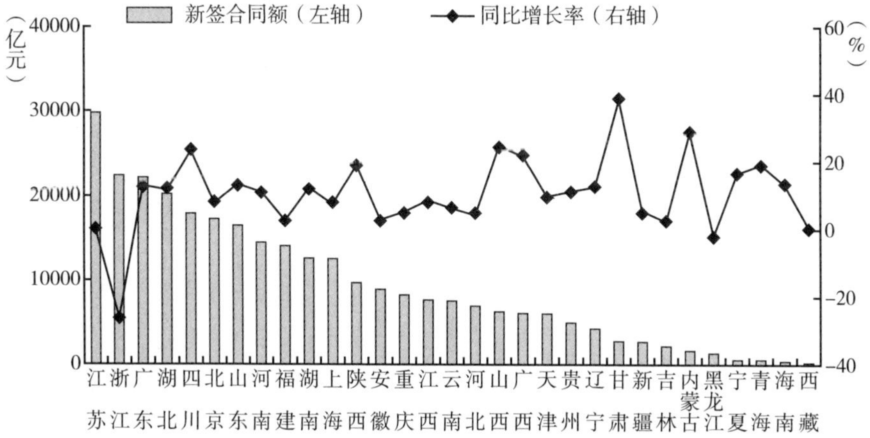

图 14　2019 年全国 31 个省（区、市）建筑业企业新签合同额及变化情况

表 8　2019 年全国建筑业区域企业新签合同额及变化情况

单位：亿元，%

地区	建筑业企业新签合同额	同比增长率
华北地区	38212.47	10.7
华东地区	111865.49	-3.4
华中地区	47276.74	11.7
华南地区	28707.82	14.9
西北地区	16427.15	19.4
西南地区	38947.49	13.9
东北地区	7797.80	6.8

注：华北地区包括的省（区、市）有北京、天津、河北、山西、内蒙古；华东地区包括的省（区、市）有上海、江苏、浙江、安徽、福建、江西、山东；华中地区包括的省（区、市）有河南、湖北、湖南；华南地区包括的省（区、市）有广东、广西、海南；西北地区包括的省（区、市）有陕西、甘肃、青海、宁夏、新疆；西南地区包括的省（区、市）有重庆、四川、贵州、云南、西藏；东北地区包括的省（区、市）有辽宁、吉林、黑龙江。

（三）企业利润保持稳定

2019 年，全国具有资质等级的总承包和专业承包建筑业企业利润 8381 亿元，同比增长 5.1%（见图 15），其中国有及国有控股工程建设企业利润为 2585 亿元，同比增长 14.5%。

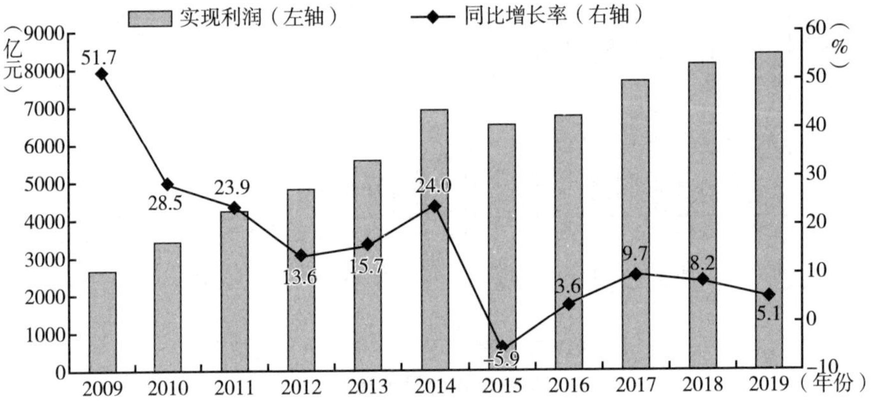

图 15　2009～2019 年全国具有资质等级的总承包和专业承包建筑业企业实现利润及变化情况

（四）房屋建筑新开工面积下降明显

2019 年，全国房屋建筑新开工面积 515089.04 万平方米，同比下降 7.8%，增速比上年下降 14.9 个百分点。

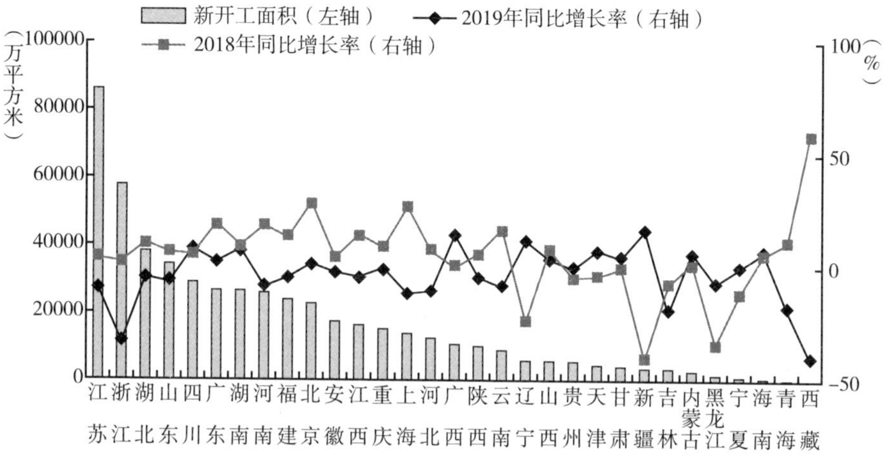

图 16　2018～2019 年 31 个省（区、市）建筑业新开工面积及变化情况

分省份看，新开工面积超过 20000 万平方米的有江苏、浙江、湖北、山东、四川等 10 个省市。其中，江苏房屋新开工面积 85958.65 万平方米，位列第一；浙江 57586.37 万平方米，位列第二；湖北 38058.62 万平方米，位列第三（见图 16、表 9）。

2019 年全年新开工面积大幅下滑，共计 19 个省市出现不同程度的负增长。西藏同比下降 40.8%，下降幅度最大；浙江同比下降 33.5%，吉林同比下降 20.1%。

表 9　2018～2019 年建筑业新开工面积前 10 名省份及变化情况

单位：万平方米，%

序号	省份	2018 年新开工面积	2019 年新开工面积	2019 年同比增长率
1	江苏	94694.86	85958.65	-9.2
2	浙江	86608.15	57586.37	-33.5
3	湖北	39786.84	38058.62	-4.3

续表

序号	省份	2018 年新开工面积	2019 年新开工面积	2019 年同比增长率
4	山东	36765.09	34323.10	-6.6
5	四川	26652.93	28905.99	8.5
6	广东	25825.23	26469.33	2.5
7	湖南	24462.78	26437.26	8.1
8	河南	28281.06	25870.70	-8.5
9	福建	24978.67	23872.14	-4.4
10	北京	22275.87	22647.75	1.7

分地区看，华东地区新开工面积为249145.42万平方米，位列第一，但下降幅度最大，为-15.1%，同比下滑21.2个百分点。华南地区增长幅度最大，为5.7%（见表10）。

表10　2019年全国各地区建筑业房屋新开工面积及变化情况

单位：万平方米，%

地区	建筑业房屋新开工面积	同比增长率
华北地区	48328.12	-0.8
华东地区	249145.42	-15.1
华中地区	90366.58	-2.3
华南地区	37779.10	5.7
西北地区	19465.53	0.8
西南地区	58873.01	2.2
东北地区	11131.28	-3.4

注：华北地区包括的省（区、市）有北京、天津、河北、山西、内蒙古；华东地区包括的省（区、市）有上海、江苏、浙江、安徽、福建、江西、山东；华中地区包括的省（区、市）有河南、湖北、湖南；华南地区包括的省（区、市）有广东、广西、海南；西北地区包括的省（区、市）有陕西、甘肃、青海、宁夏、新疆；西南地区包括的省（区、市）有重庆、四川、贵州、云南、西藏；东北地区包括的省（区、市）有辽宁、吉林、黑龙江。

（五）建筑业企业单位数和从业人员数略有增长

2019年，全国建筑业企业单位数为103814家，同比增长8.8%。

分省份看，江苏建筑业企业单位9356家，位列第一；山东7299家，位列第二；浙江7256家，位列第三（见表11）。贵州同比增长20.6%，福建同比增长 19.8%，广西同比增长 17.7%，江西同比增长 17.6%，增幅居全国各省市前列（见图 17）。

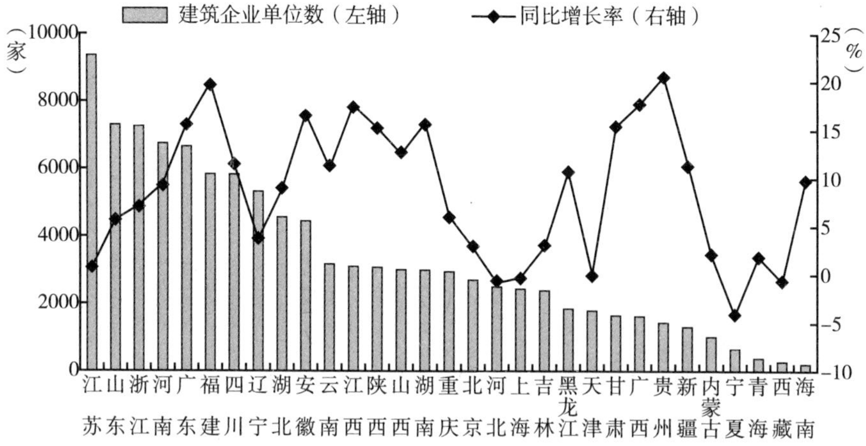

图 17　2019 年全国 31 个省（区、市）建筑业企业单位数及变化情况

表 11　2018～2019 年建筑业企业单位数前 10 名省份及变化情况

单位：家，%

序号	省份	2018 年建筑业企业单位数量	2019 年建筑业企业单位数量	2019 年同比增长率
1	江苏	9292	9356	0.7
2	山东	6907	7299	5.7
3	浙江	6769	7256	7.2
4	河南	6159	6739	9.4
5	广东	5746	6643	15.6
6	福建	4865	5830	19.8
7	四川	5230	5826	11.4
8	辽宁	5134	5323	3.7
9	湖北	4196	4565	8.8
10	安徽	3813	4446	16.6

2019 年，建筑业企业单位从业人员 5427.38 万人，同比下降 2.4%（见图 18），较上年下滑了 2.9 个百分点。

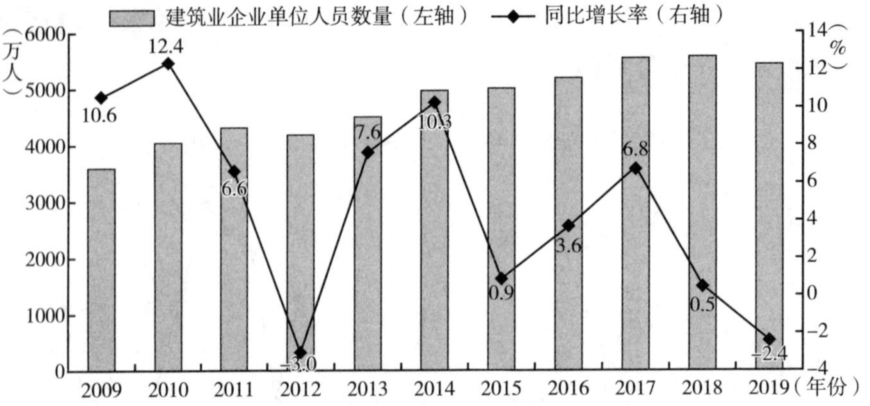

图 18　2009～2019 年建筑业企业单位从业人员数及变化情况

分省份看，江苏建筑业企业单位从业人员 801.26 万人，位列第一；浙江 602.27 万人，位列第二；福建 456.71 万人，位列第三（见表 12）。天津同比增长 26.1%，位列第一；广东同比增长 17.2%，位列第二。全国共有 14 个省市出现负增长，下降幅度较大的有河北同比下降 28.1%，浙江同比下降 24.2%，内蒙古同比下降 18.9%，青海同比下降 17.3%（见图 19）。

表 12　2018～2019 年建筑业企业单位从业人员数量前 10 名省份及变化情况

单位：万人，%

序号	省份	2018 年人数	2019 年人数	2019 年同比增长率
1	江苏	811.03	801.26	-1.2
2	浙江	794.93	602.27	-24.2
3	福建	433.59	456.71	5.3
4	四川	352.92	351.36	-0.4
5	广东	280.87	329.2	17.21
6	山东	329.05	312.18	-5.1
7	河南	291.96	296.67	1.6
8	湖南	260.17	277.4	6.6
9	湖北	243.42	244.22	0.3
10	重庆	226.47	216.18	-4.5

分地区看，华东地区建筑企业数量为 39719 家，位列第一。同比增长幅度最大的为华南地区，为 15.8%。西北地区企业数量增速明显，同比增长 11.6%，较上年同期增长 4.9 个百分点。企业人员数量最高的为华东地区，

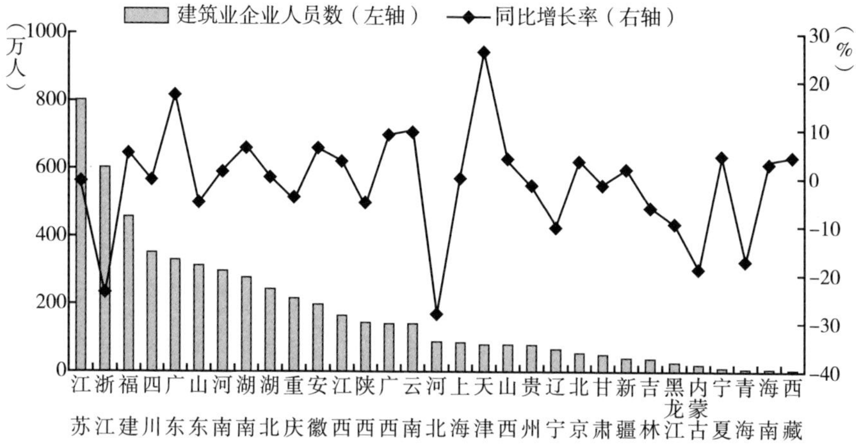

图 19　2019 年建筑业企业人员数及变化情况

计 2622.75 万人；同比增长幅度最大的为华南地区，增幅为 14.4%，较上年同期增长 8.1 个百分点。华北、华东、西北、西南、东北地区均为负增长，东北地区降幅最大，同比下降 8.7%（见表 13）。

表 13　2019 年各地区建筑业企业数量、企业人员数量及变化情况

单位：家，万人，%

地区	建筑业企业数量	同比增长率	企业人员数量	同比增长率
华北地区	11020	3.8	326.51	-5.3
华东地区	39719	8.2	2622.75	-6.4
华中地区	14290	10.5	818.29	2.9
华南地区	8486	15.8	478.76	14.4
西北地区	7090	11.6	255.36	-3.7
西南地区	13648	10.7	793.83	-0.03
东北地区	9561	4.8	131.88	-8.7

（六）对外投资合作保持平稳发展

2019 年，中国全行业对外直接投资 1106 亿美元，同比下降 8.2%。中国对外承包工程业务完成营业额 11927.5 亿元人民币，同比增长 6.6%（折合 1729 亿美元，同比增长 2.3%）（见图 20），新签合同额 17953.3 亿元人民币，同比增长 12.2%（折合 2602.5 亿美元，同比增长 7.6%）（见图 21）。

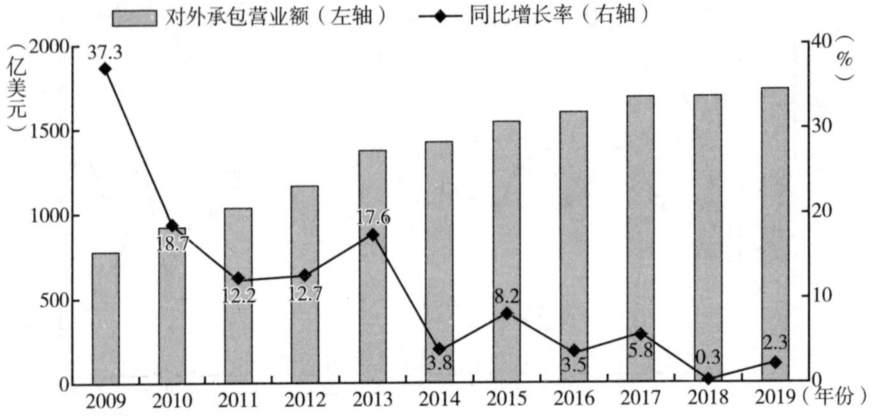

图 20　2009～2019 年对外承包完成营业额及变化情况

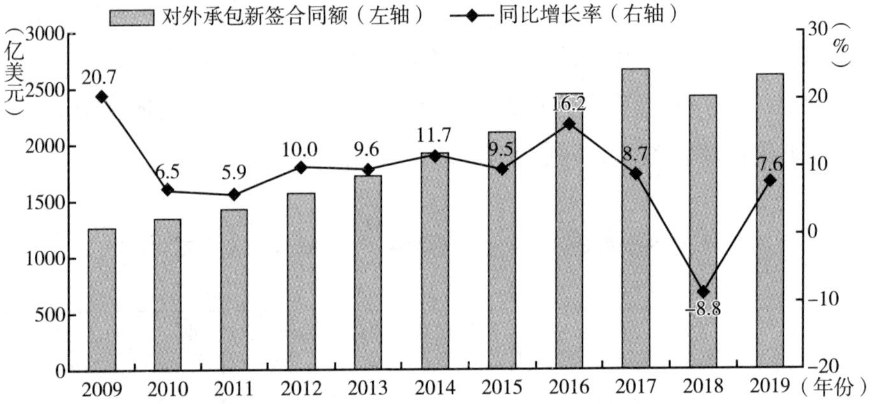

图 21　2009～2019 年对外承包新签合同额及变化情况

2019 年，我国企业对共建“一带一路”国家中的 56 个国家实现非金融类直接投资 150.4 亿美元，同比下降 3.8%，占同期总额的 13.6%，主要投向新加坡、越南、老挝、印尼、巴基斯坦、泰国、马来西亚、阿联酋、柬埔寨和哈萨克斯坦等国家。

对外承包工程方面，我国企业在共建“一带一路”国家中的 62 个国家新签对外承包工程项目合同 6944 份，新签合同额 1548.9 亿美元，占同期我国对外承包工程新签合同额的 59.5%，同比增长 23.1%；完成营业额 979.8 亿美元，占同期总额的 56.7%，同比增长 9.7%。

（七）国有及国有控股建筑业企业平稳发展

1. 完成建筑业产值持续增长

2019 年，国有及国有控股建筑业企业完成产值 85367 亿元，同比增长 12.4%（见图 22），占建筑业总产值的 34.4%。

分省份看，北京国有及国有控股建筑业企业完成产值 9403.36 亿元，占

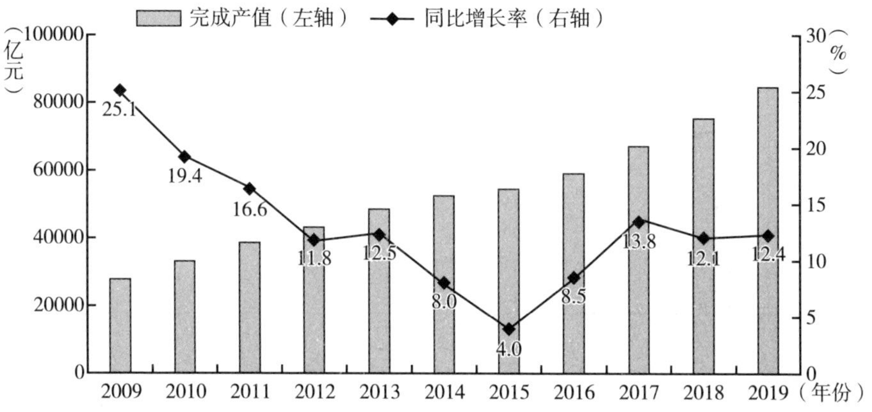

图 22　2009～2019 年国有及国有控股建筑业企业完成产值及变化情况

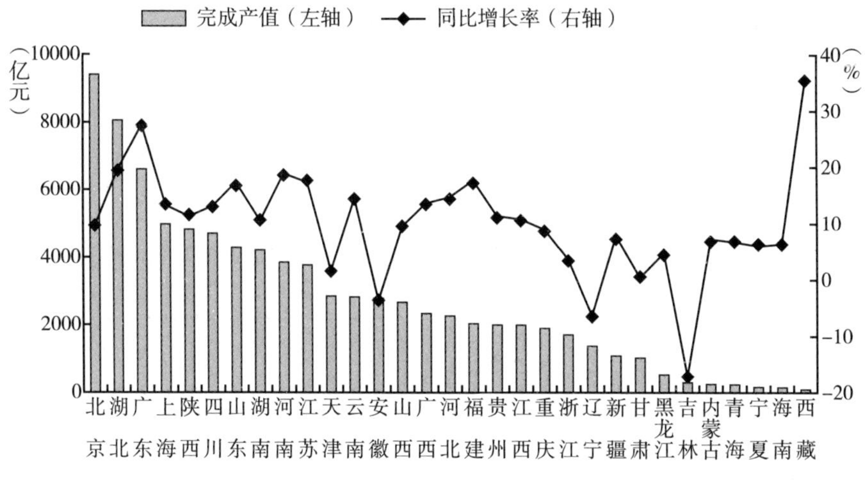

图 23　2019 年全国 31 个省（区、市）国有及国有控股建筑业企业完成产值及变化情况

北京建筑业总产值的78.4%，位列第一；湖北国有及国有控股建筑业企业完成产值8058.87亿元（见表14），占湖北建筑业总产值的47.5%，位列第二。产值增长幅度位居前列的为西藏、广东，分别同比增长35.5%、27.6%。

表14　2019年国有及国有控股建筑业企业完成产值前10名省份及变化情况

单位：亿元，%

序号	省份	2018年完成产值	2019年完成产值	2019年同比增长率
1	北京	8585.92	9403.36	9.5
2	湖北	6737.91	8058.87	19.6
3	广东	5175.76	6601.83	27.6
4	上海	4398.42	4979.22	13.2
5	陕西	4339.51	4825.51	11.2
6	四川	4157.29	4700.38	13.1
7	山东	3656.71	4288.38	17.3
8	湖南	3816.93	4214.46	10.4
9	河南	3244.39	3856.19	18.9
10	江苏	3218.44	3774.14	17.3

分地区看，华东地区国有及国有控股建筑业企业完成产值21582.52亿元，位列第一，占地区总产值的20.5%，华中地区国有及国有控股建筑业企业完成产值16129.52亿元，位列第二，占地区总产值的39.8%；华南地区国有及国有控股建筑业企业完成产值同比增长23.2%，位列第一。

国有及国有控股建筑业企业完成产值占地区总产值比重最高的为西北地区，占比56%；华东地区占比最低，为20.5%（见表15）。

表15　2019年各地区国有及国有控股建筑业企业完成产值及变化情况

单位：亿元，%

地区	工程建设总产值	占地区总产值比重	同比增长率
华北地区	8038.06	29.0	7.9
华东地区	21582.52	20.5	11.5
华中地区	16129.52	39.8	16.9
华南地区	9091.55	40.6	23.2
西北地区	7364.14	56.0	8.8
西南地区	11535.26	35.0	12.5
东北地区	2222.69	33.7	-5.5

2. 企业新签合同额

2019 年，国有及国有控股建筑业企业新签合同额 127556.88 亿元，同比增长 14.7%（见图 24），占全国建筑业企业新签合同额的 44.1%。

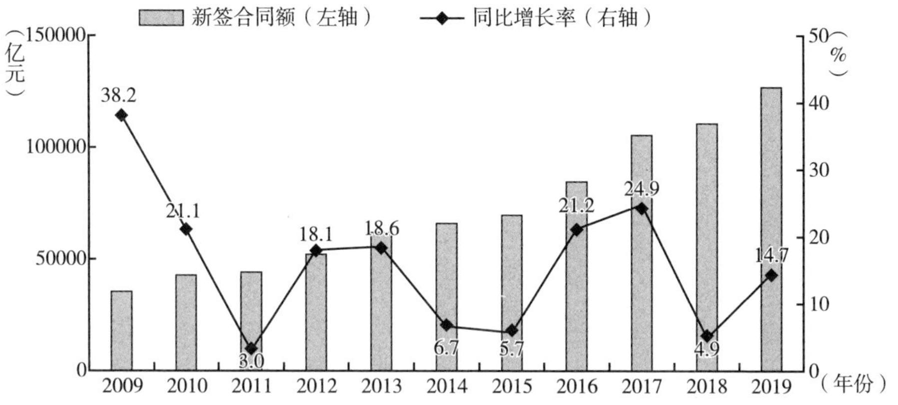

图 24　2009～2019 年国有及国有控股建筑业企业新签合同额及变化情况

分省份看，北京国有及国有控股建筑业企业新签合同额 14274.95 亿元，位列第一，占全市新签合同额的 82.8%；湖北国有及国有控股建筑业企业新签合同额 11749.66 亿元，位列第二，占全省新签合同额的 58.1%（见图 25、表 16）。

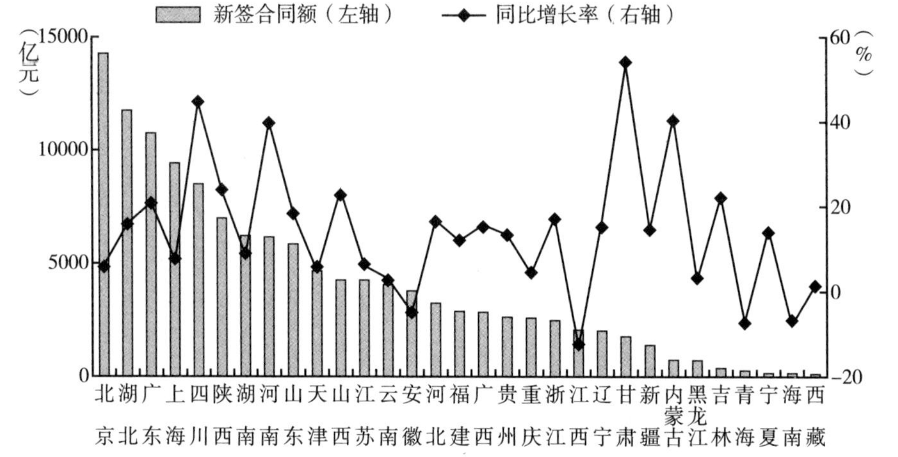

图 25　2019 年全国 31 个省（区、市）国有及国有控股建筑业企业新签合同额及变化情况

表 16　2018～2019 年国有及国有控股建筑业企业新签合同额前 10 名省份及变化情况

单位：亿元，%

序号	省份	2018 年新签合同额	2019 年新签合同额	2019 年同比增长率
1	北京	13459. 73	14274. 95	6. 1
2	湖北	10134. 56	11749. 66	15. 9
3	广东	8876. 87	10738. 2	21. 0
4	上海	8778. 15	9424. 71	7. 4
5	四川	5884. 62	8508. 8	44. 6
6	陕西	5650. 23	6987. 3	23. 7
7	湖南	5715. 04	6207. 13	8. 6
8	河南	4403. 97	6158. 1	39. 8
9	山东	4935. 05	5846. 92	18. 5
10	天津	4442. 93	4654. 03	4. 8

分地区看，华东地区国有及国有控股建筑业企业新签合同额 30776. 19 亿元，位列第一；华中地区新签合同额 24114. 89 亿元，位列第二；新签合同额同比增长幅度最高的为西北地区，增长 25. 2%。

国有及国有控股工程建设企业新签合同额占比最高的地区为西北地区，占比 64. 7%，占比最低的为华东地区，占比 27. 5%（见表 17）。

表 17　2019 年各地区国有及国有控股建筑业企业新签合同额及变化情况

单位：亿元，%

地区	新签合同额	占地区总产值比重	同比增长率
华北地区	12936. 80	33. 9	15. 3
华东地区	30776. 19	27. 5	6. 9
华中地区	24114. 89	51. 0	19. 1
华南地区	13763. 51	47. 9	19. 4
西北地区	10630. 00	64. 7	25. 2
西南地区	17926. 14	46. 0	21. 5
东北地区	3134. 40	40. 2	13. 7

3. 建筑业企业单位及人员数量略有下降

2019 年，国有及国有控股建筑业企业单位数 6791 家，同比下降 1.3%（见图 26），占全国建筑业企业单位数量的 6.5%。

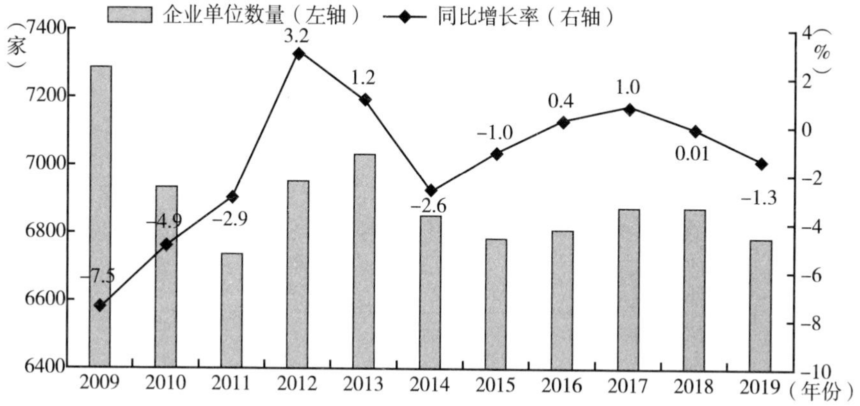

图 26　2009～2019 年国有及国有控股建筑业企业单位数量及变化情况

分省份看，山东 418 家，位列第一，同比下降 20.2%；广东 418 家，位列第二；贵州增长幅度最大，同比增长 16.4%（见图 27、表 18）。

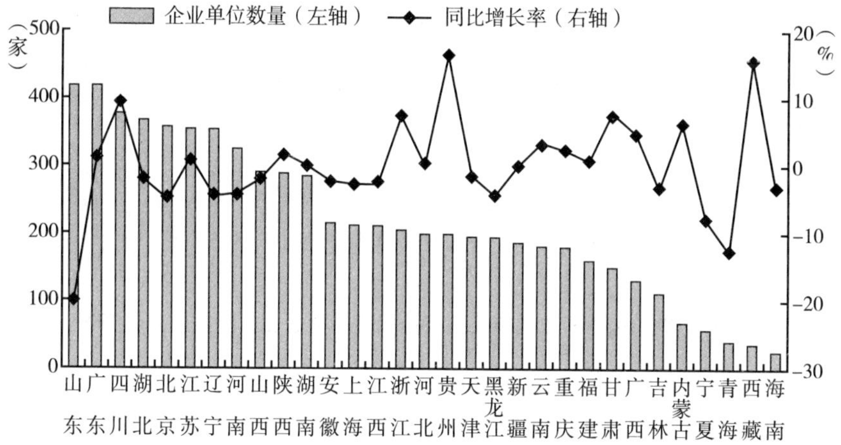

图 27　2019 年全国 31 个省（区、市）国有及国有控股建筑业企业单位数量及变化情况

表 18　2019 年国有及国有控股建筑业企业单位数量前 10 名省份及变化情况

单位：家，%

序号	省份	2018 年企业单位数量	2019 年企业单位数量	2019 年同比增长率
1	山东	524	418	-20.2
2	广东	413	418	1.2
3	四川	344	377	9.6
4	湖北	375	367	-2.1
5	北京	376	357	-5.1
6	江苏	350	354	1.1
7	辽宁	370	353	-4.6
8	河南	338	324	-4.1
9	山西	296	290	-2.0
10	陕西	283	288	1.8

2019 年，国有及国有控股建筑业企业人员数 1128.76 万人，同比增长 5.2%（见图 28），占全国建筑业企业人员总数的 20.8%。

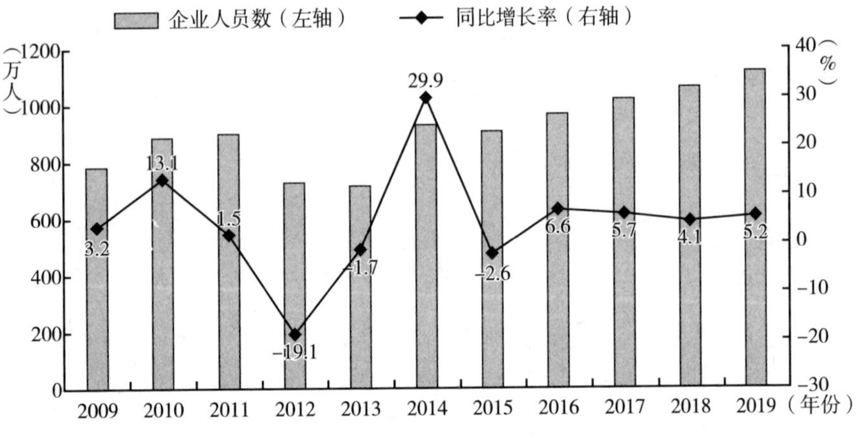

图 28　2009～2019 年国有及国有控股建筑业企业人员数及变化情况

分省份看，山东人员数 96.96 万人，位列第一，同比增长 97.1%；广东人员数 96.96 万人，位列第二，同比增长 21.5%；湖南人员数 83.77 万人，位列第三。从增长幅度看，山东位列第一；云南同比增长 22.7%，位列第二（见图 29、表 19）。

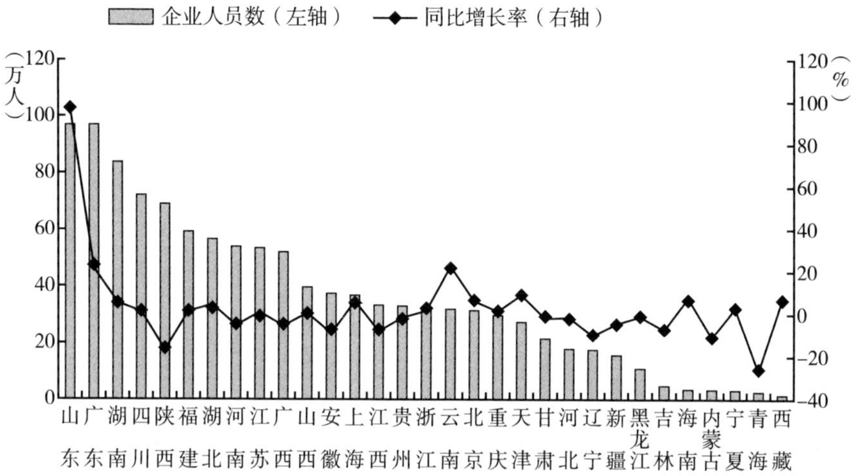

图 29　2019 年全国 31 个省（区、市）国有及国有控股建筑业企业人员数量及变化情况

表 19　2019 年国有及国有控股建筑业从业人员数量前 10 名省份及变化情况

单位：万人，%

序号	省份	2018 年建筑业从业人员	2019 年建筑业从业人员	2019 年同比增长率
1	山东	49.20	96.96	97.1
2	广东	79.80	96.96	21.5
3	湖南	79.41	83.77	5.5
4	四川	71.31	72.19	1.2
5	陕西	82.87	69.04	-16.7
6	福建	58.35	59.17	1.4
7	湖北	53.97	56.46	4.6
8	河南	56.86	53.86	-5.3
9	江苏	52.79	53.36	1.1
10	广西	54.92	51.9	-5.5

分地区看，华东地区国有及国有控股建筑业企业 1775 家，位列第一，同比下降 5.5%，占全地区总数量的 4.5%；华北地区、华中地区、东北地区国有及国有控股建筑业企业数量亦出现负增长，分别同比下降 2.1%、2.2%、4.4%，同比增长幅度最大的西南地区，增幅为 8.5%。华北地区、西北地区国有及国有控股建筑业企业数量占比超过了 10%（见表 20）。

表 20　2019 年各地区国有及国有控股建筑业企业数量及同比变化情况

单位：家，%

地区	建筑业企业数量	占全地区总数量比重	同比变化率
华北地区	1110	10.1	-2.1
华东地区	1775	4.5	-5.5
华中地区	975	6.8	-2.2
华南地区	575	6.8	1.8
西北地区	723	10.2	0.7
西南地区	974	7.1	8.5
东北地区	659	6.9	-4.4

华东地区国有及国有控股建筑业企业人员数量349.58万人，位列第一，同比增长14.9%，占全地区总数量的13.3%。华南地区国有及国有控股建筑业企业人员数同比增长10.4%，增长幅度位于前列，西北地区、东北地区为负增长，同比下降12.4%和6.9%。国有企业人员数占比较高的为西北地区，高达43.8%（见表21）。

表 21　2019 年各地区国有及国有控股建筑业企业人员数量及同比变化情况

单位：万人，%

地区	企业人员数量	占全地区总数量比重	同比变化率
华北地区	119.51	36.6	3.2
华东地区	349.58	13.3	14.9
华中地区	194.09	23.7	2.0
华南地区	152.35	31.8	10.4
西北地区	111.87	43.8	-12.4
西南地区	168.24	21.2	4.2
东北地区	33.12	25.1	-6.9

三　2019年建筑业发展特点

（一）行业发展规模增速持续下滑

2019 年，建筑业加速推进产业转型升级，产业规模持续扩大，从高速增长阶段逐步进入高质量发展阶段。全行业实现增加值70904亿元，同比增长5.6%，占国内生产总值的7.2%，建筑业依然属于国民经济中的支柱产业之一。在国家提出的“去产能、去库存、去杠杆、降成本、补短板”的背景下，近三年来建筑业的规模在不断扩大，但是增长速度却呈现出下降趋势。2018年，建筑业产值同比增长9.9%，增速下滑了0.6个百分点；建筑业企业新签合同额同比增长7.1%，增速下滑了12.6个百分点。2019年，建筑业产值同比增长5.7%，增速下滑了4.2个百分点；建筑业企业新签合同额同比增长6.0%，增速下滑了1.1个百分点。

（二）国有及国有控股企业优势明显

2019年，国有及国有控股建筑业企业完成产值85367亿元，同比增长12.4%，占建筑业总产值的34.4%；国有及国有控股建筑业企业新签合同额127556.88亿元，同比增长14.7%，占全国建筑业企业新签合同额的44.1%；国有及国有控股建筑业企业单位数为6791家，同比下降1.3%，占全国建筑业企业总数量的6.5%；国有及国有控股建筑业企业人员数为1128.76万人，同比增长5.2%，占全国建筑业企业人员总数的20.8%。

建筑类中央企业集中度进一步提高。2019年，建筑类中央企业新签合同额101453.2亿元，占国有及国有控股企业新签合同额的78.75%，占全行业新签合同额的40.43%。

（三）中小型及民营企业发展环境持续优化

习近平总书记强调：“在我国经济发展进程中，我们要不断为民营经济营造更好的发展环境，帮助民营经济解决发展中存在的困难，支持民营企业改革发展，变压力为动力，让民营经济创造活力充分迸发”。

2019年，在国家层面，中共中央办公厅、国务院办公厅印发《关于促进中小企业健康发展的指导意见》（中办发〔2019〕24号），完善中小企业融资政策、积极拓宽融资渠道、减轻企业融资负担；在行业层面，住建部印发《关于支持民营建筑企业发展的通知》（建办市〔2019〕8号），在促进企业公平竞争、优化招投标竞争环境等方面出台具体举措。

财政部、科技部、工业和信息化部、人民银行、银保监会等五部委联合印发了《关于开展财政支持深化民营和小微企业金融服务综合改革试点城市工作的通知》（财金〔2019〕62 号），支持深化民营和小微企业金融服务，充分发挥地方优势，落实好中央减税降费政策，中央财政给予资金支持，利用市场化手段创造良好环境。

（四）行业发展方式面临新一轮变革

工程建设组织模式的完善和优化，可以进一步提升生产力，促进工程建设企业提质增效，提升整体竞争力。

2019 年 3 月 15 日，国家发展改革委、住房和城乡建设部联合印发《关于推进全过程工程咨询服务发展的指导意见》（发改投资规〔2019〕515 号），在房屋建筑和市政基础设施领域推进全过程工程咨询服务的发展，提升固定资产投资决策科学化水平，进一步完善工程建设组织模式，推动高质量发展。

12 月 31 日，住房和城乡建设部、国家发展改革委联合印发《房屋建筑和市政基础设施项目工程总承包管理办法》（建市规〔2019〕12 号）（以下简称《管理办法》），《管理办法》自 2020 年 3 月 1 日起施行。《管理办法》的出台，有望为工程总承包多个重要领域的发展指明方向。《管理办法》的重点有：在总承包方式适用上，赋予建设方更大自主权；明确支持联合体承接总承包项目；工程前期设计单位可以参加工程总承包；工程总承包项目经理可不具备注册执业资格；施工、设计资质可互认。

这些改革举措可以推动企业构建高效的管理体系，提升科学的资源配置能力，有效地降低生产成本，提高经营效益。

（五）区域格局优化带动行业发展

2019 年，国家加强发挥京津冀协同发展、粤港澳大湾区、长三角一体化等重大战略的引领作用和四大板块（东部率先、西部开发、东北振兴、中部崛起）的支撑作用，区域经济发展到了关键时期。

2019年1月，习近平总书记主持召开京津冀协同发展座谈会；同月，中共中央、国务院正式对外发布《关于支持河北雄安新区全面深化改革和扩大开放的指导意见》；2月，《粤港澳大湾区发展规划纲要》全文公开，粤港澳大湾区建设进入政策制定和协调推进实施并重的阶段；3月，中央全面深化改革委员会第七次会议审议通过《关于新时代推进西部大开发形成新格局的指导意见》；8月，《西部陆海新通道总体规划》印发，是深化陆海双向开放、推进西部大开发形成新格局的重要举措；9月，习近平总书记在河南主持召开黄河流域生态保护和高质量发展座谈会时指出，黄河流域生态保护和高质量发展同京津冀协同发展、长江经济带发展、粤港澳大湾区建设、长三角一体化发展一样，是重大的国家战略；12月，《长江三角洲区域一体化发展规划纲要》发布。

这些政策的出台带动了工程建设行业的转型升级，为行业发展提供了新的增长动力。

四　2020年建筑市场展望

（一）“新基建”将成为市场热点

传统基建是指以铁路、公路、机场、桥梁等领域为代表的传统基础设施建设，是以钢铁、水泥为主体的投资建设。新基建是指5G基建、特高压、城际高速铁路和城际轨道交通、充电桩、大数据中心、人工智能、工业互联网等七大板块，发力于“科技端”的基础设施建设。传统基础设施建设对经济发展具有补短板、保存量的作用，而新基建可为经济发展提供新的动能和新的增长引擎，具有促转型、扩增量的作用。

从目前公布的省（区、市）的投资规划来看，基建投资总额约43万亿元，预计全国总额将达50万亿元。2020年度计划投资总额约5万亿~8万亿元左右。据中国施工企业管理协会估算，2020年七大“新基建”重点领域投资额约为1.2万亿元，占2019年基建投资总额的7%左右。其中5G基站及相关设备投资约为2500亿~3000亿元，特高压相关投资（含电网信息化等）约为800亿~1000亿元，新能源汽车充电桩投资约为200亿~300亿元，大数据中心、人工智能和工业互联网相关投资分别约为600亿~800亿元、300亿元和500亿~1000亿元，城际高速与城市轨道交通相关投资约为6000亿~6500亿元。

（二）后疫情时代，行业发展迎来新机遇

突如其来的新冠肺炎疫情对我国经济社会发展带来前所未有的冲击，同时疫情也给工程建设行业带来新的发展机遇。一是国家政策层面，加大"稳增长、稳就业"相关措施拉动经济，刺激消费。地方政府加大基础设施建设投资力度，优化招商引资、项目策划、项目审批环节。二是美丽中国、健康中国、乡村振兴等战略为生态环保、市政建设、医疗康养、公共卫生等方面业务带来发展契机。三是后疫情时代基础设施建设增量放大、地方债限额调增将带来一系列新机遇。城市基础设施建设、轨道交通等领域将成为重点。四是建筑工业化、信息化发展为大势所趋。面对疫情的冲击，原有以线下和现场为主的生产方式和劳动密集型的行业，在安全管理、生产组织、物资调配等方面存在不足，而现代化、信息化生产方式和管理手段的优越性愈发明显，这也成为企业发展的必然方向。

（三）新型城镇化建设将持续推进

新型城镇化建设是中国城市现代化发展的必由之路。截至2019年底，中国城镇化率为60.6%，而发达国家平均约80%，中国还有很大发展空间，据中国施工企业管理协会预测，到2030年中国城镇化率将达71%，新增2亿城镇人口的80%将集中在19个城市群，其中60%将集中在长三角、粤港澳、京津冀等7个城市群，上述地区的轨道交通、城际铁路、教育、医疗、5G基础设施建设机会增大。

新型城镇化将带动市政工程项目的持续发展。市政工程在PPP项目中应用较多，占比较高。截至2020年第一季度，我国市政工程PPP项目达到

3805 个，占全部 PPP 项目数量的 40.2%，市政工程项目在全部 PPP 项目中的比重远超其他类型项目，是排在第二位的交通运输 PPP 项目的近 3 倍。近年来全国市政工程 PPP 落地项目逐渐增加，落地率持续上升。

（四）行业治理能力和治理体系建设将进一步完善

新时代的行业治理能力和治理体系建设水平成为行业迈向高质量发展的标志之一。行业主管部门不断完善建筑市场的信用体制建设，出台《建筑市场信用管理暂行办法》，探索建立建筑市场主体黑红名单制度；与行业协会进行失信联合惩戒，营造良好的市场环境；完善全国建筑市场监管公共服务平台建设；营造公平竞争、诚信守法的建筑市场环境。

PPP 项目诚信发展得到巩固。2019 年 3 月，财政部发布《财政部关于推进政府和社会资本合作规范发展的实施意见》（财金〔2019〕10 号），7 月，国家发改委发布《国家发展改革委关于依法依规加强 PPP 项目投资和建设管理的通知》（发改投资规〔2019〕1098 号），上述文件都重点强调了“诚信履约”，为行业治理体系建设奠定了基础。

经历新冠肺炎疫情的考验，企业必须更加理智、客观地反思企业内部的“免疫力”问题，更清晰、深刻地认识到企业在现代化治理中的能力建设。以管理思路和工作思维转变提升治理能力现代化建设。管理思路由“产品结果”向“建造过程”转变，以提升组织的集约化能力，经营思路由“产品建造”向“服务建造”转变，一切以客户需求为中心，为客户提供全新的解决方案，逐步向规范化、标准化、信息化方向推进企业治理能力提升。

（五）科技创新将继续引领行业发展

创新为工程建设行业的科技进步注入了力量和动能，将持续引领工程建设行业高质量发展，为行业发展提供广阔空间。科技创新正在深刻改变从业者的思维方式、工作方式，塑造行业发展的新优势。

在以科技创新为驱动的新的技术变革中，工业化、信息化和标准化已成为行业可持续发展的重要方向。一是建筑工业化将绿色发展理念贯穿于生产的全生命周期，降低了建筑产品的资源消耗，顺应建筑产业的结构升级和可持续发展的共性技术；二是建筑信息模型（BIM）技术的集成应用，提高了工程技术的科技含量，实现了工程建设项目的全生命周期的数据共享，促进全行业提质增效；三是标准化进一步加快技术创新成果向新技术标准转化，推动了新技术、新工艺、新材料、新产品、新设备在工程建设领域的广泛应用，提升产品的先进性、有效性和适用性。

五　工程建设企业的发展建议

（一）做好开工复工准备和管理工作

第一，科学分析项目复工条件。企业应关注疫情防控情况，重点考虑施工所需的管理人员、劳务人员、材料设备是否能够按时到位，项目所处位置和现场条件是否具备施工要求。准备充足防疫所需口罩、消毒液等防控物资。提前与建设单位沟通确定开工复工时间，协调设计、监理等单位的时间。根据现场的具体情况和工程项目的施工组织安排，运用分阶段开工复工方式，采取有计划、有步骤的递增人员、施工量等措施。

第二，严格遵守法律和相关政策规定。根据《中华人民共和国民法总则》、《中华人民共和国合同法》以及《建设工程施工合同（示范文本）》（GF—2017—0201）通用条款的相关规定，搜集疫情对项目建设带来影响的证据材料，及时与建设单位沟通，合理分担停工期间费用损失和防疫费用，做好工期顺延计划。同时，认真学习国家和各省市出台的支持工程建设企业复工复产的政策措施，依法进行税费缴纳和调整人工、材料价格，加快工程结算进度，最大限度地减轻疫情对企业经营的影响。

第三，规范开工复工后的项目管理。工程开工复工后，除了要按照各项标准、规范要求正常组织施工外，还要针对疫情采取相应措施。建议组织各相关单位建立疫情防控协调机制，明确责任人，做好疫情防控管理工作。根据施工现场特点，严格落实各项防控措施，特别关注对外来人员的管理。建立应急处理工作机制，明确相应的流程和制度，做好应急处理工作。

（二）提升企业资源配置能力

第一，转变观念。目前，多数工程建设企业的资源供应主要从项目建设需求的角度，采取采购－供应的模式，属于被动供应。企业应该从培育和提升精益建造水平的角度来提高资源配置能力，提升供给的质量，建立企业级的供应链能力，进而提高企业的市场竞争力。

第二，整合资源。企业应该以市场和客户需求为导向，认真梳理、整合企业内外的各种资源。对供应链进行统一管理，促进主要生产经营业务集成化，逐步实现精益建造，从而优化资源配置、提高生产能力和反应速度、降低成本、提高盈利能力。

第三，提升效能。将信息化技术引入供应链管理，使供应商、物流、施工企业、客户等各方实现信息共享，协同工作。保持精准、快速、可靠的信息交流，能够对客户需求的变化快速反应，精准决策，提高供应链的运作效率，进而形成集成化的资源配置网络，以最有效的方式满足生产需求。

（三）强化企业风险管控能力

一是正确识别风险。工程项目一般具有投资额高、建设周期长、参与主体多、涉及面广的特点，多数基础设施项目会关系到社会公共利益和公众安全，建设过程中蕴含着各类风险，这需要企业不断提高风险管理意识，对工程建设过程中各阶段潜在的风险因素进行合理分类、预测和识别。

二是合理应对风险。构建符合企业实际的风险防控体系，重点从风险管理机构设立、风险防控制度制定、风险控制专业人才的培养、风险管理文化建设等方面着手，不断提升企业风险管理监督和管控的力度，合理应对重大突发事件，科学地进行风险的规避、自留和转移，注重对风险管理工作的评估和日常管理，提高工作的准确性和标准化。

三是努力化危为机。疫情对企业发展的影响是暂时的，也给了企业一个思考和调整的机会。企业应合理调整发展战略，加快转型升级步伐，为疫情过后的经营发展做好准备。坚持创新引领，进行体制机制创新和商业模式创新，提质增效；坚持人才驱动，加强人才培养，畅通员工职业发展通道，为企业发展提供人才支撑；坚持品牌兴企，提高服务意识，聚焦客户需求，提升核心竞争力，将被动参与市场竞争转化为发展机遇。

（四）创新企业经营商业模式

一是重视商业模式创新。工程建设市场竞争日益激烈，施工企业固有的项目承包模式已经不能适应市场的需求和变化，市场逐步转变为商业模式和资本的竞争。这就要求企业对商业模式进行优化和调整，提升企业内外部资源价值，并进一步降低风险，创造自身的竞争优势，打造企业品牌。

二是增强产品和客户意识。企业应该改变按图施工的传统思维，摆脱低价竞争，进一步强化和丰富建筑的产品属性，增强企业的产品意识和客户意识，不断关注客户的需求和用户体验，将安全性、功能性、舒适性以及美观性等个性化的用户体验需求贯穿在产品建造的全过程。

三是以创新推动转型升级。适合企业发展并具有良好前景的商业模式可以聚合内外部资源、市场中的资本、人才、管理经验，促进科技和管理创新，加强与产业链上下游企业的合作，提升市场和客户的认可度。这有助于企业应对环境变化和竞争挑战，加快转型升级步伐，更好地把握市场机遇，实现平稳健康发展。

（五）切实提升企业科技创新能力

一是完善科技创新组织建设。正确认识科技创新是企业可持续发展的必要支撑，也是企业核心竞争力的重要组成部分。结合企业实际考虑科技创新组织的定位和建设方式，确定科技创新机构的规模、职能、人员配置和管理结构等。

二是提高科技创新资源整合能力。科技创新涉及政策资源、信息资源、知识资源和人才资源等多方面，要加强科技政策研究机构和团队的建设，做好政策的收集、研读和应用；要关注相关信息的分析，形成完备的信息服务体系；做好知识的共享与使用；加强技术交流与服务；统筹人员的调配，通过培训、引进、合作等方式，做好人才队伍建设。

三是加强科技创新制度建设。建立与企业科技创新组织相适应的管理制度体系、基本性制度、专项制度和相关细则，包括人员管理、经费管理、活动管理、成果管理；确定科技创新制度的基本原则、发展方向和要求；按照企业发展战略，落实科技创新的各项活动。

行 业 篇

Industry Reports

B.2 中国电力建设行业发展报告（2020）*

中国电力建设企业协会**

摘　要： 2019年是中国电力建设行业持续深化企业改革、着力推进转型升级、深入开展提质增效的关键一年。企业完成总产值、新签合同额等指标均有较大增长，电力建设行业总体保持了平稳发展态势。本报告梳理了电力建设行业发展的基本情况，总结出电力工程建设投资总额略有降低、企业转型力度持续加大、企业国际业务成果丰硕等特点。全行业坚持创新驱动、坚持市场导向、坚持问题导向、坚持政策导向，从而实现了创新发展。指出了行业发展中存在企业应收工程款居高不下、现有资质不

* 本报告数据均来自国家统计局和中国电力建设企业协会。

** 课题组成员：于华鹏，中国电力建设企业协会发展策划部主任，主要研究方向为电力建设行业统计与分析、智慧工地及BIM应用场景；葛泽军，中国电力建设企业协会监事、发展策划部主任助理，主要研究方向为电力建设行业统计与分析；邓继君，中国电力建设企业协会发展策划部主管，主要研究方向为电力建设行业统计与分析。执笔人：于华鹏。

足以应对转型发展、市场信用体系建设不完善、规程规范存在缺失等突出问题。结合实际提出了积极开展对标管理、推动行业持续健康发展、努力打造国际名片、加快转型升级步伐、加强信用体系建设与管理等发展建议。

关键词： 电力建设　工程建设　施工企业

一　2019年电力建设施工企业经营指标完成情况

截至2019年底，纳入统计口径的全国主要电力建设施工企业共计113家，其中水电施工企业30家，火电施工企业49家，送变电施工企业34家。受新冠肺炎疫情影响，1家武汉火电施工企业未按时填报统计数据，实际报送数据企业112家。

（一）企业完成总产值持续增长

2019年，112家电力建设施工企业完成总产值4544亿元，同比增长6.9%。其中水电施工企业完成总产值2697亿元，同比增长10.4%；火电施工企业完成总产值1262亿元，同比减少5.1%；送变电施工企业完成总产值586亿元，同比增长22.9%（见图1、图2）。

（二）企业新签合同额大幅增长

2019年，112家电力建设施工企业新签合同额6448亿元，同比增长25.4%，合同存量16593亿元，同比增长18.1%。其中水电施工企业2019年新签合同额3760亿元，同比增长24.9%，合同存量11291亿元，同比增长16.5%；火电施工企业2019年新签合同额2034亿元，同比增长21.9%，合同存量4282亿元，同比增长21.2%；送变电施工企业2019年新签合同额654亿元，同比增长41.9%（见图3、图4），合同存量1020亿元，同比增长23.5%。

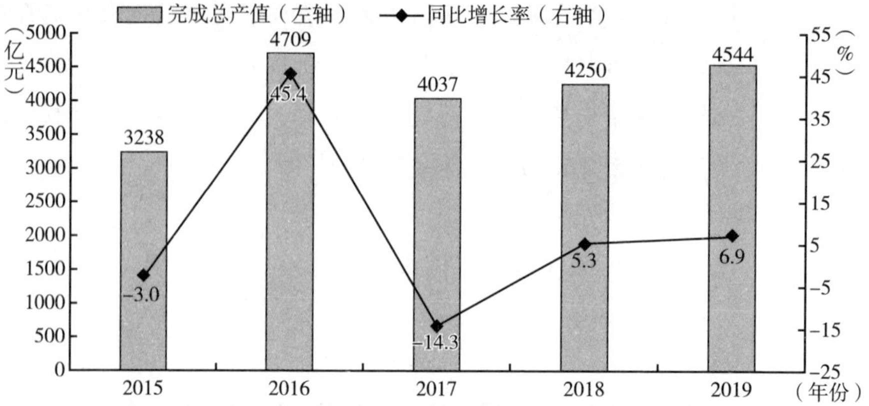

图1　2015～2019年电力建设施工企业完成总产值及变化情况

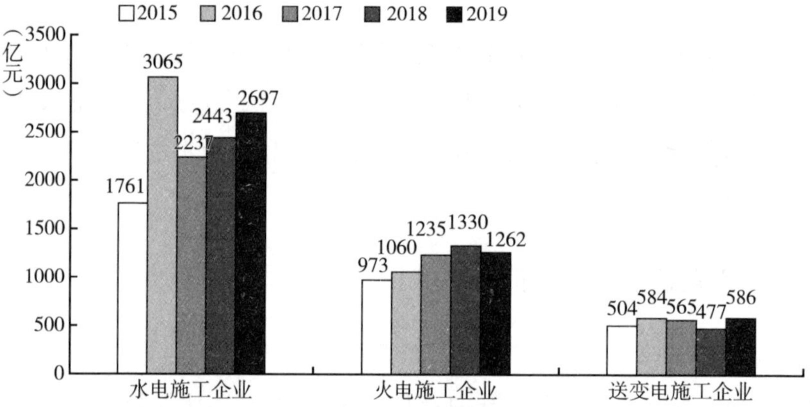

图2　2015～2019年电力建设不同类型施工企业完成总产值

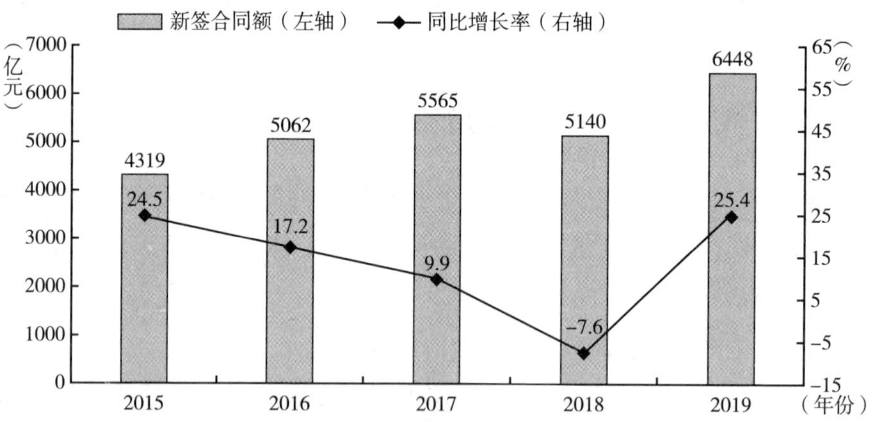

图3　2015～2019年电力建设施工企业新签合同额及变化情况

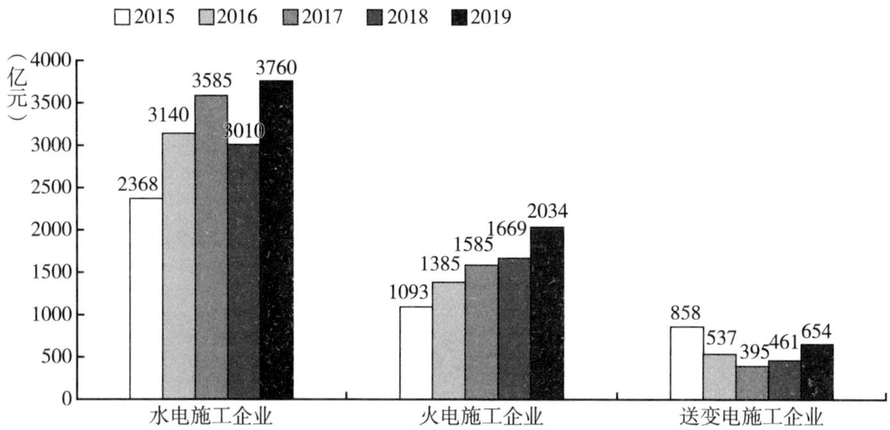

图 4　2015～2019 年电力建设不同类型施工企业新签合同额

（三）企业实现利润同比下降

2019 年，112 家电力建设施工企业实现利润总额 110.5 亿元，同比降低 8.7%。其中水电施工企业实现利润总额 78.8 亿元，同比降低 12.8%；火电施工企业实现利润总额 15.6 亿元，同比降低 5.5%；送变电施工企业实现利润总额 16.1 亿元，同比提高 14.2%（见图 5、图 6）。

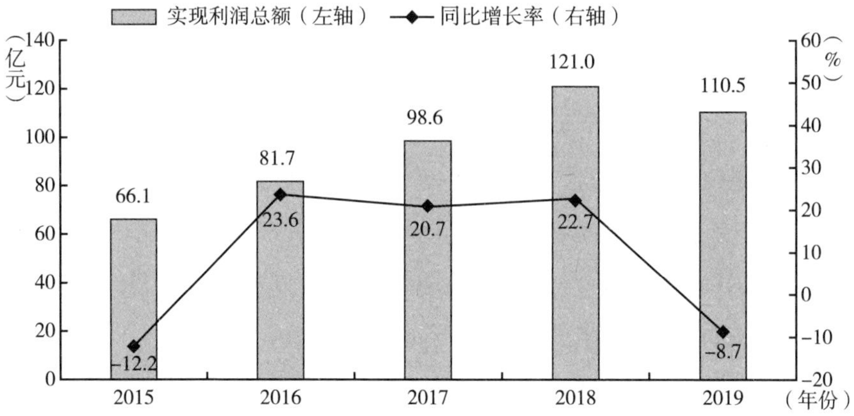

图 5　2015～2019 年电力建设施工企业实现利润总额及变化情况

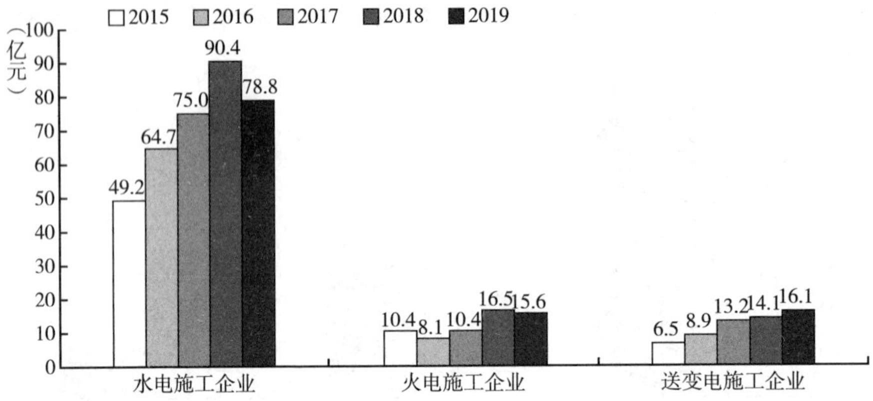

图6　2015～2019年电力建设不同类型施工企业实现利润总额

（四）企业从业人员数量稳中有降

2019年，112家施工企业期末从业人员总数25.91万人，比2018年减少2.36万人。其中在岗职工人数21.09万人，比2018年减少1.47万人；应付职工薪酬447.81亿元，比2018年增加28.36亿元。

30家水电施工企业2019年期末从业人员12.56万人，比2018年减少0.99万人。其中在岗职工人数11.06万人，比2018年减少1.18万人；全年应付职工薪酬231.02亿元，同比增加20.81亿元。

48家火电施工企业2019年期末从业人员9.47万人，比2018年减少0.83万人。其中在岗职工人数7.04万人，比2018年减少0.16万人；全年应付职工薪酬134.07亿元，比2018年增加2.24亿元。

34家送变电施工企业2019年期末从业人员3.87万人，比2018年减少0.53万人。其中在岗职工3万人，比2018年减少0.14万人；全年应付职工薪酬82.73亿元，比2018年增加5.32亿元。

2019年29家施工企业持有电力、水电、建筑施工总承包特级资质（见表1），其余企业均为水电或电力施工总承包一级资质。

表 1　2019 年电力建设企业总承包特级资质情况

序号	企业名称	特级资质名称
1	中国电力建设股份有限公司	水利水电工程施工总承包特级资质
2	中国水利水电第一工程局有限公司	水利水电工程施工总承包特级资质
3	中国水利水电第三工程局有限公司	水利水电工程施工总承包特级资质
4	中国水利水电第四工程局有限公司	水利水电工程施工总承包特级资质
5	中国水利水电第五工程局有限公司	水利水电工程施工总承包特级资质
6	中国水利水电第六工程局有限公司	水利水电工程施工总承包特级资质
7	中国水利水电第七工程局有限公司	水利水电工程施工总承包特级资质
8	中国水利水电第八工程局有限公司	水利水电工程施工总承包特级资质
9	中国水利水电第九工程局有限公司	水利水电工程施工总承包特级资质
10	中国水利水电第十工程局有限公司	水利水电工程施工总承包特级资质
11	中国水利水电第十一工程局有限公司	水利水电工程施工总承包特级资质
12	中国水利水电第十二工程局有限公司	水利水电工程施工总承包特级资质
13	中国水利水电第十四工程局有限公司	水利水电工程施工总承包特级资质
14	中国水电建设集团十五工程局有限公司	水利水电工程施工总承包特级资质
15	中国水利水电第十六工程局有限公司	水利水电工程施工总承包特级资质
16	中国水电基础局有限公司	水利水电工程施工总承包特级资质
17	中国电建集团山东电力建设第一工程有限公司	电力工程施工总承包特级资质
18	山东电力建设第三工程有限公司	电力工程施工总承包特级资质
19	中国电建集团核电工程有限公司	电力工程施工总承包特级资质
20	中国葛洲坝集团三峡建设工程有限公司	水利水电工程施工总承包特级资质
21	中国葛洲坝集团第二工程有限公司	水利水电工程施工总承包特级资质
22	中国葛洲坝集团第三工程有限公司	水利水电工程施工总承包特级资质
23	中国葛洲坝集团第五工程有限公司	水利水电工程施工总承包特级资质
24	中国葛洲坝集团股份有限公司	水利水电工程施工总承包特级资质
25	中国葛洲坝集团第一工程有限公司	水利水电工程施工总承包特级资质
26	中国葛洲坝集团电力有限责任公司	电力工程施工总承包特级资质
27	中国能源建设集团广东火电工程有限公司	电力工程施工总承包特级资质
28	中国能源建设集团安徽电力建设第一工程有限公司	建筑工程施工总承包特级资质
29	内蒙古电力建设（集团）有限公司	电力工程施工总承包特级资质

（五）境外火电项目增加水电项目减少

2019 年，我国主要电力建设施工企业承建境外火电项目投产 34 台火电机组 1124.45 万千瓦。其中，煤电项目 10 台、516.35 万千瓦，同比减少 8

台、增加164万千瓦；燃机项目24台、608.1万千瓦，比2018年增加15台、333万千瓦；承建境外水电项目投产17台水电机组115.47万千瓦，比2018年减少6台、221万千瓦（见表2、表3）。

表2　2019年境外火电机组投产情况

单位：台，万千瓦

序号	项目名称	境外火电项目		其中:煤电项目		其中:燃机项目		完成机组试运日期
		台数	总容量	台数	总容量	台数	总容量	
	合计	34	1124.45	10	516.35	24	608.1	—
	中国电力建设集团有限公司	21	724.95	5	149.35	16	575.6	—
1	巴基斯坦塔尔煤田Ⅱ区2×330MW燃煤电站项目1#机组及公用系统建筑安装工程施工合同	1	33	1	33	—	—	2019年7月9日
2	安哥拉SOYO I联合循环电站建筑安装工程B标段土建监督和安装工程合同	1	38.85	1	38.85	—	—	2019年5月19日
3	阿曼益贝利燃气联合循环电站项目燃机	4	98.4	—	—	4	98.4	2019年4月27日
4	阿曼益贝利燃气联合循环电站项目汽轮机	2	53.2	—	—	2	53.2	2019年4月27日
5	阿曼苏赫联合循环独立电站燃机	4	108	—	—	4	108	2019年4月16日 2019年4月21日
6	阿曼苏赫联合循环独立电站汽轮机	2	64	—	—	2	64	2019年4月16日 2019年4月21日
7	沙特延布三期5×660MW燃油电站项目	4	252	—	—	4	252	2019年3月24日 2019年3月13日 2019年6月6日 2019年11月10日
8	印尼庞卡兰苏苏(2×200MW)燃煤发电工程	2	40	2	40	—	—	2019年8月28日
9	安哥拉SOYOI联合循环电站建筑安装工程A标段	1	37.5	1	37.5	—	—	2019年1月23日

续表

序号	项目名称	境外火电项目		其中:煤电项目		其中:燃机项目		完成机组试运日期
		台数	总容量	台数	总容量	台数	总容量	
	中国能源建设集团有限公司	13	399.5	5	367	8	32.5	—
1	孟加拉希拉甘杰3期225MW联合循环发电工程	2	22.5	—	—	2	22.5	2019年2月11日
2	莫图莫迪100MW重油发电项目	6	10	—	—	6	10	2019年4月18日
3	巴基斯坦中电胡布2×660MW燃煤电站工程项目	2	132	2	132	—	—	2019年8月14日
4	马来西亚巴林基安2×300MW燃煤电站	1	30	1	30	—	—	2019年5月12日
5	印尼芝拉扎三期1×1000MW燃煤电站项目	1	100	1	100	—	—	2019年11月8日
6	神华国华印尼爪哇7号2×1050MW燃煤发电工程	1	105	1	105	—	—	2019年12月12日

注：“—”代表无数据项。

表3　2019年境外水电机组投产情况

单位：台，万千瓦

序号	项目名称	工程所在地	境外水电项目		完成机组试运时间
			台数	总容量	
	合计	—	17	115.47	—
	中国水利水电建设股份有限公司	—	15	109.47	—
1	乌干达共和国伊辛巴水电站及相关输变电线路工程机电设备及金属结构安装合同	乌干达	4	18.32	2019年3月21日
2	老挝NAMNGIEP1水电站机电设备安装	老挝	1	1.8	—
3	印尼庞卡兰苏苏3# 4#项目	印度尼西亚	2	42	—
4	印尼明古鲁项目1#机组	印度尼西亚	1	10	—
5	老挝Nam Lik1水电站机电、金属结构设备安装工程	老挝万象	2	6.45	—
6	东萨宏水电站机电及金属结构设备安装工程	老挝占巴塞省	4	26	—

续表

序号	项目名称	工程所在地	境外水电项目		完成机组试运时间
			台数	总容量	
7	塔吉克斯坦格拉夫纳亚水电站技改项目 6#机组(第二台机组)	塔吉克斯坦	1	4.9	2019 年 9 月 1 日
	中国葛洲坝集团公司	—	2	6	—
1	尼泊尔上崔树里 3A 水电站机电设备成套和安装项目	尼泊尔	2	6	2019 年 5 月 16 日 2019 年 8 月 3 日

注："—"代表无数据项。

二　2019年电力建设行业发展特点分析

（一）电力工程建设投资总额略有降低

2019 年，全国电力工程建设投资总额为 7995 亿元，同比减少 1.2%。其中电网工程建设投资比上年同期减少 9.6%，电源工程建设投资虽稍有增加，但火电工程比上年同期减少 19.9%、核电工程比上年同期减少 25.0%。全国新增投产发电装机容量比 2018 年减少 2612 万千瓦（见图 7、图 8）。

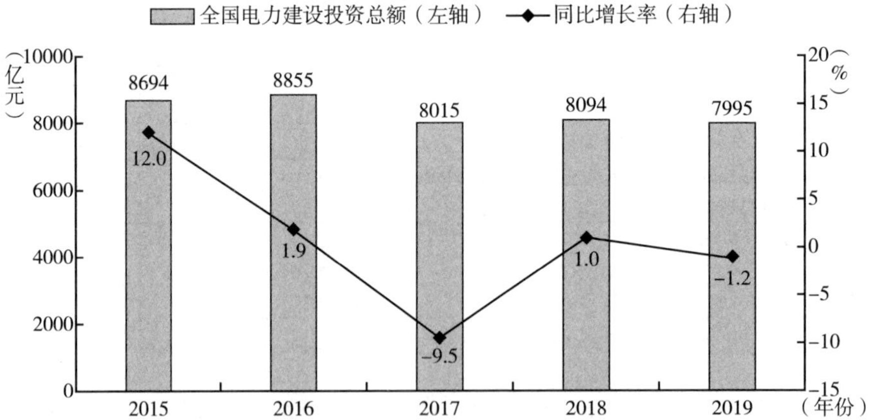

图 7　2015 ~ 2019 年全国电力建设投资总额及同比变化情况

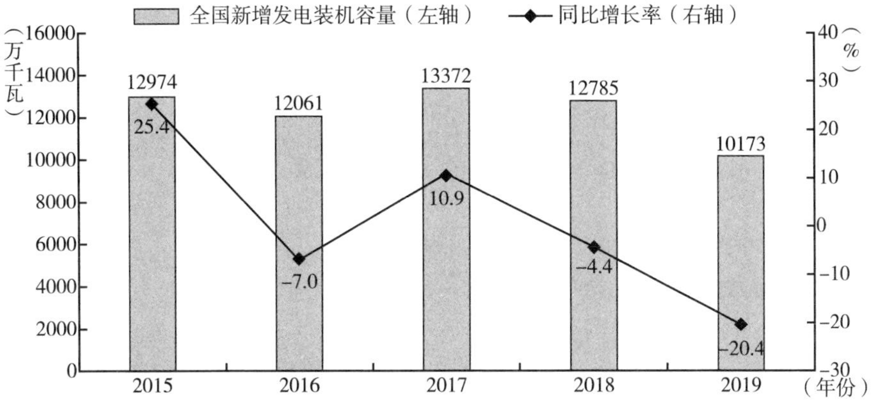

图8　2015～2019年全国新增发电装机容量及变化情况

（二）电力建设企业转型力度持续加大

近几年，电力建设企业的转型力度持续加大。2019年水电施工企业的转型指数（营收与投资之比）高达3.52，保持多年良好发展势头。火电施工企业把转型升级作为重大发展战略，积极转向国内非电、境外市场及其他工程项目，对国内火电建设投资的依赖程度越来越小，转型起步虽晚，但成效显著。2019年火电建设企业的转型指数达到2.52（见图9）。

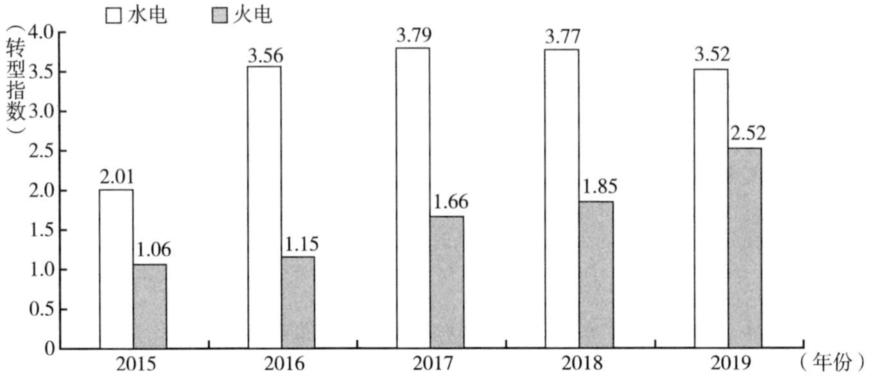

图9　2015～2019年全国水电、火电施工企业整体转型指数化情况

（三）电力建设企业国际业务成果丰硕

2019 年，中国电力建设集团公司和中国能源建设集团公司境外营业收入分别为 711 亿元和 302 亿元，增幅分别为 5.2% 和 11.9%（见图 10、图 11）。

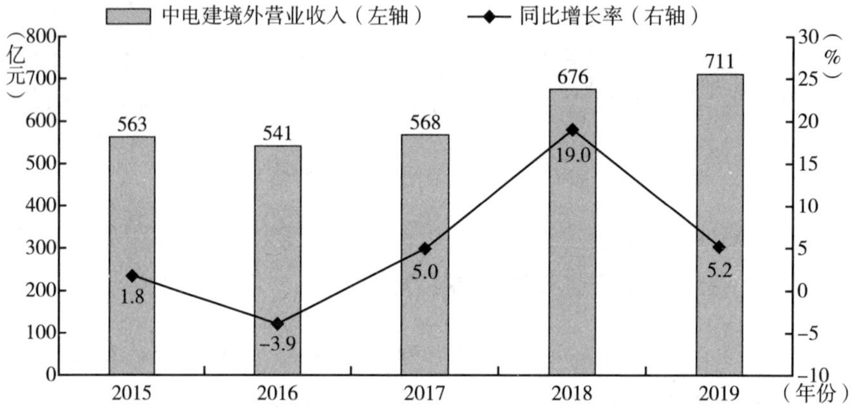

图 10　2015～2019 年中国电力建设集团公司境外营业收入及变化情况

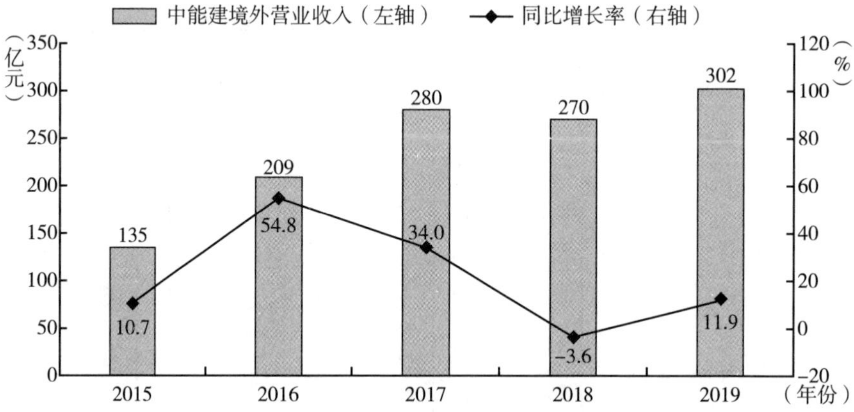

图 11　2015～2019 年中国能源建设集团公司境外营业收入及变化情况

三　2019年电力建设行业创新发展分析

112 家施工企业中两大电建集团所属企业占 76 家，其中中国电力建设集团公司所属企业 37 家、中国能源建设集团公司所属企业 39 家，两大电建集团企业完成产值占电力建设行业总产值的 86.8%。2019 年电力建设行业创新发展的重点工作有以下几点。

（一）坚持创新驱动，拓展主营业务

一是创新管理机制，注重人才的引领作用。以推进混合所有制改革为契机，加快管理体制机制创新，积极构建有利于人才脱颖而出、有利于发挥人才引领作用、有利于业务创新发展的新机制，加快推进行业高端智库建设。

二是创新商业模式，注重企业综合能力的培育。持续提高行业投资资源利用效率，在确保投资收益的前提下，积极推动 EPC 总承包模式，培育企业总承包能力；进一步健全企业内部经营机制，加快城市区域综合开发业务发展，持续提升核心竞争力。

三是创新发展新业务，注重新动能的培育。充分发挥行业核心优势与整体优势，积极发展水环境业务，积极推动砂石料产业发展，把拓展机场建设作为继水环境治理后新的重要发展领域，加快行业发展中新动能的培育。

（二）坚持市场导向，优化资源配置

一是推动转型发展，巩固传统领域市场，优先发展国际业务，创新发展基础设施及水环境新业务。

二是健全营销体系，构建有利于充分发挥企业积极性、有利于发展本行业领导作用的新型营销管理体系，加强非投融资总承包新签合同考核，引导企业参与市场竞争，积极发展非投融资总承包业务。

三是鼓励企业资质升级，尤其是非传统业务总承包特级资质，鼓励子企业积极发展基础设施及水环境业务。

（三）坚持问题导向，持续深化改革

围绕19个国家级城市群，围绕国家重大战略发展区域，在京津冀、长三角、粤港澳大湾区等区域设立区域组织，为本行业区域化经营奠定组织基础，并逐步推动区域组织覆盖国家重大战略区域。

（四）坚持政策导向，响应国家战略

响应国家战略，抓住历史机遇，紧跟国家区域发展步伐。加大水环境治理、能源电力市场开发力度，重点开拓长江大保护、黄河治理、调水工程、长三角、粤港澳大湾区、雄安新区、海南建设自由贸易港、西南区域等战略的项目，深度服务区域经济社会发展。关注国家政策性引导发展的产业，积极推广生物质发电、垃圾发电等新兴业务，坚持开拓创新引领行业发展，争取获得新的业务增长点。

四　2019年电力建设行业存在的主要问题

（一）电力建设企业应收工程款居高不下

2019年电力建设市场仍然存在应收工程款较大幅度增长的情况，这既是电力建设市场较突出的问题，也是多年的市场顽疾。虽然市场多方都采取了积极的应对措施，但总体效果不明显，有继续发展的趋势。行业应收工程款的数额巨大，容易造成企业流动资金紧缺，加剧潜亏风险，不利于企业转型发展；项目竣工结算难、结算周期长是主要原因（见图12）。

（二）企业现有资质不足以应对转型发展

特级资质作为建筑业的“顶级身份”之一，其不仅是建筑企业硬实力

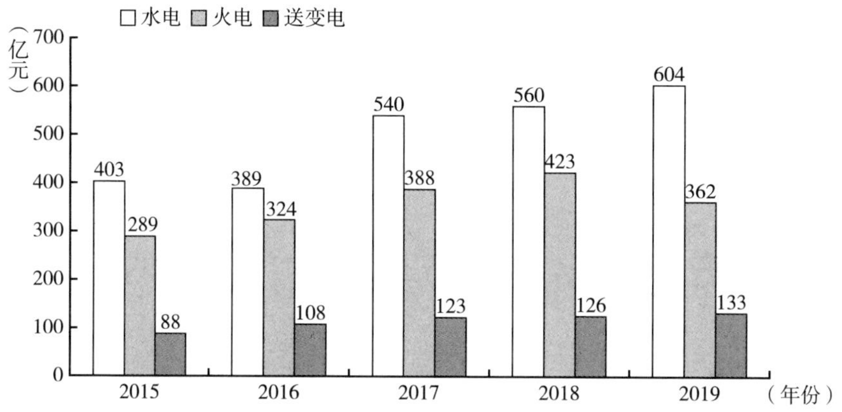

图 12　2015～2019 年全国电力建设施工企业应收工程款情况

的代表，更在某种意义上起着行业风向标的作用。截至 2019 年底，全国特级资质 875 个，分属于 691 家企业。建筑工程、公路工程、市政工程占特级资质的 85%，行业业务占国内建筑市场容量的 87%，水利电力行业占特级资质的 4.4%，行业业务占国内建筑市场容量的 8%。本行业国内传统业务占比约 30%，国内非传统业务占比约 35%，特级资质中非传统行业资质约占 28%。一方面说明本行业传统业务资质作用未充分发挥，另一方面说明本行业资质资源配置与市场发展、转型发展需求还存在较大差距。

（三）市场信用体系建设不完善

当前，电力建设的外部条件较差，覆盖电力建设市场各主体的征信系统尚未形成，市场各主体信用记录不全；守信激励不足，失信成本偏低，服务机构公信力不足；诚实守信的社会氛围尚未形成，源头产生招投标低价中标、拦标价等问题，后续发生工程款拖欠和安全质量事故，对行业健康发展带来不利的影响。

（四）法律法规、规程规范存在缺失

近几年，国内或境外的电力建设项目越来越多地采用 EPC 总承包模式，

为提高管理效率和工程质量起到了积极的推动作用。但在实施项目 EPC 总承包管理过程中，现行的法律法规、标准规范严重滞后于市场发展，特别是 2017 年江西丰城“11.24”事故后，法律法规、标准规范层面的缺失引起多方面的关注。

五 促进电力建设行业发展的对策和建议

面对国内外复杂形势，电建企业要时刻保持清醒思维，抓住主要矛盾，善于化危为机，坚持稳中求进的工作总基调，以提质增效为抓手，坚持深化改革，强化市场导向，防范重大风险，着力实现高质量、有效益、可持续的增长，确保新签合同额、营业收入同比增幅不低于建筑央企平均水平。

（一）发挥行业引领作用积极开展对标管理

一是发布行业领先水平指数和先进做法经验，加强对标管理，细化费用支出标准，大力压缩非生产性费用开支；二是及时更新行业定额，发布行业的分包商黑名单，发布行业的新科技成果，维护行业的健康发展；三是进一步提升“两金”压控的精准性，分类统计，分类管理，分类施策，加大高风险应收账款和存货的清理力度；四是要加大到期债权催收力度，推动企业建立到期债权催收责任机制，加大监督检查力度，切实落实到期债权损失的发现、报告、处置责任；五是推进企业加快科创板上市的力度，降低电建企业的资产负债率。

（二）攻坚克难推动行业持续健康发展

习近平总书记视察三峡大坝时提出“大国重器必须掌握在自己手里，非常期待我们的水电队伍长期持续健康发展”。水电建设从勘察设计、施工、装备制造、运行维护等各个环节，全面实现了国产化，但目前水电建设队伍遇到了诸多问题，内外交困，国内后水电时代，老本行项目锐减，受疫情影响，国外多数石油国家项目大幅减少。呼吁国内的水利项目向水电建设企业开放，包括勘察、设计等，减少不必要的行业壁垒。同时，水电建设企业应主动向破旧小区改造、电梯安装、水利供水项目、河道整治等政府重点投资的民生项目转型。

（三）努力打造“中国电建”国际名片

水电建设能力是习近平总书记“大国重器必须掌握在自己手里”的一面旗帜，值得向全世界推广，“中国电建”应作为类似“中国核电”“中国高铁”等中国名片广泛推介。这需要有关行业协会多与商务部、外交部沟通协调相关事宜。

经历了新冠肺炎疫情的考验，世界各地将会增加火电站的建设项目，并且可能使用中国的优惠贷款。建议行业及时发布中国标准的外文版，从国家层面推动海外的火电建设使用中国标准，以便各中资企业、部委、进出口银行等相关人员洽谈项目时使用，以推动中国的全套装备、设备“走出去”。

（四）电建企业继续加快转型升级步伐

一是加快企业“转型升级”步伐，开拓境外、技术服务及其他非电行业的市场，明确企业“转型升级”方向，关注人才的培养和资金的投入，关注相关制度建设，梳理“转型升级”方向与主业的关系，在企业“转型升级”方向上持续进行探索；二是采取市场和行政手段相结合的方式，加快企业整合力度，优化资源配置，压缩电力建设施工企业的数量，使之符合市场需求，力争到 2022 年，电力建设市场需求和供给达到基本平衡程度；三是电力建设集团应加快深化改革的步伐，选择部分施工企业，进行体制“混改”的探索。

（五）加强电建企业信用体系建设与管理

政府行业信用主管部门应在牵头搭建电力建设市场统一信用信息平台的同时，转变构建电力建设市场信用体系的思路，跟踪监控电力建设各市场方的信用情况，失信现象不只是发生在施工方，建设方也存在履约失信的情况。只有全面反馈电力建设市场各主体的失信行为，信用体系才是完整的，信用报告才是全面的，体系运行才是有效的，才能使电力建设信用体系具有可持续发展的前提。

（六）未雨绸缪引领行业收好官、布好局

2020 年是“十三五”规划收官之年，也是“十四五”规划谋篇布局的启动之年，要坚持全局思维，谋划好行业“十四五”的发展战略。一是全面总结本行业“十三五”以来的工作经验与教训，扬长避短，持续发展；二是全面分析市场发展态势和行业能力，明确行业的发力点，顺应市场需求；三是研究制定“十四五”电力建设行业发展目标与战略举措。

六　2020年电力建设行业发展趋势展望

2020 年，全球经济动荡源和风险点仍在增多，国内经济下行压力加大，潜在风险隐患短时间内难以消除，但中国经济的韧性仍然较强。与发达国家相比，中国的基础设施与人民对美好生活的需求还存在较大差距。“五个重大国家战略”（可持续发展战略、人才强国战略、科教兴国战略、创新驱动发展战略、“三步走”战略）的实施，推进形成区域化发展新格局，使城市群都市圈建设进程加快，持续推进新型城镇化建设，推动国内建筑市场总体需求稳中有增。预计未来 10 年，中国仍将是全球最大的国别建筑市场。

（一）国内宏观经济总体长期向好

当前，全国正积极贯彻党中央决策部署，坚持稳中求进工作总基调，坚持以供给侧结构性改革为主线，推动高质量发展，及时采取更大力度的减税降费等逆周期调节，扎实做好“六稳”工作，保持经济社会持续健康发展，三大攻坚战取得关键进展，精准脱贫成效显著，金融风险有效防控，生态环境质量总体改善。改革开放迈出重要步伐，供给侧结构性改革继续深化，科

技创新取得新突破，人民群众获得感、幸福感、安全感提升，“十三五”规划主要指标进度符合预期，全面建成小康社会取得新的重大进展。

经历新冠肺炎疫情的考验，总体来看，中国经济长期向好的发展态势没有变。新时代的中国特色社会主义，是建筑业发展的大方位；国内经济长期向好的发展态势，是建筑业发展的大环境。国内经济发展区域性特征越来越显著，新型城镇化建设是国内建筑业发展的最大需求，国内建筑市场具有较显著、较突出的区域化需求。

（二）国际经济增长趋于放缓

2020 年，全球制造业下行趋势难以明显改善，在弱势运行中反复波动将是全球制造业乃至全球经济运行的主要特征，波动速度以及幅度较 2019 年将有所缓和。面对逐渐下行的经济环境，世界各国政府纷纷加大逆周期调节力度，以降息为主的宽松货币政策与以加大基础建设投资为主的扩张性财政政策相配合。这些政策效果将会在 2020 年持续释放，为缓解经济下行压力提供空间，在一定程度上起到遏制经济下行速度的作用。

（三）区域经济发展新格局形成新需求

2019 年 12 月，中央经济工作会议指出，要完善区域政策和空间布局，发挥各地比较优势，构建全国高质量发展的新动力源，推进京津冀协同发展、长三角一体化发展、粤港澳大湾区建设、海南自由贸易港建设，打造世界级创新平台和增长极。同时，还要扎实推进雄安新区建设，落实长江经济带共抓大保护措施，推动黄河流域生态保护和高质量发展。要提高中心城市和城市群综合承载能力。2019 年 12 月 1 日，中共中央、国务院印发《长江三角洲区域一体化发展规划纲要》，为制定相关规划和政策提供了依据。预计“五个重大国家战略”的实施必将形成以城市群为主体构建大中小城市和小城镇协调发展的城镇格局，在重大国家战略区域推进世界级城市群的建设，推动区域协调发展新格局的构筑，带动重大国家战略区域建筑市场的发展。

（四）电力建设市场形势不容乐观

在电源建设方面，《电力发展“十三五”规划（2016—2020）》提出，2020年全国发电装机容量20亿千瓦，非化石能源装机容量7.7亿千瓦，占比39%。煤电装机容量力争控制在11亿千瓦以内，占比降至55%。截止到2019年底，全国发电装机容量已达到20.1亿千瓦，煤电装机容量达到10.5亿千瓦。

在电网建设方面，国家电网有限公司、南方电网有限责任公司都明确提出2020年将严控电网投资规模，投资额将会继续降低，2019年主网建设投资（不含特高压）为2000亿元左右，预计2020年降至1900亿元。

未来，全国电力建设行业市场竞争将更加激烈，价格水平低位运行甚至下行压力风险加大，电建企业经营压力持续增加，盈利空间进一步收窄。

（五）电建企业延伸电力行业服务大有可为

2020年，电力建设施工企业应为电力行业提供检修等延伸服务，着力开拓国内中小型电站施工、试运、运维、检修等“一条龙”式服务。为国内外火力和水力发电厂的年度机务、电气、热控等专业的大中小修、技术改造及中长期的运行维护提供优质服务；为国内外超高压及特高压电网提供巡线、线路维护、变电站与换流站检修、改造及运行维护等服务。利用电力建设企业的技术力量、施工机械、试验设备的自然优势，提供物美价廉的服务，降低项目建设和运维的成本，满足国内中小型电站的管理需求，不断为电力建设施工企业拓展市场服务渠道，为市场提供优质服务。

B.3

中国铁路建设行业发展报告（2020）*

中国铁道工程建设协会

摘　要： 2019年，铁路建设行业以推动铁路建设高质量发展为主题，聚焦交通强国、铁路先行，深化强基达标、提质增效，科学有序地稳步推进铁路建设，取得了显著成绩。全年铁路固定资产投资完成8029亿元，投产新线8489公里，是近三年投资完成、投产里程最多的一年，为服务经济社会发展作出了积极贡献。2020年，铁路建设行业将继续聚焦交通强国、铁路先行，坚持强基达标、提质增效，着力节支降耗、改革创新，以推动铁路建设高质量发展为主题，坚定不移地推进质量安全红线管理，打造精品示范工程，加强人才队伍建设，提升建设管理水平，全面推进铁路建设治理体系和治理能力现代化建设，谱写新时代铁路建设高质量发展新篇章。

关键词： 铁路建设　提质增效　高质量发展

一　2019年铁路建设行业经营情况

1. 完成产值及同比变化情况

全年铁路固定资产投资完成8029亿元，投产新线8489公里，是近三年投资完成、投产里程最多的一年。截至2019年年底，全国铁路营业里程

---

* 本报告数据均来自国家统计局和中国国家铁路集团有限公司。

13.9 万公里以上（见表1），其中，高铁3.5 万公里。京张高铁、昌吉高铁、浩吉铁路等具有影响力的新线高质量开通，是我国铁路现代化进程中新的里程碑，为服务经济社会发展作出了积极贡献。

表 1　2014～2019 年全国铁路营业里程

单位：万公里

年份	2014 年	2015 年	2016 年	2017 年	2018 年	2019 年
营业里程	11.2	12.1	12.4	12.7	13.1	13.9
复线里程	5.7	6.5	6.8	7.2	7.6	8.3
电气化里程	60.5	7.5	8.0	8.7	9.2	10.0

2. 企业新签合同额及同比变化情况

目前，铁路建设企业主要包括中国中铁、中国铁建、中国建筑、中国交建、中国电建等5 家中央建筑业企业集团。根据《中国国家铁路集团有限公司2019 年年度报告》，全年大中型铁路基建项目招标总规模增加，5 家企业集团2019 年铁路业务新签合同额有较大幅度提高，全年共完成新签合同额6039.3 亿元，同比增长25.0%（见表2）。

表 2　中央建筑业企业铁路业务新签合同额统计

单位：亿元，%

项目	中国中铁	中国铁建	中国建筑	中国交建	中国电建	合计
2019 年新签合同额	3112.4	2613.2	100.1	169.4	44.2	6039.3
2018 年新签合同额	2540.8	2120.4	84.9	86.8	0	4832.9
同比增减	22.5	23.2	17.9	95.2	—	25.0

3. 企业境外承包工程情况

2019 年，在世界经济复苏乏力、逆全球化和贸易保护主义有所抬头的背景下，境外工程特别是共建“一带一路”国家基础设施发展指数虽稳中略降，但仍保持在较高水平。各国铁路互联互通项目建设需求巨大，参与和支持“一带一路”倡议的铁路等基础设施建设的资金来源更加多样化。

中国铁路建设企业认真贯彻习近平总书记关于中（国）老（挝）铁路等境外项目的重要指示，加大组织实施力度，中老铁路土建工程基本完成，印尼雅万高铁建设全面提速，为建设中老友谊标志性工程中老铁路项目和“一带一路”标志性项目雅万高铁项目奠定了坚实基础。巴基斯坦拉合尔轨道交通橙线项目建成试车，中泰铁路、匈塞铁路、孟加拉国帕德玛大桥铁路连接线等重点在建项目有序进行，铁路建设“走出去”取得新成果。

二 2019年铁路建设行业发展特点分析

2019 年，铁路建设行业深入贯彻习近平总书记关于铁路发展的重要指示批示精神，坚决落实党中央、国务院的决策部署，以开展“不忘初心、牢记使命”主题教育为契机，以推动铁路建设高质量发展为主题，以打好“三保三增”攻坚为动力，聚焦交通强国、铁路先行，深化强基达标、提质增效，科学有序稳步推进铁路建设，取得了显著成绩，京张高铁、昌吉高铁、浩吉铁路等一批具有影响力的新线依法高质量开通，成为我国铁路现代化进程中新的里程碑，为服务经济社会发展作出了积极贡献。

（一）聚焦项目开通，铁路建设高质量推进

1. 坚持依法保开通

提前制定并严格落实年度开通项目安排，动态分析剩余工程、地方资金、市政配套、外部环境整治等工作进展，优化京张高铁、京雄城际、浩吉铁路等重点项目开通方案。制定高铁项目开通工作意见，明确开工条件、程序标准等，并认真执行，确保铁路建设项目依法按计划开通。

2. 抓好施组保在建

坚持以强化施组管理为主线，紧盯服务国家战略的重点项目，认真落实施组定期审查制度，细化卡空节点时间，动态优化重难点工程施组方案，深入重难点项目督导调研，协调解决关键技术、站房建设、市政配套等问题，确保建设项目有序推进。

3. 落实要件保开工

按照年度新开工项目推进方案，细化可行性研究、初步设计、施工图审查、招投标等工作目标及完成时限，制定工作计划并协调督办。建设单位积极参与前期工作，抓好开工要件办理，加快推进用地预审、环评水保、征地拆迁等工作，确保渝昆高铁、广湛高铁等22个项目顺利开工。

（二）推进改革创新，建设管理迈出坚实步伐

1. 完善管理体制机制

印发国有铁路企业控股合资公司建设管理若干规定，进一步理顺各层级管理关系；建立健全以质量、安全、工期、投资控制、文明施工为主要内容的建设系统目标，促进建设管理水平全方位提升；加快推进铁路建设市场化改革，组建铁路建设管理公司，依法开展全方位市场经营服务。

2. 健全建设标准体系

着眼提升工程质量水平和推动铁路智能化发展，发布铁路行业工程建设标准公告8批、《高速铁路安全防护设计规范》（TB 10671－2019）等工程建设标准19项。发布铁路工程造价标准公告1批、《铁路工程估算定额（第一册 通信工程）》（铁建〔1998〕42号）等工程造价标准8项。发布《时速250公里高速铁路有砟轨道工程施工技术规程》《铁路隧道全断面岩石掘进机法技术指南》等标准，铁路工程建设标准体系进一步丰富和完善。为推动中国标准国际化，发布铁路工程施工质量验收系列标准、《铁路旅客车站设计规范》和《铁路工程环境保护设计规范》等铁路建设行业标准英文译本22项，发布《高速铁路设计规范》俄文译本1项、印尼译本1项，中国铁路工程建设标准“走出去”取得新成效。

3. 推进管理方式创新

研究制定铁路建设项目EPC工程总承包指导意见，进一步规范工程总承包管理；印发施工专业分包管理办法，依法合规推行专业分包；开展铁路建设项目单价承包试点，为推广应用积累经验；选择部分新开工项目，开展站前、站后工程施工图同步设计和审核；研究制定项目实施阶段勘察设计质

量红线管理规定，建立并完善监理单位及人员管理制度，实现由重点抓施工单位管理向全面抓设计、施工、监理等单位管理的转变。

（三）深化红线管理，质量安全实现稳中向好

1. 持续深化红线管理

严格落实《铁路建设项目质量安全红线管理规定》，国铁集团联合中国中铁、中国铁建、中国建筑、中国交建、中国电建等5家企业集团开展红线管理专项督察；开展重要“四电”甲供物资进场抽检，对发现的问题及时整改。通过持续深化红线管理，企业质量安全意识进一步增强，质量安全管理水平进一步提升。红线管理已成为铁路建设质量安全管理的常态化手段，为铁路建设质量安全管理提供了坚强保障。

2. 开展“三查”专项整治

开展“查标准、查管理、查现场”专项治理活动，派出督导组现场抽查，发现问题及时整改。组织设计院开展现场警示教育，召开设计单位座谈会，在全行业开展高铁项目质量安全排查整治活动，有效提升了设计质量。

3. 全力抓好建设环境维稳工作

督导做好农民工工资发放、工程款拨付、材料款结算等工作，确保春节、“两会”、新中国成立70周年等特殊时期稳定，营造了和谐的铁路建设环境。

（四）坚持示范引领，精品智能收获重要成果

1. 着力打造精品工程

按照精心、精细、精致、精品的要求，因地制宜推进京张、浩吉、昌赣等重点项目精品建设。精品工程督导组通过现场点评、信用评价等措施，强化过程督导，指导施工单位创新工艺工法，打造了精品工程、智能京张新典范，建成了浩吉重载铁路货运示范线，树立了昌赣高铁时速350公里大干线新标杆。

2. 稳步推进智能建造

以打造智能京张、智能京雄为依托，深化 BIM 技术工程化应用，探索工程全生命周期管理，实现了工程精品化管控与智能建造的深度融合，提高了铁路建设数字化、智能化水平。围绕京张、京雄等项目的桥梁、隧道、路基、轨道、梁场推广智能建造技术，推动铁路智能化建造水平再上新台阶。

3. 分类打造绿色铁路

总结杭（州）黄（山）生态高铁建设经验，开展调查研究，发布南方铁路绿色设计施工标准。落实绿色、开放、共享、廉洁的办奥理念，在京张高铁开展站前工程绿化景观设计施工。采用国家绿色建筑星级标准开展站房设计，打造“城郊、关塞、大泽、燕北、雪国”等景观绿色长廊，为制定北方地区铁路绿色设计施工标准提供依据。张（家口）呼（和浩特）铁路积极探索草原高铁绿化新途径，取得良好效果。

4. 精心构筑人文工程

贯彻落实畅通融合、绿色温馨、经济艺术、智能便捷的客站建设理念，围绕“天地合德、百年京张”的文化主旨，开展文化性、艺术性表达系统研究，细化清河站、八达岭长城站、太子站等站房设计方案，形成了全线及各站的文化主题，将京张高铁打造成文化内涵深厚的风景线。坚持站城融合、一站一景，总结提炼文化艺术表达元素，优化大同南站、张家界西站等站房设计，建成一批具有地域文化、民族特色、铁路特点、时代特征的人文工程。

（五）加快信息化步伐，标准化管理持续推进

1. 提升信息化应用水平

坚持将信息化应用于质量安全管控、项目投资控制等重要环节，完成 66 个建设项目铁路工程管理平台的升级部署，推广使用隧道围岩监控量测、超前地质预报和安全步距控制等终端，研究试用隧道衬砌检测等新终端，推动标准化管理向工序工艺延伸，进一步提高了平台的系统性和协调性。依托标准化管理考核、企业信用评价等措施，建立信息化管理考核体系。积极开

展国际交流与合作，联合承办国际 BIM 标准峰会，国际铁路 BIM 数据存储标准取得重要阶段性成果。

2. 全面推行开工标准化

制定高速铁路建设项目开工标准化、技术交底管理等办法，细化标段、单位工程开工标准化内容及要求，落实建设、施工、监理等单位责任，强化人员、物资和机械设备的配置，实现了施工组织、现场作业、支撑手段等全面达标。将开工标准化纳入建设单位业绩考核、参建单位信用评价，确保了新开工项目高起点、高效率推进。

三　2019年铁路建设行业创新发展分析

铁路建设行业高度重视科技创新，始终把科技创新作为实现高质量、可持续发展的重点工作，不断深化科技创新体制机制改革，搭建创新平台，优化创新环境，科技创新能力不断增强，科技创新水平不断提升。依托京张高铁、京雄城际铁路建设，全面推进智能建造、装备、运营技术创新，基于 BIM 的智能建造技术取得突破，智能动车、自动驾驶等先进技术投入运用，展示了我国智能高铁建设的最新成就。沪通长江大桥、五峰山长江大桥、平潭海峡大桥胜利合龙，率先掌握了千米级超大跨度斜拉桥、悬索桥设计施工关键技术；京张高铁八达岭长城站和清华园隧道，分别攻克了最大埋深地下车站和城市区大直径盾构隧道修建技术难题；玉磨、贵南、京雄、郑济铁路等建设项目，在软岩隧道快速施工、装配式桥梁应用、40 米简支梁运架、机制砂预制混凝土箱梁等建造技术上取得一批创新成果。2019 年铁路行业荣获国家科学技术奖 6 项。其中，国家技术发明二等奖 2 项，分别是“高速列车－轨道－桥梁系统随机动力模拟技术及应用”和“高压大电流 IGBT 芯片技术及应用”。国家科技进步二等奖 4 项，分别是“高速铁路高性能混凝土成套技术与工程应用”“长大埋深挤压性围岩铁路隧道设计施工关键技术及应用”“强风作用下高速铁路桥上下行安全保障关键技术及应用”“重载列车与轨道作用安全保障关键技术及工程应用”。2019 年度铁路重大科技创新成果库入库280项，其中，铁路科技48项、铁路专利51项、铁路技术标准27项、铁路科技论文154项。

四　铁路建设行业发展中存在的主要问题及解决对策和建议

铁路建设行业发展中存在的主要问题，一是思想观念与新发展理念和高质量发展还有差距，有待进一步提高；二是对铁路建设投资多元化、管理多样化的认识还不到位，适应法制化、市场化要求的管理体制和运行机制有待完善；三是装备水平、生产能力等与铁路建设任务、管理要求还有差距，质量安全隐患依然存在；四是依法建设意识需进一步增强，文化保护、环保水保、外部环境整治等问题还不同程度地存在。这些问题需要采取措施，认真加以解决。为解决上述问题，更好地推动铁路建设高质量发展，提出相关对策和建议。

（一）加快改革创新步伐，推进铁路建设治理体系和治理能力现代化

1. 推进建设管理体制机制改革创新

严格执行国有铁路企业控股合资铁路公司建设管理若干规定，充分发挥出资人代表作用。制定加强铁路建设单位建设管理工作的若干意见，进一步完善以质量、安全、工期、投资控制、文明施工为主要内容的建设系统，实施全方位、全过程管理。

2. 健全完善建设管理体系

加强质量安全制度建设，制定铁路建设质量安全重点工作意见，修订铁路项目安全风险、隧道安全、第三方检测和应急预案等管理办法；加强勘察设计和监理管理，尽快出台勘察设计红线管理办法，完善落实监理人员清退和“黑名单”管理制度；依据新的《中华人民共和国招投标法》，修订铁路建设施工、监理等招投标实施细则。

3. 推行单价承包模式

单价承包是国际通行的一种承包模式，要加快制定铁路单价承包制度办法，完善单价承包工程量清单，为推行单价承包模式提供制度保障。

4. 推进管理模式创新

适应铁路投资多元化、管理多元化新形势，加快完善建设管理模式。按照铁路投融资体制改革要求，进一步健全 EPC 管理办法，促进工程总承包健康发展；完善铁路项目委托代建模式，制定委托代建协议范本，切实发挥铁路建设行业管理优势。

5. 构建铁路建设大格局

建立健全铁路建设管理单位与国家相关部委、设计、施工、监理等部门和单位的对接机制，及时协调解决有关问题；健全完善铁路建设管理单位与中国中铁、中国铁建、中国建筑、中国交建、中国电建等 5 家铁路建设集团的定期会商工作机制，加强协同管理；加强与地方政府的协同沟通，共同解决与铁路建设相关的重难点问题，形成齐抓共管的铁路建设大格局。

（二）完善高铁建设标准，形成世界领先的铁路工程建设标准体系

1. 完善铁路建设标准体系

以绿色、智能、精品工程为重点，梳理总结高铁建设和技术标准应用情况，形成系统完善的铁路工程建设标准体系。

2. 加快推进新标准制定工作

开展高速铁路路基智能填筑、无砟轨道智能预制、铁路工程地理信息系统、北方地区铁路工程绿化、西南地区复杂地质条件工程定额等新标准编制，丰富铁路建设标准体系。

3. 积极推进极限状态法转轨

发挥大数据统计分析作用，积极推动路基、桥梁、隧道、轨道等设计方法由容许应力法向极限状态法的转轨，推进极限状态法在设计中的应用，优化铁路工程结构设计，加快与国际接轨。

（三）大力推进科技创新，进一步提升铁路工程建造水平

1. 开展关键技术攻关

推进空天地一体化综合勘察技术及应用研究，提高工程地质勘察信息化技术水平；深化基于 BIM 的协同设计平台研究，形成多专业协同管理和三维设计体系，实现可视化展示和虚拟设计建造；开展基于 BIM 的智能施工技术研究，推进桥梁装配化设计和建造技术研究应用；开展岩爆、软岩大变形、高低温、活动断裂等不良地质隧道智能建造技术研究，防范施工安全风险。

2. 加强科创成果应用

积极推进京张高铁、京雄城际智能建造等技术应用，持续提高建造智能水平；总结沪通、五峰山长江大桥和平潭海峡大桥创新成果，为类似工程提供经验借鉴；总结推广先进成熟的工艺工法和工装设备，解决质量安全共性问题。

3. 提升信息化管理水平

加大 RFID、传感器、无人机、三维激光扫描等设备应用力度，通过实时监控、智能感知、数据采集和高效协同等手段，提高现场管控能力；依托重点建设项目，推进物联网、移动互联等信息技术在 TBM、钻爆法施工机械、架桥机等大型设备中的应用，进一步提升信息化管理水平。

五　2020年铁路建设行业发展展望

2020 年，是全面建成小康社会和“十三五”发展规划的收官之年，也是实施交通强国纲要、深化铁路改革的重要一年，铁路建设市场仍面临良好发展机遇。

一方面，与“十三五”发展规划相比，铁路建设仍有较大上升空间。截至 2019 年底，全国铁路营业里程达到 13.9 万公里，其中高铁 3.5 万公里。对照“十三五”规划，铁路营业里程已完成规划目标的 92.7%。另外，

根据“中长期铁路网规划”，到2025年全国铁路营业里程达到17.5万公里，其中高铁3.8万公里。这就意味着，2020～2025年每年的新线投产里程需达到6000公里，其中高铁达到500公里，铁路建设仍有较大空间。

另一方面，随着全球新冠肺炎疫情的蔓延、贸易摩擦的持续、金融市场的动荡以及地缘政治紧张局势的升级，全球经济下行风险增加，行业发展将面临一些新的困难。为有效应对经济下行风险，党中央、国务院出台了一系列稳增长、促发展的措施，明确要求加大城际高速铁路等“新基建”建设力度，为铁路建设行业发展提供了新的利好。2020年计划新开工铁路项目见表3。

表3　2020年计划新开工铁路项目

单位：千米

序号	铁路名称	线路长度
1	成都至达州至万州高速铁路	451
2	北沿江高铁合肥至南京至上海段	441
3	长沙至赣州高速铁路	432.6
4	襄阳至常德高速铁路	408.4
5	太子城至锡林浩特铁路	384
6	天津至潍坊高速铁路	367
7	雄安至忻州高速铁路	358
8	南通至苏州至嘉兴至宁波高速铁路	337
9	合肥至新沂高速铁路	330
10	集宁至大同至原平高速铁路	293
11	宝中铁路中卫至平原扩能改造	280
12	重庆至万州高速铁路	248
13	武汉至荆门至宜昌高速铁路	240
14	瑞金至梅州铁路	239.2
15	延安至榆林高速铁路	239.1
16	潍坊至烟台高速铁路	237.4
17	汕头至漳州高速铁路	167
18	兰州至合作铁路	147
19	九江至南昌高速铁路	136.9
20	武汉枢纽直通线	135

续表

序号	铁路名称	线路长度
21	湛江至海安高速铁路	124
22	池州至黄山高速铁路	121.5
23	文山至蒙自铁路	116
24	深圳至江门铁路	115.7
25	铁力至伊春铁路	113.6
26	梅州至武平铁路	103.2
27	平凉至庆阳铁路	100

此外，全国铁路升级改造步伐加快，部分老旧铁路为满足新时期铁路运输需要，陆续进行扩能改造。2019 年以来，先后有京通铁路、金华铁路、佳鹤铁路、酒额铁路、桃威铁路、成渝铁路、南疆铁路、海南西环铁路等改造工程启动。据统计，目前我国开通运营达 70 年的铁路有 2.18 万公里，达 60 年的有 3.23 万公里，超过 50 年的有 4.17 万公里，老旧铁路升级改造的需求将越来越大，也为铁路建设市场提供了发展空间。

参考文献

国家铁路局：《2019 年铁道统计公报》。
中国中铁股份有限公司：《2019 年年度报告》。
中国铁建股份有限公司：《2019 年年度报告》。
中国建筑股份有限公司：《2019 年年度报告》。
中国交通建设股份有限公司：《2019 年年度报告》。
中国电力建设股份有限公司：《2019 年年度报告》。

B.4 中国石油工程建设行业发展报告（2020）*

中国石油工程建设协会

摘 要： 2019 年中国石油工程建设企业创新项目管理方式，精心谋划与组织，全年承建境内外重点工程百余项，营业收入和新签合同额同比增长，行业实现了平稳健康发展。本报告整理了行业发展的基本情况和重点工程建设情况，总结了行业发展中的智能化管道建设进入新阶段、大罐容 LNG 储罐建造形成规模、管道非开挖穿越技术更趋成熟、“五化”建设成为常态等特点。指出了行业发展中存在市场竞争激烈、企业发展后劲不足、市场开拓发展不平衡等问题。提出了进一步规范市场秩序、优化经营结构、加强人才队伍建设、提升科技创新能力等发展建议。

关键词： 石油工程建设 油气储运 石油工业

一 2019年石油工程建设行业发展基本情况

（一）营业收入

2019 年，石油工程建设行业规模以上企业共完成营业收入 956 亿元，营业收入比 2018 年增加了 64 亿元，同比增长 7.2%。

* 本报告数据均来自国家统计局和中国石油工程建设协会。

（二）新签合同额

2019年，石油工程建设行业规模以上企业新签合同总额1332亿元，比2018年增加158亿元，同比增长13.5%，市场形势有所好转。

（三）实现利润

2019年，石油工程建设行业规模以上企业利润为-17.2亿元，同比减少3.23亿元，企业经营难度加大。其中上市部分中国石油集团工程股份有限公司实现了盈利经营，未上市部分企业出现亏损。

（四）企业数量和就业人数

2019年，石油工程建设行业规模以上企业38家，其中特级企业4家，总承包企业27家，专业承包企业7家，规模以上企业比2018年减少2家。员工总数9.49万人，比2018年减少0.34万人。

（五）企业境外承包工程情况

2019年，中国石油集团工程股份有限公司在2019年度《工程新闻纪录》（ENR）“国际承包商250强”中排名第43位，其所属的大型石油工程建设企业，在境内工程市场不景气的情况下，加大了境外市场的开发力度，境外营业收入达42.3亿美元（折合人民币280.8亿元），占总收入的30%。

二　2019年石油工程建设行业发展特点

2019年，石油工程建设行业规模以上企业创新项目管理方式，精心谋划与组织，全年承建重点工程79项、重点工程完工投产22项，境内外重点工程建设全面受控。

石油工程建设行业呈现大型化的特点，包括全球最大管径的天然气管道建设、全国最大罐容的LNG储罐建设和炼化一体化的大型炼油化工项目建设。

（一）油气田建设工程

2019 年，中石油油气当量产量同比增长 4.6%，油气增产主要集中在西部油气田和西南油气田。油气田工程建设总体建设规模比 2018 年有所增长。

长庆油田作为第一大油气田，实施了一大批原油和天然气产能建设工程。该油田属于位于陕西省榆林市榆阳区的长庆油田上古天然气处理厂工程，是中石油“十三五”重点工程建设项目，是国内第一个大规模的乙烷回收工程，总投资 40 多亿元，工程进展顺利，计划 2020 年建成投产。

塔里木油田作为我国第四大油气田，新建原油产能 100 万吨以上、天然气 50 亿立方米，建设了一批油田内部地面建设工程和内部管网联络线工程。

西南油气田作为第六大油气田，在四川省长宁－威远国家级页岩气示范区实施了 50 亿立方米的产能建设，到 2020 年示范区页岩气产量将达 80 亿立方米，川南地区成为中石油最大的页岩气生产基地。同时，该油气田高磨二期净化厂项目竣工投产。

西部新疆油田、青海油田和东部大庆、辽河、吉林、华北、大港等油田，为保稳产或延缓减产，实施了一大批更新改造、环保升级、节能减排项目，但单体建设规模较小。

（二）油气储运工程

2019 年，储运工程以大口径天然气管道、大罐容 LNG 储罐及外输管道、互联互通管道工程为重点，总体规模比 2018 年有所减少。重点工程建设主要有以下 4 个。

1. 中俄东线天然气管道工程

管径 1422 毫米的中俄东线天然气管道，主供气源地为俄东西伯利亚的伊尔库茨克州科维克金气田和萨哈共和国（雅库特）恰扬金气田，包括俄罗斯西伯利亚管道、中俄过境段管道和中国境内管道。该管道是中俄能源合作的重点工程建设项目，管道全部建成后输气量达 380 亿立方米/年。

境内管道北起黑龙江黑河市，南止上海市，新建管道 3371 千米，利用在役管道1740千米，全线分北段、中段、南段进行建设。

北段工程（黑河－长岭）包括干线和支线管道，线路全长1067千米，已于2019年12月2日进气投产。

中段工程（长岭－永清），新建干线管道1110千米，2019年7月开工建设，计划2020年10月建成投产。

南段工程（永清－上海），前期工作正在加紧进行，计划2023年建成投产。

2. 西气东输三线闽粤支干线建设

该管道是国家天然气基础设施互联互通的重点工程，起始广东省广州分输站，终止于福建省漳州分输站，管径813毫米，全长595千米，分二期建设。2018年5月陆续开工，2019年12月一期工程广州－潮州段建成，2020年1月18日顺利投产。

3. LNG接收站外输管道工程

随着新一轮LNG接收站的建设，LNG接收站外输管道工程也同步开始建设。2019年，曹妃甸新天液化天然气有限公司的唐山LNG外输管道工程（管径1422毫米）开工建设，江苏滨海LNG外输管道工程（管径1016毫米、911毫米）前期工作抓紧进行中，深圳LNG外输管道工程（管径1016毫米）开工建设。LNG接收站外输管道工程建设，以中石油管道专业队伍为主。

4. 储罐工程

2019年，中石油LNG接收站扩建、新建工程有3项。唐山LNG扩建工程（4座16万立方米LNG储罐及配套工程）储罐主体工程已经完工；江苏LNG三期工程（2座20万立方米LNG储罐及配套工程）开工建设；深圳LNG工程（2座20万立方米LNG储罐及配套工程）开工建设。

（三）炼油化工工程

2019年，华北石化千万吨炼油升级改造第二阶段工程、独山子石化加工轻烃炼油及乙烯优化调整项目等一批炼油化工项目建成投产。同时，一批重点炼油化工项目开工建设。

1. 广东石化炼化一体化建设项目

该项目建设规模为2000万吨/年炼油（含260万吨/年芳烃）及120万吨/年乙烯，总投资约600亿元，工程计划2024年竣工投产。

2019年先后开工建设炼油装置工程、化工装置工程等项目，外输管道前期工作基本完成。

2. 塔里木60万吨/年乙烷制乙烯项目

该项目作为中石油炼化转型升级重点工程，是国内首批纯乙烷气相裂解制乙烯装置之一，也是中石油近年来在新疆单体投资规模最大的项目。项目总投资90.5亿元人民币，2019年6月开工建设。

3. 兰州石化长庆乙烷制乙烯项目

该项目包括80万吨/年乙烷气相裂解制乙烯装置、40万吨/年高密度乙烯HDPE、40万吨/年全密度乙烯FDPE、3万吨/年丁烯-1等装置。总投资104亿元人民币，2019年9月4日在陕西省榆林市开工建设。

（四）境外工程

中国石油集团工程股份有限公司所属中国石油工程建设公司（CPECC）、中国石油管道局工程有限公司（CPP）、中国寰球工程有限公司（HQC）等大型工程建设企业，在东南亚、中亚和俄罗斯、中东、非洲、南美等地区和国家，以EPC为主要承包方式，中标并实施了大批油气田建设工程、原油和天然气管道工程和炼油化工建设项目。

2019年竣工投产的重点工程有：乍得2.2期油田产能建设工程、土库曼斯坦巴格德雷合同区B区东部气田一期地面工程、马来西亚柔佛州RAPID项目90万吨/年聚丙烯项目、阿尔及尔炼油厂改扩建工程、印度帕拉迪布炼油厂年产68万吨聚丙烯项目聚合二线等。

2019年实施的重点工程有伊拉克格拉芙油田3/4/5列原油处理项目、阿联酋阿布扎比巴布油田升级改造工程、俄罗斯阿穆尔天然气处理厂项目、孟加拉单点系泊及双线管道项目、沙特哈拉德及哈维亚地区北部压气站管道项目群工程、尼日利亚AKK天然气管道工程、尼日尔油田外输管道工程等。

2019年中标签约的重点工程有伊拉克哈法亚三期天然气处理厂工程、伊拉克巴士拉天然气轻烃回收处理厂工程、阿尔及利亚HBR油田开发一期项目、印尼巴里巴半第五炼厂拉维拉维单点系泊及相关设施建设项目、塞浦路斯LNG终端项目、泰国东北部成品油管道项目等。

在商业部对外投资和经济合作司公布的"2019年我国对外承包工程业务完成营业额前100家企业"中，中国石油工程建设公司（CPECC）名列第12名，中国石油管道局工程有限公司（CPP）名列第20名。

三　2019年石油工程建设行业创新发展分析

2019年，石油工程建设行业创新发展成效显著，提升了项目建设的科技含量，主要特点有如下4点。

（一）智能化管道建设进入新阶段

随着中俄东线天然气管道（黑河－长岭）工程2019年12月进气投产，标志着我国油气管道工程进入了智能化建设的新阶段。

该管道是大口径（1422毫米）、高钢级（X80）、高压力的天然气长输管道工程。除技术创新外，还通过"大数据＋云计算＋物联网＋人工智能"和"互联网＋项目管理"的新模式，建设"智慧工地"，打造了我国首条智能化管道的样板工程。

该管道从钢材、钢管等主要材料的应用，压缩机、56英寸Class900全自动焊接球阀等关键核心设备的制造，到SCADA系统，全部实现中国制造。

管道施工实现了100%的全自动化焊接、100%的AUT（自动超声）检测和100%机械化防腐补口，管道建设居世界领先水平。

作为全国首条第三代大口径油气管道，中俄东线天然气管道工程从数字化设计，向采办、施工、验收、运维等环节延伸，借助智能移动终端、智能感知设备、电子标签等工具，搭建管道全生命周期信息智能综合管理系统，实现管道的数字化移交和可视化、网络化、智能化管理。

（二）大罐容 LNG 储罐建造形成规模

继中石油江苏 20 万立方 LNG 储罐建成投产后，我国正在建设和规划建设的大型 LNG 接收站有 5 座，罐容均是 20 万立方的预应力混凝土全容罐和国内首次建造的 22 万方的薄膜罐。LNG 储罐呈现大型化，预应力混凝土外罐和钢结构内罐的设计、施工技术更趋成熟，形成了一大批拥有自主知识产权的专利技术、专有技术和省（部）级工法。

中国石油天然气第六建设有限公司开展技术研究，率先在大型 LNG 储罐的 9Ni 钢内罐焊接上实现了横缝和竖缝全部自动焊接，提升了技术含量，保证了焊接质量。

（三）管道非开挖穿越技术更趋成熟

中俄东线天然气管道（黑河－长岭）干线工程管径 1422 毫米，采用水平定向钻技术成功穿越讷谟尔河，提升了我国大口径管道水平定向钻穿越的技术含量。大口径和超长距离管道水平定向钻穿越、大口径套管顶管穿越、大口径管道盾构穿越等管道非开挖穿越技术更趋成熟，保证了油气管道关键控制性工程的顺利实施。

（四）“五化”建设成为常态

中石油在工程建设中全面推行“五化”建设：标准化设计、工厂化预制、模块化施工、机械化作业和信息化管理，“五化”建设已成为工程建设的常态，促进了项目管理的规范化。大型工程建设企业在承揽境外工程时，充分利用国内制造的便利条件，最大限度实现了工厂化预制，运抵现场后采用机械化作业、模块化施工，保证了工程质量，缩短了现场工期，降低了安全风险。

四 石油工程建设行业发展中存在的主要问题

2019 年，虽然石油工程建设行业总体形势好于 2018 年，但困扰工程建设企业发展的瓶颈依然存在，主要问题有以下几点。

（1）受国际油价震荡、行业工程建设投资减少、行业外市场竞争激烈等因素影响，工程建设企业承揽的工程还不能满足企业发展的需要。

（2）受市场竞争激烈、项目控制投资等多因素影响，石油工程建设企业特别是施工企业经营依然比较困难，价格竞争激烈，项目盈利困难，部分项目甚至出现亏损。

（3）由于人员多、包袱重、盈利能力差、资金周转困难、科技研发和装备更新投入费用较少等因素，部分施工企业发展后劲不足。

（4）境外工程市场开拓发展不平衡，部分地区单一国家市场占比过大，存在一定的经营风险。

（5）施工企业作业层人员老化、缺乏活力。由于员工收入与地方企业相比存在劣势，且长期野外作业，青年员工特别是关键工种的员工招工比较困难，企业骨干流失，这是制约施工企业发展的最大瓶颈。

五 石油工程建设行业发展的对策和建议

（1）石油工程建设行业应进一步规范市场秩序，主管部门要引导建设单位确定合理的标价，避免低价恶性竞争，为行业和企业的发展营造良好的环境。

（2）在行业投资近几年投资放缓的环境下，工程建设企业应全力开拓行业外和境外工程建设市场，进一步优化经营结构，延伸主营业务，形成主业突出、全面发展的经营格局。

（3）工程建设企业要进一步优化队伍结构，培养和造就适应市场招投标、项目管理、投产试运行的高素质管理和作业队伍，这是企业发展的根本。

（4）石油工程施工企业应加大科技投入，根据油气田建设工程、储运工程、炼化工程的特点，提升智能化、机械化、自动化建造技术水平，弥补作业层人员老化、招工难的实际问题。

六　2020年行业发展趋势展望

2020 年受油价动荡、全球经济下行以及新冠肺炎疫情等因素综合影响，行业发展形势更为严峻。截至 2019 年底，虽然石油工程建设企业新签合同额好于同期，但受疫情防控影响，上半年境内外部分项目处于停工或半停工状态，企业经营压力增大，但重点工程的建设和市场开发仍然在全力推进。

（一）油气田建设工程

1. 境内重点工程

2020 年的重点是长庆油田、塔里木油田、新疆油田、青海油田、西南油气田的产能建设和增储上产项目，以及东部油田更新改造、节能环保项目的实施。其中长庆油田上古天然气处理厂工程年内建成投产。

2. 境外重点工程

2020 年，确保阿联酋阿布扎比巴布油田升级改造工程年内竣工投产；有序推进伊拉克格拉芙 3/4/5 列原油处理装置工程、科威特（KOC）瓦拉区块第三列压力系统改造等重点工程的实施；做好尼日尔阿加德姆油田二期项目前期策划工作。

（二）油气储运工程

1. 境内重点工程

中俄东线天然气管道中段（长岭 - 永清）的管道年内建成投产；中石油唐山 LNG 二期工程年内竣工投产；有序推进中石油江苏三期工程、深圳

LNG 接收站及外输管道工程和曹妃甸 LNG 及外输管道工程、江苏滨海 LNG 外输管道工程的实施。

2. 境外重点工程

有序推进孟加拉、沙特、尼日尔、尼日利亚、中亚天然气管道 D 线（塔吉克斯坦段）等重点管道工程的实施。

（三）炼油化工项目

1. 境内重点工程

2020 年，重点做好广东石化一体化、塔里木 60 万吨/年乙烷制乙烯、兰州石化长庆乙烷制乙烯等重点工程及吉林石化、大庆石化、锦州石化、锦西石化等石化企业的改扩建工程建设。

2. 境外重点工程

重点做好俄罗斯阿穆尔天然气处理厂项目的实施及阿尔及利亚、印度炼化工程等项目的收尾工作。

（四）境外工程市场开发

石油工程建设企业，在持续开发境内工程市场的同时，继续加大力度，开拓境外工程建设市场。

中东地区：以阿联酋、伊拉克、沙特石油工程市场为重点，扩大科威特、阿曼和卡塔尔工程建设市场。

非洲地区：站稳苏丹、乍得、尼日尔、阿尔及利亚等传统市场，继续开拓莫桑比克、坦桑尼亚、肯尼亚、乌干达等市场。

中亚和俄罗斯地区：加大土库曼斯坦、哈萨克斯坦和乌兹别克斯坦市场的开发力度，继续培育俄罗斯市场。

亚太地区：扩大巴基斯坦、印度、马来西亚、缅甸、泰国、斯里兰卡等市场，积极开拓文莱、孟加拉、巴布亚新几内亚等市场。

美洲地区：加快布局秘鲁、墨西哥、巴西等国家的石油工程建设市场。

2020 年，受新冠肺炎疫情全球蔓延等不确定因素影响，境内外石油工程建设市场会受到一定的冲击，项目运作遇到一定的困难和压力。但石油工程建设企业将继续砥砺前行，全力以赴开拓境内外石油工程建设市场，适应新形势优化资源配置，为我国石油工业持续稳定发展、保证国家能源设施的本质安全做出新的贡献。

B.5 中国化工建设行业发展报告（2020）*

中国化工施工企业协会

摘　要： 2019年，中国化工建设行业积极应对国内外复杂多变的经济环境和各种严峻挑战，逆势而进。积极主动地融入国家发展战略并取得突破性进展；加快推进全球化经营布局，大批重大项目签单落地；深化企业改革，创新强企，促进企业转型升级；行业发展规模更加扩大，经济效益大幅增长，发展质量不断提高。2019年完成产值、境内外新签合同额、实现利润等主要经济指标同比继续保持两位数的增长，增长幅度均高于全国建筑业平均水平。

关键词： 化工行业　工程建设　高质量发展

一　2019年化工建设行业发展基本情况

2019年化工建设企业完成产值1561.935亿元，同比增长36.4%；新签合同额2726.43亿元，同比增长33%，其中境外新签合同额1502.6亿元，同比增长48.9%；企业实现利润38.59亿元，同比增长87.3%。

* 本报告数据均来自国家统计局和中国化工施工企业协会。

二 2019年化工建设行业创新发展及特点

（一）强化经营指标稳步增长战略，经营业绩达历史新高

2019 年国内生产总值同比增长 6.1%，全国建筑业完成总产值同比增长 5.68%。化工建设行业完成产值同比增长 36.4%，实现了两位数的增速。增速远超 GDP 和全国建筑业总产值的增长率。新签合同额、实现利润连续两年保持两位数的同步增长，增长幅度均高于 2019 年全国建筑业平均水平和 2018 年化工建设行业同比增长幅度。

（二）强化全球经营布局战略，对外承包工程和境外市场新签合同额大幅增加

2019 年，化工建设企业对外承包工程完成营业收入 333.6 亿元。境外市场新签合同额 1502.6 亿元，占新签合同总额的 55.1%，境外市场新签合同额大于国内合同额。特别是随着中国化学工程股份有限公司全球化市场布局加快推进，海外机构数量达 138 家，遍及全球 60 多个国家和地区。境外在建项目 320 余个，合同额累计超过 580 亿美元，共建“一带一路”国家在建项目 220 多个，合同额累计 450 亿美元；中国化学工程第七建设有限公司深耕俄罗斯化工市场，在俄罗斯与俄油、俄气、卢克石油、西布尔等企业长期友好合作，2019 年在海外工程承包额的占比超过 60%。中国化学在承揽海外工程项目的同时，帮助境外业主在中国境内融资 200 多亿美元，带动中国机电产品及货物出口 215 亿美元。同时还带动“中国标准”“中国技术”“中国制造”实现“走出去”。特别是在俄罗斯中国化学签订的 120 亿欧元的订单，是中国施工企业在海外市场签订的单个项目最大订单，创下了新的纪录。中国化学 2019 年新签境外合同额 1366 亿元，同比增长 171.1%。

2019 年度《工程新闻纪录》（ENR）“国际承包商 250 强”与“全球承包商 250 强”中，中国化学工程集团有限公司、天辰工程有限公司、成达

工程有限公司榜上有名，中国化学工程集团有限公司在“国际承包商250强”排名中由2018年的第46位上升到第29位，“全球承包商250强”中排名由2018年的第39位上升到第27位。

（三）强化主营业务收入多元化战略，非化工建设项目营收达26.5%

2019年，化工建设企业立足主业，强化相关多元化市场开拓。在水环境综合治理、城市污水处理、工业废水处理和垃圾焚烧等环境治理领域以及基础设施建设、现代服务业务、实业业务多方面开拓市场，推动业务多元化发展，不断取得突破，非化工建设项目完成产值达26.5%。

（四）强化融入国家发展总体战略，市场开拓取得新进展

2019年，以中国化学为龙头的化工建设企业主动对接“一带一路”倡议、京津冀协同发展、雄安新区、粤港澳大湾区、长江经济带、军民融合、海南自贸区、黄河流域生态治理等国家战略，成功中标雄安新区首个垃圾处理项目，着力解决“化工围城”“化工围江”难题；全年中标京津冀协同发展、粤港澳大湾区、海南自贸区、军民融合、长江大保护等项目以及新型基础设施项目的新签合同额超300亿元。

（五）强化创新强企战略，攻克“卡脖子”关键技术取得突破

2019年，化工建设行业积极实施创新驱动发展战略，面向国家和化学工业行业发展亟须解决的关键核心技术，整合国内外研发资源，搭建科技创新平台，科技创新驱动高质量发展初见成效。化工建设行业科研机构以化工新材料、特种化学品、技术门槛高的化学产品为重点，向化工行业高附加值产品领域攻关，科研成果取得新突破，带动化学工程建设规模从量的变化到质的飞跃发展。

中国化学工程股份有限公司科学技术研究院和日本分院相继挂牌成立，天辰工程有限公司研发己二腈项目有序推进，实现己二腈工业示范项目在山东淄博投资建设开工，关键“卡脖子”技术得到市场化应用。2019年化工

建设企业共获得国家授权专利262项，其中发明专利97项，专有技术认定16项，技术成果获得国家和省部级科技进步奖6项，国家和省部级专利奖5项。桂林工程有限公司“特种高性能橡胶复合材料关键技术及工程应用”荣获2019年国家科学技术进步奖二等奖，“五复合橡胶挤出机组研制及产业化项目”列入国家发改委重大专项。化工建设企业在制氢、储运、氢能源电池等环节全面介入氢能产业，推动高温垃圾气化制氢油项目的推广，有力地带动了化工建设工程规模的发展。

（六）强化推进企业改革改制战略，内生活力持续增强

2019年，化工建设企业坚持“发展出题目，改革做文章”的思路，聚焦重点领域和关键环节，大胆改革，先行先试，内生活力和发展动力持续增强。推动企业去机关化改革，提升治理效能。积极推进混合所有制改革，注重以“混”促“改”，天辰工程有限公司已二腈项目积极推进股权多元化改革；中国化学工程第十三建设有限公司一勘院积极引入战略投资者开展混改，混改企业挂牌成立；中国化学岩土工程有限公司积极引入产业链上下游企业作为战略投资者，通过员工持股打造利益共同体；强力推进瘦身健体，持续改善资产质量；扎实推进法人单位压减工作，有效收回资金，减少管理费用。通过一系列的改革，激发企业活力、降低管理成本，不断提高企业经济效益。

（七）强化持续夯实基础管理战略，内控体系建设不断加强

2019年，化工建设行业信息化建设扎实推进，推动企业集成设计平台建设、化工装置数字化设计、工程建设BIM技术应用和化工装置数字化交付工作在项目落地，信息化在基础管理中的倍增效应不断凸显。2019年，化工建设项目积极推进模块化建设技术，在恒逸（文莱）、恒力石化、浙江石化、中化泉州等项目中得到成功应用。

坚持质量和效益优先原则，持续加强财务资产管理，深入开展风险管理提升专项整治，不断完善内控体系建设，有效筑牢风险防控“三道防线”，

积极推进“数字央企”和“智慧工厂”建设，财务管理水平不断提升；建立了战略规划预算和财务绩效考核评价体系；深化经济活动分析制度，构建精细化全面预算管理系统，打通多个国家和地区的资金归集路径，资金集中度大幅提升；金融保障能力显著增强，“两金”压控和民企清欠有序推进；持续深化依法治企和合规管理，重大风险得到有效化解；安全管控秉承“从零开始、向零奋斗”的安全理念，全面构建本质安全管理体系。

（八）强化高质量发展战略，行业品牌价值持续提升

2019 年，化工建设企业持续坚持建设工程项目“质量第一”原则，全面推动高质量发展战略，工程项目质量管理的制度优化和体系完善落实落地，推动企业整体质量效益持续提升。2019 年中国化学工程股份有限公司首次被认定为国家知识产权示范企业，中国化学股票首次被纳入富时罗素全球指数和标普道琼斯概念指数，成为多市场互联互通的主要参与者和金融衍生品的主要标的，“中国化学”被香港“大公报”授予中国证券金紫荆奖——最具品牌价值上市公司奖。2019 年，化工建设企业及承建的项目在国内外获得多个奖项，桂林工程有限公司荣获国家科技进步二等奖，在 2019 世界橡胶机械制造商排行榜位列第 21 位；三化建、六化建荣获境外建筑工程“鲁班奖”；七化建迪拜世博村项目获得“2019 年国际安全优异奖”；天辰公司获得最具国际拓展力工程设计企业第一名；陕西蒲城渭北煤化工园区 180 万吨甲醇及 70 万吨聚烯烃项目获“国家优质工程金质奖”。

（九）强化从“做项目”向“做市场”的转变战略，行业内外合作成效显著

2019 年，化工建设企业牢固树立大经营理念，境内外市场开拓并驾齐驱，国内市场拓展扎实推进，加强高端营销，与山东、甘肃等省市签署全面战略合作协议，增进“央地”务实合作；参加出席 2019 年“一带一路”高峰论坛、达沃斯论坛、圣彼得堡东方经济论坛等高端峰会，增进高层互访，强化与国内外知名企业集团的交流互动，建立央企间“总对总”的沟通机

制；传统主业领军地位持续巩固，进入大型 LNG 储罐工程总承包领域，并在炼油领域实现新突破；获得工信部授权，承担国内化工园区标准规范的制订工作；积极参与安徽、湖北、陕西省域内的化工园区标准制定、规划编制；推动行业在国家新一轮化工产能调整中掌握先机、赢得主动、开创营销工作新局面，实现从“做项目”向“做市场”根本转变。

三　2020年化工建设行业发展趋势及展望

2020 年，全球经济社会遭受百年不遇的新冠肺炎疫情和地缘政治冲突等多方面影响，国内外经济面临复杂多变的形势和严峻的挑战，必将并且已经对化工建设行业的发展带来不可低估的影响和冲击，主要影响有以下五个方面。一是对在建项目施工进度的影响，造成合同工期拖延；二是现场停工造成抗疫成本增加，特别是企业固定成本的加大；三是因为疫情对全行业的影响，集中复工复产带来原材料、人工费、机械费等成本上涨；四是国际化程度高的企业境外项目人员滞留海外，造成多次调迁人员、海外抗疫等成本的增加；五是疫情带来的合同纠纷、劳务纠纷风险和法律风险。

2020 年，化工建设行业要保持各项经济技术指标持续增长，必须坚持“四个自信”，进一步加大企业的经营、管理和组织力度，充分发挥制度优势、企业的组织优势，广泛调动并提高员工和社会力量的积极性，最大限度地挖掘企业内部潜力，科学调配各方面资源。坚信在以习近平同志为核心的党中央领导下，化工建设行业能共克时艰、战胜疫情，抓住全面复工复产的大好时机，将疫情对化工建设事业发展带来的不利影响降到最低。

B.6
中国城市轨道交通行业发展报告（2020）

中国城市轨道交通协会*

摘　要： 近年来，中国城市轨道交通工程建设发展迅速。截至2019年底，中国大陆地区有56个城市在建线路总规模6902.5公里，同比增长8.3%。中国的城市轨道交通工程，无论是建设速度，还是建设规模都超过世界其他国家，已经成为世界上最大的轨道交通建设市场，规划、在建线路规模稳步增长，年度完成建设投资额创历史新高。本报告梳理了2019年轨道交通建设行业发展的基本情况，总结出装备技术水平成熟、城市轨道交通规划里程饱满、建设规模持续增长等发展特点。指出行业发展中出行品质不高、客流效益不佳、设计难度增大等突出问题。从人性化设计、提升效益、注重安全、实施智慧建造、加强信息化建设等方面提出发展建议。

关键词： 城市轨道交通　可持续发展　工程建设

一　2019年城市轨道交通行业整体情况

2019年是中国地铁开通运营50周年，从1969年10月1日北京地铁1

---

* 课题组成员：赵一新，中国城市轨道交通协会工程建设专业委员会副主任兼秘书长，主要研究方向为交通工程、城市轨道交通规划；陈燕申，中国城市轨道交通协会工程建设专业委员会专家，城市轨道交通工程建设标准化专家；贺旭，中国城市轨道交通协会工程建设专业委员会秘书，主要研究方向为城轨建设数据统计与分析。执笔人：贺旭。

号线开通试运营，中国城市轨道交通行业经历了从无到有、从小到大、从完全依赖进口到核心部件国产化的过程，中国正在从“城轨大国”迈向“城轨强国”。

未来，城市轨道交通行业将保持高速发展的势头，规划、建设、运营线路规模和投资额稳步增长，城轨交通持续保持快速发展趋势。截至2019年底，中国大陆地区（以下文中涉及全国数据均指中国大陆地区，不含港澳台地区）共有40个城市开通城市轨道交通（以下简称城轨交通）运营线路208条，运营线路总长度6736.2公里；共有65个城市的城轨交通线网规划获批（含地方政府批复的21个城市），其中，城轨交通线网建设规划在实施的城市共计63个，在实施的建设规划线路总长7339.4公里（不含已开通运营线路）。

2019年全年共完成建设投资5958.9亿元，同比增长8.9%，在建项目的可研批复投资额累计46430.3亿元，在建线路总长6902.5公里，在建线路规模稳步增长，年度完成建设投资额创历史新高。①

二 2019年城市轨道交通行业发展特点分析

（一）装备技术水平成熟，支撑城市轨道交通快速平稳发展

伴随着城市轨道交通各领域产品、技术国产化率不断提高，以中国中车集团为代表的轨道交通设备提供商已具备产品自主研发、设计和制造能力，装备制造业已形成集研发、设计、制造、实验和服务于一体的制造体系。并通过“走出去”“一带一路”倡议等国家战略和把握全球轨道交通装备产业高速发展的机遇，将产品推广到了全球近百个国家和地区。

（二）城市轨道交通规划存量充足，未来长期发展形势良好

2019年国家发展和改革委员会同住房和城乡建设部共批复4个城市共

① 资料来源：中国城市轨道交通协会：《城市轨道交通2019年度统计和分析报告》。

577.1 公里的线网规模。批复的建设规划分别为郑州市城市轨道交通第三期建设规划（2019~2024 年）共 159.6 公里、西安市城市轨道交通第三期建设规划（2019~2024 年）共 150.0 公里、成都市城市轨道交通第四期建设规划（2019~2024 年）共 176.7 公里、北京市轨道交通第二期建设规划（2015~2021 年）调整共涉及 201 公里线网规模，其中新增批复里程 90.8 公里。

从历年批复的线网规模来看，整体趋势为稳步增长态势，2011 年以前为稳步发展阶段，2011 年后为波动发展阶段。2012 年、2015 年、2016 年三年的批复规模均超过了 1000 公里，其中 2012 年、2015 年年均达到 1600 公里，近三年批复规模有所放缓，但随着城市轨道交通批复逐渐平稳，以及巨大的存量，城市轨道交通整体发展依然潜力巨大。

（三）建设规模持续增长，地铁建设仍是主流

根据中国城市轨道交通协会发布的《城市轨道交通 2019 年度统计和分析报告》，中国城轨在建规模持续增长，截至 2019 年底，中国大陆地区有 56 个城市（个别由地方政府批复的项目未纳入统计），在建线路总规模 6902.5 公里（含部分 2019 年当年仍有建设进展和投资额发生的新投运项目），同比增长 8.3%，在建线路 279 条（段）。

多种制式同期建设，地铁建设仍是主流，在 6902.5 公里的在建线路中，地铁线路占比 86%，市域快轨线路占比 7.1%，城市有轨电车线路占比 5.9%，轻轨、单轨、磁浮等制式占比不足 1%。

三　2019年城市轨道交通行业创新发展分析

2008 年以来，城市轨道交通在优化城市空间、缓解城市的交通拥挤、保护环境等方面的作用更加凸显。随着中国新型城镇化建设的不断深化、新型基础设施建设的提出，以及“两新一重”建设框架的提出，城市轨道交通的地位越来越重要，未来的规划建设发展也将迎来新的高潮。

随着城市轨道交通快速发展，各地相关企业在勘察设计、建设管理、监理咨询、施工等环节的技术方面取得了巨大进步，并在许多领域都有重大突破。特别是适应各地不同水文地质条件和周边环境的大量新技术、新材料、新工艺、新施工方法和新设备。例如，大直径盾构法和矿山法，特别是大跨度暗挖技术逐渐成熟并广泛应用；基于建筑信息模型（BIM）的信息化、智能化的设计、建造等技术应用；智慧城轨相关技术应用；基于绿色建造的核心工法、新材料、新技术研发应用；针对城市特殊环境的施工变形（位移）精细监测监控技术和控制隧道变形、周边紧邻（贴）构建筑物变形控制的精细化建造技术应用；基于可持续化、环保的各种城市轨道交通创新结构形式、节能、降噪技术应用；施工机械设备国产化占比大幅度提高。这些城市轨道交通新技术的研发和应用，在取得了良好的经济、社会和环境效益的同时，也为我国城市轨道交通建设的进一步高质量发展奠定了坚实的基础。

当前世界范围内以技术突破甚至颠覆性技术创新为基础的产业变革呈现加速状态，产学研深度融合以及新技术创新应用已经成为新时代行业发展与升级最突出的特点之一。因此，在总结过去 10 年行业新技术研发应用情况的同时，需要进一步归纳分析我国城市轨道交通行业仍需解决的实际问题，厘清行业技术创新的需要和方向、掌握行业技术发展的主动权。

（一）智慧城轨

智慧城轨是采用适度超前的设计理念，依靠先进科技手段和匠心工艺，构建城市轨道交通综合智能服务和管理平台，建成“高效、环保、安全、舒适、先进”的智慧交通与客运体系。让乘客在安全和舒适的环境下获得增值和增质的定制化精准服务；利用车辆及核心设备在线检测技术和大数据分析技术，逐步实现从计划修、故障修向状态修和预测修模式转变；通过丰富的智能管理手段提升运营工作效率和降低运营成本，促进企业可持续良性健康发展；通过系统架构的优化调整引导相关产业转型升级；通过信息无限共享使城市轨道交通系统与城市有机融合，成为智慧城市的重要组成部分。

智慧城轨大幅度提高城市轨道交通系统的管理水平和运行效率，降低运营成本，提高安全防控能力，同时为出行者提供全方位的交通信息服务和便利高效的以人为本的城市轨道交通客运服务，通过对大数据、人工智能和地铁三元交叉领域的研究，以大数据技术为基础、人工智能为核心而建立的“高效、环保、安全、舒适、先进”的智慧交通与客运体系，成为各地地铁公司新的研究方向，目前北京、上海、深圳、成都、苏州等城市地铁线路均在智慧城轨应用上进行探索，通过智慧城轨建设，在安全质量、成本效益、能力效率、乘客服务水平均方面实现了显著的提升。

上海市经济和信息化委员会、上海申通地铁集团、中国电信上海公司在第二届中国国际进口博览会期间发布了《5G + 智慧地铁白皮书(2019)》，主要展现了智慧运营、智慧服务、智慧维保三大5G应用场景。作为响应“白皮书”的首个落地项目，“5G + 智慧地铁平台”在上海地铁徐泾东站正式上线。该平台基于5G高速网络技术，对地铁2号线、10号线、17号线三条“进博”线路相协调，对徐泾东站、虹桥火车站、诸光路站“进博三站”进行联动指挥，从而形成进博相关“三线三站”的区域化联合指挥体系，大幅提升地铁行车组织、客运组织以及维护保障等服务能力，依托5G网络，提升了客流管理、站点管理、运维管理等多方面的效率。

（二）建筑信息模型(BIM)

近年来，随着人们意识到BIM技术的应用能为城市轨道交通的建设、设计、施工、管理及监理等带来一系列积极的影响，因此越来越多的建设单位、设计单位、施工单位及运维单位开始推广普及BIM。

BIM未来的目标同样非常清晰，将对城市轨道交通设计行业带来革命性的影响，随着BIM技术的深入应用和研究，将进一步细化城市轨道交通设计行业的分工，并能够实现三维环境下的协同设计、协同管理、协同运维。

在未来，BIM技术的主要发展方向有：移动终端，实现实时资料查询、图像上传等功能；无线传感器网络，把监控器和传感器放置在建筑内，对建筑内的温度、空气质量、湿度进行监测以及数据采集，从而使工程师对工程现状有充分了解，提供决策依据；协作式项目交付，BIM 的有效实施，必须通过制定协作式的工作流程来保障，它通过协作将设计、施工、监理、业主的合作变成扁平化的管理方式，通过成果分享，汇聚所有参建方参与其中，在项目的全生命周期过程中实现 BIM 的最大价值。

（三）绿色建造

绿色施工是指在工程建设中，在保证质量、安全等基本要求的前提下，通过科学管理和技术进步，最大限度地节约资源、减少对环境负面影响的施工活动。绿色建造新技术包括装配式建造技术、减振降噪技术、封闭降水及水收集技术、建筑垃圾减量及回收再利用技术、施工扬尘控制技术等。主要发展方向有，第一，利用先进的建造技术取代传统的劳动密集型的建造方式，使城市轨道交通工程向工业化、机械化方向发展，为解决劳动力相对紧缺问题做出贡献；第二，提升设计和施工理念，依靠现代化的施工技术、装备及组织管理方法，更安全、更经济、更高效、更节约地进行城市轨道交通工程的建造；第三，绿色建造新材料的研发、应用与推广；第四，减少城市轨道交通工程对现有建（构）筑物或周边环境带来的不利影响，努力实现“四节一环保”。

1. 装配式车站

大力推动绿色建筑发展，实现绿色建筑普及化是“十二五”建筑节能专项规划提出的重要任务之一。

装配式地铁车站有巨大的节能减排作用，施工期间占用场地较小，减少了交通导改带来的城市交通压力；施工过程全部机械化，大大提高了施工效率，缩短了施工周期，充分体现了绿色建筑“四节一环保”的特点。

采用装配式车站结构施工工艺比传统方法至少节省 10 个月，大大节省施工占道时间；材料堆放、加工等厂区面积小，对周边单位影响低；预制装配式结构在现场基本为拼装的工序，无大量混凝土施工，对环境的破坏小，安全风险较低；节省了钢筋、混凝土等材料用量，不消耗木材，减少建筑垃圾产生（可减少 80%），特别是现场施工劳动力可以节省 50% 以上。

2. 密闭式环保棚技术

随着环境保护形势的日益严峻，绿色文明施工对地铁项目的要求越来越高，国家要求通过科学管理和技术进步，最大限度地节约资源并减少对环境的影响，确保绿色施工常态化。

保护施工现场周边环境，减少由于施工产生的噪音和扬尘等对人民生产生活的影响，改善地铁明挖基坑施工的传统形象，为作业人员创造更好的工作环境，实现降尘降噪的效果，成为工程中亟待解决的问题。

3. 预制板装配式无砟轨道技术

目前，城市轨道交通的无砟轨道结构主要为现浇整体道床，由于现浇混凝土量大，导致施工速度较慢、施工质量不易保证，而预制板式无砟轨道现浇混凝土量减小，施工进度得到了保证。工厂化预制与装配式安装提高了轨道工程质量。

在地铁运营过程中，当隧道结构发生不均匀沉降或渗漏等病害时，混凝土现浇使得整体道床对病害的处理困难加大，而采用预制板装配式无砟轨道技术可以对隧道病害进行精准、便捷的处理。

4. 浮置道床国产化新型阻尼弹簧隔振系统技术

随着城市轨道交通建设日新月异的大规模发展，路网密化使得轨道减振降噪的需求也与日俱增。一些线路不可避免地穿越振动敏感区域，诸如文教区、科技区、医疗区、居民密集区和文物古迹保护区等，这些区域对振动和噪声的要求苛刻，同时振动和噪声也对处于敏感区人们的工作、生活、健康等造成一定程度的伤害、影响和干扰。在诸多轨道减振措施中，阻尼弹簧浮置道床是隔振效果最佳、全生命周期可靠性最高和综合性价比最优的特殊减振措施，但其长期被国外进口产品独家垄断，造价居高不下，也缺乏相关技术规范。

面对城市轨道交通高速建设对弹簧浮置板道床应用需求的迫切，如何破除技术垄断、拥有自主知识产权、实现国产化、建设安静的轨道交通，是阻尼弹簧浮置道床隔振系统技术产生的直接推动力。

四　2019年城市轨道交通行业发展中存在的主要问题

随着经济的高速发展，城市轨道交通建设速度加快，由于中国轨道交通发展起步较晚，现阶段又是采取跨越式发展方式，所以导致了在轨道交通快速建设中逐渐暴露出一些问题：一是在网络化建设中，环境制约是建设难度及风险的重要来源，在房屋和市政隧道的近接施工方面，当前工艺技术已经较为成熟，但由于环境制约导致的特殊工法所造成的施工风险，仍然是各城市轨道交通建设的重难点；二是文明施工仍需进一步优化，对城市的影响仍是轨道交通建设的重要矛盾，空气污染、噪声污染、光污染直接对居民的生活造成不同程度的影响，管线切改、土方工程、混凝土工程、夜间施工、大型设备运转等如何有效降低影响值得思考。

从规划设计角度来讲，主要存在的问题有以下三点。

（1）出行品质不高。部分线路旅行速度偏低，快线不快，换乘不便，导向不明，部分城市过度拥挤，安检耗时长，楼扶梯数量不够，通行能力不足，接驳设施差。

（2）客流效益不佳。客运强度低下，线路超长，车站布设和站间距设置不合理，与城市开发不同步。

（3）设计难度增大。规划控制不够，周边建设协调力度小、衔接不畅，与周边地块实施同步性不足，出入口、风亭布置困难，交通疏解、管线迁改等前期设计协调困难。

五　促进城市轨道交通行业发展的对策和建议

在经济发展由高速发展转向高质量发展的时代，城市轨道交通应充分体现为人民提供高质量的服务，在建设过程中充分考虑人性化、精细化，充分考虑行业的可持续发展，保障安全可靠，降低运营成本。主要努力的方向有以下七点。

（1）追求人性化设计，提供高品质服务意识，为居民提供良好的出行条件。大城市特别是特大城市，要适当提高设计标准，充分研究系统制式、换乘枢纽等，提高车站设计标准，提升客流通行能力，进而提高出行品质。

（2）追求精细化设计，便捷施工与运营。建立以运营需求为导向的建设理念，充分利用人工智能、云计算、大数据、BIM 等技术，为建设、运营和维护提供服务。

（3）追求效益性，确保企业可持续发展。近年来，城市轨道交通单公里投资急剧上升，应加大投资控制，选择合理的系统制式和敷设方式，节省工程投资和运营成本，同时做好站点周边和场站综合体的开发，实现源源不断的永久收益，弥补运营亏损，实现可持续发展。

（4）追求安全性，降低社会风险。近年来安全事故频发，暴露出设计、施工等过程中存在问题。在设计阶段，要充分认识到周边环境、地质风险等因素，对风险充分论证，对风险源加强把控，确保安全。

（5）根据当前的建设形势，建议着重推动轨道交通智慧化建造发展，加快施工自动化技术的研发，增强现场感知能力。通过对自动化数据的集成分析，有效利用信息资源，推动城市轨道交通建设智能化、智慧化发展，促进轨道交通建设高质量发展。

（6）在管理方面，信息化管理逐步形成趋势，各类平台系统层出不穷。但由于管理平台数量多、操作复杂，导致在各层面的推广应用效果不佳。尤其在现场层面，过多的系统数量与复杂的操作，让初衷较好的管理系统的应用流于流程，无法真正地发挥作用。信息平台整合及手持终端的轻量化方面，仍有较长的路要走。

（7）轨道交通施工规范，主要分为国家标准、地方标准和企业标准三个层面。地下工程施工情况与工程当地水文地质情况息息相关，国家规范很难对其进行统一要求，地方规范之间，存在标准不统一甚至冲突的情况。企业规范也应与时俱进，根据施工技术的发展现状及时更新企业规范。只有各层面规范文件真正具有指导意义，施工质量才能得到稳步提升，从而促进行业整体发展。

B.7

中国信息通信行业发展报告（2020）*

中国通信企业协会通信工程建设分会**

摘　要： 2019年，中国信息通信行业实现了平稳健康发展。本报告描述了通信建设行业的组成，梳理了全年度行业发展基本情况。总结出行业发展中设施技术类型多样、施工流动性大、市场规模大、一次合格性要求高、区域性差异大等特点。指出行业发展中存在基础电信运营商具备业务的持续发展能力有待提升、基础电信运营商自身发展存在差距、5G网络的建设带来新挑战、工程建设招投标市场秩序进一步规范等突出问题。提出加强对招标投标过程的监管、建立企业信用体系、进一步发挥协会的协调作用、建立共建共享的5G网络建设机制、提高企业自身技术能力等发展建议。

关键词： 信息通信行业　通信工程　可持续发展

一　信息通信行业描述

（一）信息通信行业建设单位

国家信息通信运营业包含公用通信网企业、互联网企业和专用通信网运

---

* 本报告数据均来自国家统计局和中国通信企业协会通信工程建设分会。

** 课题组成员：郝智荣，中国通信企业协会通信工程建设分会副会长兼秘书长，高级工程师，主要研究方向为通信工程建设领域的管理及市场分析；甘红，中国通信企业协会通信工程建设分会市场部主任兼监理委员会秘书长，高级经济师，主要研究方向为通信工程市场建设及通信工程监理；李鲁湘，教授级高级工程师，中国通信学会组织工作委员会委员，科技部、财政部、工信部评审专家，主要研究方向为通信网理论、通信网络规划与优化、增值业务及相关技术研究。执笔人：李鲁湘。

企业，本报告所涉及的信息通信建设泛指 2019 年中国电信集团有限公司（中国电信）、中国移动通信集团有限公司（中国移动），中国联合网络通信集团有限公司（中国联通），中国铁塔股份有限公司（中国铁塔），中国广播电视网络有限公司（中国广电）五大公司的基本建设情况。

（二）信息通信行业相关工程施工单位

通信信息工程施工企业是拥有住建部颁发的相关工程建设资质的施工企业。通信工程施工总承包企业资质分为一级、二级和三级，截至 2019 年底，具备通信工程施工总承包一级资质的企业有 282 家，较上一年度增加 41 家（见表 1）。

表 1　2019 年通信工程总承包资质情况

项目	2018 年	2019 年	增长量
通信工程施工总承包一级	241	282	41
通信工程施工总承包二级	984	1091	107
通信工程施工总承包三级	2282	2945	663

从表 1 中可以看出，通信工程施工总承包资质，在 2019 年全年增长数量较多，一级、二级和三级资质增长数量分别为 41、107 和 663 家，说明该资质的社会热度较高，目前拥有资质企业 4000 余家。

二　2019年信息通信建设行业经营情况

2019 年信息通信建设行业完成合同额 476.86 亿元，同比增长 18.3%（见表 2）。

表 2　2019 年信息通信建设行业完成合同情况表

单位：亿元，%

信息通信建设单位	中国电信	中国移动	中国联通	中国铁塔	中国广电	行业用户	其他	合计
完成合同额	89.73	129.30	50.19	14.55	7.88	147.10	38.11	476.86
各行业占比	18.82	27.11	10.53	3.05	1.65	30.85	7.99	100.00

2019年信息通信建设行业实现总收入778.85亿元，同比增长14.55%（见表3、表4）。

表3　2019年信息通信建设行业收入占比情况

单位：亿元，%

总收入	主营业务收入	其中占比				其中占比	
		咨询设计	工程施工	工程监理	招标代理	境内收入	境外收入
778.85	776.75	0.38	99.51	0.07	0.04	98.93	1.08

表4　2016～2019年信息通信建设行业收入发展情况

单位：亿元，%

项目	2016年	2017年	2018年	2019年
总收入	597.5	639.67	679.95	778.85
增长率	—	7.06	6.30	14.55

2019年信息通信建设行业实现净利润19.85亿元，净利润率2.55%，净利润率较低。

三　2019年信息通信建设行业发展特点

（一）基础通信网络具有全程全网、市场规模大的特性

信息通信行业“全程全网”指的是业务在发起端通过终端设备、传输链路、交换设备以及相应的信令系统、通信协议和运行支撑系统的共同协作，到达接收端。信息通信企业联合作业、环环相扣、分秒必争，全程全网的协作配合是实现通信的基本条件。因此，基础信息通信网的建设规模庞大、技术标准要求统一、一次性完整覆盖要求高。

（二）移动网络技术发展迅猛

在移动通信技术高速发展的今天，新一代移动通信技术发展的主要方向已由4G过渡至5G，5G技术的发展，可以有效提升用户的网络体验和万物

互联的应用需求。2018 年 6 月，关于 5G 网络的第一个标准已经正式推出，美国也在 2018 年 9 月推出 5G 网络应用。2018 年中国对 5G 频率进行了分配，2019 年中国正开展 5G 网络的规模建设。5G 网络的建设和相关应用的开展，在 2020 年后必将引发新一轮的建设投资高潮。

（三）为国民经济发展提供重要基础支撑

2017 年李克强总理在考察基础电信企业座谈会上表示：“目前我国光纤覆盖面、4G 规模全球第一。新一轮科技革命和产业变革中，信息通信业对我国经济转型升级起到基础性关键性支撑作用”。

近年来，国务院持续推动“提速降费”政策落实，社会总成本显著降低，对于我国经济升级和民生改善起到了积极意义。据工信部《2019 年通信业统计公报》和国家统计局数据，2019 年全年，全国电话用户总数达到 17. 9 亿户，固定互联网宽带接入用户总数达 4. 49 亿户，移动电话基站总数达 841 万个，全国光缆线路总长度达 4750 万公里，是全球规模最大的信息通信网络。此外，2019 年全国电信业务总量 106789. 15 亿元，持续高速增长。

（四）基础通信网络为其他行业发展奠定了基础

信息通信基础网络是信息应用的基础通道，近年来信息通信基础网络的快速发展，使得面向传统产业（工业、医疗、教育等）的数字化、网络化、智能化升级进程得到进一步加速。

四　2019年信息通信建设行业创新发展分析

（一）相关企业技术能力分析

由于信息通信领域技术含量较高，要求从事该领域工程服务的企业具备一定的信息技术网络规划、设计、工程实施和项目监理的能力，对人员的技术能力要求比较高。信息通信技术仍在快速发展之中，这就需要相关企业在技术上不断提升，具备一定的技术创新能力。从本次调研的情况和数据上看，目前在信息通信领域的企业基本能满足技术进步的要求。

（二）相关企业参加的标准和规范编写、专利申请及软件著作权统计

本次收回的调查表所统计的标准和规范、专利申请、软件著作权、发表论文的情况及相关企业获奖情况见表5、表6。

表5　工程施工企业知识产权情况

单位：个，篇

项目	标准		专利		软件著作权	发表论文
	主编	参编	发明专利	其他专利		
工程施工企业	8	24	104	249	546	347

表6　工程施工企业获奖情况

单位：家

项目	国家级	省部级	全国行业协会
工程施工企业	102	444	108

五　2019年信息通信行业存在的主要问题

（一）基础电信运营商建设能力分析

1. 基础电信运营商具备业务的持续发展能力，但是增速减缓

从公司的财务状况看，中国电信、中国移动、中国联通和中国铁塔公司具备较强的后续建设投资能力，加之国家相关支持政策，对于未来5G建设和网络演进的投资工程建设具备持续的投资能力。未来5G建设投资年均将高于2000亿元。就目前运营商经营状况来看，未来发展建设的整体规模基

本可以满足。

2. 中国基础电信运营商自身发展和与国外前列运营商相比还有差距

中国的3个基础电信运营商，在全球800多个基础电信运营商中虽然全部进入世界20强之列，但是中国基础电信运营商是通过规模优势而获得的这样的地位，效益则远低于国外前列基础电信运营商。中国3个电信运营商与美国3个基础电信运营商2018年相关指标比较结果见表7。

表7　2018年中国3个电信运营商与美国3个电信运营商比较

相关指标	中国电信运营商			美国电信运营商		
	中国移动	中国电信	中国联通	AT&T	Verizon	Sprint
营业收入(亿美元)	1118	571	441	1707.56	1308.63	333.47
营业利润(亿美元)	179	32	16	193.7	155.28	-12.06
移动用户(万户)	92500	30300	31500	14400	15000	6200
ARPU(美元/月)	7.81	7.5	6.72	75	54	60
固网用户(万户)	1800	11648	5590	2018.6	1500	1400
宽带用户(万户)	15600	14600	8088	1561.8	610	—
有线电视用户(万户)	—	—	—	451.5	—	—
FiOS(万户)	—	—	—	2077.7	540	—
资本性支出(亿美元)	238	107	64	213	180	39.58
市值(亿美元)	1976	425	378	2333	2397	346.24
福布斯排名	27	168	251	12	20	—
资本性支出/营业收入(%)	21.29	18.74	14.51	12.47	13.75	11.87
员工数量(人)	459152	280747	246299	253020	155315	—

全球电信运营商的整体发展开始滞后于全球经济的发展，中国的基础电信运营商也处于同样的地位，未来业务收入方面的发展速度也将较缓。效益的降低，势必会影响基础电信运营商的工程建设投资能力。

同样，中国的3个基础电信运营商的投资效率与国外相比有一定的差距，中国的3个基础电信运营商全部是海外上市公司，为保证股东的权益，必须提高投资效益，这也会较大程度地影响今后的峰值工程建设投资能力。

3. 运营资费分析

从表 7 中可以看出，一方面，中国的 3 个电信基础运营商的用户数远远高于美国，但是营业收入还是低于美国的两个前列运营商；另一方面，中国基础电信运营商移动用的 ARPU 值，更是远远低于美国的运营商。美国 Verizon 电信公司在 2018 年 9 月新开通的 5G 业务 5G Home 老用户月租金 50 美元/月，新用户月租金 70 美元/月，这也与中国的运营商“喜新厌旧”的规则不同（见表 8）。

表 8　部分国家 5G 资费

国家	中国运营商（元/月）	韩国运营商（元/月）	美国运营商（美元/月）	欧洲、日本运营商（元/月）
价格	128～600	240～800	50～70	300

4. 基础电信运营商与中国铁塔在建设形式上可能的变化

中国的基础电信运营商与中国铁塔已经开始了工程建设形式的转变，开始采用不同的“工程总承包”模式来进行工程建设，不仅可以节约投资，还可以提高建设效率。

（二）5G 网络的建设带来新的问题

5G 网络已经开始大规模建设，作为一种新型网络的出现，将会带来新的问题。

1. 站址问题

5G 建设具有站址密度大（是 4G 宏站数量的 2～3 倍，还有几千万级的微站建设）、单站能耗高（是 4G 基站的 3～5 倍）、传输需求路由多和容量大等特点，在目前各地城市规划都已成型的情况下，机房、供电、传输工程建设的需求难以顺利实现。

2. 网络安全问题

当前，随着 5G、物联网、人工智能等技术的迅猛发展，网络空间的复杂程度明显增加。因此，网络安全关注领域也发生三个方面的变化：一是在保障信息安全的同时，要更多地关注关键信息基础设施和众多物联网设备的运行安全；二是除了要关注个人安全，还要重视政府和企业的网络安全；三是目前以内网为攻击目标的网络攻击明显增多，安全防护要内外兼顾，在内部网络（如企业业务系统）的薄弱环节加强防护。

（三）信息通信工程建设招投标分析

1. 信息通信工程建设整体招投标情况

经过调研，信息通信建设工程招投标率达到100%，集团+省公司集采占整体采购金额的99%，地市采购占比较小。基础电信运营商中国电信、中国移动、中国联通和中国铁塔按照国家的相关法律和法规、工信部27号令的要求开展招投标活动，目前基本都使用招标代理来规范整个采购流程。工信部每年对基础电信运营商的招标活动进行检查，并公开检查结果。

不可忽视的问题是工程服务投标的折扣率不断走低，这对工程服务企业长远的技术、整体能力和人员素质发展不利。这些不利因素也必将会延伸到工程建设项目的实际运营之中，给工程建设的质量和安全带来负面影响。

2. 工程建设企业反映的问题

（1）工程服务实施地域限制较僵化，不利于工程开展

工程建设企业几乎一致性地认为，27号令《通信工程建设项目招标投标管理办法》第23条“招标人进行集中招标的，应当在招标文件中载明工程或者有关货物、服务的类型、预估招标规模、中标人数量及每个中标人对应的中标份额等；对于工程或者有关服务进行集中招标的，还应当载明每个中标人对应的实施地域”的规定比较僵化，易形成中标单位不适合在给定区域提供工程服务的印象。

（2）在工程服务实施中，没有备补服务企业

在工程服务实施中，施工企业因出现问题被停止实施资格，按27号令要求，必须重新招标，会影响工程进度。而在招投标中，没有备补服务企业，亦不能由已中标单位调整实施，所以部分施工企业希望能增加或补充解

释相关内容。

在2020～2021年中国移动工程服务（可行性研究设计、工程施工和工程监理）招标中，采用基本规模份额和扩张规模份额模式，能在一定程度上解决此问题，通过扩张规模份额来实行“奖优罚劣”。

3. 评标专家

目前工信部在通信工程建设项目招标投标管理中，建立了相应的评标专家库，评标专家要经过培训考试，了解规范的评标流程。评标专家库的建立，有效地规范了评标的主要流程。但是，经过多年的评标实践，普遍认为目前还存在以下两个问题。

（1）评标专家的考核和退出

目前的评标专家只有进入机制，对评标专家的工作过程缺乏考核。另外，越来越多的专家进入评标专家库，由于没有退出机制，使得抽取专家的过程越来越烦琐，所以施工企业希望相关管理机构能够建立评标专家的退出机制。

（2）评标专家的再教育

随着技术的发展和项目管理规程不断推出，评标专家应有几年（三年或四年）轮转再教育的过程，使得评标专家能够紧跟技术发展和管理规范化的进程，并可以根据轮转再教育的结果，决定评标专家的继续或退出。

4. 诚信投标和履约问题

目前，在实际工作中，在企业诚信建设方面存在一定的问题，这也影响了信息通信工程建设与服务工作的有效开展。

（1）服务企业投标中的不诚信

在投标中存在夸大或伪造业绩、伪造或修改个人相关资质、引用非本企业人员作为项目实施人等不诚信问题。

（2）服务企业低价中标后不执行合同

部分企业实际没有工程服务能力或以低价中标，但其根本无法实施合同，存在低价中标后弃标不执行合同问题，给工程建设的进度造成很大影响。

（3）建设方给出的投标份额缩减

由于计划不周，在投标中建设方给出较大的市场份额，工程服务方中标后，建设方缩减执行份额，严重影响了工程服务方的利益。

本次调研中，针对此问题与建设方进行了沟通。有些建设方采取本期份额没有执行完，下期项目优先补足工程服务方缺失份额的方式，再进行新一轮招标。

（四）信息通信工程中投标折扣走低状况分析

通过案例分析，对当前信息通信工程服务价格折扣不断走低的现实情况进行了分析。目前，中国电信的折扣率在80%左右，中国联通在25%左右，中国移动在20%~40%。在本次企业调研中，专门就比问题与相关企业进行了交流。

1. 建设方对此问题的看法

建设方在一定程度上接受服务方的折扣率，但是并不完全希望低价中标。在这个问题上建设方的招标部门与建设部门看法不完全一致，招标部门从业绩角度出发，希望折扣越低越好。建设部门从项目实施角度看，过低价格会引起服务质量下降，有时建设部门为了完成工程，后续费用（如二次进场费）从维护费中支付，建设方表示，低价中标后弃标较少，但是借故拖延工期的较多，实际依然影响了工程实施。

2. 服务方对此问题的看法

实际上低折扣是服务方自己确定的，由于信息通信工程服务行业已经进入白热化的竞争阶段，服务方为了自身的生存，不得不采用低折扣率的方式获得项目。在服务质量方面会有一定的折扣，如咨询设计企业简化勘察环节、施工企业拖延工期（实际是为集中进场）或不愿二次进场、监理企业减少现场随工监理人数等，都是因为费用过低造成的。

同时，过低的服务折扣使得工程服务企业不得不降低自身技术演进和减少采购新技术装备，对信息通信领域的长远发展不利。

3. 折扣走低情况出现的原因分析

“最低价中标法”对于工程项目建设以及促进建筑企业发展起到了积极的作用，营造了公平、公正、公开、透明的竞争环境。但在实施的过程中，也出现了一些异常现象，一些企业为了中标，不惜低于成本报价，恶性竞争，造成工程返工现象，资源浪费严重。但在关系到人身安全的工程项目中，过度地降低成本，房屋、桥梁会出现不安全因素，会酿成不良后果。偷工减料，降低工程质量是不可取的。在满足使用功能的条件下考虑安全因素，适当降低成本是可以的，规范竞争、有序发展是所希望的。在信息通信行业，存在工程服务的全过程监管不力的原因，使得有些工程服务企业存在“偷工减料”的问题。

4. 项目验收的规范性问题

低价中标后项目实施不一定完备，实际会造成项目验收的问题，也会存在项目验收不规范等问题，这也在一定程度上反向助长了低价中标。

5. 服务实施方在工程实施硬件方面大幅简化

在工程实施中，服务实施方不按照投标的承诺安排相关设备进场，直接降低了工程实施成本，使得工程质量大打折扣。

（五）其他问题分析

1. 企业自身公示信息的完整性

通过本次相关资料的采集，发现有部分企业在网上的相关信息没有及时更新，按照在工商局注册的联系方式，不一定能联系到相关企业，留下的邮箱多为失效邮箱，从而无法与其进行沟通。

企业留置在公开网站上的信息，也是企业诚信建设的一部分，及时更新变化的信息，体现了对公众的尊重。

2. 工程服务企业对客户贴身保姆式服务带来的问题

目前，很多工程服务企业为了提高对客户的服务质量，进行了“贴身保姆式服务”。对客户的服务质量有一定的提升，增进了客户关系，有利于相关项目的实施，但同时也带来一定的问题。

（1）过度服务降低了业主对项目的把控

对客户的服务过度体现在项目实施中介入多个管理环节，这使得业主对项目的情况了解不够细致，降低了业主对项目的把控，还会造成在项目检查时业主难以独立陪检的现象。

（2）降低业主的主动学习能力

由于很多管理性工作都由工程服务商代为办理，降低了业主的责任感。在新技术快速发展的今天，会降低业主的主动学习积极性，从长远角度来看，对服务对象的整体发展是不利的。

（3）一定程度地影响了招投标的公正性

"贴身保姆式服务"使得现有工程服务方对业主的基本情况了解过多，在后续投标中有一定的先发优势，一定程度上影响了招投标的公正性。其他企业想进入，只能通过降低折扣的方法争取高分。

3. 项目延期验收和履约保证金的退还问题

由于项目实施中的各种问题，使得验收的时间有所拖延，工程服务方不能如期拿到服务款。同时，由于验收拖延，使得工程服务企业交纳的履约保证金不能及时退还，影响了工程服务企业的现金流。

六　促进信息通信建设行业发展的对策及建议

（一）加强对于低于成本价投标的监督监察

"低于成本价"是指投标报价低于社会平均成本的报价，"严重低折扣率"是指投标按折扣率计算出的投标报价低于社会平均成本的折扣。所以，扭转目前信息通信工程服务招标中折扣率逐步走低的局面，是进一步提高工程服务质量的首要任务。

1. 建立有效的行业自律体系

在工程服务招投标中，通过行业自律杜绝低价（低折扣）中标。同时由质量监管机构出面，通过建立违规企业的黑名单制，对恶意低价投标企业予以限制。

2. 规范招标和评标条件

降低通信服务招投标中价格分所占的比重，增加中国通信企业协会的“能力评价”证书资质的占分比重、增加业绩和后评估占分比重、增加新技术应用在评标中的占分比重。

在价格上的具体措施有：

（1）价格分所占比重在30%~40%，以取下线为宜；

（2）采用平均价评分法则，不在平均价格上打折；

（3）偏离平均分的报价，上偏离和下偏离扣分一致。

3. 折扣率基本水平回归

考虑到目前的实际情况，2020年在中国移动和中国联通招标中，通过一系列措施，使得一般项目招标的折扣率不得低于50%，5G项目的招标折扣率不得低于65%；2023年一般项目招标折扣率不得低于60%，5G新项目招标折扣率不得低于70%。

4. 在工程建设分会下扩大运营商建设专委会

为有效地协调招投标建设方，建议扩大工程建设分会已有的“运营商建设专委会”。相关组成如下：

（1）中国电信、中国移动、中国联通、中国铁塔；

（2）中国广电网络、中国交通通信中心；

（3）铁路、石油、石化、电力、水利等行业通信专网；

（4）增值运营商中的重点企业（如BATJ）。

运营商建设专委会主要研究运营商建设服务项目的合理招标问题，统一解决运营商在建设服务上低价诱导问题。必要时工信部相关司局可以通过该专委会对运营商的评标标准提出质疑，有效营造信息通信工程建设市场良好环境。

5. 健全工程服务的整体监管机制

为杜绝工程服务中的“偷工减料”现象，应健全工程服务的整体和全过程的监管机制，使低价中标企业无机可乘。

（二）建立信息通信工程建设服务企业的信用系统

1. 建立完备的信息通信工程建设服务信用系统

针对信息通信工程建设内容，建立工程企业和工程服务企业（咨询设计企业、工程施工企业和工程监理企业）的信用体系，内容涵盖规范投标、项目履约、项目收尾和售后服务等。信用服务体系采用公开透明的模式，在互联网上公开相关主体内容和惩戒内容。

2. 加大相关信用数据的应用力度

信用体系建立完成后，建设方实施招投标时可以将信息内容作为评标的重要条件之一，根据信息度打分，保证信用评价的科学性、公正性和客观性，减少人为因素的干扰。

3. 规范项目的验收

一般而言，所有实施的项目都有验收要求，不按规定验收也是一种失信行为。项目验收是工程建设方与工程服务方的共同工作，应加强项目的验收工作，规范的验收也是防止低价中标的有效手段之一。

（三）进一步发挥中国通信企业协会纵向和横向的协调作用

1. 信息通信工程建设服务企业注重横向的拓展

在分析 2017 年相关企业获得合同时发现，目前企业在其他项目（非基础电信运营商项目）中所获得的市场份额为16%～29%左右，说明相关企业已经开始向其他领域延展。在进行企业调研中也得知，目前信息通信工程建设服务的领头企业已经普遍办理了其他领域设计咨询、工程建设和工程监理的资质，在这方面工程监理企业走得比较靠前。

2. 中国通信企业协会应继续发挥其横向拓展协调作用

在进行信息通信工程服务企业调研中发现，较多企业都希望中国通信企业协会发挥其横向沟通资源的能力。定期组织企业与其他行业协会或相关领域企业的交流，扩大信息通信工程服务企业横向交流的资源，带领相关企业实现业务上的横向拓展。

（四）建立共建共享的5G网络建设机制

加快5G建设速度、减轻5G投资压力，共建共享是一条可行的路径。针对5G网络建设，工信部部长苗圩在5G牌照颁发会上强调，加快5G网络共建共享，推动5G高质量发展，可以更好地支撑服务数字中国建设，促进社会经济发展。工信部信息通信管理局副局长鲁春丛表示，本着集约建网、绿色建网的原则，统筹推进5G网络部署，深化电信基础设施共建共享，努力建成覆盖全国、技术先进、品质优良、全球领先的5G精品网。中国信息通信研究院副院长王志勤也建议，为减少网络投资，可以采取企业自愿的原则，与有基础的运营企业开展网络共建共享，降低初期网络建设成本。目前，国资委就5G产业发展向中国电信、中国移动、中国联通提出“加强合作，避免5G重复投资”的要求。

1. 进一步完善初期统筹规划

电信运营企业协同合作进行5G通信基站的布局规划，将现有存量基站纳入5G基站规划当中，营造“我的资源你来用，你的资源我可用”的氛围。据测算，共建共享可将建设周期缩短到10天，节省了总体建站投资额的83%。这需要在初期规划时就考虑相关资源的“共建共享”，通过四个5G运营商统筹规划，实现全面的共享机制，中国铁塔公司将起到重要作用。

2. 推动由“行业共享”向“社会共享”迈进

目前，各地拥有数量庞大的路灯杆、监控杆、电力杆（塔）、交通指示牌、广告牌、楼宇等挂高资源，但普遍功能单一，缺乏统筹规划和综合利用。未来若在5G网络建设上充分整合，不仅能极大地降低通信行业建设成本，也符合绿色发展、协调发展的理念。中国铁塔表示已经储备路灯杆、监控杆、电力杆、交通指示牌等杆体资源1000多万个，这些资源未来可用于协助电信运营企业快速建设开通5G网络，而社会共享还需要政府部门和社会各界的共同支持。

共建共享所带来的效益远不止缩短5G建设周期、减少建设投资，从社会发展角度而言，最大限度地利用社会各类资源进行跨行业合作，能够在

5G时代推进垂直行业的大融合、大发展，真正让5G的触角延伸至各行各业。以多功能智慧灯杆为例，挂载5G设备后，公安、气象等部门便可迅速利用5G网络开展安全监控、气象监测等服务。

可以预见，共建共享必将成为5G网络快速铺开的助推器。

（五）信息通信工程服务企业需要进一步提高自身的技术能力和知名度

1. 信息通信工程服务企业需进一步提高自身的技术能力

信息通信领域的服务企业是工作于信息技术的高科技领域，信息技术是当前世界发展最快的技术之一。服务于本行业的工程服务企业，必须加强自身新技术的学习和创新，适应外界的变化，更好地服务基础电信运营商和其他信息技术运营（含公网和专网）企业。

2. 广泛参与行业相关活动，提高自身的知名度

根据宏观工程服务企业的国家排名，信息通信服务企业的参与度相对较低，这不利于自身知名度的扩大，相关企业可以通过参加相关活动提高自身的知名度，向横向市场拓展。

3. 加大企业科技投入

信息通信服务企业需加大科技投入，提高自身的科技含量，积极参与技术标准、行业规范的编写，加大企业科研支出，积极申请发明专利和软件著作权，配备更多的高技术装备，高效服务于工程建设单位。

（六）信息通信工程行业发展建议

1. 促进运营商在招投标过程中维护工程定额的严肃性

从2017年起，信息通信工程建设开始执行451定额标准，此后中国电信、中国移动、中国联通、中国铁塔在招标工程预算中，全部遵照451定额完成各类工程项目的预算。虽然工程定额不具有强制性，但是从维护定额标准的严肃性角度考虑，工程参与各方都应严格维护、执行定额标准。

2. 加大对工程项目全过程监管和检查力度

施工企业不会严格按照实施规范和标准操作，或多或少会存在“偷工减料”的行为，给实施工程带来巨大的安全和质量隐患。工信部和相关机构可以通过加大对工程项目全过程监管和加大检查力度的方法，杜绝“偷工减料”行为的发生，从而使得低折扣投标企业无生存之路。

3. 适时征询企业对工信部27号令实施中的意见和建议

工信部27号令于2014年7月实施至今已有4年，27号令对规范信息通信领域的招投标市场起到很好的规范作用。在4年的实践中，信息通信领域的外部环境和国家宏观政策发生了变化，工信部应适时向通信建设企业和服务企业征询相关意见和建议，对相关问题给予补充解释和阐明。

4. 给予5G基站建设重点关注

一个完善的5G无线网络，需要多层无缝的覆盖，所以5G网络的建设需要大量的新增基站站址，建议相关管理部门出台相应的措施，方便新增基站的选址。

七　信息通信建设行业发展趋势分析

1. 通信技术的快速演进将成为本行业持续发展的重要推动力

信息通信领域在未来有很大的发展空间，它是一个以技术为导向的行业，新型通信技术的开发及应用对行业的发展起着巨大的推动作用。4G技术逐渐成熟并实现大面积建设，带动大规模基础设施投资，2016和2017年中国在4G方面的投入均超过2000亿元。技术与业务的发展必然将引发现有通信网络的扩容、重组与兼容，也将促进通信网络的多元化业务发展，对通信设备制造业、终端产业和通信技术服务业等上下游产业形成有力拉动。在这样的背景下，处于通信产业链中间环节的通信技术服务行业将迎来更大的市场需求，通信技术服务行业将持续快速发展。

2. 行业监管日益严格促使行业集中度逐渐加大

为确保网络建设质量，提升竞争优势，电信运营商制定了规范的招投标管理办法，通过公开招投标方式选择通信技术服务商。近年来，运营商的招投标管理工作趋向于从地市分公司向省级公司集中，中国移动更是全国率先推进服务集中采购；招投标的管理日益规范，将有利于形成健康、有序、充分竞争的通信技术服务市场。在市场化程度高、竞争日趋公开和规范的大环境下，在技术能力、团队资源、营销渠道、资金实力、精细管理等方面占据优势地位的通信技术服务商将在行业中脱颖而出，将业务拓展到更大的区域范围，获得更多的市场份额。电信运营商也更倾向于和具有稳定服务能力、高质量服务保证及综合竞争实力的通信技术服务商建立长期合作关系。行业标准及市场要求的日趋严格，必然使一些规模偏小、综合实力较弱的企业被淘汰或整合，通信技术服务行业集中度将不断提高。

3. “一体化服务外包”将成为行业新趋势

信息通信网络的设计、建设、优化和维护是一个有机的系统工程。以往运营商选择服务商较多强调专业化，按服务种类分为不同专业选择不同的服务商。随着网络规模的不断扩大，网络技术的持续升级，网络结构日趋复杂，服务商服务理念与技术水平参差不齐，经常出现相互之间工作无法衔接、互相推卸责任的情况，运营商的管理难度加大、工作量过大导致难以应对，服务商之间的协调浪费了运营商大量资源，增加了成本。为了提高工作效率、简化工作流程、降低管理难度和运营成本，部分运营商开始尝试创新性的“一体化服务外包”的采购模式，将多种服务统一委托给一家综合服务商，“一体化服务外包”将逐渐成为行业的新趋势。

4. 服务范围及服务对象越来越广泛

随着社会信息化的加速，政务信息化、企业信息化等向纵深展开，中国通信技术服务行业的服务范围逐渐扩展到互联网、广电、电力、交通等行业。这些变化使得各行业对通信网络技术服务的需求亦持续扩大，为通信技术服务行业提供了更为广阔的市场空间。

区 域 篇

Regional Reports

B.8 江苏工程建设发展报告（2020）*

江苏省建筑行业协会**

摘 要： 2019年，江苏建筑业继续领跑全国，全省实现建筑业总产值36771.6亿元，同比增长7.98%，产值规模稳中有进、平稳向好。建筑业增加值再创新高，达到6493.5亿元，占全省GDP的6.5%，增幅达到1.1个百分点。全省特级资质企业达到80家，特级资质数量达到82项，位居全国前列，建筑业支柱产业的地位更加巩固。本报告回顾了工程建设行业发展基本情况，从建筑经济运行、转型发展、科技创新、境外市场、行业改革、质量安全等方面对发展特点进行了总结，

* 本报告图表数据来自江苏省统计局，由于统计时间或统计口径不同，部分数据与国家统计局数据不同，未做机械调整，特此说明。

** 课题组成员：张宁宁：江苏省建筑行业协会会长，主要研究方向为工程建设行业管理；蔡杰：江苏省建筑行业协会秘书长，主要研究方向为建筑行业发展；伏祥乾：江苏省建筑行业协会副秘书长兼行业发展部主任，主要研究方向为建筑行业发展。执笔人：伏祥乾。

从科技创新、标准化建设、装配式建筑、BIM技术、新技术、新工法等方面对行业创新发展情况进行了分析，并从目标化攻坚、多元化发展、精细化保障、制度化规范、示范化提升等方面对下一步行业发展提出建议。

关键词： 工程建设 建筑业 江苏

一 江苏工程建设行业发展情况

（一）主要经济指标

1. 建筑业总产值

2019年，江苏实现建筑业总产值36771.6亿元，同比增长7.98%，增幅较上年下降0.52个百分点。

2. 工程结算收入

全年建筑业企业工程结算收入32554.6亿元，同比增长7.1%，增幅较上年下降4.8个百分点。

3. 企业营业额

全年实现建筑业企业营业额39112.2亿元，同比增长6.0%，增幅较上年下降3.2个百分点。

4. 行业利润

全年建筑业利润总额1512.5亿元，同比增长4.5%，增幅同比下滑4.2个百分点，产值利润率4.1%。建筑业上缴税金1034.3亿元，同比增长2.8%。实现利税总额2546.8亿元，同比增长3.8%，产值利税率6.9%。

5. 新签合同额

2019年，建筑业签订合同额60606.8亿元，同比增长11.2%，其中，上年结转合同额27796.5亿元，本年新签合同额32810.3亿元，较上年同期分别增长 25.7% 和 1.2%。

6. 竣工产值

2019 年，江苏建筑业竣工产值 29634.9 亿元，同比增长 11.8%，竣工率达 80.6%。

7. 建筑业增加值

经第四次全国经济普查核准，2018 年江苏建筑业增加值为 6063.7 亿元，2019 年全省全年实现建筑业增加值 6493.5 亿元，同比增长 7.1%，占全省地区生产总值的 6.5%，连续 14 年保持在全省 GDP 的 6% 左右。

8. 人均劳动报酬

2019 年，建筑业从业人员人均劳动报酬达 61709.4 元，同比增长 10.8%。

（二）企业情况

1. 产业集中度

全省一级资质以上企业完成产值达到 26925.9 亿元，产业集中度为 73.2%，同比增长 0.6 个百分点；以企业总数前 10% 的企业完成产值占建筑业总产值比重的方法测算，产业集中度为 85.7%，同比增长 0.9 个百分点。

2. 规模企业情况

全省建筑业产值超亿元的企业达到 4127 家，同比增加 237 家。其中，产值 1 亿 ~10 亿元企业有 3571 家，10 亿 ~50 亿元企业有 438 家，50 亿 ~100 亿元企业有 68 家，100 亿元以上企业有 50 家。全省 50 家产值百亿元企业中，超 200 亿元的有 20 家，超 300 亿元的有 9 家，超 400 亿元的有 6 家，超 500 亿元的有 5 家，超 600 亿元的有 3 家，超过 700 亿元的有 1 家。苏中建设集团产值达到 706.9 亿元，位列全省第一；南通三建、南通二建分别位列第二位和第三位，完成产值分别为 698.1 亿元和 680.4 亿元，较上年同期相比均增长 10% 以上。

3. 资质情况

截至2019年12月31日，全省共有建筑业企业总数35425家，比上年增加9515家，同比增长37%；资质84650项，比上年增加24451项，同比增长40%。

（三）市场开拓

1. 省内市场

（1）固定资产投资

2019年，全年固定资产投资同比增长5.1%。其中，国有及国有经济控股投资同比增长13.1%；港澳台及外商投资同比增长4.3%；民间投资同比增长3.0%，民间投资占全部投资比重达69.6%。分类型看，项目投资同比增长3.2%；房地产开发投资同比增长9.4%。

（2）重点工程项目建设

全省226个省重大项目完成投资5400亿元，200个补短板重大项目完成投资3600亿元。加快完善现代综合交通运输体系，徐宿淮盐铁路、连淮铁路建成通车，苏北五市全部进入"高铁时代"；南沿江城际铁路、盐通高铁、连徐高铁等加快建设，常泰、龙潭等过江通道和宁淮城际铁路开工建设，沪通长江大桥、五峰山长江大桥顺利合龙；连云港30万吨级航道二期和南京禄口机场、苏南硕放机场改扩建等工程进展顺利；水利基础设施和应急能力进一步提升，夺取了抗旱抗台抗洪胜利。

（3）轨道交通建设

截至2019年12月，城市轨道交通投入运营的有南京、苏州、无锡、常州、徐州、淮安、昆山等7个城市，共24条线，总里程约749公里。其中，有轨电车5条线83公里，在建的有南京、苏州、无锡、徐州、常州、南通等6个城市，共20条线，总里程约551公里，运营里程和在建里程均占全国的11%左右，分别居全国第二位、第三位。

2. 省外市场

在立足本省建筑市场发展的基础上，积极向外拓展发展空间。2019年，江苏建筑业企业省外施工产值达到16951.1亿元，同比增长9.8%，占全省建筑业总产值的46.1%，省外市场开拓增长明显。

3. 境外市场

2019年，江苏对外承包工程新签合同额68亿美元，同比增长3.2%；完成营业额77.8亿美元，同比下降6.5%。

二　发展特点

（一）建筑经济运行稳中有进

全省建筑业发展总体情况良好，继续保持平稳增长。全年实现建筑业总产值33103.64亿元，同比增长7.3%，产值规模稳中有进、平稳向好。建筑业增加值再创新高，达到6493.5亿元，占全省GDP的6.5%，比上年增长1.1个百分点。特级资质企业达到80家，特级资质数量达到82项，位居全国前列。建筑业支柱产业的地位更加巩固，对全省经济社会发展的贡献不断提升。

（二）转型发展取得积极进展

建筑业转型升级步伐加快，绿色、新能源、基础设施等领域的施工能力明显提升。装配式建筑加快发展，全年确定3个示范园区、43个示范基地、27个示范项目，新开工装配式建筑面积4664.9万平方米，新建装配式建筑占比稳步增加至28%。新增绿色建筑标识项目1348项、建筑面积1.38亿平方米，累计达到4.26亿平方米，绿色建筑、节能建筑总量继续保持全国领先。建筑业企业参与城市轨道交通建设的推进力度不断加大，全省共有13家企业以联合体形式中标城市轨道交通17个标段建设项目，省内建筑业企业向基础设施领域转型步伐进一步加快。

（三）科技创新能力不断提升

全省2019年度获得华夏科学技术奖18项，获奖数量位居全国前列，22

个项目获得省建设优秀科技成果。持续推广建筑业新技术应用，通过省级工法486项，共认定“省级技术研发中心”6家。坚持示范引导，发布《江苏省工程建设优秀省级工法汇编》《江苏省建筑业新技术应用优秀示范工程汇编》，开展省级建筑业新技术应用示范工程创建。

（四）境外市场开拓发展良好

2019年，省住房和城乡建设厅在大庆召开“江苏·黑龙江建筑业高质量发展推进会”，签订战略合作协议，加强两省主管部门和企业间合作，为江苏建筑业企业在东北地区发展营造良好环境；在印尼雅加达成功举办江苏建设领域印尼推介会，为江苏企业进一步拓展东南亚建筑市场搭建平台。2019年，江苏省外完成建筑业产值达1.7万亿元，同比增长9.8%左右，占完成建筑业总产值的46.1%。全年对外承包工程新签合同额68亿美元，同比增长3.2%；完成营业额为77.8亿美元，同比下降6.5%。6家企业进入美国《工程新闻纪录》（ENR）“国际承包商250强”。对外承包工程在共建“一带一路”国家新签合同额38.6亿美元，同比增长17.7%；完成营业额41.8亿美元，同比下降12.6%。

（五）建筑业改革持续深化

加大工程总承包推行力度，起草完成《省住房和城乡建设厅关于加快推进房屋建筑和市政基础设施工程的工程总承包发展的实施意见》并征求意见，研究制定江苏工程总承包计价办法，发布《省招标办关于对〈江苏省房屋建筑和市政基础设施项目工程总承包招标投标导则〉等相关内容进行调整的通知》。积极培育全过程工程咨询服务市场，起草《江苏省房屋建筑和市政基础设施项目全过程咨询招标投标导则》，并多方面征求意见，组织开展第二批监理和造价咨询行业全过程工程咨询试点企业的推荐、评审、公布工作，共有71家监理企业、54家造价咨询企业进入第二批试点名单。

（六）工程质量安全体系更加完善

深入开展建筑施工安全专项整治，部署全省建筑施工安全专项整治工作，全面梳理重大安全风险隐患防控措施，充分运用“江苏省建筑施工安全管理信息系统”对“危大工程”实施动态监管。加强城市轨道交通工程质量安全监管，严格开展全省城市轨道交通工程质量安全监督检查，开展全省城市轨道交通工程质量安全状态评估，及时更新全省城市轨道交通质量安全专家库。紧抓建筑工地扬尘治理工作，明确不同级别预警情况下的扬尘防控应急响应措施，组织修订《建筑工地扬尘防治标准》，确实发挥标准指导作用，结合安全生产明察暗访等工作，开展建筑工地扬尘治理的检查和督察，对扬尘污染治理工作持续保持高压态势。

三　创新发展

2019 年，全省大力推广先进建造技术，着力加强绿色节能、环保、智能化、信息化等方面技术攻关。全省建筑业创新驱动能力不断增强，建筑产业现代化、工业化水平快速提升，建筑业信息化水平不断提高，BIM 技术在建筑建造领域得到积极推广应用，建筑产业的核心竞争力持续增强。

（一）科技创新

江苏建筑科技创新聚焦制约全省住房和城乡建设事业发展的瓶颈约束问题，集中资源，精准发力，确定了计划类科技项目 13 个，资金总额为 425 万元，平均每个项目约 33 万元，支持强度超过往年的 3 倍，突出重点、强化导向，推动加快解决制约建设领域科技发展的机制、政策和技术等问题。积极组织申报住房和城乡建设部科技项目，推荐的 35 个项目中有 28 个立项，数量在全国各省市中位列第二。推荐的“数字工地智慧安监平台及智能化技术研究与应用”等 6 个项目获 2019 年度华夏建设科学技术奖，获奖数位居全国前列。

（二）标准化建设

贯彻新《中华人民共和国标准化法》要求，构建工程建设地方标准管理协调新机制，与省市场监督管理局联合发布省工程建设标准；公告了21项地方标准；完善工程建设地方标准体系，确定19个项目立项（标准17项，标准设计2项）；针对2014年前后批准实施的32项标准和标准设计开展复审，确定了继续有效14项、废止3项、修订15项标准和标准设计。

（三）装配式建筑

2019年，全省新开工装配式建筑项目面积3813.43万平方米，新开工装配式建筑占新建建筑的比例达到23%，超额完成年度目标任务。推荐2个城市、2个园区和10个单位申报第二批国家装配式建筑示范城市和产业基地，通过申报评选，确定了3个示范园区、43个示范基地、27个示范项目共73个省级示范。截至2019年，累计开展了308个省级示范建设。推进装配式建筑施工、监理企业（第二批）的复审认定，累计64家设计单位、114家施工单位、154家监理单位和191家部品部件生产基地进入省级名录。截至2019年，共开展204项装配式建筑科研项目研究，出台相关标准18项、标准设计10项、在编相关标准22项、标准设计10项。

（四）BIM技术应用

积极推广建筑信息模型（BIM）技术应用。开展《工程勘察设计数字化交付标准》的研究制定，推动数字化交付在工程勘察设计领域的进程，强化BIM技术的集成应用。加大培训考核力度，将BIM技术应用作为装配式建筑4个专项职业能力的培训内容。积极推进13个省级BIM技术集成应用示范项目建设，组织专家对4个项目评价验收。指导地方主管部门积极开展BIM技术应用的有益探索，推动地方主管部门把BIM技术应用纳入工程建设管理环节。完善BIM技术应用的政策环境、技术环境和人文环境，BIM技术在优化项目实施方案、缩短工期、节约成本、提高效率等方面的优势逐渐被认知和接受，BIM 技术应用的深度和广度得到不断拓展。

（五）新技术新工法

持续推广新技术应用，全年共审批通过省级工法 486 项。联合省经信委扎实做好省级技术研发中心申报企业的认定及评审工作，共认定“省级技术研发中心”申报企业 6 家。

四　发展思路

（一）目标化攻坚

建筑业指标保持领先。紧紧围绕做好“六稳”工作、落实“六保”任务，在常态化疫情防控和落实安全生产要求的前提下，加快建筑业复产复工，加快拓展省内外建筑市场，加快培育行业发展新动能，实现企业营业额、建筑业总产值、建筑业增加值等主要经济指标继续保持全国第一，保持高等级资质企业数量、注册执业人员数量继续全国领先，实现劳动生产率、技术装配率等技术指标争先进位，着力提升 BIM 技术应用项目、高星级绿色建筑、装配式建筑和成品化住房比例。

安全生产事故持续下降。紧盯建筑施工安全生产事故“双下降 20%”目标，坚决杜绝重特大事故，严控较大事故，压降一般事故，提高建筑施工安全生产标准化、信息化、规范化水平，推进建筑施工工人岗前培训、信息化安全监管、安全生产标准化考评和政府投资规模以上建设工程智慧工地建设“四个全覆盖”，推动全省建筑施工安全形势持续稳定好转。

（二）多元化发展

扶持建筑企业发展。以建筑工程为基础，着力培育一批市政公用高等级资质企业；加强与交通、水利等行业主管部门的沟通协调，培育一批公路、水利水电、港口航道工程等高等级资质企业，进一步丰富建筑业专业结构。积极开展银企对接、金融咨询、上市辅导等交流培训，扶持大型建筑企业做大做强，打造“航母型”领军企业。鼓励经营特色明显、具有比较优势的大中型企业走专业化发展道路，培育一批“专精特新”优势企业。深化劳务用工制度改革，扎实推进建筑工人实名制管理，推动专业化劳务企业发展。

优化建筑产业结构。在开展城市轨道交通试点的基础上，研究扩大试点城市范围、拓宽试点方式和拓展试点领域，支持骨干建筑企业加快进入桥梁隧道、港口航道、地方铁路、高速公路等高附加值基础设施建设领域。

推动长三角建筑市场一体化。落实建立全国统一开放市场的要求，以长三角一体化发展为契机，加强与兄弟省市协作，推动《长三角地区住房城乡建设事业一体化发展框架协议》落地，持续聚焦区域基础设施互联互通、民生工程共建共享以及建筑市场一体化等重点领域，积极组织对口交流和互访活动，学习借鉴兄弟省市先进做法，共享改革发展经验，携手构建长三角统一开放、标准互认、互利共赢的建筑市场。

加快“走出去”发展步伐。引导省内建筑业企业“走出去”，向更高层次、更高水平、更宽领域发展。紧跟国家战略部署，推进在粤港澳大湾区和长三角地区与更多兄弟省市签订加强建设领域双边合作协议。推动江苏优势企业与央企在境内和境外两个市场开展深层次合作。充分发挥江苏作为“一带一路”交汇点的区位优势，举办建设领域推介活动，积极引导江苏建筑业企业扩大境外市场份额。

（三）精细化保障

强化建筑市场监管。整合建筑市场监管信息化系统，提高平台数据质量，推进数据整合和开放共享，不断提高建筑市场监管的信息化水平。落实《全国建筑市场监管公共平台工程项目信息数据标准》，完善工程项目信息归集工作机制，强化归集的建设工程合同信息监管。

强化建筑业发展数据监测。进一步规范建筑业统计数据报送流程，加强统计数据的管理和运用，强化精准分析能力和数据共享能力，不断提升建筑业统计质量，为建筑业的高质量发展提供统计数据保障。

开展创新行业理论研究。加强与高校科研院所、知名建筑企业和行业协会的沟通合作，推进江苏省建设工程施工合同专用条款示范文本、房屋建筑工程安全管理通病与防治等课题研究，深化与江苏建筑业发展研究中心的合作，坚持问题导向，注重选题的实用性和可操作性，进一步扩大研究覆盖面，围绕建筑市场、工程质量安全技术、金融支持建筑业发展等主题，积极开展前瞻性研究，积极探索江苏建筑业高质量发展的实现路径。

（四）制度化规范

深入推进建筑业资质管理改革。关注住房和城乡建设部建筑业企业资质改革动向，根据建筑业企业资质改革方案，做好江苏建筑业资质管理改革的落实工作。做好实行建筑业企业资质审批告知承诺制的准备工作，适时开展试点工作。运用信息化手段开展建筑业和监理企业资质动态核查工作，强化资质动态监管，严格市场清出机制。

健全建筑市场信用和担保体系。加快完善建筑市场失信联合惩戒机制，健全建筑市场各方主体信用记录，落实建筑市场黑名单制度，探索建立建筑市场“红名单”制度。加快推进实施工程担保制度，推进实施银行保函替代方式，继续清理规范工程建设领域保证金，切实减轻企业负担。

推动工程质量品质提升。推动工程质量管理标准化工作，推进住宅工程质量潜在缺陷保险试点工作，进一步完善试点配套政策。组织全省工程质量监督人员业务能力考评工作，开展全省工程质量监督讲师团巡讲工作，组织开展住宅工程质量常见问题专项治理示范工程创建活动。

（五）示范化提升

加快完善工程建设组织模式。加大工程总承包推行力度，印发《关于加快推进房屋建筑和市政基础设施工程的工程总承包发展的实施意见》并做好宣传，制定发布江苏省工程总承包计价办法，完善推进工程总承包的配套措施。积极培育全过程工程咨询服务市场，促进工程总承包、全过程工程咨询融合发展，开展工程总承包、全过程工程咨询的研讨交流活动，加快政策落地，加强培育指导，加速行业转型，推动工程组织实施方式变革向纵深发展。

推动装配式建筑发展。开展江苏装配式建筑施工、监理企业（第二批）的复审认定工作。完善装配式建筑配套措施，鼓励推动钢结构装配式建筑发展，健全装配式建筑工程质量监督体系，推行《装配式混凝土建筑工程质量检测工作指引》，加强全省装配式建筑施工的安全管理。

大力推动智慧工地建设。加快智慧安监管理平台建设，完善建筑施工安全管理系统，加快实现数据对接，推动智慧安监全覆盖，探索工程质量智慧监督新模式，组织研究智慧质监工作。

B.9

浙江工程建设发展报告（2020）*

浙江省建筑业行业协会

摘　要： 2019年，浙江建筑业立足特色优势，克难攻坚，开拓进取，发展质量和效益不断提高。本报告从建筑业对地区经济贡献、完成总产值、签订合同总额、房屋施工面积、从业人数、境外承包营业额等方面梳理了浙江建筑业2019年发展基本情况。总结出主要经济指标继续保持全国前列，房屋建筑施工仍是传统优势，非国有企业仍是建筑业的主体力量，特、一级企业对全省建筑业发展贡献较大等特点。指出了正确把握形势、坚定发展信心、坚持以市场为导向、坚定发展方向、积极推行新模式、加快转型发展、推动企业“走出去”发展、加强行业监管等行业发展方向。

关键词： 工程建设　建筑业　浙江

一　2019年浙江工程建设行业发展基本情况

2019年，浙江建筑业企业完成建筑业总产值20390.2亿元，同比下滑29.1个百分点；完成竣工产值11215.31亿元，同比下滑29.2个百分点；签订合同总额42047.6亿元，同比下滑13.1个百分点，其中新签合同额22440.8亿元，同比下滑26.3个百分点；房屋施工面积182718.5万平方米，

* 本报告所有企业统计数据来自国家统计局和浙江省统计局。

同比下滑 14.8 个百分点；房屋竣工面积 43545.6 万平方米，同比下滑 29.9 个百分点。截至 2019 年底，全省纳入统计有工作量建筑业企业共 7256 家，同比增长 7.2%；按建筑业总产值计算劳动生产率的平均人数为 620.2 万人，同比下降 22.2%；平均劳动生产率 32.9 万元/人，同比下降 8.9%。

（一）建筑业对地区经济贡献突出，支柱产业地位明显

2019 年，全省地区生产总值（GDP）62352 亿元，同比增长 6.8%。建筑业实现增加值 3780 亿元，比上年增长 22.0%，增速比 GDP 增速快 15.2 个百分点（见图 1），继 2016 年探底后持续上升。

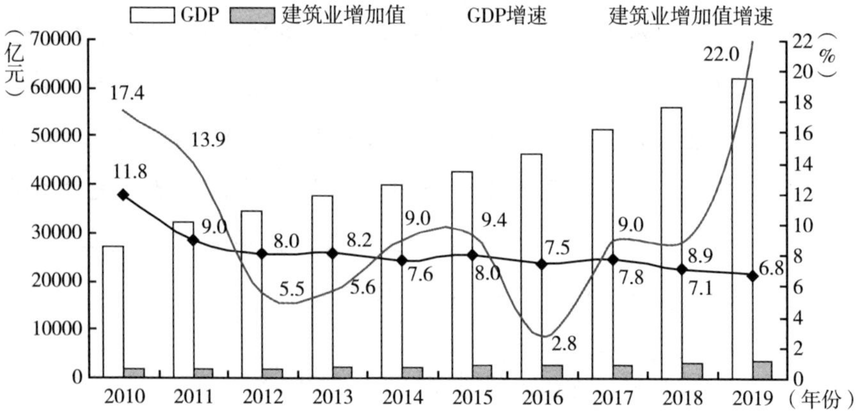

图 1　2010 ~ 2019 年浙江建筑业生产总值、建筑业增加值及增速

2019 年全省建筑业增加值 3780 亿元，比上年增长了 681 亿元，但按可比价计算同比下降 1.7%，占全省 GDP 总值的 6.1%，较上年增长 0.6 个百分点。建筑业增加值占比近五年来基本趋于稳定，在 5.5% ~6.1%，2019 年达到最高点，全省建筑业继续发挥着全省国民经济支柱产业的作用（见图 2）。

（二）固定资产投资、房地产开发投资稳中有升，建筑业总产值大幅下滑

2019 年，全省固定资产投资 36703 亿元，比上年增长 10.1%，提高 3

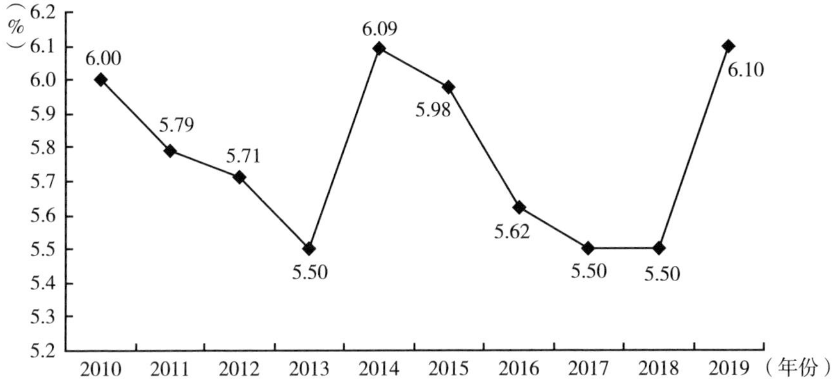

图 2　2010～2019 年浙江建筑业增加值占地区生产总值（GDP）比重

个百分点（见图 3）。房地产开发投资延续上年的增长态势，全年完成房地产开发投资 10683 亿元，比上年增长 7.4%，占全省固定资产投资的 29.1%（见图 4）。

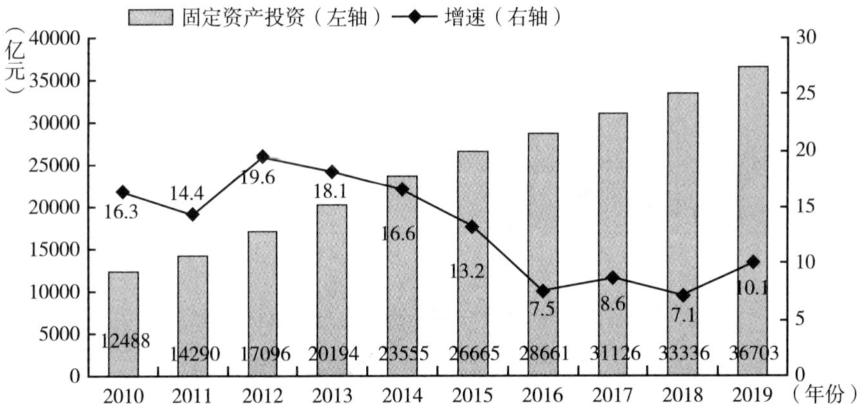

图 3　2010～2019 年浙江建筑业固定资产投资及增速

2019 年，全省建筑业总产值 20390.2 亿元，同比下降 29.1%。从建筑业总产值近 5 年来的走势看，前 4 年产值增速虽小幅波动，但总体趋于稳定，2019 年总产值增速呈断崖式下降，同比下降了 34.7 个百分点，近十余年来首次出现负增长（见图 5）。

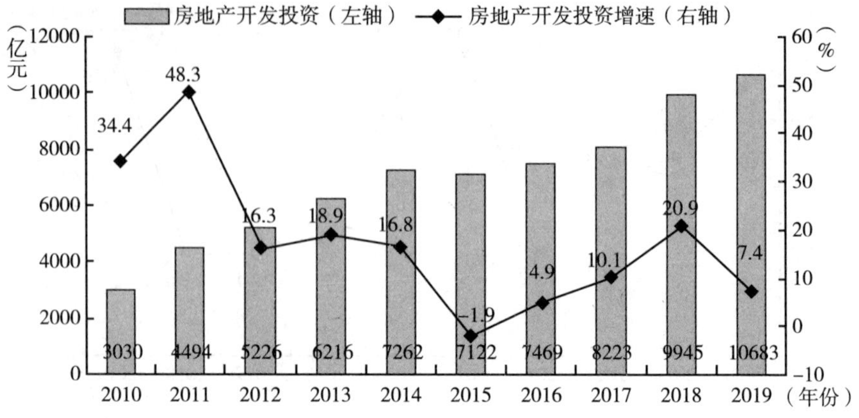

图4　2010～2019年浙江房地产开发投资及增速

图5　2010～2019年浙江建筑业总产值及增速

（三）建筑业签订合同总额大幅下降

2019年，全省建筑业企业签订合同总额为42047.6亿元，从近5年走势来看，在经历2017年的较快增长之后，2018年增速下滑5.4个百分点，2019年继续下滑20.1个百分点到负增长（-13.1%）（见图6）。

本年新签合同额22440.8亿元，从新签合同额近5年走势来看，增速图形呈倒V字形，2015年从负增长2.1%连续两年持续上涨，2017年增速到达顶峰为23.5%，2018年开始呈下滑趋势，下降18.7个百分点，2019年继续下滑31.1个百分点到负增长（-26.3%），总体发展步伐缓慢，后劲不足（见图6）。

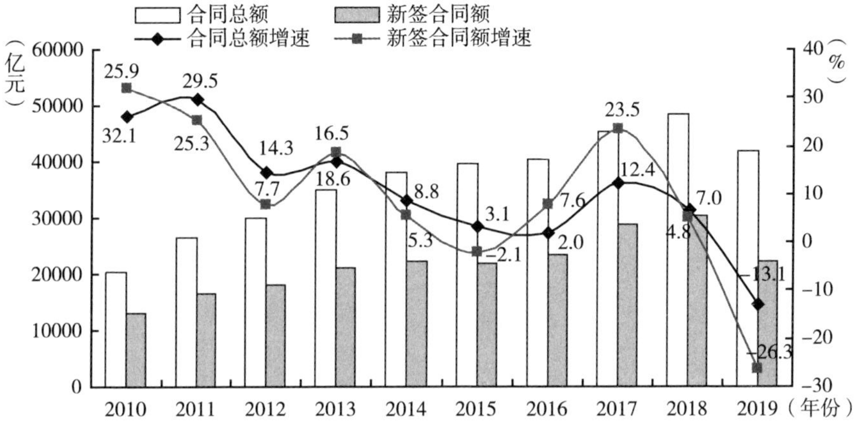

图6　2010～2019年浙江建筑业企业签订合同总额、新签合同额及增速

本年新签合同额占签订合同总额的53.4%，比上年下滑9.5个百分点（见图7），为近10年最低值。

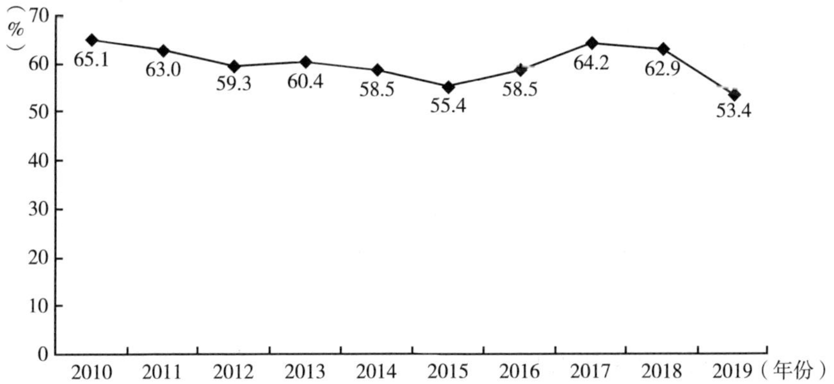

图7　2010～2019年浙江建筑业企业新签合同额占合同总额比例

（四）房屋施工面积、新开工面积大幅减少

2019年，全省建筑业企业房屋施工面积182718万平方米，从近年房屋

施工面积走势来看，房屋施工面积自2015年、2016年负增长后，2017年反弹回到正位增长，提高了5.4个百分点，2018年继续向上提高0.4个百分点，但2019年急转下降跌至负增长（-14.8%），下降了19个百分点（见图8）。其中，新开工面积57586万平方米，比上年减少29022万平方米，从近5年新开工面积走势来看，也是大起大落的形势。2015年从负增长8.5%连续两年上涨到2017年最高点15.4%，2018年开始呈下滑趋势，下降了13个百分点，2019年继续下降至负增长（-33.5%），下降了35.9个百分点。

全年房屋竣工面积43545.6万平方米，从近年房屋竣工面积走势来看，自2014年以来连续5年增速大幅下降，2015年首次出现负增长，2019年大幅下降至负增长（-29.9%）（见图8）。

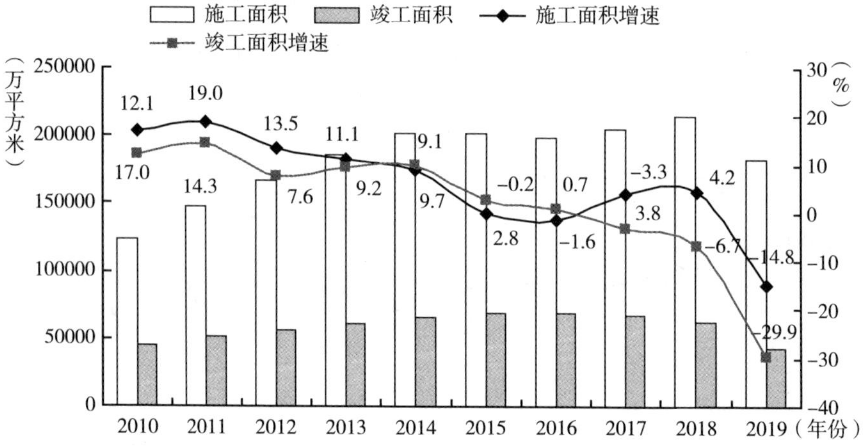

图8　2010～2019年浙江建筑业企业房屋施工面积、竣工面积及增速

（五）建筑业从业人数、劳动生产率下降，企业数量增加

2019年，全省计算劳动生产率的平均人数620.2万人，比上年减少176.8万人，同比下降22.2%（见图9）。

截至2019年底，全省纳入统计的建筑业企业7256家，比上年增加487家，同比增长7.2%，提高了1.7个百分点（见图10）。国有及国有控股建

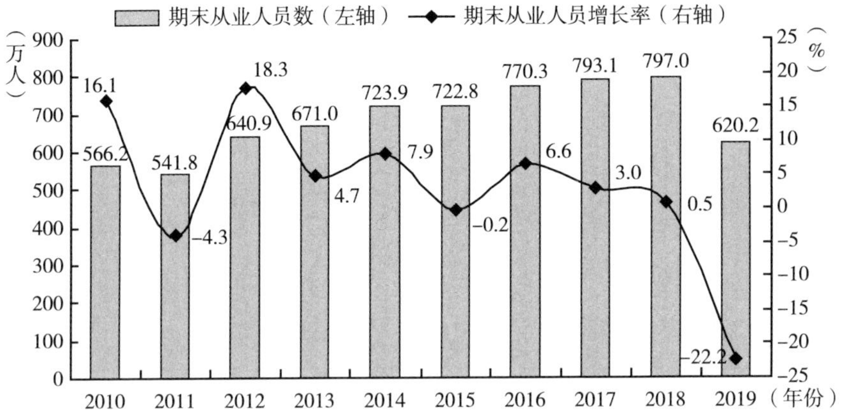

图9　2010～2019年浙江建筑业期末从业人员数及增长情况

筑业企业205家，占建筑业企业总数的2.8%，与上年基本持平，建筑业企业数量较往年有较大幅度增长。

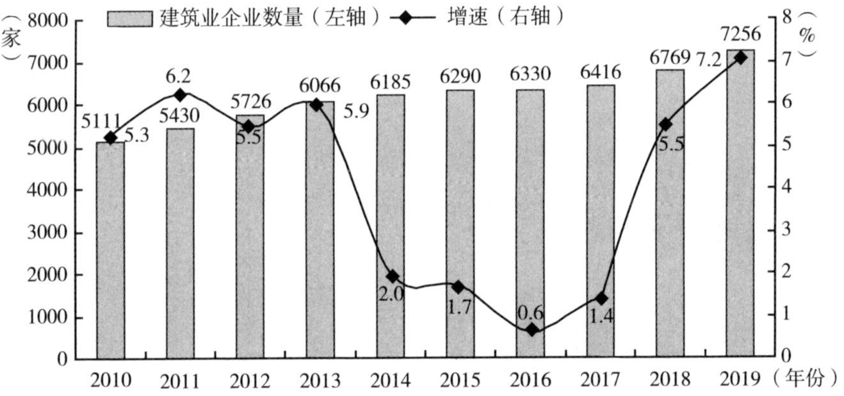

图10　2010～2019年浙江建筑业企业数量及增速

2019年全省按建筑业总产值计算的劳动生产率为328747元/人，比上年下降32062元/人（见图11）。

（六）省外产值降幅明显，境外承包营业额增速趋缓

2019年，全省建筑业企业在省外完成产值7297.8亿元，从省外产值

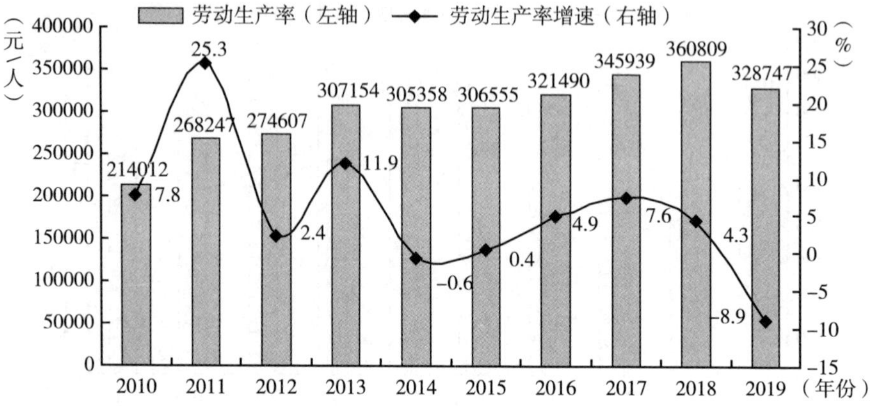

图 11　2010～2019 年浙江按建筑业总产值计算的建筑业劳动生产率及增速

近 5 年的走势来看，自 2018 年起省外产值增速出现下降趋势，比 2017 年下降 8.3 个百分点，2019 年直接跌至负增长（-48.3%）（见图 12）。从近 5 年省外产值占总产值比重走势来看，2015 年至 2018 年省外产值占比基本维持在 50% 左右，2019 年占比下降到 35.8%，外省业务量急剧萎缩（见图 13）。

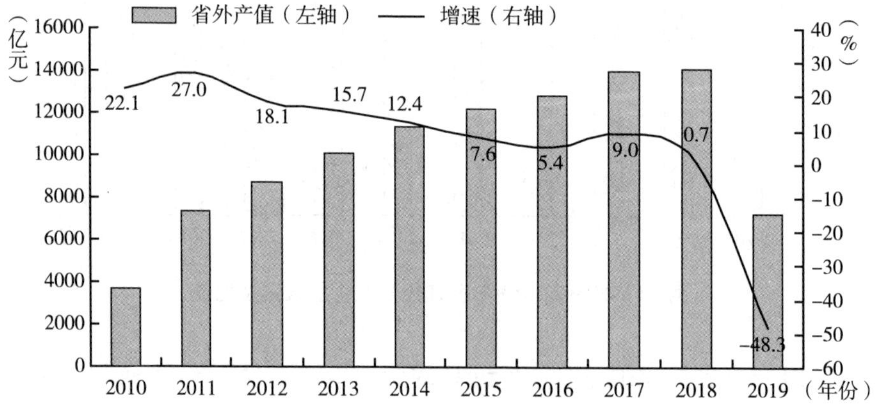

图 12　2010～2019 年浙江建筑业省外完成产值及增速

从省外产值区域分布来看，2019 年在全国省级百亿区域市场有 22 个，比上年减少 4 个（青海、甘肃、辽宁、宁夏重新跌回百亿元以下）；省级千

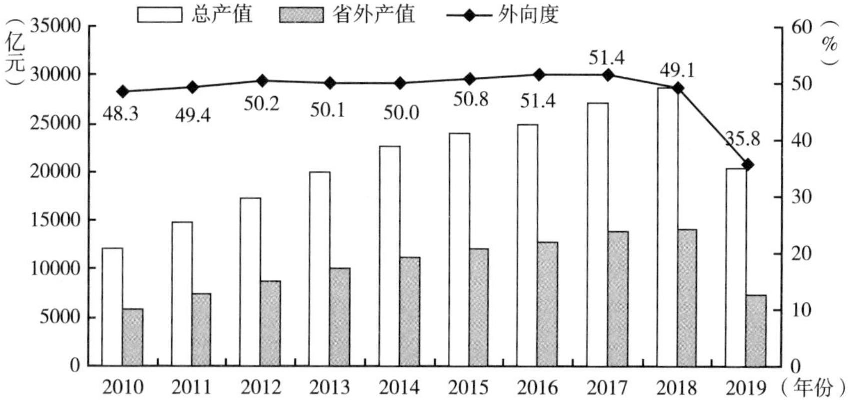

图 13　2010～2019 年全省建筑业总产值、省外产值及外向度

亿区域市场为 0，2018 年千亿市场的江苏（1803.9 亿元）、上海（1505.5 亿元）、安徽（1284.9 亿元）2019 年产值分别为 880.9 亿元、723.8 亿元、634.5 亿元。省外市场中仅西藏增幅为 7%，其他均呈负增长，其中黑龙江市场下滑幅度最大，为负增长（-67.8%）。华东六省一市（不含浙江）完成产值占省外总产值的 34.9%，长三角地区市场仍是浙江外出开拓的传统市场和重点市场（见图 14 和图 15）。

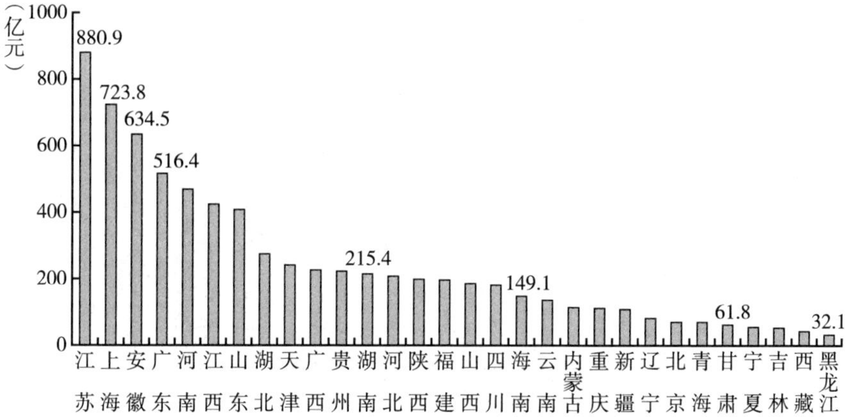

图 14　2019 年浙江建筑业企业在全国 30 个省（区、市）完成产值情况

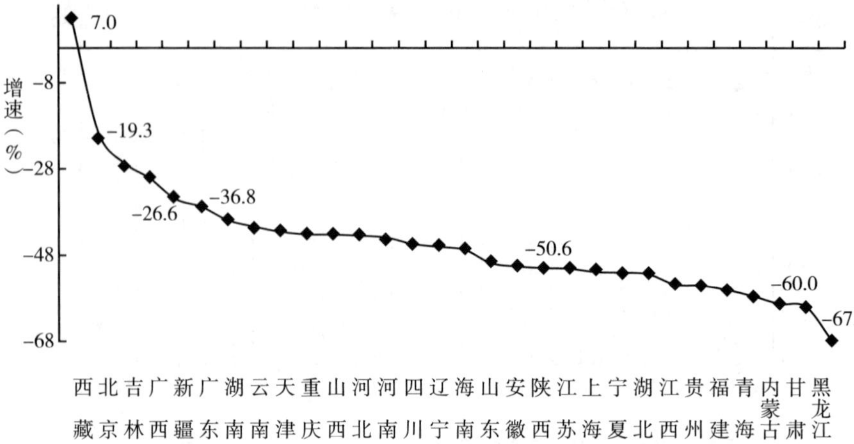

图 15　2019 年浙江建筑业企业在全国 30 个省（区、市）完成产值增速情况

2019 年，全省完成对外承包营业额 76.3 亿美元，同比增长 3.3%（见图 16）；新签合同额 52.1 亿美元，同比增长 31%。在 2019 年《工程新闻纪录》（ENR）公布的“国际承包商 250 强”中，浙江省建设投资集团股份有限公司、浙江省东阳第三建筑工程有限公司和浙江交工集团股份有限公司分别位列第 89 位、第 194 位和第 204 位。

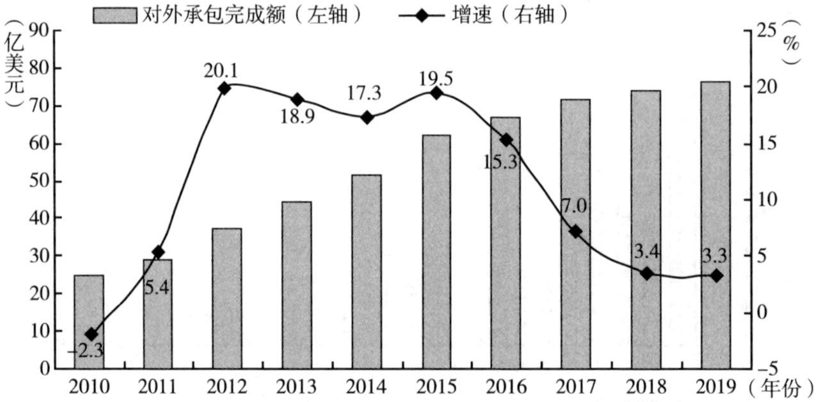

图 16　2010～2019 年浙江对外承包工程完成营业额及增速

二 2019年浙江建筑业发展特点

（一）主要经济指标继续保持全国前列

1. 建筑业总产值依然领先，但下滑明显

2019 年，全省建筑业总产值 20390 亿元，建筑业总产值仅次于江苏位列全国各省市第二，比江苏低 12714 亿元，比第三名湖北仅高出 3410 亿元。全省建筑业总产值占全国建筑业总产值 248445.8 亿元的 8.2%，但下滑明显，在全国完成建筑业产值前 10 名的省市中，是唯一产值负增长的省份（见图 17）。

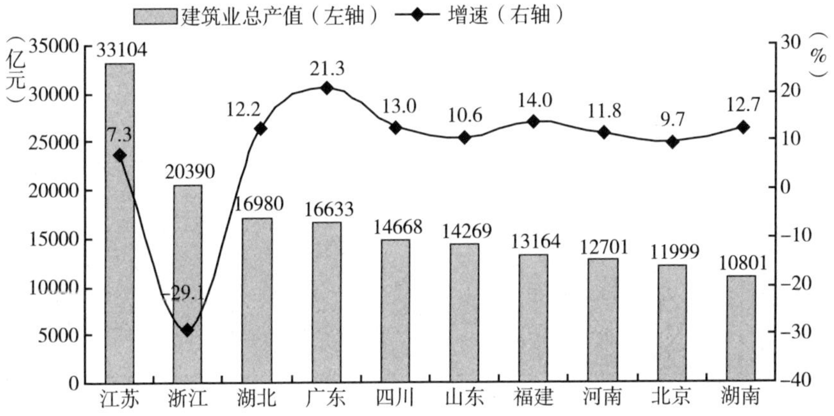

图 17 2019 年全国建筑业总产值前 10 名省份及增速

2. 建筑业合同总额及新签合同额继续位居前列

2019 年，全省建筑业合同总额 42048 亿元，占全国建筑业合同总额 545039 亿元的 7.7%，仅次于江苏、广东位列全国各省市第三（见图 18）；新签合同额 22441 亿元（见图 19），占全国新签合同额 289235 亿元的 7.8%，仅次于江苏位列全国各省市第二。

3. 房屋建筑施工面积居全国第二位

2019 年，浙江房屋建筑施工面积 18.3 亿平方米（见图 20），占全国房屋建

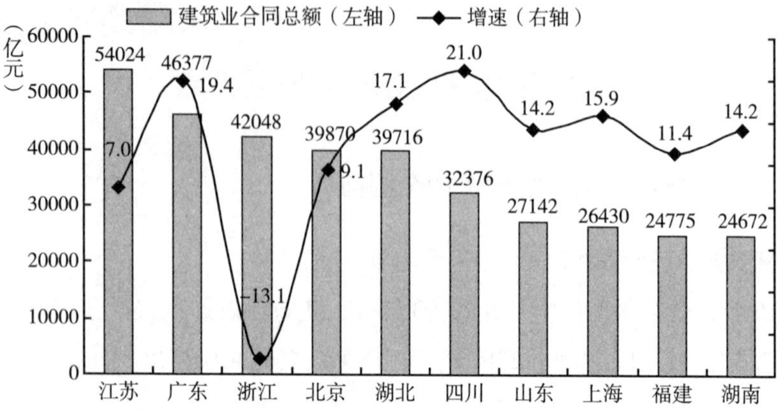

图 18　2019 年全国建筑业合同总额前 10 名省份及增速

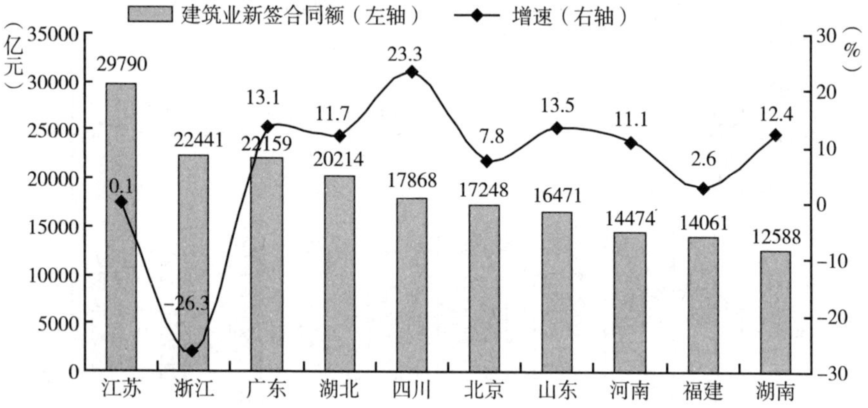

图 19　2019 年全国建筑业新签合同额前 10 名省份及增速

筑施工面积 144.2 亿平方米的 12.7%。产值占比与房屋建筑施工面积占比均已连续 4 年下滑，产值占比跌入 10% 以下，建筑业发展进入瓶颈期（见图 21）。

4. 省外完成产值减半，外向度大幅下降

2019 年，全省建筑企业在省外完成产值 7297.8 亿元（见图 22），同比下降 48.3%，占全国省外完成产值 83435.2 亿元的 8.7%，位列全国第 3 位。全省产值外向度 35.8%，位列全国第 8 位，前三位分别是北京 71.7%、天津 58.5%、上海 57.5%。

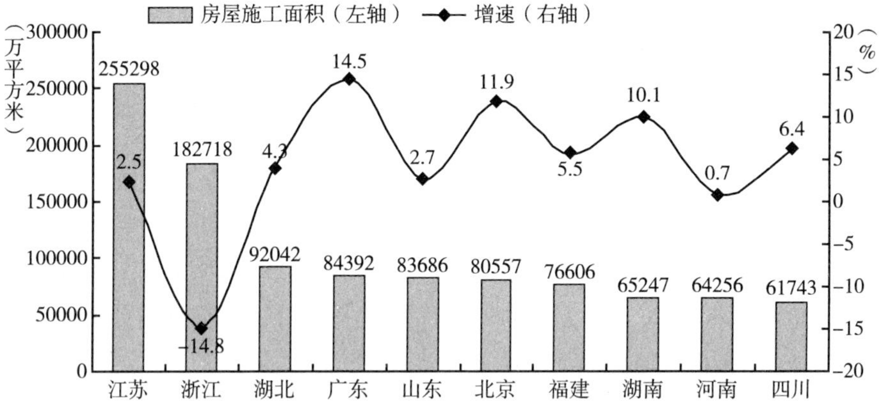

图 20　2019 年房屋建筑施工面积前 10 名省份及增速

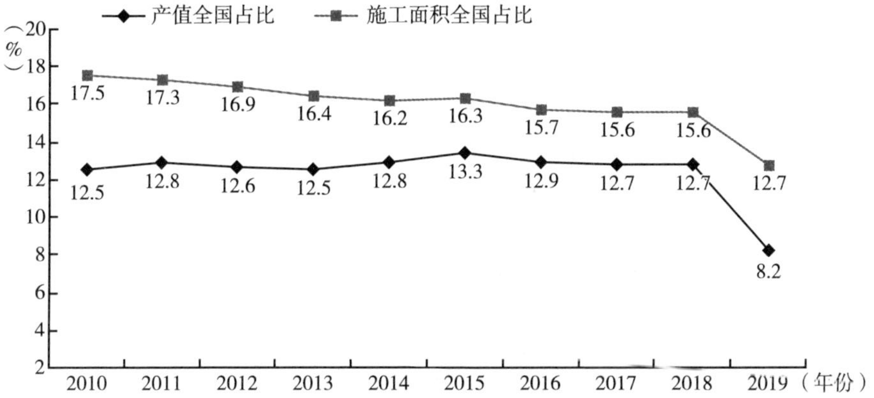

图 21　2010～2019 年浙江产值、施工面积全国占比情况

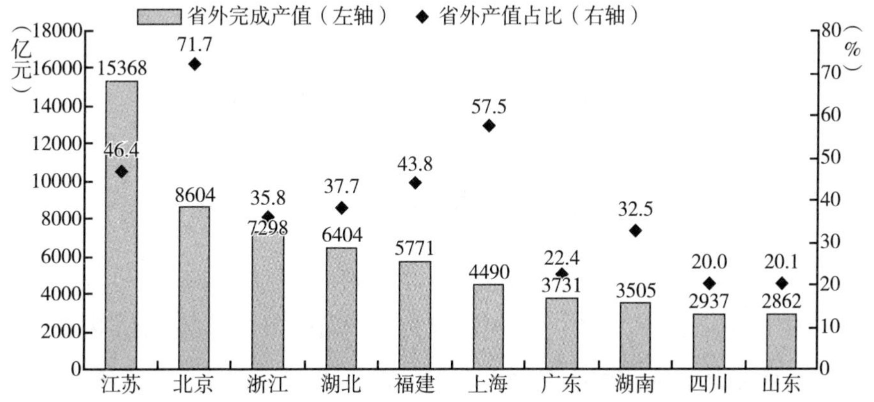

图 22　2019 年全国建筑业在省外完成产值前 10 名省份及省外产值占比

（二）房屋建筑施工仍是传统优势

2019 年浙江有工作量的房屋建筑施工企业 7256 家，比上年增加 487 家，同比增长 7.2%，占全国总数 103814 家的 7.0%。2019 年全省建筑业企业完成房屋建筑施工面积 18.3 亿平方米，占全国房屋建筑施工总面积 144.2 亿平方米的 12.7%（见图 23），竣工面积 43546 万平方米，占全国房屋竣工总面积 402411 万平方米的 10.8%（见图 24），房屋建筑施工仍是浙江建筑业在国内的主要竞争优势。

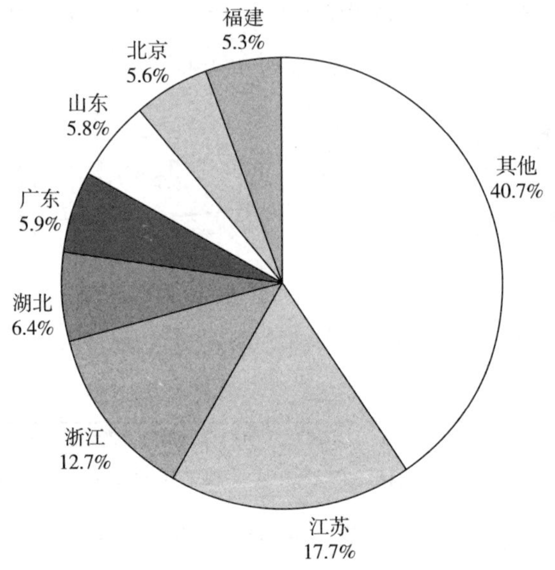

图 23　2019 年全省房屋建筑施工面积全国占比情况

（三）非国有建筑企业仍是建筑业的主体力量

2019 年，全省非国有建筑企业（扣除国有及国有控股企业）7051 家，占全省建筑企业的 97.2%；完成建筑业总产值 18668.8 亿元，占全省的 91.6%；年末从业人数 582.7 万人，占全省的 96.7%；签订合同额 37263.6 亿元，占全省的 88.6%；房屋施工面积 174702 万平方米，占全省的

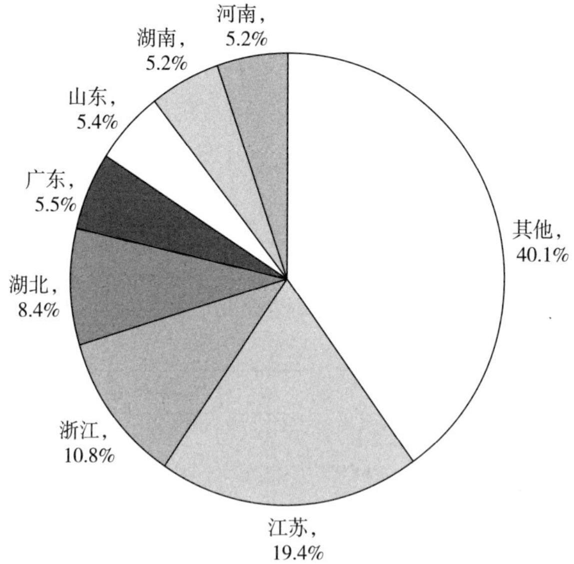

图 24　2019 年全省房屋建筑竣工面积全国占比情况

95.6%；房屋竣工面积 42230.9 万平方米，占全省的 97.0%；非国有建筑企业是浙江建筑业的主体力量（见表 1）。

表 1　2019 年浙江非国有建筑企业情况及比重

指标	合计	其中非国有	非国有比重（%）
企业总数（家）	7256.0	7051.0	97.2
建筑业总产值（亿元）	20390.2	18668.8	91.6
年末从业人数（万人）	602.3	582.7	96.7
签订合同额（亿元）	42047.6	37263.6	88.6
施工面积（万平方米）	182718.5	174702.0	95.6
竣工面积（万平方米）	43545.6	42230.9	97.0

（四）特、一级企业对全省建筑业发展贡献较大

全省 2019 年建筑业特级资质企业 77 家、一级资质企业 776 家、专业承包一级企业 300 家。特、一级资质建筑业企业新签合同额 14282 亿元，占比

63.6%；完成建筑业总产值13088亿元，占比64.2%；房屋建筑施工面积132738万平方米，占比72.7%。全省特级资质企业虽然数量只占企业总数的1.1%，但是新签合同额、建筑业总产值、房屋建筑施工面积三项指标在行业的集中度为1/3以上。特、一级资质建筑业企业为全省建筑业的发展做出了重要的贡献（见表2）。

表2 2019全省不同资质等级建筑业企业主要指标占比情况

单位：%

	企业数	新签合同额	建筑业总产值	房屋建筑施工面积
特级企业	1.1	33.6	33.0	48.3
一级企业	14.8	30.0	31.2	24.4
其他企业	84.1	36.4	35.8	27.3

三 2019年浙江建筑业创新发展分析

（一）全力推进行业改革创新

积极培育工程总承包市场和企业，全年共有694家企业承接了工程总承包项目1054个，工程造价822.1亿元。率先开展全过程工程咨询试点，将试点从房屋建筑、市政行业扩展到交通、水利、能源行业，全年共有208家企业参与实施全过程咨询，实施项目397个，合同总额9.4亿元。积极探索劳务发展模式，制定实施浙江省新时代建筑产业工人培育试点工作方案，先行开展建筑劳务用工改革试点和建筑产业工人队伍培育试点。

（二）大力推广“绿色建筑”和绿色施工

全面实施绿色建筑专项规划，对建筑项目提出绿色建筑等级、建筑装配化建造和住宅全装修等控制性指标要求；全年全省城镇新增绿色建筑面积1.6亿平方米，新增节能建筑1.2亿平方米，实施高星级绿色建筑示范工程

147 项，“绿色建筑”发展规模和水平位居全国前列。积极推进建筑工业化发展，全省共有建筑工业化基地 100 个，其中预制砼装配式基地 65 个，生产线 222 条，产能 766 万立方米；钢结构基地 35 个，生产线 167 条，产能 329 万吨，在满足全省需求基础上，逐步向上海、江苏等地供应。在全国率先开展了钢结构装配式住宅试点，杭州、宁波、绍兴等 3 个城市和 17 家企业分别被认定为国家级装配式建筑示范城市和产业基地。已累计建成钢结构装配式住宅 304. 4 万平方米，在建钢结构装配式住宅 111. 34 万平方米。2019 年全省新开工装配式建筑 7896 万平方米，占新建建筑面积比例 25. 1%，装配式建筑新开工面积和占比均居全国前列。其中，新开工装配式住宅和公共建筑（不含场馆）5619 万平方米，已实施住宅全装修项目 3359 万平方米。

（三）加快转变行业监管模式

加强建筑市场信用体系建设，建立“黑名单”制度，建筑市场监管与诚信信息平台数据库已纳入 2 万家企业、76 万名从业人员、8. 6 万个工程项目、7352 条进浙备案企业信息、7273 条企业良好信息、4123 条个人良好信息、70 条企业不良信息和 140 条个人不良信息。部署开展发包和承包违法行为专项整治行动，规范建筑市场信用评价结果在招标投标领域应用，完善建筑工人实名制管理信息平台功能，建立工资保证金、实名制管理、工资款分账核算、工资按月足额支付、银行代发工资、维权信息公示等 6 项配套制度，全年共查处欠薪案件 884 件，解决 876 件，结案率 99. 1%。全面推行保函制度，2019 年全省建设工程以保函形式缴纳保证金 1257555 万元，保函缴纳比例达到 22. 2%，切实为企业减负。

（四）深入实施“走出去”发展战略

出台《关于推进浙江建筑业开放发展的若干意见》（浙政办发〔2019〕55 号），从加快产业结构调整、加强工程项目对接、加大财政金融支持力度、加大国际工程人才培育力度、加强工程建设标准互联互通、加强服务保障等六个方面提出 11 条举措，助推全省建筑业积极参与“一带一路”倡议。2019 年，对外承包工程业务保持较快增长，全年完成对外承包工程营业额 76.3 亿美元，同比增长 3.3%，新签合同额 52.1 亿元，同比增长 31.0%。在 2019 年美国《工程新闻纪录》（ENR）公布的“国际承包商 250 强”中，省建投公司、东阳三建、省交工集团 3 家入围，比上年增加了 1 家，分别列第 89 位、194 位、204 位，其中东阳三建是近几年来首次入围的民营建筑业企业。

四　浙江省建筑业发展展望和对策建议

面对疫情防控常态化的市场形势，建筑业作为浙江经济的支柱产业，在促投资、稳增长中分量很重，在“六稳”“六保”中要发挥独特作用，必须继续深化建筑业改革，精准打通复工复产痛点堵点难点，提升建筑业发展质量，确保建筑业持续健康发展。

（一）正确把握形势，坚定发展信心

2020 年全球受疫情冲击，宏观经济仍存下行压力，为应对经济下行压力，财政政策定向发力，大力优化财政支出结构，压减一般性支出，向重大基建项目和民生项目倾斜。货币政策逆周期调节将持续发力，信贷资源向制造业、基建、民企等领域倾斜，预计基建、制造业领域中长期贷款需求将上升。鉴于国家逆周期政策调节持续发力，2020 年基建和房地产投资大概率呈现温和回升态势。这些都是建筑业的利好政策，全省建筑业在危机中育新机、于变局中开新局，紧紧抓住行业新一轮发展机遇，加快企业转型升级速度，推动高质量发展。

（二）坚持以市场为导向，坚定发展方向

2020 年建筑业将总体保持稳定发展。一是基建投资温和回暖，要进一步聚焦国家区域发展战略，重点关注既促消费惠民生又调结构增后劲的

“两新一重”建设。二是新型城镇化为建筑业发展带来新机遇，《2019 年新型城镇化建设重点任务》和中央经济工作会议，均对城市群和中心城市建设做出重要部署，重点关注民生工程“补短板”、公共服务类项目的建设、人居环境的打造，以及一、二线城市的新区建设和特大工业镇的发展；在城市群内部连接网络完善方面，重点关注长三角、粤港澳大湾区、京津冀等区域的城际轨道交通网建设。三是房地产市场迎来新的“发展窗口”期，房地产对经济和就业的拉动作用明显，2019 年全国房地产开发投资 132194 亿元，比上年增长 9.9%，其中广东、江苏、浙江三省房地产投资累计值均超万亿元。2020 年房地产投资大概率温和上涨。四是老旧小区改造将成为新的市场增长点。中国城市发展逐渐从增量模式转为存量模式，城市更新是存量时代下的必然产物，蕴藏着巨大的空间和机遇。住建部预计旧改的整体投资规模超过 4 万亿元，各地已陆续出台老旧小区改造三年行动计划，进一步带动装修、公共配套设施建设等市场的发展。

（三）积极推行新模式，加快转型发展

一要深入开展工程总承包和全过程咨询实践，加快资质改革步伐，推动设计与施工的深度融合，提升浙江建筑业企业工程总承包能力。二要深入推进建筑工业化，推进标准化建设，提高建筑工业化设计标准化水平。推进数字化建设，加大工业化和信息化深度融合，推进建筑业数字经济建设。推进项目化建设，总结装配式建筑试点经验，加大示范和推广应用。充分发挥全省钢结构产业优势，积极开展钢结构装配式住宅试点，力争走在全国前列。对标发达国家和标杆企业，对标国外先进技术标准，做好样板引路、产业引领，形成全国建筑业改革发展的浙江经验。三要规范 PPP 模式，在经历了近两年的政策调整之后，PPP 已开始由理性回归逐步向规范化方向发展，符合 PPP 模式运用本质特征的项目、绿色环保和惠民类项目的比例显著增加。随着宏观政策逆周期调节持续加码，国家明确支持专项债可做项目资本金，积极探索 PPP 与专项债的有机结合，力图撬动更多的社会投资，发挥对国民经济稳定增长更强的拉动作用。

（四）扶持大企业做强做优，推动“走出去”发展

积极推动大型建筑企业上市和混改模式，引导民营建筑业企业机制改革转型，完善现代企业管理模式，探讨从民营企业经营者持大股向精英层持大股转变。引导和帮助骨干建筑业企业向公路、水利、铁路、港航、城市轨道交通等重点投资领域拓展，依托杭州、宁波、绍兴等建筑强市，开展试点示范，鼓励省内骨干建筑企业采用联合体投标方式进入轨道交通、桥梁隧道、综合管廊等重大基础设施建设领域。加快出台全省建筑业开放发展政策，引导企业参与“一带一路”倡议重大基础设施建设；紧跟长三角一体化国家战略，巩固全省建筑业企业的区域市场传统优势，积极开拓中西部和东北区域市场，同时加强与重点省市交流，建立省域建筑业合作机制，为企业“走出去”清除市场壁垒。国际经济环境变化、区域冲突等诸多不确定因素，虽然将影响国际基础设施投资与建设，但部分地区仍有巨大建设需求，如亚太、非洲、拉美等地区。

（五）加强行业监管，营造良好发展环境

行业管理部门要在加强建筑业治理管理方面继续发力。建立健全能够与工程总承包和全过程工程咨询模式相适应的招投标、质量安全监督等各项制度机制，培育一批品牌建筑企业，发挥政府工程在开展工程总承包和全过程工程咨询中的示范带动作用，加快推进项目落地。深入开展工程质量提升行动，加强品牌工程建设，大力推进建筑行业工人队伍的建设，加强农民工工资支付保障制度，开展“浙江无欠薪”行动，擦亮“无欠薪”品牌。

B.10

广东工程建设发展报告（2020）*

广东省建筑业协会

摘　要：　2019年，广东资质以上总承包和专业分包企业完成建筑业总产值16633.41亿元，继续保持高速增长态势。本报告对全省建筑业生产经营情况进行了系统回顾，总结了建筑生产发展势头良好、建筑业科技创新扎实推进、建筑市场秩序不断规范、工程质量安全管理得到有效加强、粤港澳深入开展合作亮点纷呈等特点。指出了行业发展中政策供给、市场环境、企业自身等方面存在的主要问题。提出了提升建筑产业规模效益、打造建筑科技新优势、大力推行工程总承包模式、建设建筑工人管理平台、增强企业核心竞争力、进一步完善信用体系建设等发展建议。

关键词：　工程建设　建筑业　广东

一　2019年度生产经营情况

（一）建筑业总产值

2019年，广东完成建筑业总产值16633.41亿元，同比增长21.3%。广东建筑业行业集中度较高，产值前10%的企业完成总产值13483.26亿元，占全省总产值的81.1%。[①]

---

* 本报告图表数据来自国家统计局和广东省统计局。

① 《2019年广东建筑业保持快速增长》，广东省统计局网站，2020年1月21日，http://stats.gd.gov.cn/tjkx185/content/post_2876676.html。

（二）企业新签合同额

2019 年，广东总承包和专业分包建筑企业签订合同额 46400.31 亿元，同比增长 19.4%。其中，上年结转合同额 24223.16 亿元，同比增长 25.7%；本年新签合同额 22177.15 亿元，同比增长 13.2%。建筑业新签合同额是决定企业未来建筑业产值规模的关键因素，持有合同量比较充足，企业发展可持续性有一定保障。①

（三）企业实现利润

2019 年，广东省全社会建筑业增加值 4255.07 亿元，比上年增长 5.9%；实现利税总额 1094.41 亿元，同比增长 10.0%；利润总额 575.01 亿元，同比增长 5.9%。②

（四）企业数量

2019 年，广东总承包和专业分包企业共 7129 家，同比增长 16.1%，其中，特级资质 30 家，同比增加 7 家；一级资质 1048 家，同比增加 226 家。新增资质企业数量增长快，净增资质建筑业企业 987 家，同比增加 158 家，增长 19.1%。2019 年新入库的总承包和专业分包企业 1215 家，建筑业总产值净增加 1243.65 亿元，产值贡献率为 42.6%；其中亿元以上企业 138 家，占比 11.4%，产值贡献率为 35.0%。③

（五）就业人员数量

2019 年，全省建筑业企业中从事建筑业活动的平均人数为 349.7 万人，

① 《2019 年广东建筑业保持快速增长》，广东省统计局网站，2020 年 1 月 21 日，http://stats.gd.gov.cn/tjkx185/content/post_2876676.html。

② 广东省统计局：《2019 年广东省国民经济和社会发展统计公报》。

③ 《2019 年广东建筑业保持快速增长》，广东省统计局网站，2020 年 1 月 21 日，http://stats.gd.gov.cn/tjkx185/content/post_2876676.html。

同比增长 19.6%。其中，工程技术人员总数不断增加，全省建筑业企业工程技术人员 39.1 万人，比上年增长 13%。[①]

（六）境外承包工程情况

2019 年，广东对外承包工程完成营业额 167.1 亿美元，下降 4.9%；对外劳务合作新签劳务人员合同工资总额 7.4 亿美元，劳务人员实际收入总额 9.3 亿美元；承包工程和劳务合作年末在外人员共 9.32 万人。[②]

二 2019年广东建筑业发展特点及创新发展分析

（一）建筑生产发展势头良好

推动建筑业生产实现稳步增速。2019 年，全省资质以上企业完成建筑业总产值 16633.41 亿元，同比增长 21.3%。企业持有合同量较充足，资质以上总承包和专业分包建筑企业签订合同额同比增长 20.5%。企业在省外完成建筑业产值 3731.09 亿元，同比增长 25%，占总产值比重为 22.8%。

行业龙头企业发展向好。行业集中度进一步提高，新增总承包和专业分包企业同比增长 19.1%，其中，特级资质企业 30 家，完成产值 2676.31 亿元，同比增长 106.0%。

提升企业跨专业发展能力。交通运输类工程产值持续高速增长，全省资质以上总承包和专业承包建筑业企业完成施工的道路、铁路、隧道和桥梁等工程产值同比增长 59.8%。

（二）深入推进建筑科技创新

加强建筑科技推广应用。举办广东省第五届 BIM 论坛和 BIM 公益宣传活动，推动广州开展城市信息模型（CIM）平台建设试点，与省科技厅共建“广东省

① 《2019 年广东建筑业保持快速增长》，广东省统计局网站，2020 年 1 月 21 日，http://stats.gd.gov.cn/tjkx185/content/post_2876676.html。

② 《2019 年广东省国民经济和社会发展统计公报》，第 22 页。

住房和城乡建设科技协同创新中心”，进一步提升广东省建设科技创新能力。

装配式建筑发展进度大幅提高。2019 年发布了 6 项装配式建筑地方标准，省内 12 个城市出台实施意见和专项规划，全省新认定 1 个装配式示范城市、22 个产业基地和 10 个示范项目。

深入推进绿色建筑普及发展。积极推行《广东省绿色建筑条例》立法，修订、制定、优化绿色建筑的评价、设计、考核等标准指标，深入社区、学校开展节能和绿色建筑宣传活动，进一步提升社会认知度。

（三）建筑市场秩序不断规范

一方面，净化建筑业发展环境，研究制定深化工程招标投标管理制度改革、指导串通投标认定查处以及招标投标“打招呼”登记报告等制度，开展打击“挂靠”专项整治，完成近 15 万条人员信息核实，居全国首位。

另一方面，加快现代建筑产业工人培养，积极开展建筑产业工人队伍培育试点，举办智能楼宇管理员等 10 个工种的省级住建行业职业技能竞赛。

（四）工程质量安全管理得到有效加强

开展安全生产隐患大排查大整治行动，对房屋市政工程质量安全、施工扬尘治理、消防安全以及风险管控等开展全方位监督执法检查，安全事故起数和死亡人数双双下降。

持续推进监管力度，全省市政工程一次通过验收合格率为 100%，“两书一牌”签订率达 100%。

三 广东建筑业发展过程中存在的主要问题

（一）政策供给方面

1. 缺乏省市县联动支持建筑业发展的系列政策

近 20 年来，在没有全省性支持建筑业发展政策文件的统一指导下，各地市难以制定突破性政策，引领行业长远发展，且目前已出台的政策针对性差，落地不够，缺乏长远规划；作为单一产业，各地建筑业产值规模巨大，但无法取得支柱产业的地位，相应支持政策不足。虽然部分建筑强县（市、区）长期把建筑业作为支柱产业来培育，但政策空间难有突破。

2. 现有政策鼓励支持力度不够

综合运用财政、税务、土地、科技创新、人才培养等方面政策支持地方建筑业总部企业的配套服务政策力度不够。全省特级资质企业相对江浙等省稀少，民营建筑业特级资质企业更是凤毛麟角，相对中央企业和外省优势企业，本地企业综合实力差距明显，“走出去”（市外、省外、境外）拓展业务的政策力度不够或难落实。

（二）市场环境方面

1. 建筑市场竞争激烈

据统计，全省各地市本地企业和登记进入本地承揽业务的外地企业比例在 1∶3 左右，大量外地企业涌入抢占市场，市场竞争激励程度无可比拟。在部分偏远地区，多数公共建筑项目为外地企业承担。

2. 超大项目中小企业无法参与

地方政府流行打包捆绑工程业务，项目规模设置过大（10 亿元以上甚至更高），门槛设置过高（企业业绩、注册资本和施工资质要求非常高），招标文件设置不合理（如要求获得多少个鲁班奖），导致本地企业基本上无法参与竞争。

3. 拖欠工程款，决定企业生死存亡

拖欠工程款现象时有发生，尤其是政府投资项目，经常由于非企业原因导致数年不结算，长期拖欠工程款的现象。

4. 市场因素导致成本上涨，调差难

工程造价占比中，建材费通常占比 60% 以上，人工成本占比 20% 以上，所以工程项目所需材料、人工成本等价格变化，直接决定工程项目盈亏，而项目的建设单位几乎不会考虑市场价格因素而照顾施工企业调差，因此施工企业承担巨大风险。

5. 建筑工人老龄化，劳务用工严重供不应求

目前，工程一线的大部分建筑工人年龄已超过 40 岁，建筑工人年龄层次严重脱节，“用工荒”也已成为制约行业发展的瓶颈。受新冠肺炎疫情影响，建筑业复工复产不但面临严重劳务短缺问题，更面临用工成本急剧上升等问题。

（三）企业自身方面

1. 重量不重质，企业发展依然粗放

大部分企业仍处于传统生产经营阶段，只注重工程承接量的扩张，较少采取兼并、重组、联合、控股参股、上市融资等资本运作方式向外扩张，多数发展理念落后，管理模式粗放、业务结构单一，缺乏核心竞争力。

2. 地方中小企业竞争力每况愈下

在当前 PPP 模式、工程总承包、建筑工业化、全过程服务成为建筑行业发展主流的形势下，大量高资质及实力雄厚企业涌入，尤其是央企以其综合优势占据了大部分市场份额，给本地企业生存和发展造成较大冲击，本地企业鲜有能力参与融资投标，大部分本地企业生存堪忧，竞争能力每况愈下。

3. 工程专业技术人才匮乏

受制于资质管理基本要求，企业长期存在干活的没有职称和执业资格证、有执业资格证和职称的不会干活或长期不在岗的现象。这不仅造成企业招募具有资格人员的成本负担，也对企业培养工程技术专业人才不利，更会造成行业中买卖证书、伪造资料、合同欺诈等各种乱象的出现，给工程项目监管造成了严重影响。

4. 融资难，结算难，企业发展难以持续

针对大型基建项目，地方企业融资难的问题显得尤为突出。部分企业仅能依靠与央企合作参与部分项目，否则根本无法生存。此外，工程结算不及时甚至长期拖欠工程款，企业盈利部分长期被建设单位占有，不但严重贬

值，更不能转化企业发展能力，造成企业严重资金压力，增加资金使用成本。

四　促进广东建筑业发展的对策和建议

（一）加大投资，提升建筑产业规模效益

建筑业现代化具有规模效应，当建筑业达到一定规模，其现代化规模效应方可凸显，加大投资，做大建筑业整体盘，是振兴建筑产业现代化最直接、有效的方式，加大投资更利于加快广东省经济与民生建设。

（二）打造建筑科技新优势

粤港澳大湾区聚集了全国最优的建筑科技研发机构和企业，同时作为全国最具经济活跃度的发展区域，高精尖的建筑产品需求旺盛，具备全国建筑科技创新的最优环境，以及辐射华南和东南亚等地区的良好条件，开发建筑科技产业市场基础条件已经具备。

（三）大力推行工程总承包模式

工程总承包模式是一种先进的工程建设组织方式。符合工程总承包模式的政府投资的建设项目，原则上采用工程总承包模式发包，引导鼓励外资及私人投资的建设项目采用工程总承包模式发包。健全工程总承包相关的政策标准，打通设计、施工、部品部件生产环节，促进施工及采购一体化深度融合，降低各环节割裂增加的交易、沟通等成本，提高项目效益水平；出台相关鼓励政策，引导建筑企业向工程总承包模式转型。

（四）建设建筑工人管理平台

将 300 万建筑业从业人员的信息纳入信息化管理，形成有序的劳动力市场，通过平台发布提供专业技能培训，可针对当前劳动市场技能人员紧缺的

情况，提供精准培训服务，加速专业技能人员的培养与供给。通过平台实时掌握各劳务班组的动态信息，有劳务服务需求的企业发布需求信息，劳务班组可实时了解企业的需求选择接单，从而实现“滴滴务工”的信息化管理。通过平台直接进行工人的工资转账和社保缴纳，充分保障工人的权益，工人亦可通过平台及时维权。

（五）增强企业核心竞争力

借助资本的力量，通过企业重组、资本运作等方式提升本地企业省内外市场份额。重点研究总部经济落户政策，对新引进的总部企业，按照实缴注册资本给予一次性资金补助，对新引进并首次入选“世界500强”“中国500强”“广东100强”的总部企业，制订和兑现资金奖励政策以及租赁、自建、购置办公用房扶持政策。

（六）进一步完善信用体系建设

进一步完善企业、注册人员、工程项目等基础数据库，提高平台数据质量；依托平台加强企业资质动态监管，适时开展对企业资质、人员执业资格的动态核查，强化市场清出管理。加强信用评价信息应用。对优质诚信企业在资质评定、市场准入、工程招投标及评优创优中予以倾斜；完善企业责任追究机制，以及与信用评价紧密关联的联动机制，逐渐形成企业和从业人员“一处失信、处处受制”的市场氛围，落实行业“黑名单”和“负面清单”制度。

五 2020年发展趋势展望

2020年伊始，受新冠肺炎疫情影响，工程项目复工延缓，对建筑企业形成了短期不利影响，但也孕育着建筑业新的发展机遇。随着国家、省、市各级政府强力防控疫情，并稳步推进建筑业复工复产，建筑企业产值快速恢复。同时，随着国家调控政策的相继落实，基建投资增速回升，有利于促进建筑业稳定向好发展，预计2020年全年建筑行业仍将继续保持稳定发展，并呈现不同的发展趋势。

（一）行业发展呈现多元化和专业化共存趋势

从国内到境外、从房屋市政到基础设施、从专业领域到全产业链、从EPC到PPP、从单一企业到城市综合运营商等，建筑业正在朝着多行业、多区域发展转移，向综合业务发展迈进。特别是建筑行业龙头企业，都在紧密布局综合业务和多元化发展，并促进专业化的出现。

（二）BIM技术应用发展空间巨大

当前BIM技术应用处于高速发展状态，BIM软件应用越来越普遍。“BIM+项目管理系统”“BIM+云平台”“BIM与大数据、物联网、移动技术、人工智能”等集成应用，将改变施工项目现场参建各方的交互方式、工作方式和管理模式，是未来发展必然趋势。但当前建筑信息化应用还处于初级阶段，且与建筑施工、设计不同，未形成市场集中的态势，从长期来看，建筑信息化应用的发展空间巨大。

（三）数字建造将有力推动建筑业转型升级

包括BIM在内，CIM、云计算、区块链、大数据、人工智能、3D打印、物联网、机器人等技术将为传统建筑行业带来巨大变化。应用先进的信息技术和数字建造技术，建设智慧城市，打造智能家居、智能建筑、绿色建筑、智慧工地，成为建筑产业转型升级的必然趋势。

（四）区块链+建筑业是未来发展趋势

区块链技术应用于建筑行业是未来发展的趋势，目前也处于高速发展状态，通过未来区块链技术的应用，全过程记录工程项目参与相关单位所有数据信息，并解决数据信息不真实等问题，或将取代企业信用评价证书、资质资格证书等，成为企业参与市场竞争的无形凭证，也必将促进企业强化信用信息维护和完善风险控制体系。

（五）建筑工人老龄化势必引起高度重视

建筑工人老龄化，劳务用工严重供不应求。目前，工程一线的大部分建筑工人年龄已超过40岁，建筑工人年龄层次严重脱节，“用工荒”也已成为制约行业发展的瓶颈。提高生产力和减少对劳动的依赖将成为未来建筑业发展趋势。建筑工业化和装配工业化将打破平衡，重新定义现代建筑业生产关系，这也将成为改变劳动力供给的重要途径。

2020年是全面建成小康社会和“十三五”规划收官之年，将为“十四五”规划实施和实现第二个百年奋斗目标打好基础。相信在省委省政府、省住房和城乡建设厅、各级主管部门、行业协会以及各施工企业的共同努力下，广东建筑业发展将迈上一个新台阶。

B.11 四川工程建设发展报告（2020）*

四川省建筑业协会

摘　要： 2019年，四川省坚持以建筑业供给侧结构性改革为主线，建筑业改革与发展取得积极成效。本报告回顾了行业产值、增加值合同额等主要经济指标变化情况，对比了区域间发展差异。梳理了企业市场开拓情况、企业经营情况、装配式建筑技术创新的发展热点。结合实际总结出坚持新发展理念、坚持科技创新、坚持结构调整、坚持优化环境等发展特点。指出了强化政策引领、加大扶持力度、加快建造方式创新、加快建设组织模式改革、推进实施工程担保制度、支持民营企业改革发展、加强建筑市场信用体系建设等发展思路和方向。

关键词： 工程建设　建筑业　四川

一　2019年四川省工程建筑行业发展概况

（一）主要经济指标

1. 建筑业总产值

2019年，四川省建筑业完成总产值17592.53亿元，同比增长21%，增速

* 本报告图表数据来自四川省统计局，由于统计时间或统计口径不同，部分数据与国家统计局数据不同，未做机械调整，特此说明。

较上年度下滑 1.1 个百分点（见图 1）。全国建筑业总产值为 248445.79 亿元，四川占比 6%（见图 2），排名全国第五位。全国建筑业总产值排名前六位的省份是江苏、浙江、湖北、广东、四川、山东。

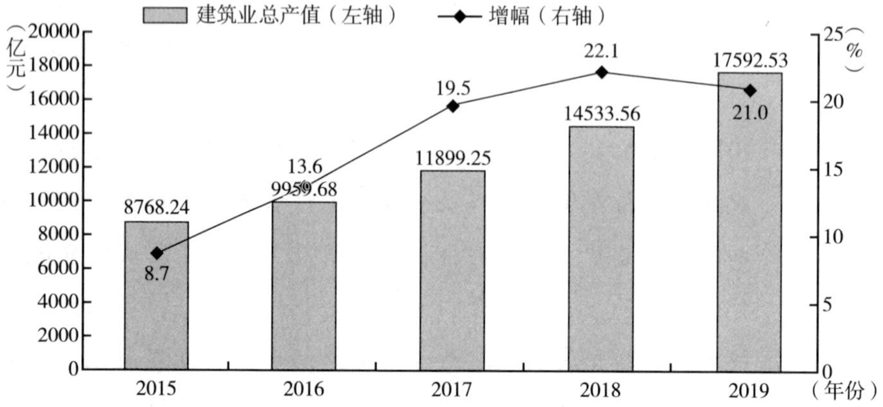

图 1　2015～2019 年四川建筑业完成产值情况

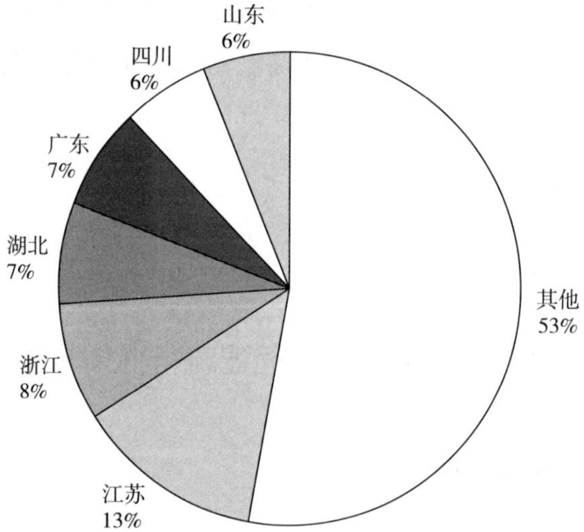

图 2　2019 年全国建筑业总产值前 6 位省份占比情况

从施工类别来看，四川房屋建筑工程完成产值 12316.6 亿元，同比增长 25.3%，占总产值比重 70%；土木工程完成产值 4351.7 亿元，同比增长 20.7%，占总产值比重24.7%；建筑安装工程完成产值550.1亿元，同比增长0.97%；建筑装饰、装修和其他建筑工程完成产值374.0亿元，同比增长46.6%。

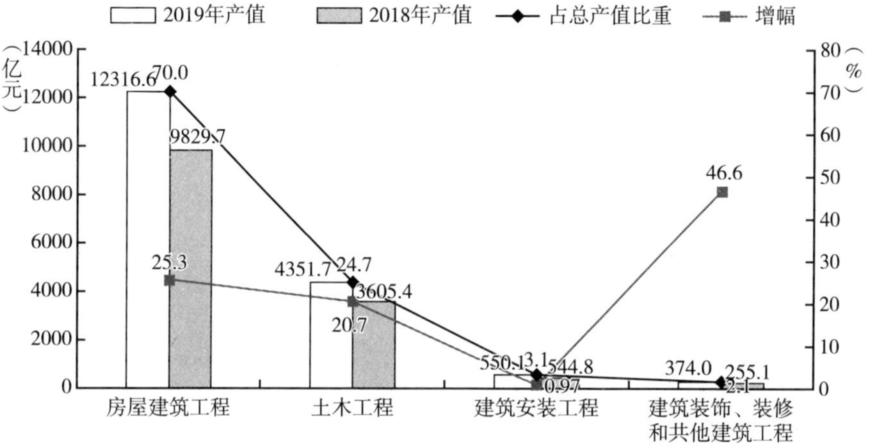

图3　四川按工程类别划分建筑业产值情况

从资质等级来看，全省28家特级资质企业完成产值2112.4亿元，同比增长51.6%，占建筑业总产值的12%，占比提高2.4个百分点；一级资质企业完成产值6039.3亿元，同比增长24.4%，占建筑业总产值的34.3%，占比提高0.9个百分点；二级资质企业完成产值6703.7亿元，同比增长34%，占建筑业总产值的38.1%，同比提高3.7个百分点；三级资质企业完成产值2737.1亿元，同比增长16.7%，占建筑业总产值的15.6%，同比下降7%。

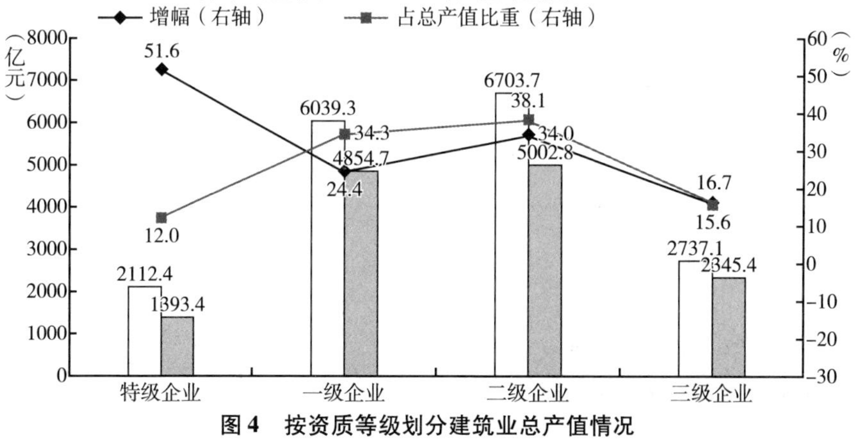

图4　按资质等级划分建筑业总产值情况

2. 竣工产值

2019 年，全省建筑业完成竣工产值 7395.9 亿元，同比增长 17.3%，竣工率 42%，较上年度下滑 1.4 个百分点。

3. 建筑业增加值

四川全年实现建筑业增加值 4123.5 亿元，同比增长 27.9%（见图 5），占全省 GDP 的 8.8%，同比增长 0.9 个百分点，为近年来新高。经济贡献率为 6.5%，同比增长 2.3 个百分点。

4. 新签合同额

2019 年，四川建筑业签订合同额 38601.2 亿元，同比增长 32.7%，其中，上年结转合同额 16606.7 亿元，本年新签合同额 21994.5 亿元，较上年度同期分别增长 27.0% 和 37.3%。

5. 劳动生产率

2019 年，全国建筑业劳动生产率为 399656 元/人，四川建筑业劳动生产率为 352004 元/人，同比增长 10.8%，增速比全国平均高出 3.7 个百分点。

图 5　2015～2019 年四川建筑业增加值情况

（二）区域发展情况

1. 五大经济区发展情况

成都经济区建筑业完成总产值 8569.5 亿元，同比增长 12.7%，占全省建筑业总产值的48.7%，占比下降3.6个百分点；川南经济区建筑业完成总产值3718.2亿元，同比增长36.2%，占全省建筑业总产值的21.1%，占比提高2.3个百分点；川东北经济区建筑业完成总产值4556.5亿元，同比增长27.3%，占全省建筑业总产值的25.9%，占比提高1.3个百分点；攀西经济区建筑业完成总产值647.7亿元，同比增长15.4%，占全省建筑业总产值的3.7%，占比下滑0.2个百分点；川西北经济区建筑业完成总产值100.7亿元，同比增长64.3%，占全省建筑业总产值的0.6%，占比提高0.2个百分点（见图6、表1）。

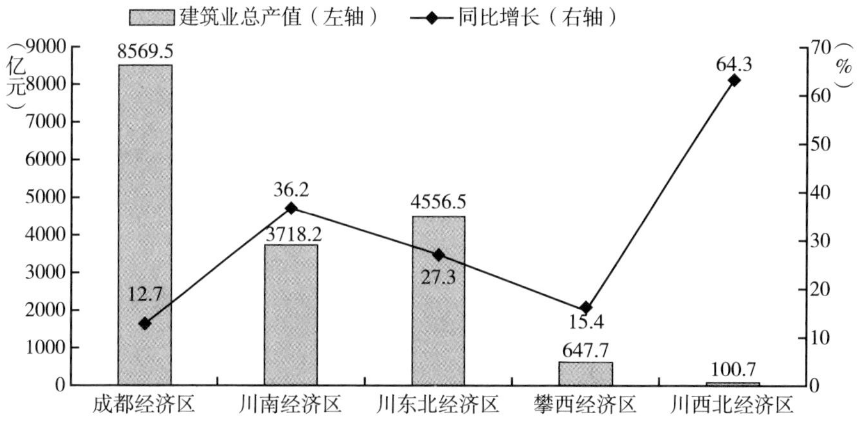

图6 四川各经济区建筑业总产值

表1 四川各经济区建筑业总产值情况

单位：亿元，%

项目	建筑业总产值	同比增长	占全省比重	比重较去年增减
成都经济区（成都、德阳、绵阳、眉山、资阳）	8569.5	12.7	48.7	-3.6
川南经济区（泸州、自贡、乐山、内江、宜宾）	3718.2	36.2	21.1	2.3
川东北经济区（南充、达州、广安、遂宁、广元、巴中）	4556.5	27.3	25.9	1.3
攀西经济区（攀枝花、凉山、雅安）	647.7	15.4	3.7	-0.2
川西北经济区（甘孜、阿坝）	100.7	64.3	0.6	0.2

2. 市（州）发展情况

成都建筑业完成总产值6502.4亿元，稳居全省第一且领先幅度较大，但占全省比重继续下滑2.9个百分点，降至37%。泸州（1709.7亿元）和南充（1574.7亿元）分别排名省内第二、第三位。绵阳（906.4亿元）、巴中（822.6亿元）、宜宾（759.6亿元）、达州（694.4亿元）、广安（633.3亿元）、遂宁（568.9亿元）和自贡（535.6亿元）建筑业完成总产值在500亿元以上。除资阳（194.4亿元）、雅安（77.7亿元）、阿坝（65.1亿元）、甘孜（35.6亿元）外，其余市（州）建筑业完成总产值均在250亿元以上。

从增速上看，全省21个市（州）中有19个地区建筑业总产值增速达两位数，其中，阿坝（72.2%）、宜宾（57.3%）、甘孜（51.5%）、南充（49.7%）、内江（36.2%）、泸州（35.6%）、雅安（35.6%）达州（34.7%）、遂宁（30.2%）和自贡（30.2%）的增速均超过30%。增速较低的市是巴中和资阳，巴中增速为1.6%，资阳为-14.8%（见图7）。

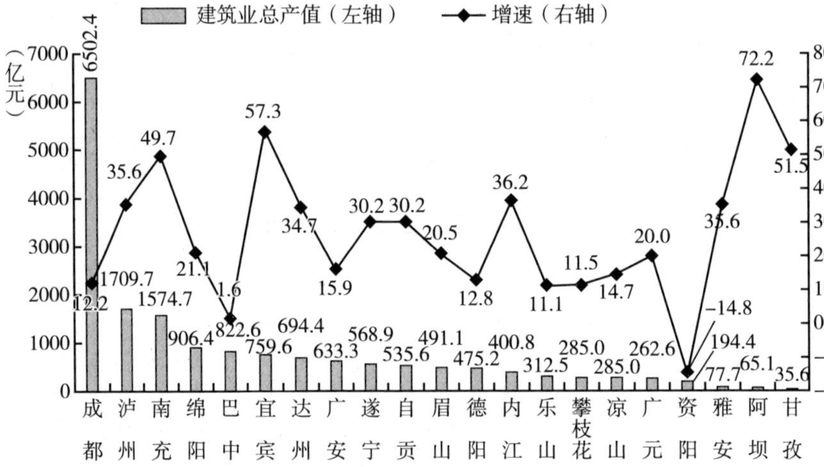

图7　2019年四川各市（州）建筑业完成总产值情况

3. 县（市、区）发展情况

全省198个县（市、区）中，建筑业产值超过50亿元的县（市、区）由上年83个增加到86个，超过100亿元的县（市、区）由上年47个增加到59个。成都锦江区、武侯区、高新区和泸州市泸县建筑业总产值超过

500 亿元。全省有两个县（市、区）建筑业总产值超过千亿元，分别是成都金牛区（1463.6 亿元）和青羊区（1014.1 亿元）。

（三）企业经营情况

1. 产业集中度

特级资质企业建筑业完成总产值 2112.4 亿元，同比增长 51.6%；一级总承包资质企业完成建筑业总产值 5583.1 亿元，同比增长 24%；特级和一级施工总包资质企业建筑业完成总产值 7695.5 亿元，产业集中度为 42.8%，较上年提高 2.2 个百分点。

2. 规模企业

全省有 2641 家建筑业企业建筑业完成总产值超过亿元，比上年增加 362 家，建筑业完成总产值 16426.7 亿元，同比增长 20.6%，占全省总产值的 93.4%；签订合同额 36520.2 亿元，同比增长 33.7%，占全省签订合同额的 94.6%；完成竣工产值 6824 亿元，同比增长 18.1%，占全省竣工产值的 92.3%。产值为 1 亿～10 亿元的企业 2341 家，10 亿～50 亿元的企业 272 家，50 亿～100 亿元的企业 18 家。产值超百亿元的企业有 10 家。

3. 资质等级

截至 2019 年底，四川共有建筑业企业 54361 家，新增特级施工总承包企业 1 家，现共有特级施工企业 28 家，其中，双特企业 3 家，三特企业 3 家。特级资质数量 38 项，其中，建筑工程 18 项，公路工程 6 项，水利水电工程 4 项，铁路工程 3 项，市政工程 5 项，冶金工程 2 项。新增一级施工总承包企业 114 家，现共有一级施工总承包企业 807 家。总承包一级资质 1153 项，其中，建筑工程 675 项，公路工程 58 项，市政工程 315 项，铁路工程 5 项，港口与航道工程 1 项，水利水电工程 13 项，电力工程 14 项，矿山工程 10 项，冶金工程 2 项，石油化工工程 6 项，通信工程 18 项，机电工程 36 项。

（四）市场开拓情况

1. 省内市场

2019 年，四川全年固定资产投资比上年增长 10.2%。其中，国有及国有经济控股投资增长 11.9%，港澳台投资增长 3.2%，外商投资增长 10.6%，民间投资增长 8.6%，民间投资占全部投资比重的 48.7%，较上年下滑了 0.7 个百分点。分类型看，项目投资比上年增长 9.4%，房地产开发投资比上年增长 15.4%。

2019 年，全省全年棚户区改造完成新开工 20.38 万套、基本建成 16.51 万套，分别完成年度目标任务的 103%、165.3%；公共租赁住房基本建成 4569 套，完成年度目标任务的 167%；城镇住房保障家庭租赁补贴共发放 6.51 万户，完成年度目标任务的 120.7%。

2. 省外市场

2019 年，四川建筑业企业省外完成产值 3385.2 亿元，同比增长 20.6%，占总产值的 19.2%，外向度较上年下滑 0.1 个百分点，比全国平均值（33.6%）低 14.4 个百分点，差距较上年缩小 1.2 个百分点。

分区域看，四川建筑业企业在天津、广西、江西、陕西、安徽、湖北、河南、浙江和云南完成产值增长较快，增速均超过 30%；在青海、辽宁、新疆、黑龙江、河北和西藏则出现不同程度下降。贵州、重庆、云南和广东仍然是四川省企业省外完成产值前 4 名省份，均超过 300 亿元，在西藏、浙江、山东、陕西、河南、江苏、河北、新疆和广西外户值超过百亿元（见图 8）。

分市（州）看，成都（30.7%）、攀枝花（27.9%）、泸州（26.1%）、和广安（25.7%）外向度较高，眉山、资阳、乐山、阿坝、雅安、凉山、宜宾、达州、甘孜、巴中、遂宁、内江和广元外向度均低于 10%。分资质看，特级企业省外完成产值 864.4 亿元，一级总承包企业省外完成产值 1359.8 亿元，一级专业承包企业省外完成产值 170.2 亿元，共占全部省外完成产值的 70.7%，占比提高了 3.4 个百分点。其中，特级企业省外完成产值增速 52.1%，远超平均水平，开拓省外市场优势明显。

3. 境外市场

2019 年，四川对外承包工程完成营业额 63.7 亿美元，同比增长 4%；对外承包工程新签合同额 185.1 亿美元，同比增长 80%。

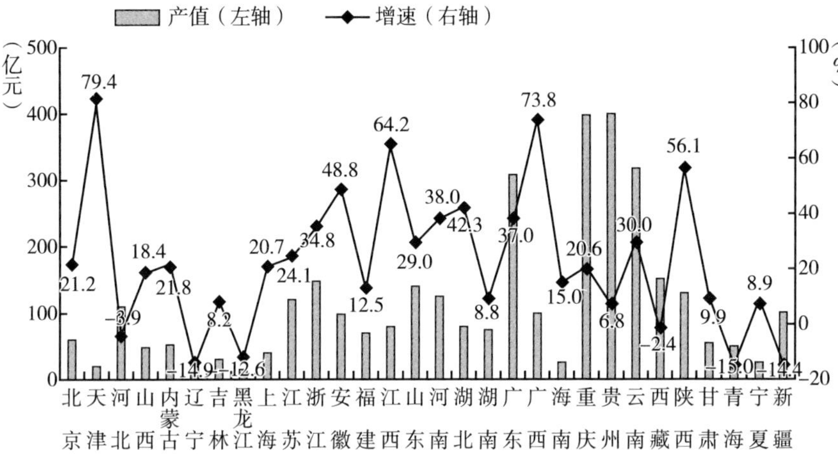

图 8　2019 年四川省外市场建筑业完成产值情况

（五）装配式建筑

2019 年，全省持续推进实施装配式建筑发展三年行动计划，促进建筑业结构调整和转型升级。全年新开工装配式建筑 4100 万平方米，占全年新建建筑的 15.6%。成都新开工装配式建筑 3360 万平方米，占全年新建建筑的 56%；广安新开工装配式建筑 125 万平方米，占全年新建建筑的 16.6%。

住房和城乡建设厅和经信厅等 5 部门联合印发《关于推进四川省装配式建筑工业化部品部件产业高质量发展的指导意见》，召开“四川省装配式建筑工业化部品部件产业高质量发展现场推进活动”，着力提升装配式建筑部品部件工业化水平和有效供给能力。制定《四川省钢结构装配式住宅建设试点工作实施方案》，确定成都、绵阳、宜宾、广安、凉山和甘孜为试点地区，探索推进四川钢结构装配式住宅建设路子。印发了《关于在装配式建筑推行工程总承包招标投标的意见》（川建行规〔2019〕2 号），规范装配式建筑招标投标行为。举办全装配式钢结构发展论坛，成立四川装配式建筑产业技术研究院、四川省装配式建筑产业联盟和四川省钢结构装配式住宅产业联盟。按照《四川省装配式建筑产业基地管理办法》，全年累计认定装配式建筑产业基地13家，成都城投远大建筑科技有限公司等3家企业通过四川装配式建筑部品部件生产质量保障能力评估，加大装配式建筑推广应用，在“厕所革命”中试点建设100座装配式公共厕所，及时组织专家赴宜宾地震灾区开展装配式建筑抗震性能调查评估。

（六）技术创新

1. 标准化建设

全年共立项编制标准21项，完成标准审查共31项，发布36项。包含装配式建筑方面《四川省装配整体式叠合剪力墙结构技术标准》《四川省装配式装修工程技术标准》等标准；城市管理方面《四川省城镇供水水质管理与水质检测标准》《四川省城镇污水厂运行管理标准》等标准；质量安全管理方面《四川省房屋建筑和市政基础设施工程质量监督标准》《四川省房屋建筑和市政基础设施工程监理平行检验规程》等标准；技术创新方面《悬挂式单轨交通车辆通用技术条件》《四川省矩形顶掘法技术标准》等标准和建筑节能《四川省烧结自保温砖和砌块墙体保温系统技术标准》《环保预制装配式板房施工及验收技术标准》等标准。组织专家开展复审标准5项，对既有标准《四川省成品住宅装修工程技术标准》进行认真研究，分别于5月、8月和10月组织3次标准宣贯培训会，共培训1000余人次。

2. 工法和新技术

引导企业建立自主创新工作机制，支持企业编制施工工法，加快科技成果转化和应用，增强企业自主创新能力。全年共受理省级工法申请1096项，评审通过776项，通过率70.8%。加大《建筑业10项新技术（2017版）》推广应用，按照《建设部建筑业新技术应用示范工程管理办法》，鼓励企业申报“四川省建筑业新技术应用示范工程”，全年共评审并立项四川省建筑业新技术应用示范项目90项，完成成果验收20项。

（七）工程质量安全

1. 工程奖项

2019 年，四川建筑企业获国家“鲁班奖”6 项，“国家优质工程奖”16 项，省级安全生产文明施工标准化工地 142 个，“天府奖杯”106 个。

2. 质量保障

起草《四川省工程质量安全手册实施细则》，以推行工程质量安全手册制度试点为抓手，切实落实各方主体质量责任。出台《四川省建设工程质量检测机构检测人员信用管理暂行办法》，为实施工程质量检测机构及人员信用监管、规范检测质量行为和市场秩序提供了制度依据。推进质量强省工作，开展工程质量安全提升行动，组织开展质量月活动、质量安全观摩会和全省建筑工程质量安全交叉检查。对 72 家检测单位进行检查并下发执法建议书 33 份，严厉打击虚假检测报告和数据，提升四川省工程质量保障水平。

3. 安全监管

深入开展工程质量安全提升行动，推进安全生产清单制管理，加大事故集中地区约谈力度，严肃查处事故责任单位和人员，加强行业重点领域安全风险防范化解，全年行业安全生产形势平稳。全省房建和市政工程项目报监工程监督到位率 100%，行业安全事故起数和死亡人数同比分别下降 9.3%、10.9%。加强行业安全监督执法，开展安全检查 1.8 万余次，检查项目 4 万余个（次），排查整改安全隐患 4.7 万项，责令停工和曝光企业 1124 家，联合惩戒失信企业 142 家。城镇燃气、供水排水、道路桥梁等设施安全运行。

（八）建筑人才培养

1. 注册人员

2019 年，全省报考注册一级建造师 105348 人，合格 10086 人；报考注册二级建造师 255480 人，合格 40940 人。截至 2019 年 12 月底，全省注册建造师共 235457 人，其中注册一级建造师 30448 人，注册二级建造师

205009 人。勘察设计注册工程师新增 1082 人，共 8881 人；注册监理工程师新增 1451 人，共 14328 人；注册造价工程师新增 3998 人，共 10714 人。

2. 教育培训

2019 年，全省建筑工人职业培训考核机构培训合格并发放全国统一编码“住房和城乡建设行业技能人员职业培训合格证”18.59 万本，增长 36.6%；全省建设行业国家鉴定所（站）共鉴定合格并颁发两厅鉴印国家职业资格证书 0.65 万本。组织两次建筑施工“安管人员”“特种作业人员”全省统考，报考人员 9.13 万人，考试合格人员 4.39 万人。

3. 建筑产业工人队伍

四川省住房和城乡建设厅紧紧抓住全国培育新时期建筑产业工人队伍试点契机，探索建筑用工制度改革，与省市场监督管理部门联合印发《关于开展建筑专业作业企业试点工作的通知》，支持具有一定管理能力的班组长与建筑工人合伙出资设立专业作业企业。落实《四川省培育新时期建筑产业工人队伍试点工作方案》，在叙永、通江、南江、资中、三台和筠连 6 个县开展试点工作。叙永县作为全国建筑产业工人培商示范基地，与中建八局签订《建筑产业工人培育基地合作协议》，与四川建筑职业技术学院签订《建筑产业工人培育战略合作协议》，搭建政校企三方合作平台，形成了理论教学与实践经验、人才培养与地方发展、技能培训与充分就业的全过程建筑业产业工人队伍培育体系。南江县、平昌县、通江县与四川中信国安建工集团签订建筑产业工人队伍培育合作协议，与当地中职学校联合开设“建工班”，培育年轻优秀的建筑产业技术工人超过 500 人。叙永县强化对贫困户劳动力摸底和动员，通过建筑务工实现脱贫 3.3 万人，增收 8.62 亿元；中国建筑股份有限公司、四川建筑职业技术学院等，在凉山州得荣县举办建筑劳务培训班，共有 123 名藏区贫困群众接受建筑技能培训。

（九）“放管服”改革

1. 强化市场监管

四川省住房和城乡建设厅印发《四川省建筑市场违法违规行为专项整

治两年行动工作方案》《四川省工程建设领域专业技术人员职业资格“挂证”等违法违规行为专项整治方案》《关于开展全省建设工程质量检测、监理行业乱点乱象专项整治的通知》，启动为期两年的建筑市场违法违规专项整治行动，大力打击围标、串标、违法发包、转包、违法分包、挂靠及注册人员出借执业资格证书“挂证”等建筑市场乱点乱象。全年排查在建工程项目20520个（次），涉及建设单位和施工单位共29522家（次），排查出乱点乱象问题1903个，174家建设单位、711家建筑企业受到相应处罚。全年记录建筑市场责任主体不良行为记录922次，涉及535家建筑业企业和305名从业人员。有14万余名执业人员因“挂证”行为受到处罚。

2. 支持民营企业发展

落实省委、省政府促进民营经济健康发展工作部署，出台《关于促进民营建筑企业健康发展的实施意见》（川建行规〔2019〕1号）（以下简称《实施意见》），提出20条政策措施，着力解决民营建筑企业经营发展中存在的公平竞争市场环境、企业负担过重、“走出去”发展信心不足等困难和问题，为企业发展创造良好的营商环境。加强政策衔接与协调，召开民营建筑企业座谈会，征求企业对《实施意见》落实情况的意见建议。与四川省发改委联合举办“四川省民营企业‘诚信百千工程’评选活动”，提振民营企业发展信心。

3. 规范招标投标活动

启动省级房屋建筑和市政工程勘察、设计、监理及重要设备和材料采购等招标投标全流程电子化的推进工作，推进招投标电子化改革。贯彻落实《四川省工程项目招投标领域营商环境专项整治实施方案》，制定《四川省房屋建筑和市政工程招投标领域突出问题专项整治工作方案》，开展工程建设招投标环节突出问题专项整治工作。全省共排查13061个招投标项目（标段），涉及企业19304家（次），发出责令招标文件改正的监督意见534份，投诉处理行政决定书127份，做出行政处罚决定书103份。完成对房屋建筑和市政工程11个招投标地方性政府规章、规范性文件及其他政策文件清理工作。

4. 加强工程造价管理

制订《关于重新调整〈建筑业营业税改征增值税四川省建设工程计价依据调整办法〉的通知》（川建造价发〔2019〕181 号），确保增值税税率调整工作平稳、有序地推进。出台《关于调增工程施工扬尘污染防治费等安全文明施工费计取标准的通知》（川建造价发〔2019〕180 号），调增工程扬尘污染防治费并增加建筑工人实名制管理措施费。在成都举办全省工程造价机构造价咨询人员学习交流会，提高评标专家评标水平和工程造价机构人员专业素质。全年办理《施工企业规费计取标准》证书 11747 家。“四川省工程造价监管与信用一体化工作平台”中收集备案业绩 3 万余条，招标控制价网上备案 4214 条，竣工结算价网上备案 2527 条。发行《四川工程造价信息》12 期，共计 65916 册，发布材料信息价格 33 万余条。

5. 根治拖欠农民工工资

建立全省建筑工人管理服务平台，在线记录 180 万建筑工人基本信息，并与四川省农民工服务平台实现对接。制定《建筑市政工程领域保障农民工工资支付工作整改方案》，印发《建筑市政工程领域开展根治欠薪冬季攻坚行动工作方案》，建立完善根治欠薪核心制度。加大欠薪案件排查，及时发现拖欠工程款和拖欠农民工工资问题，确保社会稳定。2019 年，全省住建系统受理解决拖欠工资案件 766 件，为 3.55 万名建筑工人解决拖欠工资 9.1 亿元，维护了建筑工人合法权益，农民工服务保障工作受到省委、省政府通报表扬。

二　建筑业发展特点

（一）坚持新发展理念

四川省人民政府出台《四川省人民政府办公厅关于推动四川建筑业高质量发展的实施意见》（川办发〔2019〕54 号），提出建筑业高质量发展“三步走”目标任务和政策措施，加快转变工程建设组织实施方式，大力实施绿色建造、数字建造和装配式建筑提高企业核心竞争力和创新力。制定

《四川建筑业发展质量指标体系》，对建筑业高质量发展效益进行评估，以此引导和推动行业转型升级。

（二）坚持科技创新

强化科技引领支持，把科技创新作为建筑业高质量发展的引擎。引导鼓励企业加强科技投入和研发，以技术创新改革传统施工方式，提升企业管理水平，用科技成果提升劳动生产率。加快培育建筑产业工人队伍，大力发展装配式建筑，加快建筑业结构调整和转型升级，努力形成新的竞争优势，为四川建筑业进一步发展带来新的内生动力。

（三）坚持结构调整

引导建筑企业从传统房屋建筑领域向公路、水利、铁路、轨道交通、综合管廊、海绵城市、城市“双修”和装配式建筑等领域拓展，优化企业经营业务结构。支持建筑业企业提升资质等级、拓展业务范围、优化管理效率、提高技术水平，鼓励具备条件的施工总承包企业向工程总承包企业转变。通过扶持骨干企业做大、做优、做强逐步提高建筑业产业集中度，增强四川建筑业整体市场竞争力。

（四）坚持优化环境

坚持问题导向，改革建筑业发展的痛点、堵点、难点，降低企业制度性交易成本，激发市场活力和创造力，优化营商环境。清理不合理的市场准入门槛，落实公平竞争审查制度，开展招投标专项整治，强化“双随机、一公开”事中事后监管机制。推进工程建设项目审批制度改革，通过“减、放、并、转、调”提高审批效率，落实“最多跑一次”，减轻企业行政审批成本。

三　2020年发展思路

认真贯彻《四川省人民政府办公厅关于推动四川建筑业高质量发展的

实施意见》（川办发〔2019〕54 号）精神，全面落实全省住房和城乡建设工作会部署的各项任务，按照高质量发展要求，深化建筑业供给侧结构性改革，加大培育和扶持力度，加快建造方式创新和建设组织模式改革，优化市场环境，统筹做好疫情防控和建筑业改革发展工作，提升建筑业发展质量和效益，努力完成全年目标任务。

（一）强化政策引领

贯彻落实《四川省人民政府办公厅关于推动四川建筑业高质量发展的实施意见》（川办发〔2019〕54 号），全面落实新发展理念，实施建筑业高质量发展"三步走"战略，加快建筑业结构调整和转型升级。启动《四川省建筑管理条例》修订立法调研，推进建筑市场治理体系和治理能力现代化。依托统计数据指标，开展全省建筑业发展质量评价，研判推动建筑业高质量发展的现状、水平和进展情况。联合省统计局发布《2019 年四川建筑业发展报告》。

（二）加大扶持力度

统筹推进新冠肺炎疫情防控和建筑业改革发展工作，建立企业应对疫情帮扶机制，加强对疫情防控期间企业经营的监测分析和指导督促，帮助企业解决实际困难和问题，指导企业用足用好国家有关财税、金融、社保等支持政策；依法做好项目施工合同管理，切实维护发承包双方合法权益；研究重点培育骨干建筑企业条件，制定支持骨干企业发展政策。

（三）加快建造方式创新

深入实施装配式建筑发展三年行动计划，提高装配式建筑在新建建筑中的比例；加强装配式建筑部品部件标准化建设，研究制定部品部件标准图集；创新装配式建筑质量管理，印发《四川省装配式建筑质量安全监督管理办法》；在成都、绵阳、宜宾、广安、甘孜、凉山开展钢结构装配式住宅建设试点，推动装配式建筑产业联盟建设，促进全产业链协同发展；开展装配式建筑职业技能竞赛。

（四）加快建设组织模式改革

加快推行工程总承包和全过程工程咨询，出台《四川省房屋建筑和市政基础设施项目工程总承包管理办法》，制定《四川省房屋建筑和市政基础设施项目开展工程总承包试点工作方案》，遴选公布工程总承包试点企业和示范项目；积极培育全过程工程咨询服务市场，促进工程总承包、全过程工程咨询融合发展；支持具备条件的企业向工程总承包和全过程工程咨询转型，培育工程总承包和全过程工程咨询骨干企业。

（五）加强招标投标活动监管

积极推进房屋建筑和市政基础设施工程招标投标制度改革，落实招标人首要责任，规范招标文件编制和规范招标投标情况书面报告办理；进一步优化和完善房屋建筑和市政基础设施工程招标投标电子化；强化招标代理机构市场行为监管，制定《四川省工程建设项目招标代理机构和从业人员信用记录管理办法》；优化完善公平、高效的投诉处理机制，规范投诉行为。

（六）推进实施工程担保制度

积极推行工程保函和保证保险替代现金形式缴纳保证金，支持银行业金融机构和工程担保公司、保险机构开展工程担保或保险业务，切实防范市场风险和减轻企业负担；推行以企业为单位缴纳农民工工资保证金，对信誉良好、未发生工资拖欠的企业可以免缴或者减额缴纳农民工工资保证金；疫情防控期间新开工的项目，可暂不收取农民工工资保证金。

（七）支持民营企业改革发展

落实《四川省住房和城乡建设厅关于促进民营建筑企业健康发展的实施意见》（川建行规〔2019〕1 号），为民营企业营造更好的改革发展环境；鼓励民营企业参与工程总承包、全过程工程咨询试点工作，支持民营企业申报省级工法、建筑业新技术应用示范；引导国有企业与民营企业深度合作，推动民营企业转型升级、优化重组；持续开展清理拖欠民营企业账款工作。

（八）加强建筑市场信用体系建设

出台《四川省建筑市场信用管理办法》，规范建筑市场责任主体市场行为，建立健全建筑市场“黑名单”制度，规范信用信息的征集、发布和应用，不断完善建筑企业信用评价机制，加快构建以信用管理为核心的市场监管机制；持续开展建筑市场监管与诚信一体化平台工程项目数据治理，提高工程项目数据质量。

（九）规范建筑市场秩序

强化住房和城乡建设行政主管部门行业监管责任，持续开展建筑市场违法违规行为专项整治两年行动，做好工程建设领域扫黑除恶治乱工作，优化建筑业发展环境；巩固职业资格“挂证”专项整治成果；进一步健全治理转包、违法发包、违法分包、挂靠等市场行为的长效机制；完善《四川省建筑市场责任主体不良行为记录管理办法》。

（十）加快建筑产业工人队伍建设

深化建筑劳务用工制度改革，大力发展专业作业企业；贯彻落实《保障农民工工资支付条例》，完善根治欠薪核心制度，积极推行施工过程结算，严厉惩戒拖欠农民工工资行为；全面推行建筑工人实名制管理，完善建筑工人管理服务平台统计分析和监督考核功能，制定全省建筑工人管理服务信息平台考核标准。

（十一）支持企业“走出去”发展

建设全省建筑企业“走出去”发展信息服务平台，加强对“走出去”企业指导、服务和协调；突出南向开放重点，鼓励支持建筑企业大力拓展省外国外工程建设市场，着力提升对外工程承包规模和品牌效益；表扬开拓省外国外建筑市场成绩突出的企业和个人；围绕成渝地区双城经济圈建设，落实《深化建筑业协调发展战略合作实施方案》，推进川渝建筑市场一体化建设。

B.12 山东工程建设发展报告（2020）*

山东省建筑业协会**

摘　要： 2019年，山东建筑业凝心聚力，攻坚克难，建筑业发展速度明显加快，发展质量明显提高，全省完成建筑业总产值1.43万亿元，同比增长10.6，产值规模和增长速度均居全国前列，全行业实现增加值占全省的7.7%，支柱产业地位明显。本报告从完成产值、实现增加值、纳税总额、企业数量等方面回顾了行业发展基本情况。根据发展实际，总结了改革举措成效明显、企业负担切实减轻、营商环境不断优化、工程质量稳中有升、施工安全形势平稳等发展特点。对于下一步工作，提出了培育行业发展骨干、拓展行业发展空间、推动转型升级、加大金融支持、加快人才培养、优化发展环境等发展建议。

关键词： 工程建设　建筑业　山东

一　行业发展基本情况

2019年山东完成建筑业总产值14269.29亿元，同比增长10.6%；实现增加值5442亿元，同比增长5.2%，占全省GDP的7.7%；缴纳税收578亿元，同比增长4.3%，占全省税收的6.3%；企业新签合同额16470.70亿元，同比增长

* 本报告所有图表数据来自国家统计局和山东省统计局。

** 执笔人：林滨，山东省建筑业协会副会长兼秘书长，主要研究方向为工程建设行业管理。

13.15%；外出施工能力逐步增强，省住建厅通过健全外出施工联络服务机制、搭建海外工程联盟，助力企业“走出去”发展，2019年跨省完成建筑业产值2862.32亿元，出国施工产值611亿元，同比分别增长20.6%、11.2%。

2019年全省建筑业企业达到1.5万家，新增特级资质1项、一级总承包资质47项。拥有特级企业44家，居全国第4位。25家企业年产值超过百亿元，比2018年增加7家。全省建筑类注册执业人员达21万人，技术工人达34万人。

二　行业发展特点分析

（一）改革举措成效明显

工程建设组织实施方式改革加快推进，山东累计有443家企业、323个项目开展工程总承包和全过程咨询试点。促进项目加快落地实施，助推企业拉长产业链条，在全国推广试点经验。获批全国钢结构装配式住宅建设试点省，新创建省级装配式建筑示范城市4个、示范工程27个、产业基地9个，全年装配式建筑、绿色建筑、公共建筑节能改造任务超额完成。在跨资质等级类别承揽业务、组建联合体投标、突破业绩门槛限制等方面，全省已有100多家企业先行先试、陆续受益。取消建筑劳务资质要求，全省1000余家企业拥有了自有技术骨干工人队伍，用工方式更加自主灵活。

（二）企业负担切实减轻

强化金融支持，山东省住建厅、山东省建筑业协会分别与中国银行、建设银行山东分行签订了战略合作协议，组织部分骨干企业与建设银行、恒丰银行开展银企合作，建行每年投放不低于150亿元的专项信贷支持，恒丰银行三年内新增授信300亿元。2019年省建行对全省建筑企业信贷投放249亿元，恒丰银行信贷投放54亿元。实施财政激励，省财政对2019年营业收入首次突破500亿元的1家、突破100亿元的4家民营企业，兑现奖励资金

700万元；各地普遍放宽了技术技能提升补贴申领条件，累计为3.5万人提供补贴7700万元。积极推行保证保险，2019年共实施保证保险1.6万单，替代保证金68亿元，有效缓解了企业流动资金压力，减轻了企业负担。

（三）营商环境不断优化

实施简政放权，18项省级许可下放济南、青岛、烟台三市，17项资质实施告知承诺审批，部分人员资格延续变更、考核认定下放设区市办理，企业资质和安全生产许可证同时申办，施工许可和质量安全监督手续合并办理，资质申请材料大幅精简，企业申办许可事项更加便捷高效。落实企业联系点制度，省领导带头帮包企业，有关部门委派服务专员开展“面对面”服务，政策知晓更加及时，企业诉求得以快速回应。强化信用管理，规范信用评价标准、程序和结果运用，为企业营造了更加公开、公平、公正的竞争环境。改进监管方式，实施“双随机、一公开”执法检查，处罚处理违法违规项目825个、企业925家、人员152名，进一步净化了建筑市场。

（四）工程质量稳中有升

全省建筑工程质量总体处于全国较好水平，一大批“高、大、难、新”的工程项目陆续建成，2019年创“鲁班奖”8项、国优工程24项，创奖数量连续多年保持全国前列。完善工程质量保障体系，全省新建房屋建筑工程“两书一牌”覆盖率100%；推进质量管理标准化，指导各市出台相关导则29件，试点企业编制手册、图册194件；强化突出问题整治，开展施工现场混凝土实体质量和预拌混凝土、钢筋等重点材料随机巡查抽测，建立违规使用海砂专项治理十部门联动机制，查处违规行为332起，处罚企业17家，清理取缔企业36家；完善乡村限额以上工程质量安全监管机制，指导落实乡镇政府巡查检查责任；推行以政府购买服务方式开展辅助巡查，2019年5轮巡查发现处置各类隐患问题1.06万项，带动全省6个设区市、38个县（市、区），投入资金2870万元开展辅助巡查，发现处置隐患问题4.2万项。

（五）施工安全形势平稳

省政府部署的建筑施工安全治理三年行动圆满收官，“六大工程”落地见效，建国70周年、全国“两会”等关键时期形势平稳，2019年全省房屋市政施工事故死亡人数同比下降28.6%，多年来首次实现“零较大事故”，山东省住建厅被省政府安委会表彰为全省安全生产工作先进单位。压实企业主体责任，安全生产责任“两承诺、一公示”实现全覆盖。出台危大工程管理细则，开展百日攻坚，较大及以上事故得到有效遏制。持续深化专项整治，各级检查建筑工程5.5万个次，督办整改隐患问题13.4万项。加快推进双重预防体系建设，一级以上企业全面推行，创建省级标杆企业23家，积极推广安全生产责任保险，公布试点项目56个。

全省建筑业发展虽然取得了一定成绩，但也存在产值排名下滑、企业核心竞争力不强、外埠市场开拓能力较弱、品牌意识和创新能力不足等问题。下一步将认真贯彻习近平新时代中国特色社会主义思想，全面落实全省“重点工作攻坚年”动员大会精神，围绕国家和省关于建筑业改革发展、提升工程质量安全工作的决策部署，进一步加大改革攻坚力度，持续优化发展环境，引导企业做大做强，推动全省建筑业高质量发展，为新时代现代化强省建设做出积极贡献。

三　行业发展对策和建议

（一）坚持扶优扶强，培育行业发展骨干

大企业尤其是特级企业是一个地区建筑业综合实力的标志，也是推动建筑业持续健康发展的核心。近两年，山东在特级企业培育方面成效显著，特级企业数量从2018年初的33家增加到现在的44家，数量位居全国第四位，但与江浙两省80家左右相比，差距明显。一是培植大型企业集团。要在继续开展“建筑强市、强县、强企”排名的基础上，选取一部分综合实力优、

升级意愿强的一级总承包企业予以重点扶持，建立帮扶工作机制，指导晋级扩面，增强竞争能力，特别是目前无特级资质企业的 8 个市要加大工作力度，尽快实现突破。要鼓励支持发展建筑业总部经济，对将总部迁入山东或在山东设立子公司的大型建筑企业，各地要出台相关奖励政策。二是扶持本地企业发展。各地应在政府投资项目中为央企和本地骨干企业搭建平等竞争平台，支持本地骨干企业单独或以联合体方式参与项目建设，为企业进军超限高层、轨道交通等高端市场积累业绩、创造条件；同时应在企业混改、总部经济、人才引进、职称评定等方面加大支持力度，提升企业竞争能力。三是进一步放宽承揽业务范围。对信用良好、具有专业技术能力、能够提供足额担保的总承包企业，鼓励其承接资质类别内上一等级的工程项目。打破行业壁垒，落实企业跨资质类别承接业务要求，对具有市政公用和公路、水利水电和港口与航道一级及以上资质的总承包企业，能够提供足额担保且项目负责人具有相应业绩的，支持互跨专业承接同等级业务，各级主管部门不得限制符合条件的企业跨资质投标。

（二）提高市场份额，拓展行业发展空间

山东与江苏、浙江的主要差距在外出施工方面，江浙建筑业外向度都在 50% 左右，山东刚突破 20%。建筑市场是一个充分竞争的市场，各级各部门要想方设法扩大外出施工份额，这也是实现建筑业稳定健康发展的关键。强化外出施工联络服务。加大外出施工联络服务点建设力度，整合完善京津冀联络点，巩固新疆联络点，做实东北区、西北区联络点，新设中南、华南、西南联络点，完善建筑业企业外出施工联络服务体系，实现全覆盖。发挥好站点作用，为省内企业开拓外埠市场及时提供项目信息，帮助协调解决市场开拓和项目实施中遇到的困难和问题，引导更多的企业“走出去”发展。搭建外出施工平台。各级政府要定期组织企业外出施工推介会、经验交流会，带领企业考察市场、借鉴经验，引导企业抢抓国家推进自贸区建设、基础设施补短板、城乡融合发展、乡村振兴等重大战略机遇，在巩固本地市场的基础上，合理分配管理技术力量，不断完善在全国市场的布局，扩大外

出份额。积极开拓国外市场。指导企业密切关注海外疫情变化，一旦形势好转，及时调集人力、物力加快复工复产，力争把损失降至最低。同时，抓住疫情后各国加大基础设施投资的有利时机，发挥山东海外工程建设发展联盟作用，形成技术、资金、设备、标准和劳动力联动输出；引导具备海外经验的企业对上下游关联企业、优势互补企业实施“一带一”帮扶计划，带领更多企业走出国门、抱团发展。

（三）推动转型升级，激发行业发展活力

加快建筑业转型升级是实现高质量发展的必然要求，要积极推动建筑业新旧动能转换，既要研究“无中生有”形成新的增长点，也要研究“有中出新”增创新的优势和活力。加快推进建造方式改革。扎实开展钢结构装配式住宅试点省建设，加快培育一批试点城市、试点项目、试点企业，组织创建绿色施工、智慧建造等科技示范工程，不断提高绿色建筑发展质量。2020 年设区城市和县（市）装配式建筑占新建建筑比例分别达到 25%、15% 以上，城镇新建绿色建筑 8000 万平方米，完成城镇既有居住建筑节能改造 1000 万平方米。推进建设组织模式改革。主要是实行工程总承包和全过程工程咨询，这是国际上通行的工程建设组织方式，也是国家建设组织方式改革的助推方向。实行工程总承包和全过程咨询能够优化资源配置、节约成本、有效提升质量安全水平，在组织形式上实现从单一型向综合型转变、分散型向集成型转变，有利于形成综合性企业集团。山东先后开展了几批试点，住建部、发改委等部门出台了指导意见，成效显著。下一步应继续加大推广力度，凡使用政府或国有资金投资以及实施装配式建造方式的房建、市政和园林绿化项目，原则上应实行工程总承包和全过程工程咨询服务，同时要加快制定工程总承包和全过程咨询服务合同范本、招标文本、服务清单、规程标准等配套文件，促进工程总承包和全过程工程咨询规范发展。向产业链上下游延伸。建筑企业拉长产业链条，可以跳出施工市场的低端竞争，产出更高的附加值。山东很多企业如中铁十四局、中建八局、青建集团、天元集团等都做了很好的示范，从过去单一的施工总承包，逐渐转向投资、设

计、开发、施工、运营维护、部品部件生产的全产业链。积极引导大中型企业多元化经营，支持跨地区、跨行业兼并重组，在全产业链上开展全方位、一体化服务，全面提升企业竞争力。

（四）加大金融支持，增强行业发展保障

建筑市场是充分竞争的市场，资本的力量往往是决定性的。当前，除央企具备超强的综合实力外，江浙企业主要是携资本力量抢占市场。2019 年省住建厅、省建筑业协会与省建行签订战略合作协议，组织部分骨干企业与恒丰银行签订战略合作协议，建行承诺每年对山东省建筑企业投放不低于 150 亿元的专项信贷支持，恒丰银行三年新增建筑企业授信 300 亿元。2019 年省建行对全省建筑企业信贷投放 249 亿元，恒丰银行信贷投放 54 亿元。未来，继续深化银企合作。建行、恒丰银行要继续落实好合作协议，其他金融机构要在专项信贷支持和授信额度等方面，加大对建筑业企业的支持力度，为企业转型升级、拓展市场提供坚实后盾。提供个性化服务。各金融机构应积极开发符合建筑业特点的金融产品，提供个性化金融服务，开展以应收账款、股票、商标权、专利权为质押的贷款业务，允许建筑企业承接政府投资项目后凭施工合同申请贷款。加快推行保证保险替代保证金。在全面试行投标、履约、工程质量保证保险的基础上，尽快研究制定农民工工资保证保险指导意见，加大保险替代保证金力度，减少企业流动资金压力，切实减轻企业负担。

（五）加快人才培养

人才是第一资源，是推动建筑业高质量发展的关键。实施人才兴业战略，加快培育一支由高素质管理人才、创新型科技人才、高技能操作人才组成的高素质产业大军。积极支持企业与普通高校或职业院校联合办学，采取校企合作、订单培养等方式，加快培养创新型人才梯队。研究制定工程建造大师培养方案，认定一批行业领军人才，带动提高技术管理水平。持续开展岗位练兵和职业技能竞赛活动，加快培养以技工、技师和特种作业人员为主体的知识型、技能型、创新型产业工人队伍。

（六）优化发展环境

根据省委、省政府和住建部关于工程建设项目审批制度改革、流程再造的相关部署要求，继续简化下放许可事项，做好精简合并资质类别等级、优化提升审批流程等工作，进一步提高办事效率。加强事中事后监管，组织开展建筑市场“双随机、一公开”检查，持续打击承发包违法违规行为。强化信用管理，充分发挥信用等级评价作用和不良信息、黑名单的惩戒效应，引导企业诚信经营、良性竞争，净化建筑市场。

B.13

湖南工程建设发展报告（2020）

湖南省建筑业协会

摘　要： 2019年，湖南建筑业实现总产值10800.62亿元，同比增长12.72%，持续为湖南省发展输送动力。本报告从建筑业完成产值、实现增加值、合同额、就业人数、施工和竣工面积、税收总额等方面回顾了湖南全年行业发展情况，分析了全省各州市行业发展情况，对比了主要经济指标。重点回顾了企业发展、建筑科技、质量安全等行业热点。结合发展实际，总结了建筑业支柱地位稳步提升、房屋建筑业占主导地位、省会长沙极化效应突出、私人控股企业持续壮大、头部建筑企业“大而不强”、装配式建筑“喜忧参半”等方面的发展特点。重点解读了政策优势和对行业发展的影响，从重点投资领域、疫情带来的影响、固定资产投资计划等方面对发展机遇做了客观分析。

关键词： 工程建设　建筑业　湖南

一　2019年湖南省建筑业发展基本情况

（一）主要指标情况

1. 建筑业总产值

2019年，湖南建筑业总产值首次突破万亿元，达10800.62亿元，同比增长12.72%，增幅下降1.03个百分点，但较全国平均水平高出7.04个百分点。近五年来，湖南建筑业保持较快增长，总产值增速均在10%以上（见图1）。

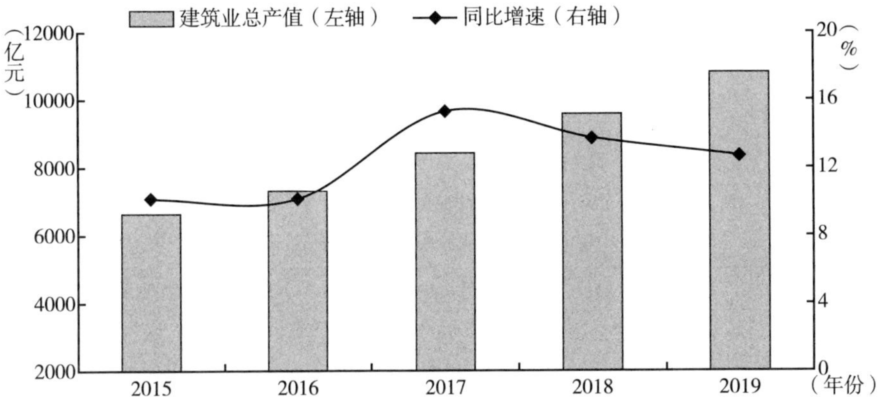

图1　2015～2019年湖南省建筑业总产值情况

资料来源：国家统计局。

2. 建筑业增加值

2019年，湖南建筑业增加值3327.00亿元，占全国建筑业增加值的4.69%，较2018年略有上升（增长0.8个百分点）；建筑业增加值比上年增长4.8%[①]，增速为近五年来新低，与湖南省国内生产总值增速偏差扩大(见图2)。

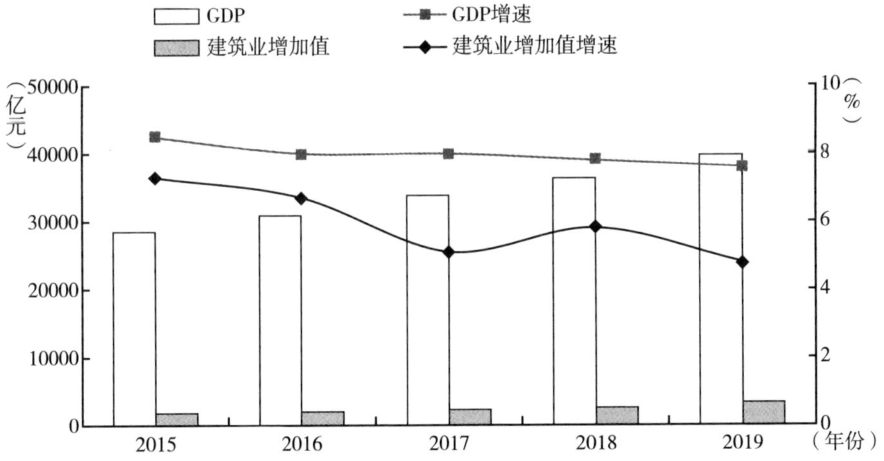

图2　2015～2019年湖南省GDP、建筑业增加值及增速

资料来源：《湖南省2019年国民经济和社会发展统计公报》。

① 注：比上年增长按不变价计算，同比增长按现价计算，下同。

近五年来，湖南建筑业增加值占湖南省 GDP 的比重稳定在 6.5% 以上，2019 年占比 8.37%，为近五年来最高值，且高于全国平均水平（7.16%）1.21 个百分点，建筑业在湖南省经济社会发展中的支柱地位稳固（见表 1）。

表 1　2015～2019 年湖南省建筑业增加值及 GDP 比重情况

单位：亿元，%

年份	建筑业增加值	GDP	建筑业增加值占 GDP 比重
2015	1877.7	28589	6.57
2016	2016.6	30888.6	6.53
2017	2278.7	33902.96	6.72
2018	2554.32	36425.8	7.01
2019	3327.0	39752.1	8.37

资料来源：湖南省统计局：《湖南省 2019 年国民经济和社会发展统计公报》。

3. 合同金额

湖南建筑企业 2019 年签订合同金额 24673.80 亿元，同比增长 14.25%，占全国的 4.52%；本年新签合同额 12588.43 亿元，同比增长 12.35%，占全国的 4.35%。本年新签合同额占全年合同金额的 51.02%，低于全国平均水平 2.05 个百分点。从湖南建筑业新签合同额来看，虽然近五年的规模稳步上升，但增速不够稳定，同比增速的极差高达 16.56 个百分点（见表 2）。

表 2　2015～2019 年湖南省建筑企业签订合同金额情况

单位：亿元，%

年份	建筑企业本年新签合同额	同比增长
2015	7208.96	5.56
2016	8361.45	15.99
2017	10210.73	22.12
2018	11204.86	9.74
2019	12588.43	12.35

资料来源：国家统计局、湖南省统计局。

4. 从业人数与劳动生产率

2019 年，湖南从事建筑业活动的平均人数为 294.6 万人，同比增长 7%。建筑业劳动生产率达 36.66 万元/人，同比增长 5.34%，较 2018 年增速有下滑（见图 3），且低于全国平均水平（39.97 万元/人）。

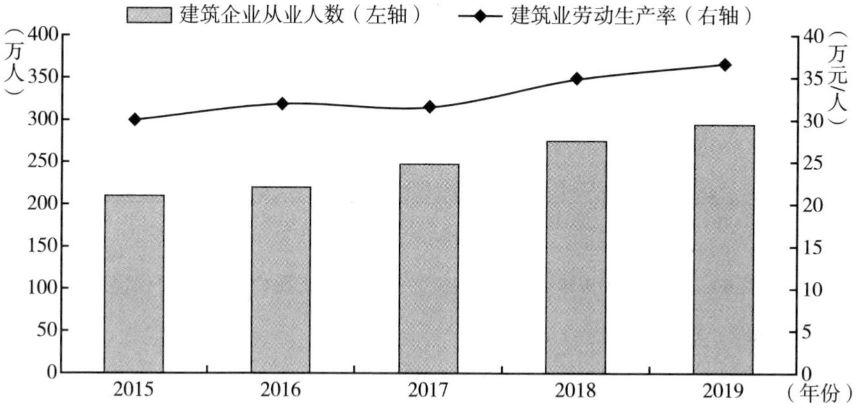

图 3　2015～2019 年湖南省建筑企业从业人数和劳动生产率

资料来源：国家统计局、湖南省统计局。

与江苏、浙江相比，湖南建筑业从业人数分别相差 506.66 万人、307.67 万人。建筑业劳动生产率也与位居全国前列的省份有较大差距。2019 年，位列全国前三的湖北、上海、河北三省（市），建筑业劳动生产率均首次突破 60 万元/人，分别超出湖南省 30.92 万元/人、25.20 万元/人和 23.63 万元/人。

5. 房屋施工面积和竣工面积

2019 年，湖南房屋建筑施工面积 65247.34 万平方米，同比增长 10.12%，为近五年最快增速，且高于全国平均水平 7.8 个百分点。房屋建筑竣工面积 21045.08 万平方米，同比增长 5.6%，高于全国平均水平 8.3 个百分点，继 2018 年连续两年增速放缓后，重现快速增长势头（见图 4）。

6. 建筑企业税收总额

2019 年，湖南建筑业入库税收 356.7 亿元，同比增长 11.07%，占全省全口径税收收入比重达 8.70%（见表 3）。

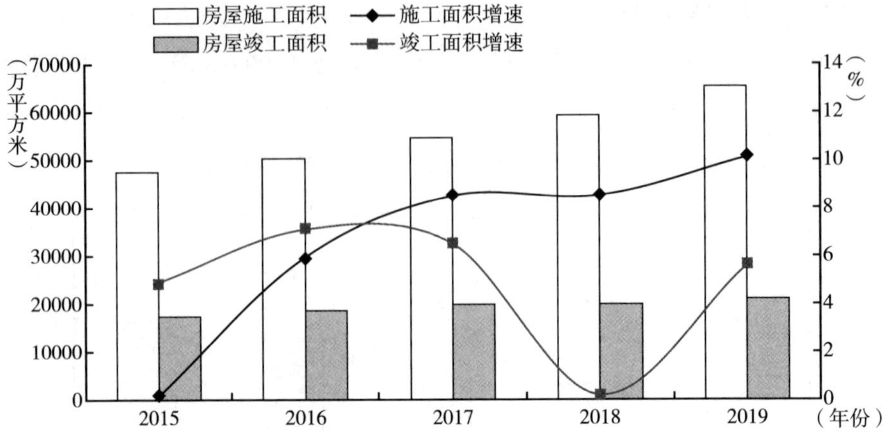

图 4　2015～2019 年湖南省建筑企业房屋竣工面积、施工面积情况

资料来源：湖南省统计局。

表 3　2015～2019 年湖南省建筑企业税收总额

单位：亿元

年份	建筑企业税收总额
2015	238.31
2016	272.67
2017	301.16
2018	321.15
2019	356.7

资料来源：国家统计局、湖南省统计局。

（二）市州情况

1. 各市州建筑业总产值

2019 年，湖南 14 个市州中，除长沙建筑业总产值在千亿元以上外，大部分市州（13 个）建筑业总产值处于百亿元量级，数量占比 78.57%。张家界和湘西州建筑业总产值则不到 100 亿元。增速方面，除长沙、永州和湘西州外，其余市州建筑业总产值均保持两位数增长，总体呈较快发展势头（见图 5）。

建筑业总产值中，在外省完成产值占有一定比重。2019 年，省会长沙

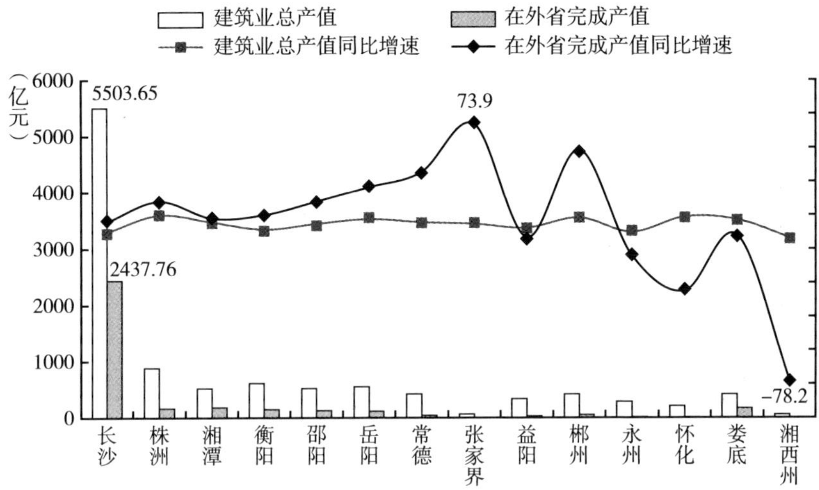

图5　2019年湖南各市州建筑业总产值情况

资料来源：湖南省统计局。

建筑业外向度高达44.29%，比2018年提升2.33个百分点；娄底建筑业外向度相较于2018年有所下降，但依然在40%以上，为40.40%；湘潭建筑业外向度为36.04%，比2018年略有提升。这三个城市建筑业外向度分别高出全省平均水平11.84、7.95、3.59个百分点。其余市州中，株洲、衡阳、邵阳、岳阳、常德、郴州不足25%，张家界、益阳、永州、怀化、湘西州建筑业外向度则不足10%。同时，各市州2019年外省完成产值增速差异较大，极差高达152.1个百分点。

2. 各市州建筑业增加值

2019年，湖南14个市州建筑业增加值中，省会长沙占全省的35.67%，为1186.76亿元；张家界、怀化、湘西州3个市州建筑业增加值不足百亿元，其余市州则分布在120亿~310亿元之间（见图6）。

除长沙、益阳和湘西州外，其余市州建筑业增加值增速均高出全省平均水平（4.8%），株洲增速高达10.3%。

3. 各市州签订合同金额

各市州签订合同金额同建筑业总产值具有类似的分布特征。省会长沙

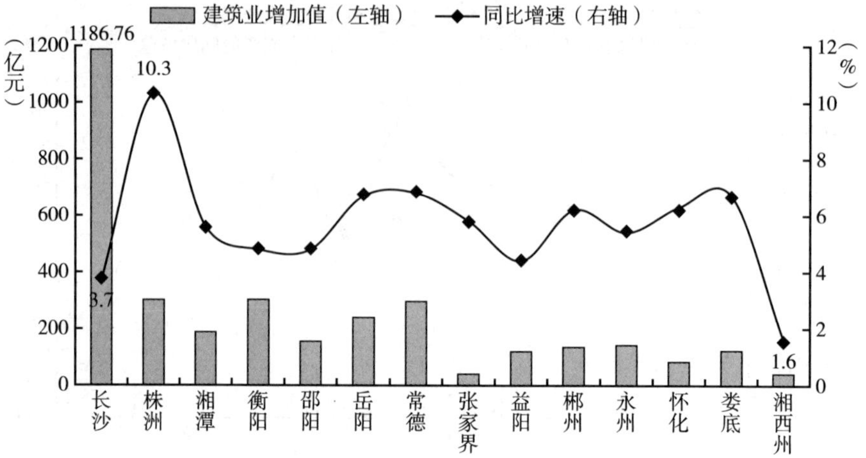

图6　2019年湖南各市州建筑业增加值情况

资料来源：湖南省统计局。

2019年签订的合同金额为16583.55亿元，占全省的59.23%，占比较2018年有所下降（67.20%）。除张家界和湘西州占比不足1%外，其余市州签订的合同金额占全省比重均不足10%，且仅有株洲超过了5%。

2019年新签合同额中，大部分市州新签金额占到了签订的合同金额一半以上，仅有长沙和湘西州不足50%。

与此同时，个别市州合同金额也出现了负增长现象。2019年，湘西州无论是签订的合同金额还是本年新签合同额均为负增长（-6.6%、-12.2%），湘潭本年新签合同额同比下降5.3%（见图7）。

4. 各市州房屋建筑施工面积和新开工面积

2019年，湖南各市州房屋施工面积和新开工面积中，有多个市州表现出不同程度的下降。湘潭的房屋建筑施工面积和新开工面积均有下降，分别下降2.5%和0.9%；岳阳和湘西新开工面积分别下降0.7%和36.9%；永州和娄底房屋建筑施工面积分别下降2.7%和6.2%。

常德的房屋建筑施工面积和新开工面积则分别大幅增加24.8%和25.8%，分别高出全省平均水平14.7和17.8个百分点（见图8）。

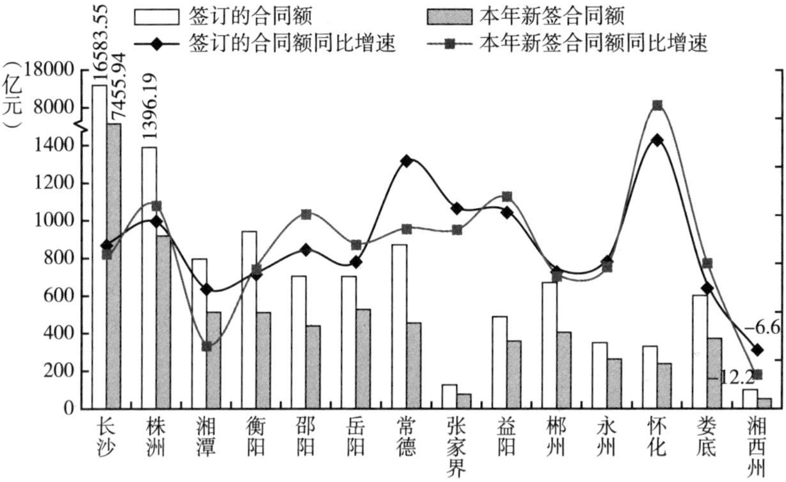

图7　2019年湖南各市州建筑业签订合同额情况

资料来源：湖南省统计局。

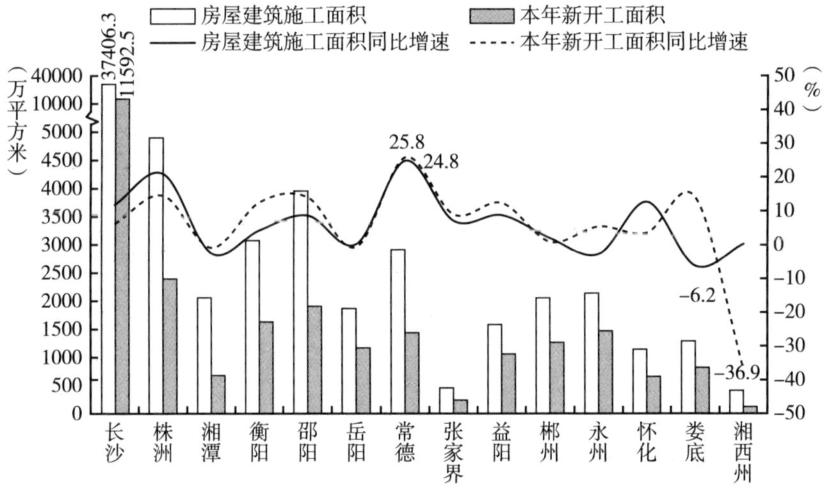

图8　2019年湖南各市州房屋建筑施工面积情况

资料来源：湖南省统计局。

5. 各市州从事建筑业活动平均人数

在建筑业吸纳就业方面，2019年，除湘西州从事建筑业活动平均人数有所下降外（-1.4%），其余市州均在稳步提升吸纳就业的能力（见图9）。

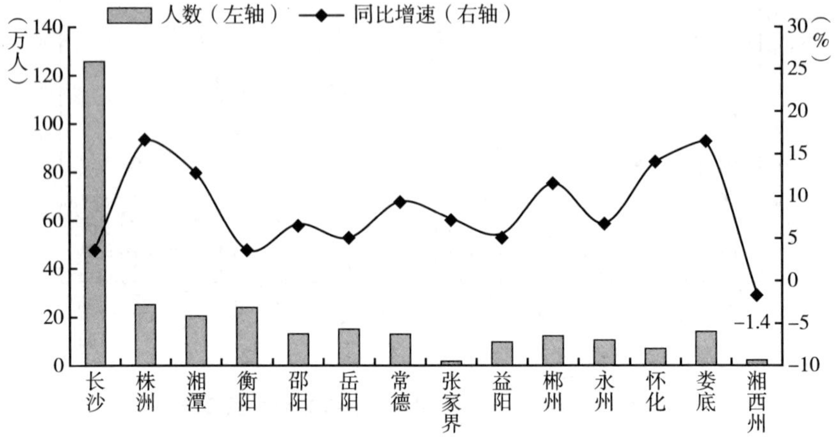

图9　2019年湖南各市州从事建筑业活动平均人数情况

资料来源：湖南省统计局。

（三）企业情况

1. 规模企业情况

2019年，湖南共有1092家大中型建筑企业，签订合同额22235.31亿元，占全省建筑业企业签订合同额的90.12%；完成建筑业总产值9265.26亿元，同比增长13.6%。

其中，大型建筑企业84家，比2018年增加4家，大型建筑企业占全省建筑企业总数的2.7%，完成建筑业总产值4650.87亿元，同比增长13.1%，增速快于全省建筑业平均水平0.4个百分点；大型建筑企业对全省建筑业产值增长的贡献率为44.2%，比2018年降低11.2个百分点。

以大型建筑业企业完成产值占全省建筑业总产值比重的方法来测算，湖南建筑业的产业集中度为43.1%，比2018年提高0.2个百分点。

2019年，按营业收入排名的湖南企业100强中，建筑领域企业占据前十强中的3席，分别是中建五局、湖南建工集团和大汉控股集团。

2019年，湖南省住建厅还公布了2018年湖南“建筑强企”名单，19家企业入选。

2. 企业资质情况

2019年，湖南资质等级为特一级的高资质建筑企业312家，占企业总数的10.2%，比2018年增加72家；特一级高资质建筑企业签订合同额18318.06亿元，占全省建筑业企业签订合同额的74.2%。

以特一级资质建筑企业完成的建筑业总产值占全省建筑业总产值比重来测算，湖南建筑业的产业集中度为60.2%，较2018年高出4.8个百分点。

（四）市场情况

湖南建筑企业的发展以省内市场为主，但近几年不断探索跨省发展和“走出去”发展，也取得一定的成绩。

1. 省外市场

2019年，湖南建筑业企业在外省完成产值3505.25亿元，占全国的4.20%，同比增长17.63%，远高于全国平均水平（全国为1.6%）。湖南建筑业外向度为32.45%，较2018年提升1.35个百分点。

央企、国企是湖南建筑业企业拓展省外市场的中坚力量。2019年，中国建筑第五工程局有限公司完成的国内省外产值1042亿元，占企业总产值的77.76%，占全省的29.72%；湖南建工集团完成的国内省外产值453.94亿元，占企业总产值的41.71%，占全省的12.95%。

在跨省完成建筑业产值方面，与排名全国前三位的江苏、北京、浙江相比，湖南还有较大差距。2019年，江苏、北京、浙江跨省完成建筑业总产值分别为15367.94亿元、8603.83亿元和7297.8亿元，是湖南的4.38倍、2.45倍和2.08倍。外向度方面，湖南与排名全国前三位的北京、天津、上海相比，也分别相差39.25、26、25.03个百分点。

2. 境外市场

2019年，湖南对外承包工程新签合同额55亿美元，同比增长22.1%，占全国的2.11%；对外承包工程完成营业额30.3亿美元，同比增长1.6%，占全国的1.75%。

（五）建筑科技

建筑科技是建筑业高质量发展的重要内容。2019年，湖南继续在绿色建筑、装配式建筑、BIM技术等方面发力。

1. 绿色建筑

2019年是湖南绿色建筑发展的第十年。随着建筑业高质量发展的推进，绿色建筑成为重要抓手。近年来，湖南在绿色建筑规范化发展方面发力较多，2019年除继续完善相关标准外，绿色建筑立法则是另一项工作重点。

标准方面，出台了《湖南省绿色建材评价技术导则（防水卷材）》等6个导则，科学引导和规范管理全省绿色建材评价与标识工作，助力绿色建材推广应用；印发《（湖南省绿色装配式建筑评价标准）补充规定》，规范装配式建筑评价标准，促进装配式建筑与绿色建筑融合发展；编制《湖南省绿色建筑工程设计要点（试行）》和《湖南省绿色建筑工程技术审查要点（试行）》，进一步规范绿色建筑工程设计和技术审查工作。

立法方面，《湖南省绿色建筑发展条例》继续列入2019年湖南省人大立法调研计划，并召开了《湖南省绿色建筑发展条例草案》讨论会。

2019年，湖南市州中心城市新建绿色建筑4785.348万平方米，占新建民用建筑的81.6%（考核任务指标为70%，超额完成11.6个百分点）；城镇新增绿色建筑竣工面积为2518.03万平方米，占城镇新增民用建筑竣工面积的50.44%（考核任务指标为45%，超额完成5.44个百分点）。绿色建材评价标识个数全国第一，绿色建材工作受到国家住建部通报表彰。

2. 装配式建筑

2019年，湖南装配式建筑以技术创新和树品牌为重点。技术方面，与中国建筑科学研究院共同研发全国首个“装配式建筑全产业链智能建造平台”，将装配式建筑技术与BIM信息技术、物联网、大数据、人工智能融合，可实现设计、生产、施工、运维全产业链智能化运营，该项目力争2020年试运行。品牌建设方面，已连续4年举办湖南（长沙）装配式建筑与工程技术博览会，成为展示湖南装配式建筑的重要窗口。同时，在全国首届装配式建筑技能大赛上，湖南企业收获“套筒灌浆组”冠军、“工厂构件制作组”亚军各1名。

2019年，湖南获批国家“钢结构装配式住宅”建设试点，试点期限为3年（2019～2021年），并确定长沙、株洲、娄底、邵阳、吉首、岳阳市湘阴县、常德市西洞庭管理区等7个市、县（区）为国家钢结构装配式住宅试点城市（县、区）。

截至2019年年底，湖南累计实施装配式建筑总建筑面积5604万平方米，完成装配式建筑新建建筑面积1855.95万平方米，新建装配式建筑面积占总建筑面积的比例达到26%（考核任务指标为22%，超额完成4个百分点）。现有国家装配式建筑示范城市1个（长沙市）、国家装配式钢结构住宅建设试点城市5个、国家装配式建筑产业基地9家，落户全国首家装配式建筑科技创新基地。省级装配式建筑示范城市6个（2019年新增3个），省级装配式建筑产业基地41家（2019年新增9家），各类装配式建筑规模企业60多家，实现了14个市州装配式建筑生产基地和项目全覆盖。同时，湖南装配式建筑工作还受到住建部通报表彰。

3. BIM技术

2019年，湖南继续深化BIM技术应用，提前实现BIM技术应用“十三五”规划基本目标，BIM技术应用综合实力进入全国先进行列。

2019年12月，“湖南省BIM审查系统”项目顺利通过验收，在国内首次开发完成了省级BIM审查系统，有力推动了湖南省智慧住建的发展。

2019年，湖南与住建部科技与产业化发展中心合作共建全国首个“装配式建筑科技创新基地”，启动省级装配式建筑全产业链BIM智能建造平台的研发工作。

（六）质量安全

1. 工程奖项

2019 年，湖南创建“鲁班奖”7 项、国家优质工程奖 17 项，评选芙蓉奖 108 项、省优质工程奖 281 项。

2. 质量监督

2019 年，湖南每个季度均开展了建筑工程质量安全执法检查暨建筑管理工作检查，不断查找建筑工程安全生产及质量管理的隐患与问题（见图 10）。

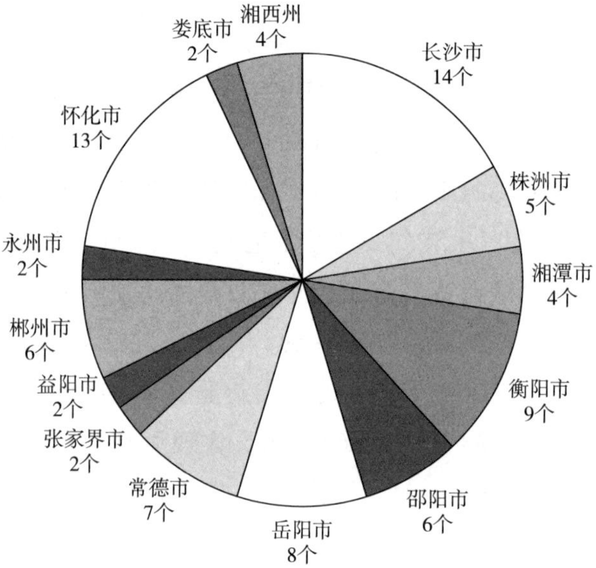

图 10　2019 年湖南各市州第四季度不合格工地情况

资料来源：湖南省住建厅官网。

3. 安全监管

2019 年，湖南省住建厅印发《2019 年湖南省建筑施工安全监管“强执法防事故”行动方案》《湖南省建筑施工企业“落实企业安全生产主体责任年”2019 年实施方案》，继续开展建筑施工安全监管“强执法防事故”行动、“落实企业安全生产主体责任年”活动、“大排查大管控大整治百日行动”等工作，全省建筑施工安全生产形势总体平稳可控。

为做好建筑施工领域安全生产责任保险工作，2019 年，《湖南省住房和城乡建设厅关于切实做好新时期我省建筑施工行业安全生产责任保险工作的通知》和《湖南省住房和城乡建设厅关于实施新时期我省建筑施工安全生产责任保险工作的通知》相继出台，明确了由中国人民财产保险股份有限公司湖南省分公司为主承保等 12 家保险机构组成的共保体，统一承保湖南省建筑施工安全生产责任保险项目，进一步强化事故预防服务功能。

二 2019年湖南省建筑业主要发展特点

随着湖南建筑业总产值突破万亿元，国内外重点项目的承接实施，建筑科技的不断进步，“湖湘建造”品牌逐渐升级。

（一）建筑业支柱地位稳步提升

近五年来，湖南建筑业增加值占全省 GDP 的比重保持在6. 5%以上，且 2019 年上升到 8. 37%，建筑业支柱地位稳步提升。2019 年第一季度、上半年、前三季度和全年的建筑业总产值同比增速分别为 12. 3%、12. 5%、12. 7%和 12. 7%，各季度增速稳中有升，呈“加速前进”态势，有效支撑了全省经济社会发展。

（二）房屋类建筑业占主导地位

2019 年，湖南房屋类建筑企业完成产值 7628. 80 元，同比增长 10. 3%，占全省建筑业总产值的比重为 70. 6%，对建筑业总产值增长贡献率为 58. 42%，在建筑业细分领域中占据主要份额。

其他细分领域中，土木工程类建筑业企业完成产值 2564. 02 亿元，增长 20. 3%，占全省建筑业总产值的 23. 7%；建筑安装类建筑业完成产值 394. 10 亿元，增长 8. 7%，占全省建筑业总产值的 3. 6%；建筑装饰、装修和其他建筑业企业完成产值 213.7 亿元，增长 25.7%，占全省建筑业总产值的 2.0%（见图 11）。

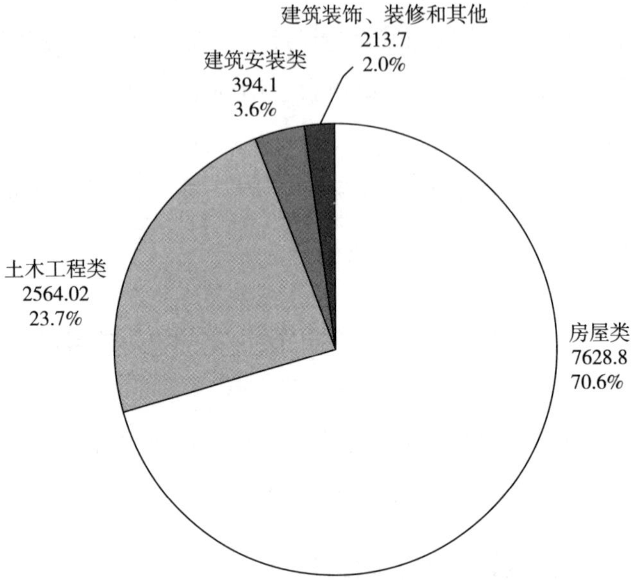

图 11　2019 年湖南省建筑业分行业产值和占比

资料来源：湖南省统计局。

（三）省会长沙极化效应突出

从湖南各市州建筑业发展的几个主要指标来看，省会长沙在全省 14 个市州中占有较大份额，成为全省建筑业发展的“一枝独秀”。在建筑业总产值、签订的合同额、本年新签合同额、房屋建筑施工面积四个方面，长沙的占比均超过 50%，在建筑业增加值、房屋建筑本年新开工面积、从事生产建筑业活动平均从业人数三个方面的占比，长沙均超过 35%（见表 4）。

（四）私人控股企业持续壮大

2019 年，湖南私人控股建筑业企业 2384 家，比 2018 年增加 444 家，建筑业总产值 5561.36 亿元，同比增长 16.65%，增速快于全省建筑业平均增

表6 2019年长沙市建筑业主要指标情况

主要指标	长沙	全省	占比(%)
建筑业总产值(亿元)	5503.65	10800.62	50.96
建筑业增加值(亿元)	1186.76	3327.00	35.67
签订的合同额(亿元)	16583.55	24671.84	67.22
本年新签合同额(亿元)	7455.94	12588.50	59.23
房屋建筑施工面积(万平方米)	37406.30	65247.30	57.33
本年新开工面积(万平方米)	11592.50	26437.30	43.85
从事生产建筑业活动平均从业人数(万人)	125.70	294.60	42.67

资料来源：湖南省统计局。

速3.93个百分点；占全省建筑业总产值的51.49%，比2018年提高1.73个百分点；签订合同金额9519.89亿元，同比增长20.28%。

私人控股建筑业企业近四年来持续快速增长，成为推动全省建筑业发展新的增长点。

（五）头部建筑业企业“大而不强”

2019年，湖南建筑业企业的头部效应显著。从建筑业企业规模来看，大型建筑业企业以占全省2.7%的企业数量完成了全省43.1%的建筑业总产值，签订合同金额占据了全省签订合同总额的90.12%。从建筑业企业资质来看，特一级建筑业企业以占全省10.2%的企业数量完成了全省60.2%的建筑业总产值。从建筑业企业性质来看，在湘中央建筑业企业以占全省1.3%的企业数量完成了全省21.2%的建筑业总产值。但在全国来看，湖南建筑领域头部企业仍存在“大而不强”的特征。

2019年，中国企业500强中，共有52家建筑业企业入围，湖南仅有1家建筑业企业在列，且排名第212位。中国民营企业500强中，有38家建筑业企业，湖南没有一家入围，同处中部地区的湖北有5家建筑业企业在列。

（六）装配式建筑“喜忧参半”

湖南装配式建筑发展优势明显。作为全国推进装配式建筑发展典型省份，湖南拥有全国首个获得国家优质工程奖的装配式建筑项目；装配式建筑龙头企业长沙远大住工有限公司在香港成功上市，在全国100多个城市建成了装配式建筑生产基地，产品远销20多个国家；三一集团在装配式装备制造方面领先全国，装配式制造设备占据全国半壁江山。

湖南装配式建筑发展也面临着内外双重挑战。就湖南自身而言，对装配式建筑的认识、政策执行和管理还存在不足。例如，存在装配式建筑会冲击传统建筑业、成本高等认识误区；政策执行存在折扣，相关部门并未完全按要求对政府投资工程提出装配式建筑要求；装配式建筑市场“供大于求”，标准化操作和管理难度加大，发展后劲有待加强。

三 2020年湖南建筑业发展机遇分析

（一）重点投资领域中的发展机遇

1. 粤港澳大湾区：省级政策加持，发展方向明晰

2020年2月18日是《粤港澳大湾区发展规划纲要》（以下简称《规划纲要》）正式公布一周年。粤港澳大湾区的国家战略项目属性以及广东作为湖南建筑企业“走出去”发展的主要区域，使之成为湖南建筑业跨省发展中的核心目标。

2020年3月初，湖南省人民政府办公厅印发《湖南省对接粤港澳大湾区实施方案（2020～2025年）》（以下简称《实施方案》）。《实施方案》以《规划纲要》为依据，要求切实发挥湖南省“一带一部”优势，务实推进交通、产业、科技、生态、民生等领域对接合作，并明确了八个方面的重点任务，为湖南建筑业企业提供了基础设施和其他领域项目建设的重大机遇。

根据《规划纲要》，基础设施、重点项目建设是关键。应持续以“一中心三网”为核心，瞄准粤港澳大湾区的世界级国际航运物流中心、多向通道网、海空航线网、快速公交网建设项目。以国际科技创新中心、国际竞争力的现代产业体系、空间布局等核心内容为重点，着力抢占如特色城镇、重

要节点城市、重要基地、示范区等的建设项目。

对湖南建筑企业而言，既要在粤港澳大湾区中争取项目，实现省外业务有效落地；也要发挥本土建筑企业的优势，承接好湖南省对接粤港澳大湾区的相关项目建设，助力湖南省与粤港澳大湾区的深入融合发展。

2. 雄安新区：实质性建设持续推进，重点项目逐步铺开

2019 年是雄安新区从顶层设计进入实质性建设的阶段，2020 年雄安新区将进入大规模建设阶段，一些新项目、重点项目将逐渐铺开。

2019 年 10 月 12 日，河北雄安新区工作人员向全球华文媒体宣介雄安新区建设推进情况时指出，雄安新区围绕实现 2020 年和 2022 年建设目标，大力推动容东片区、高铁站片区、启动区、起步区等四个重点片区建设，重点实施骨干交通网络、基础设施配套、白洋淀治理、智能城市等八大专项工程建设。

河北省政府工作报告指出，2020 年将统筹雄安新区 58 个续建项目和 2020 年新开工项目；加快启动区、容东片区、基础设施和公共服务等项目建设；启动中科院创新研究院、国家医学中心等重大项目；加快北京援建的北京四中、史家小学、北海幼儿园和宣武医院等项目建设；承接聚焦要素资源，培育发展高端高新产业；深化交通互联互通，加速京雄、京唐城际和津石、京秦高速建设；开工建设京雄商、雄忻等高铁项目；加快雄安数字经济创新发展示范区建设。河北也将安排雄安新区建设 11.2 亿元，支持打造北京非首都功能疏解集中承载地。

从出台的新政策、新规划来看，2019 年 12 月，雄安新区管委会印发《关于推进交通工作的指导意见》（以下简称《指导意见》），重点指导雄安新区未来五年交通工作。同时，《指导意见》指出，到 2020 年，出台一批政策和管理规定，推动一批先行示范项目落地。

从项目建设进展来看，仅 2020 年 3 月，雄安新区相继公布了多个项目的可行性研究、勘察设计、全过程咨询等招投标信息。例如，绿博园、民俗公园，起步区到奥威路的城市主干路，起步区垃圾收运站，容城县漫生活街区（罗萨街区）价值提升项目，雄安高质量发展检验中心，起步区东西轴

线市政道路、综合管廊及配套工程、给排水、绿谷景观及水工程，容西片区配套市政道路、综合管廊、给排水设施工程等。预计疫情过后，项目启动数量、启动频次将有大幅提升。

但是雄安新区对参与建设的企业要求较高，加上国家层面新政策的出台（如企业资质、工程总承包、全过程咨询等），湖南建筑企业可以大型央企、省内大型建筑企业为核心组建联合体等合作模式，抢抓项目机遇。

3. 西部陆海新通道：主要省外市场和海外市场的叠加机遇

2019 年 8 月 2 日，国家发改委印发《西部陆海新通道总体规划》（以下简称《规划》），将建设自重庆经贵阳、南宁至北部湾出海口（北部湾港、洋浦港），自重庆经怀化、柳州至北部湾出海口，以及自成都经泸州（宜宾）、百色至北部湾出海口三条通路，共同形成西部陆海新通道的主通道。途经的贵州、广西两省区，出海连通的东南亚地区均是湖南建筑业向外拓展的重点区域，两个主要市场的叠加，国家政策的加持，给湖南省建筑业带来了重要的市场机遇。

陆海新通道建设中，基础设施建设是根本。《规划》中的阶段性目标给湖南省建筑业指出了清晰的发力点。

《规划》指出，到 2020 年，一批重大铁路、物流枢纽等项目开工建设，重庆内陆国际物流分拨中心初步建成，广西北部湾港和海南洋浦港资源整合初见成效，铁海联运和多式联运“最后一公里”基本打通。到 2025 年，一批重大铁路项目建成投产，主要公路瓶颈路段全面打通，形成以铁路为骨干、高等级公路为补充的陆路交通通道；具有国际影响力的北部湾深水港基本建成，广西北部湾国际门户港、海南洋浦的区域国际集装箱枢纽港地位初步确立，重庆内陆口岸高地基本建成。到 2035 年，西部陆海新通道全面建成，通道运输能力更强、枢纽布局更合理、多式联运更便捷。

4. 长江三角洲：区域一体化下的基础设施一体化建设机遇

2019 年 12 月 1 日，中共中央、国务院印发《长江三角洲区域一体化发展规划纲要》（以下简称《规划纲要》），意味着长三角区域一体化与“一带一路”、京津冀协同发展、长江经济带、粤港澳大湾区、黄河流域生态保护和高质量发展等共同建设并相互配合，进一步完善中国改革开放空间布局。

《规划纲要》中涉及的范围包括上海、江苏、浙江、安徽等省市，其中，安徽是湖南建筑业跨省发展的主要市场。

《规划纲要》强调，要提升基础设施互联互通水平，要坚持优化提升、适度超前的原则，统筹推进跨区域基础设施建设，形成互联互通、分工合作、管理协同的基础设施体系，增强一体化发展的支撑保障。

在具体的建设项目上，主要涉及轨道交通、省际公路、世界级机场群、港口航道、油气基础设施、区域电网、新能源设施、重大水利工程等领域。

湖南建筑业企业应充分发挥在安徽省的市场深耕经验，以安徽省为核心，逐步向长三角其他省市拓展。

5. “一带一路”：湖南省建筑业企业“走出去”的持续发力点

尽管湖南建筑业2/3的产值来自省内市场，但要想做大做强，除跨省拓展外，也应重视开拓海外市场。“一带一路”倡议的提出已有6年，共建“一带一路”国家的关键是互联互通，基础设施是互联互通的基石，这也是共建“一带一路”国家的发展瓶颈，对湖南建筑业来说，是重要的发展机遇。

2019年，中国企业在共建“一带一路”国家中的62个国家的新签对外承包工程项目合同6944份，新签合同额1548.9亿美元，占同期中国对外承包工程新签合同额的59.5%，同比增长23.1%；完成营业额979.8亿美元，占同期总额的56.7%，同比增长9.7%。

从中国对外承包工程商会和中国出口信用保险公司共同发布的《“一带一路”国家基础设施发展指数报告2019》来看，2019年，共建“一带一路”国家基础设施发展指数稳中微降，依然保持较高水平。东南亚地区依然是共建“一带一路”国家中基础设施发展势头强劲区域，需求持续旺盛，交通、能源等领域的投资建设市场空间大，具体表现为以公路、铁路、港口、机场等为主的基础设施和以电力基础设施为核心的能源行业建设将成为基建细分领域中的发力重点。

从商务部发布的“一带一路”月度数据来看，2020 年 1 月，中国企业在共建“一带一路”国家中的 47 个国家的非金融类直接投资达 15.9 亿美元，同比增长 19.5%，占同期总额的 19.1%，主要投向新加坡、老挝、印尼、越南、马来西亚、泰国、柬埔寨、斯里兰卡、哈萨克斯坦和孟加拉国等国家；对共建“一带一路”国家中的沿线 60 个国家新签对外承包工程项目合同 138 份，新签合同额 92.3 亿美元，占同期我国对外承包工程新签合同额的 59%，同比增长 123.5%；完成营业额 36.1 亿美元，占同期总额的 65.2%。

基于湖南省的区位特点、已有的海外项目经验、现有需求旺盛的区域分布等因素，东南亚地区应成为湖南建筑业拓展海外市场的主要发力点，在湘央企、省属国企等头部建筑业企业应当成为“走出去”的主力，并带动省内其他建筑业企业实现“抱团出海”。

（二）新冠肺炎疫情影响下的建筑业发展机遇

对建筑业而言，此次新冠肺炎疫情直接导致项目施工进度大为迟滞，相关的材料成本、库存、人工成本等也随之增加，但特殊时期，建筑业的发展方向和新的市场机遇也逐渐凸显出来。

1. 建筑装配化、工业化发展趋势进一步强化

经过 10 天左右，武汉火神山医院、雷神山医院双双落成，成为“中国速度”的创造者。此次疫情防控中，这两家医院以装配式建筑方式施工，工期大幅缩短，建筑垃圾也大为减少，充分彰显了装配式建筑的优势。

作为建筑科技中的重要内容，装配式建筑受到国家和地方重视，相关政策不断出台。此次疫情中两家医院的建成，更加坚定了装配式建筑行业发展的信心，建筑装配化、工业化也将成为建筑业发展的重要机遇，具有装配式构件安装能力的建筑企业将获得新一轮发展空间。

2. 信息化、智能化将成为建筑业转型升级的重要引擎

火神山医院、雷神山医院的建设，工期短，没有返工重建的机会，且组

织协调难度大。除使用装配式建造模式大大缩短建造工期外，工程设计、施工过程中的信息化、智能化也起到了非常关键的作用，确保了工程相关方协同作战、快速推进，进一步强化了信息技术、智能科技在建筑业中的应用，进一步坚定了信息化、智能化在建筑业转型升级和高质量发展中的重要性。

3. 医疗基建有望扩容

目前，国内人均医疗资源还存在不足，医疗服务在供给方面也有较大的提升空间。在国家层面，重要会议和相关政策也对强化医疗基建释放了诸多信号，给医疗基建的发展创造了重要机遇。

2020 年 3 月 4 日召开的中共中央政治局常委会提出，要加大公共卫生服务、应急物资保障领域投入。

在 2020 年扩容提速的专项债券中，各地方政府也均对医疗基建方面有所倾斜。例如，四川连续发行了 4 期（五十七至六十期）卫生防疫体系建设专项债，资金投向用于医院新建、改扩建、迁建、配套设施（停车场）建设等项目，金额达 15. 57 亿元。青海专项债券六期为医疗卫生专项债，金额达 2. 4 亿元。天津专项债券二十六至二十八期均为医疗卫生专项债，金额达 8. 2 亿元。广西专项债券五期和六期为公立医院专项债，金额达 41. 22 亿元。

4. “新基建”步入政策大年

受新冠肺炎疫情影响，全球经济下行压力加大，疫情不可避免地对中国经济社会造成较大冲击。结合新时代产业特征和国家战略，与传统“铁公基”相对应的“新基建”成为本轮逆周期调节的重要发力点。

“新基建”不仅包括 5G 基建、大数据中心、人工智能、工业互联网、物联网等新一代信息技术，还包括特高压、城际高速铁路和城际轨道交通、新能源汽车充电桩，具有技术新、模式新、领域新的特点，有着高度的产业前后向关联度，可以同各个行业的经济活动紧密结合，具有极强的扩散性和渗透性，是防疫情、稳增长的重要抓手。

随着中央支持力度的加强，各省市也纷纷在 2020 年工作报告中提及“新基建”，并给出了具体的新建 5G 基站数量。受新冠肺炎疫情影响，“新基建”的重视程度不断提升，政策层层加码，将成为建筑业的重要发力领域。

B.14

重庆工程建设发展报告（2020）*

重庆市建筑业协会**

摘　要： 2019年，重庆建筑业总产值突破8000亿元，合同金额和在建面积持续增长，企业资质结构不断优化，人才队伍素质不断提升，质量安全清欠形势稳定受控，实现了持续稳定健康发展。2020年，重庆建筑业将以深化行业“放管服”改革为主线，以大数据智能化促进建筑业转型升级为驱动力，以深化川渝建筑业协调发展战略合作为重要契机，统筹做好疫情防控工作，促进行业持续健康发展。

关键词： 工程建设　建筑业　重庆

2019年，重庆建筑业坚持以习近平新时代中国特色社会主义思想为指导思想，紧扣习近平总书记对重庆提出的“两点”定位，“两地”“两高”目标和发挥“三个作用”要求，坚持稳中求进工作总基调，践行高质量发展理念，深化川渝建筑业协调发展战略合作，优化行业发展环境，促进行业转型升级，建筑业总产值突破8000亿元，实现持续、稳定、健康发展。

---

* 本报告图表数据来自国家统计局和重庆市统计局。

** 课题组成员：祁仁俊，重庆大学、重庆交通大学兼职教授，高级工程师，重庆市建筑业协会副会长兼秘书长，享受国务院政府津贴专家，重庆市建设科技委员会委员；皮华，重庆市建筑业协会信息联络部副主任，政工师，《西部建筑业》主编。执笔人：皮华。

一 2019年重庆建筑业总体情况

（一）建筑业总产值、增加值稳步增长

2019年，重庆完成建筑业总产值8222.96亿元，同比增长5.2%。实现建筑业增加值2840.12亿元，同比增长6.6%。建筑业增加值对重庆地区生产总值的贡献率为11.2%，拉动全市经济增长0.8个百分点。

1. 在全国排名中等偏上

从全国看，2019年全国建筑业总产值248445.79亿元，同比增长5.7%，重庆占比3.3%，排名位居全国第12位，占比和排名与上年度持平，增速低于全国0.5个百分点。

2019年全国实现建筑业增加值70904.30亿元，同比增长5.6%，增加值占国内生产总值的比重为7.2%。重庆建筑业增加值占地区生产总值的比重为12.0%，高于全国4.8个百分点，增速高于全国1个百分点。

2. 在西部地区稳居前列

从西部看，2019年西部地区（12个省市）实现建筑业总产值52580.85亿元，同比增长10.7%，重庆占比15.6%，占比下滑0.9个百分点。在西部地区排名第2位，排名与上年度持平。

3. 区域发展呈现“两增一减”

从全市各区县看，2019年，主城都市区完成建筑业总产值6097.50亿元，同比增长6.5%，占比74.2%，为重庆建筑业发展的“主战场”。其中，主城九区是促进全市建筑业持续增长的重要支撑，实现总产值2959.74亿元，同比增长13.4%，增速较上年大幅提升。渝东北三峡库区城镇群完成建筑业总产值1926.79亿元，同比增长4.7%，实现扭减为增。渝东南武陵山区城镇群完成建筑业总产值198.67亿元，同比减少21.7%，为全市回落幅度较大的地区。

全市排名前十名的区县共完成建筑业总产值4360.37亿元，占比为

53.0%。

2019年，全市共有14个区县建筑业总产值实现两位数增长，其中有2个区县增速超过20%。

4. 房屋建筑业仍为“主业板块”

从专业类别看，2019年，房屋建筑业实现产值5978.60亿元，同比增长3.8%，占全市产值比重达72.7%，仍是全市建筑业稳定增长的主要力量。其中，住宅房屋建筑业实现产值5811.13亿元，同比增长3.4%。

土木工程建筑业（公路、铁路、轨道交通等）实现产值1638.97亿元，同比增长6.2%，占全市产值比重达19.9%。其中，市政道路工程建设、港口及航运设施工程建设、架线和管道工程建设、节能环保工程施工类企业产值分别同比增长19.1%、26.6%、24.9%和108.4%。

建筑安装业实现产值288.71亿元，同比增长19.2%，占比3.5%，较上年提高0.4个百分点。

建筑装饰、装修及其他建筑业实现产值316.68亿元，同比增长14.8%，占比3.9%，较上年提高0.3个百分点。

（二）合同金额和在建面积持续增长

2019年，全市建筑企业签订合同额14740.80亿元，同比增长4.9%。其中，本年新签合同额8283.15亿元，同比增长5.2%；上年结转合同额6457.65亿元，同比增长4.6%。合同额余量为6517.84亿元，较上年末增加288.75亿元。

2019年，全市新开工房屋建筑面积15132.45万平方米，同比减少0.2%；全市在建房屋面积36557.76万平方米，同比增长4.0%；全年竣工房屋面积13618.26万平方米，同比减少1.2%。

（三）企业资质结构不断优化

截至2019年底，重庆施工企业特级资质9家，较上年增加1家；一级资质企业650家，较上年增加176家（其中总承包一级319家、专业承包一级159家，分别较上年增加17家、331家）。综合及专业甲级监理企业76家，较上年增加7家；甲级造价咨询企业154家，较上年增加8家。

高资质企业拉动作用显著。2019年，重庆一级及以上资质企业实现建筑业产值3895.08亿元（其中市外产值1253.08亿元，占市外总产值比重为85.2%），同比增长16.3%，增速高于全市平均水平11.1个百分点。一级及以上资质企业数量占比为6.0%，完成全市47.4%的产值额，高资质企业仍是重庆建筑业发展的中坚力量。

龙头企业不断增加。2019年，重庆本地企业实现产值50亿元以上16家，同比增加3家；20亿元以上65家，同比增加6家；亿元以上1172家，同比增加72家。亿元以上企业数量占比为10.7%，完成建筑业产值7744.40亿元，占全市的94.2%。龙头企业优势突出，产业集中度得到提升。

民营企业稳步发展。2019年重庆本地民营企业完成建筑业产值6311.75亿元，同比增长4.1%，占全市的76.8%。其中3家民营特级企业完成建筑业产值150.02亿元，同比增长2.0%；新签订合同金额158.60亿元，同比增长8.4%。

（四）人才队伍素质不断提升

2019年，全市建筑企业从业人数236.10万人，与上年基本持平。重庆建筑业为社会提供了大量就业机会，全年吸纳建筑劳务人员195.29万人。其中本市农村劳动力117.35万人，本市非农村劳动力59.99万人，市外入渝劳动力17.95万人。

注册人员管理更加规范。经过专业技术人员职业资格“挂证”专项整治，截至2019年底，全市建筑业共有注册建造师45002人（其中一级建造师13076人、二级建造师31926人）、注册监理工程师4175人、注册造价工程师4180人，较上年分别减少13878人、459人、12人。

教育培训持续加强。大力开展行业技能人才培训，全年完成建筑工人培训考核鉴定20680人，培训装配式建筑工人292人，培训农村建筑工匠3955人，培养高技能人才118人。5名建筑工人荣获2019年重庆市“五一劳动奖章”，2名建筑工人荣获“重庆市技术能手”，2名建筑工人荣获“全国住房城乡建设行业技术能手”。全年完成“安管人员”考核91期，共考核31452人，合格21910人；完成特种作业人员考核239期，考核人员23704人，合格17706人。

（五）质量安全清欠形势稳定受控

工程质量监管有效。2019年，全市办理竣工验收备案项目3034个，建筑面积8951.95万平方米。全年共受理质量问题投诉4674件，同比上升22.42%，处置率100%。全市获得中国建设工程“鲁班奖”4项、中国土木工程“詹天佑”奖1项、国家优质工程奖12项、三峡杯优质结构工程奖86项、巴渝杯优质工程奖60项。

安全生产形势持续向好。2019年重庆房屋和市政基础设施建设工程（含轨道）发生生产安全事故81起，死亡83人，同比事故起数少12起、下降12.9%，死亡人数少12人、下降12.6%。

清欠形势总体平稳。开展了根治欠薪夏季行动和冬季攻坚行动，贯彻落实“一金三制”。全市建筑领域未发生因拖欠农民工工资引发的重大群体性事件和极端事件，清欠维稳形势总体平稳可控。全年共排查并妥善处置拖欠项目101个，涉及农民工工资7823万元、4857人，拖欠项目、工资金额、人数同比分别下降39%、66%、61%。

二　2019年重庆建筑业发展特点

2019年，按照《关于进一步促进建筑业改革与持续健康发展的实施意见》（渝府办发〔2018〕95号）要求，深化“放管服”改革，实施创新驱动发展，质量安全水平稳步提升，市场监管不断完善，提质增效减负成效明显，统一开放、竞争有序的建筑市场逐步形成。

（一）行业发展稳中有优

2019年，全市建筑业总产值、增加值、新签订合同金额、在建面积等指标稳步增长，从业人员相对稳定，人员素质不断提升，产业规模呈现平稳增长的态势。建筑业增加值对重庆地区生产总值的贡献率达到11.2%，拉动经济增长0.8个百分点。建筑业支柱产业地位继续巩固，稳增长、稳就业的作用发挥良好，但行业发展也呈现出一些隐忧。

建筑业总体规模不大。重庆建筑业总产值与全国前5名的江苏、浙江、湖北、广东、四川相比，差距十分明显，仅相当于江苏的24.8%、浙江的40.3%、湖北的48.4%、广东的49.4%、四川的56.1%。2019年，西部排名第一的四川省完成产值14668.15亿元，增速高于重庆7.7个百分点，差距进一步加大；西部排名第三的陕西省完成产值7883.88亿元，增速高于重庆5.5个百分点，追赶之势明显。

建筑业增速放缓。建筑业总产值、增加值连续3年保持个位数增长，增速整体呈放缓趋势。增加值增速逐年下降，2019年较上年下降3.7个百分点。建筑业总产值增速虽由上年的2.8%上升至5.2%，但增速还是低于全国0.5个百分点，低于西部地区5.5个百分点。

本地高资质企业占比较低。重庆本地建筑业企业11007家，总数虽大，但高资质企业数量较少。特级资质企业占比0.08%，一级资质企业占比5.9%，二级资质企业占比31.6%，二级以下资质企业占比62.42%。行业“金字塔结构”呈扁平状，底座宽，高度不够。“小、散、弱”的低资质企业，制约了行业的转型升级和高质量发展。根据近几年建筑业发展分析，低资质企业管理水平、承建能力、技术水平、融资能力、抗风险能力普遍较低，在市场竞争、产值、利润、技术发展等方面处于劣势地位，影响了行业的整体实力。

（二）市场竞争更趋激烈

本地企业市场份额持续下滑。截至2019年底，重庆外地入渝施工企业6393家（本地企业11007家）、外地监理企业553家（本地企业130家）、外地造价咨询企业463家（本地企业267家），数量分别是重庆本地企业的58%、425%、173%。其中市外入渝施工企业，特级434家、总承包一级1770家、专业承包一级1684家，分别是重庆本地特级、总承包一级、专业承包一级企业的48.2倍、5.5倍、5.1倍。市外入渝企业数量多，资质高，整体实力强，进一步挤占了重庆本地企业市场份额。2019年，本地企业在市内建筑市场份额仅占48.7%。

对外拓展能力有待加强。2019年，重庆本地企业在市外完成建筑业产值1470.49亿元，占总产值的比重为17.9%。贵州、四川、云南、广东等省市是重庆建筑业企业主要集聚地，分别在以上省市完成产值260.49亿元、247.74亿元、162.79亿元、114.42亿元。重庆企业对外拓展实力整体不强，与建筑大省及西部的四川、陕西相比差距较大。

营业利润降低。2019年，重庆建筑市场人工价格及部分建筑材料价格均有上涨，导致施工成本增加。人工价格同比上涨1.61%，混凝土、特细砂、碎石同比分别上涨了4.12%、71.78%、17.39%。据国家统计局统计，2019年前三季度重庆建筑业企业实现营业利润166.25亿元，同比减少12.8%，产值利润率2.8%，同比下降0.4个百分点，行业整体维持薄利。

（三）创新驱动步伐逐步加快

大数据智能化水平不断提升。大力推进"智慧工地"建设，印发人员实名制管理、远程视频监控、扬尘噪声监测、塔吊安全监控、施工升降机安全监控、危大工程管理、工程监理报告、工程质量验收管理、建材质量监管、工程质量检测监管、BIM施工应用和工资专用账户管理等12项"智能化应用"建设标准，提档升级了"智慧工地"信息管理平台。2019年建成"智慧工地"1630个，BIM"智慧工地"233个，位居全国前列。

建造方式和施工技术不断革新。2019年启动建设装配式建筑300万余平方米，新增示范工程10个，新培育5个市级产业基地。成功举办了"中国建造2035战略研究"项目启动会暨院士重庆行系列活动，推动重庆建造方式深刻变革。联合清华大学、华中科技大学等高校，成立重庆现代建筑产业研究院，打造行业协同创新和高端研发人才集聚平台。与腾讯公司签订战略合作协议，联合发布了全国首个建筑业互联网平台。全市共71家企业申报市级工法336项，专家审查通过151项，推进了重庆建筑技术创新发展。

绿色能源建筑应用规模扩大。2019 年，围绕“高质量高品质发展”的主题，组织修订了绿色建筑系列地方标准，推动绿色建筑规模化发展，全市新建城镇民用建筑设计阶段绿色建筑标准执行率达到 82.26%。完善绿色发展链条，发布了建筑门窗等十大类绿色建材评价技术要求，引导近 400 亿元的绿色建材产业提档升级。推进 320 万平方米的悦来生态城、120 万平方米的仙桃数据谷等区域集中供能项目建设，新增可再生能源建筑应用项目 103 万平方米。完成公共建筑节能改造项目 126 万平方米，在率先完成第二批国家公共建筑节能改造重点城市任务的基础上，提前一年完成了国家公共建筑能效提升重点城市任务。

（四）质量安全水平不断提升

工程质量提升行动全面发力。持续推进住宅工程质量常见问题专项整治，深化分户验收，全年抽查 14048 户，抽测 111.06 万点，合格率 97%。全年开展工程质量监督执法检查 25582 次，检查项目 21801 项次，全市共下发监督执法检查整改单 8474 份；下发行政处罚书 1551 份，处罚单位 1256 家次，处罚人员 287 名；实施信用惩戒 803 起，处罚单位 243 家次，处罚人员 800 名。曝光质量违法违规典型案例 244 起。不断强化监理、检测、预拌混凝土行业管理，全年对建设单位 2 家次、施工企业 11 家次、监理企业 2 家次、检测机构 17 家次、预拌混凝土生产企业 2 家次进行了处罚。开展工程监理报告试点，全年收到并处置 8142 份项目监理专报和 35 份项目监理急报，共对 46 个在建项目开展了专项检查，发出 2 份执法建议书和 46 份整改通知书。继续全面落实项目经理记分管理，2019 年对记分达到 12 分的 18 名项目经理给予停止执业一年的处理。

安全生产责任得到进一步压实。全年抽查 107 个在建项目，抽查 421 名安管人员，其中合格 159 人，限期整改 137 人，不合格 125 人。全年动态核查企业安全生产许可证 1117 家，其中合格 864 家、限期整改 252 家、不合格 1 家。开展 16 批次危大工程专项督察，督察项目 50 个，下发整改通知书 25 份，发现并整改安全隐患 87 条；立案并实施行政处罚项目 6 个，责令停工整改项目 3 个，处罚企业 8 家。开展两轮“四不两直”随机执法检查，检查项目 182 个，下发整改通知书 164 份，发现并整改安全隐患 849 条，下发执法建议书 15 份，直接立案并实施行政处罚项目 86 个。2019 年创建市级文明工地 126 个，培育创建扬尘控制示范工地 455 个。

施工工地形象品质不断提升。强化文明施工，制定优化标准，坚持样板引路，全面提升工地形象。培育高品质围挡试点样板工地 120 个。针对外立面临边防护、外脚手架、起重机械、现场材料堆码、裸土覆盖等内容，起草了施工现场外立面形象品质提升工作指南。进一步巩固扬尘控制长效机制，督促企业落实控尘“十项规定”，打赢蓝天保卫战。全市检查施工扬尘控制 12468 项次，发现扬尘污染问题 5594 条，立案 483 起。

事故应急防控处置能力不断加强。采取政企共建模式，与 10 家大型企业建立合作平台，及时进行登记更新应急救援装备。截至 2019 年底，市级应急救援装备储备库共储备装备 12 大类、设备 186 台，主要用于建筑施工生产安全坍塌等事故救援工作；建立了 1000 余名专家的建筑施工安全专家库，强化专家在危大工程方案论证及实施、突发事件应急处置、事故调查处理、事故复工、各类专项检查中的作用，同时制定了专家管理办法，建立了专家的惩戒和退出机制。

（五）大力推进工程建设项目审批制度改革

深化重庆工程建设项目审批制度改革实施，印发了重庆深化实施方案及配套文件，切实减时限、减程序、减费用。重庆审批服务事项从试点时的 135 项进一步压减至 100 项，精简 30% 以上，申请材料精简 30% 以上。建筑工程施工许可申办限额由投资额 30 万元、建筑面积 300 平方米调整为 100 万元、500 平方米，申报材料进一步减少，由 9 项申请材料削减为 7 项。实行了一网通办、一窗办理，实现了“只进一家门、办理所有事”。

（六）市场秩序不断规范

强化事中、事后动态监管。全面开展“双随机、一公开”监督检查，结合日常检查，重点打击转包、挂靠、违法分包、无证施工等市场类违法违规行为，全年共抽查建筑施工企业、监理企业、造价咨询企业、检测机构18376家，查处案件1699件，处罚金额13800万元。

质量安全执法显著提升。通过安全生产大排查大整治大执法、质量提升行动、“建安”系列集中执法、“四不两直”随机执法检查、危大工程专项督察等活动，扎实开展质量安全违法违规行为查处工作。2019年，对质量安全违法违规行为立案6412起（含简易程序4243起），处罚11707.91万元，同比增长29.53%、34.17%，处罚力度居全国前列，得到住建部通报表扬。

全面开展“挂证”专项整治。持续开展对注册人员从业行为的动态检查，加大人员到岗履职情况检查力度，完善注册人员信息数据库，实现注册人员与企业资质管理、施工现场管理的实施联动。健全社保、注册信息互通共享机制，形成监管合力。全年对社保存疑数据开展4轮清理，通过注销、变更注册单位、规范社保等整改到位28354人，累计清理16005人。

工程计价体系不断完善。编制2019年房屋建筑与装饰、装配式建筑、市政、通用安装、城市轨道交通工程、城市地下管廊工程概算定额。加强建设工程计价依据的动态管理，出台2018年计价定额的综合解释，为行业发展提供了基础支撑。

三　2020年行业发展目标及主要工作

2020年是全面建成小康社会和“十三五”规划收官之年，重庆建筑业将坚持以习近平新时代中国特色社会主义思想为指导，以深化建筑业“放管服”改革为主线，以大数据智能化促进建筑业转型升级为驱动力，以深化川渝建筑业协调发展战略合作为重要契机，统筹做好疫情防控和行业发展，促进建筑业持续健康发展。力争实现新增特级施工资质企业2家，新增一级施工资质企业50家，高等级资质企业占比进一步提升。分类分级建设智慧工地1500个、BIM智慧工地300个，实现全市特级、一级施工总承包企业均掌握BIM技术。

（一）全面推进重庆建筑业改革发展

全面贯彻落实《关于进一步促进建筑业改革与持续健康发展的实施意见》（渝府办发〔2018〕95号）和22个市级部门联合印发的《贯彻落实进一步促进重庆建筑业改革与持续健康发展实施意见任务分工方案》（渝建〔2019〕407号），支持企业做大做强，大力扶持全过程咨询企业，认真贯彻总承包管理办法，深化川渝建筑业合作发展。

（二）以大数据智能化促进建筑业转型升级

强化“智慧工地”建设，以BIM推动数字建造，积极推广装配式建筑，持续推进绿色建筑发展。

（三）持续提升工程质量安全水平

推动建筑工程品质高质量发展，推动建筑施工安全生产形势持续稳定好转，强化应急管理工作。

（四）多措并举，不断规范建筑市场秩序

全面推行建筑工人实名制管理制度，切实提升建筑市场执法监管力度和水平，推行“挂证”预防和监管长效机制，拓展诚信综合评价体系逐步构建行业新型监管机制，进一步健全建设工程计价依据，扎实做好民工工资清欠维稳工作。

（五）深化审批制度改革，优化营商环境

深化工程审批制度改革；牵头落实“1+12”系列政策；积极迎接世行评价；推进自贸试验区改革创新。

（六）积极应对疫情，助力建筑行业发展

调整政务服务方式；减轻企业资金压力；指导施工合同履约管理。

B.15

江西工程建设发展报告（2020）*

江西省建筑业协会

摘　要： 2019年，江西建筑业坚持高质量跨越式发展为首要战略，全年建筑业完成总产值7944.78亿元，同比增长13.60%。本报告回顾了全省建筑业经营基本情况，从建筑业总量不断增加、对外工程承包仍保持良好势头、大型骨干企业实现跨越式发展等方面对行业发展基本情况做了梳理。总结了企业分化日益明显、市场环境向公平、竞争、法制方向发展、建筑工程步入质量时代、企业运营成本在不断攀升等方面的发展特点。对于下一步工作提出了开展建筑市场各方主体信用评价工作、着力提升企业核心竞争力、进一步减轻建筑业企业负担、大力扶持民营建筑业企业发展等措施建议。

关键词： 工程建设　建筑业　江西省

一　行业经营基本情况

2019年，全省完成建筑业总产值7944.78亿元，同比增长13.60%；年度新签合同额7660.46亿元，同比增长8.63%；全省企业数量3094家，同比增长17.55%；从业平均人数203.23万人，同比增长2.78%；对外承包工程营业额44.95亿美元，同比增长0.63%。

* 本报告数据均来自国家统计局和江西省统计局。

二 行业发展基本情况

（一）建筑业总量不断增加，为全省经济社会发展做出贡献

2019 年，全省总承包和专业承包建筑业特级企业 21 家，一级企业 675 家。2019 年全省建筑业企业共完成建筑业总产值 7944.78 亿元，同比增长 13.60%，增速与 2018 年基本持平，其中省外完成产值 2653.04 亿元，同比增长 8.7%。全省建筑业总产值在全国位列第 13 位（排位前移 1 位），在中部地区位列第 5 位，总产值增速总体高于全国平均水平 7.9 个百分点，在全国位列第 6 位。

2019 年全省建筑业增加值 2300 亿元，占 GDP 比重在 9% 左右。全省建筑业企业完成税收收入 265.15 亿元，占全省入库税收总收入 7.9%①。建筑业对国民经济发展的贡献常年保持稳定，是重要的支柱产业、富民产业。

（二）对外工程承包仍保持良好势头

全省现有对外工程承包企业 156 家，累计完成对外工程承包营业额超过 300 亿美元，2019 年江西建筑业企业在全球 40 多个国家开展对外工程承包业务，共完成对外工程承包营业额 44.95 亿美元，总量居全国第 9 位、中部地区第 2 位。2019 年 8 月，美国《工程新闻纪录》（ENR）“全球国际承包商 250 强”榜单发布，全省 5 家企业入榜，中国江西国际经济技术合作股份有限公司、江西中煤建设集团有限公司入榜百强。全省对外承包工程营业额连续多年位列全国前十，在中部地区排名领先。

（三）大型骨干企业实现跨越式发展

2019 年，全省建筑业企业完成产值超过百亿元的企业有 5 家，分别是中

① 注：建筑业完成税收与上年总额持平，主要是 2019 年 4 月 1 日起，建筑业再次下调增值税税率，建筑业税赋有较明显下降。

大建设股份有限公司、江西建工第一建筑有限责任公司、中恒建设集团有限公司、发达控股集团有限公司、江西中煤建设集团有限公司；完成产值在50亿~100亿元的企业有22家；完成产值为20亿~50亿元的企业有52家，比去年增加3家；完成产值为5亿~20亿元的企业达到176家。

三　行业发展特点分析

（一）企业分化日益明显

2019年全国建筑业总产值248446亿元，同比增长5.7%。其中纳入住建部月度统计报表范围内的特、一级建筑业企业完成总产值126933亿元，同比增长11.4%，在外省完成的产值59724亿元，同比增长11%。中央企业完成建筑业总产值39679亿元，同比增长25%，中央企业在外省完成的产值28541亿元，同比增长29.6%，占中央企业完成全部总产值的71.93%。以上数据表明，中央大型企业向驻地以外的省份扩张严重，与本地企业相比，在市场竞争中占有绝对的优势。

省内产值过5亿元以上的551家企业完成的建筑业总产值为5673.67亿元，占全省建筑业总产值的71.41%；在外省完成的产值为2374.58亿元，占全部企业在外省完成产值的89.50%。但省内的中小型建筑业企业没有走向专、精、特、新的发展道路，而有大量中小型企业在建筑市场中浑水摸鱼，同一企业负责人开办若干家低资质企业，用于围标窜标、低价竞争，扰乱建筑市场。

（二）市场环境向公平、竞争、法制方向发展

随着“建筑市场监管与诚信信息一体化平台”的使用，建筑业“营改增”的实施，国家诚信体系制度的逐步完善，守信激励、失信惩戒的市场氛围越来越浓，建筑市场在不断向规范化、法制化的方向发展，市场对于违法违规行为的容忍度在不断降低。

（三）建筑工程步入质量时代

当前是“质量第一”的新时代，建筑行业的分化在加剧，社会的质量意识在增强，建筑业企业也不断在推动工程质量治理创新上下功夫。在互联网、大数据、人工智能潮起的当下，智能安全帽、智慧工地、BIM 技术等各项新技术、新工艺的出现也将成为推动建筑业健康发展的利器，助推工程质量安全更上一层楼。

（四）建筑业企业运营成本不断攀升

建筑业企业成本上升最明显的是人力成本，一方面是大、中、小各类企业共同抢占有限的注册执业人员资源导致的管理成本上升，另一方面是建筑农民工短缺与农民工产业化、市民化管理之间的矛盾导致的用工成本上升。导致建筑业企业成本上升的另一原因是市场的无序竞争，目前的招投标制度无法体现择优的原则，市场上企业过多且良莠不齐，恶性竞争迫使企业利润下降。

四　2020年行业发展建议

当前国家区域发展、“一带一路”倡议、新型城镇化发展等战略，给建筑业带来市场空间，建筑业企业仍将大有所为。广大建筑业企业各级建设行政主管部门要顺应形势、转型升级、创新发展。

（一）开展建筑市场各方主体信用评价工作

推动建立健全建筑市场信用体系，通过收集建筑市场各方主体及其从业人员信用信息，并进行标准量化，对各方主体的信用状况给予评定等级，并将评定结果应用于建设工程招标、投标等发包、承包活动和建设工程管理活动，通过差别化的动态管理，以良好信用激励企业，以不良信用惩戒企业。

（二）着力提升企业核心竞争力

建筑业企业应围绕市场需求，积极拓展业务范围，企业只有全面提升资本运营、投融资能力、技术应用、项目建设与管理等方面的综合实力，产业链不断向上下游延伸，才能占据更多市场，不断提升盈利能力。

（三）进一步减轻建筑业企业负担

继续规范工程建设领域保证金制度，加快推进实施银行保函替代方式，严肃查处超标准收取保证金或者强制要求缴纳现金形式保证金等行为，切实降低企业负担。加快推行工程担保制度，降低企业经营风险。严格工程结算制度，建设单位在合同规定时限内未完成结算审核且未提出异议的，视为认可承包人提交的竣工结算文件。

（四）大力扶持民营建筑业企业发展

呼吁省内大型基础设施建设项目（包括水利、大型交通枢纽、地铁、桥梁、隧道等）向江西有实力的民营建筑业企业放开，在省内纳税额较高、信用等级高的企业可优先入选。对于有科技创新，应用新材料、新技术解决施工工艺的中小型建筑业企业，根据“以大代小、专业互补、合作共赢”的原则，与大型企业联合承包。

B.16
陕西工程建设发展报告（2020）*

陕西省建筑业协会

摘　要： 2019年，陕西建筑业持续高质量发展，全省上下紧紧围绕追赶超越和“五个扎实”要求，放开手，助转型，以深入推进“放管服”改革为抓手，进一步巩固和提升建筑业在全省经济社会发展中的支柱地位，助力“三个经济”。克服各种不利影响，全年共实现建筑业总产值7883.88亿元，同比增长10.7%，产值增速位列全国第12位。建筑企业综合实力大幅提高，企业产业结构日趋合理，建筑业增加值占全省GDP比重达到9.6%，建筑业作为支柱产业的地位不断巩固。本报告回顾了陕西建筑业发展的基本情况，梳理了为促进行业发展采取的具体措施，指出了行业发展中存在的主要问题，结合实际分析了未来的发展趋势和工作重点。

关键词： 工程建设　建筑业　陕西

一　2019年陕西建筑业发展基本情况

（一）主要经济指标总体向好

1. 企业产值稳步增长

2019年全省建筑业企业[①]共完成建筑业总产值7883.88亿元，同比增

---

* 本报告所有图表数据来源为国家统计局和陕西省统计局。

① 注：本报告建筑业企业所指均为总承包和专业承包企业。

长10.7%，比上年同期回落3.6个百分点。其中建筑工程完成产值6910.58亿元，同比增长10.9%，比上年同期下滑1.4个百分点。安装工程完成产值665.65亿元，同比增长11.4%，比上年同期下滑12.5个百分点。其他产值307.65亿元，同比增长6.0%，比上年同期下滑40.9个百分点。

2. 新签订合同额增幅明显

2019年，全省建筑业企业共签订合同额17973.34亿元，同比增长17.7%，比上年同期提高8.7个百分点。其中本年新签合同额9697.57亿元，同比增长19.2%，比上年同期提高23.5个百分点。新签合同额的有效增长为全省建筑业生产稳步发展提供了有力保障（见表1）。

表1　2019年陕西建筑业主要经济指标

单位：亿元，%

指标	总量	同比增长	增速较上年同期
建筑业合同情况			
签订合同额	17973.34	17.70	8.7
上年结转合同额	8275.77	16.00	-13.5
本年新签合同额	9697.57	19.20	23.5
建筑工程产值	6910.58	10.90	-1.4
安装工程产值	665.65	11.40	-12.5
其他产值	307.65	6.00	-40.9

3. 建筑业增加值增速不减

全年建筑业实现增加值2482.96亿元，同比增长11.2%。

4. 房屋建筑行业仍占据首位

房屋建筑行业共实现产值4171.55亿元，占建筑业总产值的53.0%，比上年同期回落0.9个百分点。土木工程建筑行业共实现产值3184.68亿元。占建筑业总产值的40.4%，比上年同期提高2.2个百分点。其中铁路、道路、隧道和桥梁工程建筑行业完成 2488.11 亿元，占建筑业总产值的 78.1%。建筑安装行业共实现产值 367.95 亿元，占建筑业总产值的 4.6%，比上年同期回落 0.9 个百分点。建筑装饰和其他建筑业行业共实现产值 159.70 亿元。占建筑业总产值的 2.0%，比上年同期下滑 0.4 个百分点。

5. 企业施工面积增速增升

全省建筑业企业共实现房屋施工面积 35276.46 万平方米，同比增长 19.0%，增速比上年提高 9 个百分点。但是新开工面积增长乏力，同比下滑 4.3 个百分点。

6. 人均劳动生产率逐年提高

全省共有资质内建筑业企业 3255 户，同比增长 15.5%，本年净增企业 438 户；建筑业平均人数 171.3 万人，同比减少 1.1%，比上年同期减少 1.83 万人。随着企业平均人数的减少，行业机械化水平不断提升，全省建筑业企业劳动生产率 46.09 万元/人，比上年同期增加 4.96 万元/人。劳动生产率的提高为陕西省建筑企业的市场竞争力提供了有力保障。

7. 对外承包工程新签合同额有所增长

2019 年，陕西对外承包工程完成营业额 30.38 亿美元，同比下降 25.1%；新签合同额 38.19 亿美元，同比增长 10.2%。其中在共建“一带一路”国家完成营业额 16.6 亿美元，占全省总额的 54.6%，同比下降 37.5%；新签合同额 20.1 亿美元，占全省总额的 52.6%，同比增长 19.5%。

8. 固定资产投资有所增长

2019 年，陕西全年全社会固定资产投资比上年增长 2.4%，其中固定资产投资（不含农户）增长 2.5%，农户投资下降 0.9%。

（二）全省建筑业结构分析

1. 建筑工程产值占主导地位

2019 年，全省建筑业实现建筑工程产值 6910.58 亿元，工程产值占全部产值的 87.7%，占比较上年同期提高 0.2 个百分点。建筑安装产值完成 665.65 亿元，建筑安装产值占全部产值的比重为 8.4%，和上年同期持平。

其他产值完成307.65亿元，占全部产值比重为3.9%，比上年同期下滑0.2个百分点。

2. 特级、一级企业占据市场主要份额

2019年全省建筑业企业中，特级、一级企业494家，占全部总承包企业和专业承包企业的15.2%，实现建筑业产值5471.19亿元，占全部产值的69.4%，比上年提高2.2个百分点。二级企业1769家，占全部总承包和专业承包企业的54.3%，实现建筑业产值1847.88亿元，占全部产值的23.4%，比上年同期下滑0.1个百分点。三级及以下企业992家，占全部总承包和专业承包企业的30.5%，实现建筑业产值564.81亿元，占全部产值的7.2%，比上年同期下滑2.1个百分点。

3. 陕西建筑业市场仍以关中地区为核心

2019年，关中地区所辖的西安、铜川、咸阳、宝鸡、渭南、杨凌等六地市共完成建筑业总产值6737.55亿元，占全省总产值的85.5%，比上年同期提高0.6个百分点。陕南、陕北地区所辖的安康、汉中、商洛、延安、榆林五地市共完成建筑业总产值1146.33亿元，占全省的14.5%，比上年同期下滑0.6个百分点。其中，陕南3市占8.2%，陕北2市占6.3%。从分地市总量和增速情况来看，西安总量占比最高，占全省产值的57.3%，同比增长2.5个百分点。铜川总量占比最低，占全省产值的0.6%，与上年同期持平。铜川增速最快，达到21.7%，高于全省11个百分点。商洛增速为-12.3%，低于全省23个百分点。

4. 陕西省在外省完成产值份额持续上升

2019年，全省企业在外省完成产值2539.36亿元，同比增长19.5%，比上年同期提高9.1个百分点，占全部产值的32.23%。外省在陕企业完成产值991.11亿元，同比下降24%，比上年同期下滑34.4个百分点。

5. 建筑业经济较快增长

2019年，全省共有资质以上建筑企业3255个，较上年增长15.5%。资质以上建筑业企业总产值7883.88亿元，同比增长10.7%；增加值2482.96亿元，同比增长12.2%，持续保持两位数增长。

（三）建筑业改革发展举措

1. 积极推进建筑业“放管服”工作

近年来省住建厅围绕“简政放权、放管结合、优化服务”总要求，大力推进行政审批事项“一门、一网、一次”改革措施，持续降低企业成本、优化营商环境、提升服务效能，有力推动陕西建筑行业转型升级和改革发展。

2. 持续推进建筑业供给侧结构性改革

为推进陕西建筑业供给侧结构性改革，陕西省住建厅进一步完善质量保障体系，不断提升建筑工程品质。加强对工程建设全过程的质量管理，严格履行法定程序和质量责任，完善管理体制，创新建设组织模式，推行工程总承包，完善专业分包制度，推动全过程工程咨询和专业化服务，促进工程监理行业转型升级，在民用建筑工程中推行建筑师负责制等。

3. 全面进行建筑劳务用工制度改革，积极推行建筑工人劳务实名制管理

从2016年开始，陕西在陕西建工集团、西安建工集团试点开展建筑劳务用工制度改革。主管部门明确提出以试点先行、总结经验、不断完善、稳步推进、务求实效为要求，建立惠及包括农民工在内的所有建筑业从业人员的劳保统筹制度，切实解决建筑业劳务用工的技能培训、鉴定考核、工资支付、养老保险、住房保障等问题，充分利用“互联网+新型建筑用工”管理模式，建立并完善建筑用工信息网。

4. 严格落实机构改革工作

一是机构设置不断优化。对住建行业涉及机构改革的地方性法规和政府规章进行了专项清理，住建系统机构设置更加合理，重点业务得到加强，运转更加协调高效，行政效能进一步提升。二是城市管理执法体制改革成效显著，新设立城市执法监督局和城市管理处，在6市、49县实现了住建领域行政处罚权集中行使，管理体制进一步理顺。三是建设工程消防设计审查验收职责顺利承接，设立建设工程消防监管处，成立了陕西建设工程消防技术服务中心。

5. 积极推进优化提升营商环境

2019年陕西下发《陕西省人民政府办公厅关于印发优化提升营商环境2019年工作要点的通知》，开展了营商环境领域损害群众利益问题专项整治，组织对与《中华人民共和国外商投资法》不相符的地方性法规、政府规章和行政规范性文件进行了清理。

6. 积极推进自贸试验区建设

及时向自贸试验区报送工作进展情况，参加“赋予自贸区更大改革自主权”“证照分离”改革专题会等专题讲座，在自贸试验区全面推行“证照分离”改革全覆盖试点。

（四）继续教育与考务管理

2019年，陕西多措并举，力抓继续教育工作。陕西省住房和城乡建设厅综合服务中心通过电脑端和微信客户端双渠道进行网络学习，全年共制作继续教育课件41个，与中国建筑西北设计院、中联西北工程设计研究院合作开展继续教育培训，提供更加符合工程项目实践的学习内容，提升教育质量。

严格考务管理，强化服务保障。做好各项资格考试报名及阅卷评分工作，重点做好二级建造师职业资格考试工作。2019年二级建造师职业资格考试网上报名16.46万人，审核通过创历年人数新高。经网络审核，2019年度合格人员12446人，补审2015~2018年度合格人员699人。除此之外，2019年陕西省首次组织开展二级造价工程师职业资格考试，成绩上线6293人，合格率为28.18%。

（五）工程质量与安全发展

2019年，陕西以工程质量提升为主线，以加强监督执法为抓手，以确保质量安全为目标，扎实开展扬尘治理工作，不断夯实工程质量安全监管基础，持续推进安全生产标准化，认真开展建筑施工质量安全隐患排查和专项整治，严肃查处违法违规行为。总体来看，陕西工程质量水平稳中有升、整体受控。

1. 深入开展优质工程和文明工地创建活动

2019年共计评选陕西省建设工程长安杯奖50项，省级文明工地325个，省级工法161项。有8项工程获得国家建设工程鲁班奖，11项工程获得国家优质工程。

2. 不断完善相关制度

陕西省住房和城乡建设厅制定印发了《陕西省工程质量安全手册实施细则（试行）》《陕西省房屋建筑和市政基础设施工程危险性较大的分部分项工程安全管理实施细则》，对房屋建筑和市政基础设施施工现场质量安全管理进行明确要求，对危险性较大的分部分项工程的管理进行了细化，确保建筑施工安全。

3. 深入推进工程质量安全提升行动和安全生产攻坚行动

2019年，全省各级住房城乡建设部门不断加大日常检查和执法检查力度，扎实开展隐患大排查大整治和百日安全生产集中整治工作，据统计，2019年以来，全省各级住建部门共开展监督执法检查5190次，检查工程14223项（次）。开展“安全生产月”活动，全省共发放宣传资料和宣传册95000余份，展出安全生产宣传牌1500余块，在抓好安全生产法律法规宣传教育的同时，严格抓好施工现场的安全管理，活动效果明显。

（六）绿色文明施工与扬尘防治

1. 积极推动文明施工和绿色施工

始终把文明工地创建活动作为加强工程质量安全监管的重要抓手，不断完善文明工地评价标准，建立健全长效机制，推动文明工地创建活动规范有序开展，充分发挥文明工地示范引领作用，把创建对象由单个工程项目向城市区域性群体工程转变，由地上向地下延伸，扩展到城市轨道交通施工项目和城市管廊建设项目，不断扩大创建活动覆盖面和影响力，促进文明工地创建活动再上新台阶，2019年，共评选省级文明工地325个。

2. 持续推进扬尘污染防治工作

建立监督检查机制，不定期对各市区明察暗访，对全省建筑工地扬尘防治工作进行不间断检查。施工扬尘防治扎实有效。坚持督导考核结合、督政查企并重，通过建立工地清单、悬挂“红黄绿”牌和安装在线监测视频监控系统，对全省建筑工地施工扬尘污染防治工作实施动态监管，狠抓“六个百分之百”措施刚性落实。按照“双随机一公开”要求，严密组织施工扬尘防治工作专项督查，通报典型案例，公示考核排名，持续释放信号，层层传导压力。省住建厅会同省生态环境厅、省公安厅联合印发《关于修订“禁土令”并强化建筑工地施工扬尘管控的通知》，从政策层面把防止“一刀切”和严格“切一刀”有机结合起来，从源头上提升建筑企业环保治污能力。

（七）装配式建筑与产业现代化

1. 政策体系进一步健全

设区城市人民政府、杨凌示范区管委会，制定印发了本地区装配式建筑实施方案，明确了装配式建筑发展区域、技术规定等规定与要求。西安制定并下发了《西安市人民政府办公厅关于进一步加快装配式建筑发展的通知》（市政办函〔2019〕103 号），重申装配式建筑土地供应、比例及装配率、实施项目要求等规定，细化工作要求及各方责任。宝鸡市研究制定了《宝鸡市装配式建筑建设发展实施细则（暂行）》，细化主体责任、激励举措和监督考核机制。

2. 工作机制进一步建立

西安将装配式建筑纳入了土地招拍挂、施工许可管理监督环节；开展专项核查，对 2017 年 6 月 30 日以来合法施工许可的项目落实装配式建筑要求情况进行检查评估。咸阳将装配式建筑纳入本地重点推进区域每一宗土地的出让条件，在 26 宗土地出让合同中约定了装配式建筑建设要求；省装配式建筑联席会议后，市政府立即召开全市促进装配式建筑发展工作推进会，强化工作落实。渭南财政资金、国有企业全额投资房建等工程，自 2019 年 6 月 30 日起应采用装配式建造。

3. 工程建设规模进一步扩大

全省以住宅小区、全运会场馆等新建工程为着力点，大力推广应用标准化设计、工业化生产、装配化施工技术，全年装配式建筑开工项目共计1091.55万平方米，与上年相比，装配式建筑面积有所增加；各城市装配式建筑占新建建筑的比例较上年度均有提高（见表2）。

（八）建筑节能与绿色建筑发展

近年来，陕西绿色建筑发展由点到面，形成了单体建筑、居住小区、生态城区三个层级协同推进、规模化发展的态势。2019年，陕西深入贯彻实施《陕西省民用建筑节能条例》《陕西省新型墙体材料发展应用条例》，根据“放管服”、优化营商环境等政策要求，助推装配式建筑、绿色建筑发展，绿色建筑申报数量再创新高，生态小区建设工作有序开展，民用建筑能耗与节能信息统计工作提速扩面，建筑节能与墙材革新调研工作全面展开。截至2019年11月底，全省发展、建设绿色建筑项目507个、总建筑面积5779.2万平方米，申报数量同比增长56%、申报面积同比增长98.08%；累计申报生态小区项目18个、获批在建生态小区项目15个。

表2　2019年陕西各市（区）装配式建筑开工情况

单位：万平方米，%

序号	市(区)	开工项目	占各市(区)新建建筑比例
1	西安	716.86	27.89
2	西咸	123.49	25.20
3	咸阳	61.94	16.58
4	宝鸡	59.34	12.23
5	榆林	45.71	9.40
6	延安	21.60	8.00
7	渭南	21.33	7.53
8	安康	16.88	7.33
9	铜川	11.31	4.25

续表

序号	市(区)	开工项目	占各市(区)新建建筑比例
10	韩城	7.00	4.09
11	杨凌	3.50	3.41
12	商洛	1.30	1.04
13	汉中	1.00	0.30

资料来源：陕西省住房和城乡建设厅：《关于2019年装配式建筑发展情况的通报》（陕建发〔2020〕14号）。

（九）建筑市场监管与规范发展

2019年，陕西进一步加强违法查出，大力整顿建筑市场。结合扫黑除恶专项斗争，加大建筑市场整顿和行业乱象治理，先后下发了《关于进一步规范建筑工程建设程序强化施工许可管理的通知》《关于开展全省建筑市场秩序专项整治工作的通知》《关于开展工程建设领域专业技术人员职业资格“挂证”等违法违规行为专项整治的通知》，按照“双随机、一公开”要求加强施工许可管理，强化事中事后监管，依法处理违法违规行为，强制注销“挂证”人员264人，先后受理咨询、投诉、申诉累计15100余件次。

强化全流程审查，加强招标投标监管。通过省级公共资源交易监督平台，加强对房建市政建设项目进场备案、招标公告、资格预审、招标文件等环节全流程审查。积极推进全省工程项目招投标领域营商环境专项整治工作，对2018年6月1日以来依法必须招标的省级招投标监管项目进行统计建账，共排查项目857个，同时按照实施方案随机抽查项目186个，占整治范围排查项目总数的21.7%。

加快推动房地产信用体系建设。制定印发了《陕西省房地产开发企业信用信息管理暂行办法》（以下简称《办法》），依托陕西省房地产市场诚信评价监管平台，对开发企业经营行为实行记分管理，构建守信激励，失信惩戒的市场监管机制。《办法》出台后，6个片区组织对12个市（区）房地产行政主管部门、4000 多家房地产企业有关负责人开展《办法》政策宣贯及“陕西省房地产市场诚信评价监管平台”系统操作业务培训。

二　存在问题及发展思路

（一）存在问题

近年来，陕西工程建设行业逐渐向快速高质量发展迈进，建筑业的支柱地位不断提升，市场规模不断扩大，建造能力不断增强，转型升级不断加快，外向度进一步提升，为全省经济社会发展做出了积极贡献。但也面临一些问题。一是房地产开发投资增幅有所放缓，个别城市供需矛盾突出；二是建筑业管理体制机制还不健全，传统发展方式亟待转型；三是建筑业科技创新能力有待加强，人才培养机制不健全；四是行业质量安全监管能力有待提升，监管方式和手段有待改进；五是装配式建筑发展定位低、重视不够，工作机制不够健全完善。市、县（区）政府把发展装配式建筑仅仅作为一项事务性工作，没有从绿色发展、供给侧改革、产业转型升级等角度充分认识，职能部门缺乏具体的推进和扶持举措，部门协调协作机制没有有效建立，对市场各方责任主体行为监管、约束不力。项目落地上，规划设计滞后，开工量不足、不稳定；保障性住房、财政资金、国有企业全额投资的房建工程，装配式建筑建设比例低。个别城市装配式建筑发展，靠市场行为自发推进，政府工作缺位、迟缓。

尽管风险挑战依然严峻复杂，但行业发展机遇大于挑战的形势没有改变。全省建筑业要牢固树立创新、协调、绿色、开放、共享的新发展理念，引领工程建设行业高质量发展。

（二）发展思路

1. 深化产权制度改革

推进国有建筑企业股份制改革，支持民营企业快速发展，为民营企业创造有利条件，促进产权多元化。

2. 加强科技进步与创新

制定建筑行业科技进步与技术创新规划，努力培育技术研发中心，加大新产品、新技术、新工艺的研发力度，力求在建筑业发展的关键技术上有所突破。

3. 加快建筑业高端技术人才培养

健全完善人才培养引进机制，落实人才激励机制，破解全省建造师、项目经理和高端复合型人才短缺的瓶颈。

4. 推进建筑业产业现代化

制定和完善建筑业产业化技术体系，落实建筑业产业化各种优惠政策，扶持一批重点企业建设现代化产业园区。

5. 进一步推动建筑工人职业化

研究制定配套政策，开展建筑工人职业技术技能培训与鉴定工作，完善建筑工人实名制管理，将农民工塑造成为专业化的产业工人。

6. 加强房地产市场监管力度

围绕“稳地价、稳房价、稳预期”的目标，落实房地产平稳健康发展的城市主体责任制，加快建立以大数据为基础的房地产市场监测系统，强化房地产市场日常信息统计分析，做好趋势预判，对异常波动及时预警并提前进行科学有效的政策干预，防止市场大起大落。同时，加大房地产市场秩序整顿力度，严厉查处无证销售、房地产“黑中介”、投机炒房等违法违规行为。深入开展整治住房租赁中介机构乱象专项行动，及时曝光违法违规典型案例。通过有形市场监管和网络平台监督的方式，进一步规范市场秩序。

7. 加快建筑业转型升级

完善工程建设组织模式，推进工程总承包和全过程工程咨询，大力发展专业作业企业，完善各类市场主体信用体系建设。贯彻落实好房屋建筑和市政基础设施建设领域农民工工资支付相关制度，继续落实“一企一策”制度，加大对优势建筑企业特别是民营企业的政策扶持力度。加强技术研究应用，支持建立产、学、研、用相结合的协同创新机制，提升陕西建筑企业的自主创新能力。

8. 大力发展装配式建筑

进一步加大政策支持力度，落实好装配式建筑部品部件生产企业相关优惠政策，鼓励各地在财政、金融、税收、规划、土地等方面出台支持政策和措施，引导和支持社会资本投入装配式建筑。全面形成装配式建筑技术标准，加快制定完善装配式混凝土结构、钢结构、现代木结构三大结构体系的技术规程和建筑设计、施工、管理规则制度，开展试点示范机制创新，重点支持具备条件的企业提升装配式建筑产业能力。推进钢结构装配式住宅建设试点，促进装配式建筑全产业链协同发展。切实落实装配式建筑工作进度、项目建设、工程实施能力提升等要求，加大力度推进装配式建筑建设，加强装配式建筑工程管理，做好信用体系建设。

9. 加强工程勘察设计市场和质量监管

监管部门和参建单位均应严格执行工程建设法定程序，坚持先勘察、后设计、经施工图设计审查合格后再施工的原则。监管部门要切实加强工程勘察设计质量的管理，重点加强对工程勘察、施工图审查、设计变更等环节和建筑节能、深基坑、抗震设防、消防、无障碍设计等方面的监管，完善勘察设计质量终身责任制，推进施工图审查方式改革措施落实，加大优秀建筑设计作品培育力度，推进引导行业转型发展，启动培育团体标准，健全重点领域工程建设标准体系，加强工程建设抗震防灾工作。

10. 加快建筑企业“走出去”步伐

作为向西开放、迈出国门的重要门户和连接中国东西的重要枢纽，作为丝绸之路经济带新起点和“一带一路”倡议下开辟的国际合作新路径，陕西站在了对外开放的前沿，在大力发展的“枢纽经济”“门户经济”“流动经济”的环境下，建筑业企业要抢抓机遇，发挥自身优势，积极参与国际基础设施合作及各类互联互通项目建设，扩大对外承包工程规模，培育具有规模和市场竞争力的建筑企业。

11. 大力发展智能建筑

利用现代信息技术以建筑物为平台，集架构、系统、应用、管理及优化组合为一体，分别以信息化应用系统、智能化集成系统、信息设施系统、建筑设备管理系统、公共安全系统、机房工程系统为技术专业划分方式和设施建设模式进行展开。

B.17 河北工程建设发展报告（2020）*

河北省建筑业协会**

摘 要： 2019年，河北实现建筑业总产值5848.97亿元，完成全社会建筑业增加值2129.90亿元。本报告以推进全省建筑业做大做强和高质量发展为目标，总结梳理了2019年全省建筑业发展基本情况。报告通过对完成主要经济指标数据的分析，归纳出行业经济运行的特点和态势；通过对全省建筑行业改革发展工作推进情况的回顾，总结出行业深化“放管服”改革呈现的新特点、新亮点。在此基础上，结合全省住建工作的重点任务，对2020年全省建筑行业发展提出有针对性的建议。

关键词： 工程建设　建筑业　河北

一　建筑业发展基本概况

（一）建筑业产值增速放缓，平稳运行，增加值低于全省总产值和全国建筑业完成产值增速

2019年，全省建筑业①完成总产值5847.97亿元，同比增长1.9%；比上年提高0.4个百分点（见表1）。其中，在外省完成产值2013.04亿元，

* 本报告图表数据均来自国家统计局和河北省统计局。

** 执笔人：李亚莉，高级政工师，2002年至2020年任河北省建筑业协会副秘书长，主要研究方向为建筑行业发展。

① 注：指具有资质等级的总承包和专业承包建筑业企业，不含劳务分包建筑业企业，下同。

同比增长8.8%，比上年降低0.6个百分点；竣工产值2498.7亿元，比上年降低3个百分点；全社会建筑业增加值2129.90亿元，同比增长2.9%。2019年全省建筑业完成产值占全国建筑业产值的比重为2.35%，占全省生产总产值的比重为16.66%，增速低于全省总产值4.9个百分点，低于全国建筑业完成产值5.68%的增速。

表1　2012～2019年河北省建筑业总产值及增速

单位：亿元，%

年份	2012	2013	2014	2015	2016	2017	2018	2019
建筑业总产值	4865.09	5244.90	5625.75	5252.57	5517.69	5656.90	5740.20	5847.97
增速	22.5	7.8	7.3	-6.6	5.0	2.5	1.5	1.9

（二）房屋施工和竣工面积下降，企业利润较上年有所增长

2019年，全省资质等级以上建筑业企业房屋施工面积34994.7万平方米，同比下降1.9%，较上年下降1.3个百分点；房屋竣工面积8945.6万平方米，同比下降1.2%，较上年下降6.7个百分点。具有资质等级的总承包和专业承包建筑业企业利润175.5亿元，比上年增长26%。其中，国有控股企业26.2亿元，同比增长27.8%。

（三）全省从业人员数量大幅减少，劳动生产率显著提高

近两年来，全省建筑业从业人员数量大幅减少。2018年末首次减少到133.8万人，同比减少4.1%；劳动生产率稳步提高，人均产值42.9万元，同比增长5.7%，比上年提高9.5个百分点。到2019年末，全省建筑业从业人员97万人，同比减少27.5%，劳动生产率显著提高，首次突破60万元/人，增速为40.50%。

（四）全省对外承包工程完成营业额和劳务合作派出劳务人员数均呈增长趋势

2019年，全省对外承包工程完成营业额30.7亿美元，比上年增长10.8%；对外劳务合作派出各类劳务人员1592人，同比增长4.5%。

（五）全省建筑业占全省固定资产投资比重扩大，行业位居第一

2019 年全省建筑业占固定资产投资比重进一步扩大，行业位居第一。2019 年全社会固定资产投资同比增长 5.8%，其中，固定资产投资（不含农户）同比增长 6.1%。基础设施投资增长 15.6%，占固定资产投资（不含农户）的 26.8%，比上年提高 2.2 个百分点。据《2019 年河北省国民经济和社会发展统计公报》显示，在全省 19 个行业中，建筑业固定资产投资同比增长 257.5%，仍位居第一，领跑行业保持扩大态势。

二　2019年河北建筑行业发展工作推进情况及主要特点

（一）以重点领域、关键环节改革为突破口，建筑业“放管服”改革引向纵深取得新成效

1. 工程建设项目审批制度改革加快推进，营商环境持续优化

2019 年，全省着力深化工程建设项目审批制度改革。按照目标任务和时间节点制定具体措施，分步实施，确保 2020 年全面建成全省统一的工程建设项目审批和监督管理体系，全流程审批时间压缩至 100 个工作日以内。

2. 企业资质管理改革举措精准有力，政务服务效能进一步提升

全省在雄安新区及开发区启动建筑业企业资质审批承诺制试点工作，持续推进建筑业企业资质告知承诺制审批。为全面实现审批事项“一次不用跑”目标，从 2019 年 5 月 1 日起，省住建厅对本部门核发的企业资质和从业人员资格证书共 16 类全部实行电子证书，设定过渡期。2019 年，全省在全国较早实现资质证书 100% 电子化。

3. 加快建筑市场监管与改革工作衔接，政策法规体系进一步完善

全省从完善建筑市场政策法规体系着手，加快与改革的步伐衔接，强化建筑市场监督管理。2019 年，省人大全年共制定地方性法规及有法规效力的决定 14 件，修改 6 件。其中，《河北省人民代表大会常务委员会关

于加强建筑市场监督管理的决定》和《河北省建筑条例》涉及建筑市场管理工作。

4. 实行建筑市场主体严重失信黑名单制，加快构建以信用为基础的新型建筑市场监管机制

2019 年，全省加大建筑市场信用体系建设推进力度，通过健全建筑市场各方主体信用记录，实施建筑市场黑名单制度，完善建筑市场失信联合惩戒机制和信用评价体系，加快构建以信用为基础的建筑市场监管新机制，营造公平竞争的建筑市场环境。

5. 信息化助力监管方式持续创新，建筑市场秩序进一步规范

2019 年，继续深化"放管服"改革，着力破解建筑市场监管难题，依托信息化技术，进一步创新监管方式，依法加强对建筑市场和企业的监管，加大对违法违规行为的专项整治查处力度，进一步规范建筑市场秩序，营造建筑业高质量发展的市场环境。

6. 招投标监管制度改革持续深化,全流程电子化工作试点全面推进

2019 年，全省坚持以为房屋建筑和市政基础设施工程招投标活动提供法规政策咨询、技术服务为核心，从收集记录房屋建筑和市政基础设施工程招标人、投标人的信用信息、实行招投标电子化等方面入手，加强招投标全过程监管，强化事中事后监督管理，完善评标办法、合同履约管理等工作，进一步深化工程招投标制度改革，净化招投标市场环境，规范招投标秩序。

7. 做好建设工程消防设计审验承接工作，探索实践，不断开拓进取

做好建设工程消防设计审验承接工作。针对应急管理部门提出职责移交有关问题，向省政府专题汇报工作进展情况。牵头成立省级消防工作专班，协调解决职责移交承接过程的重点难点问题，指导和督促市、县两级工作。

做好建设工程消防设计审验业务工作。自主开发了全省统一的消防设计审查验收政务服务系统，继北京、广西之后，河北是全国第 3 个上线省级消防业务平台的省份。

（二）以引导推动建筑业做大做强和高质量发展为目标，行业结构调整和转型升级步伐加快

1. 政策引导产业结构进一步优化，龙头企业带动作用明显增强

截至2019年底，全省共有建筑施工企业15686家，持有总承包资质的企业中，特级总承包企业17家（数量19个，其中建筑资质17个、建筑市政1个、建筑冶金1个），一级总承包企业达到328家；持有专业承包资质的企业中，一级专业承包企业621家；劳务分包企业3848家（见表2）。

表2　河北建筑业企业和省外进冀建筑业企业数量情况

单位：家

<table>
<tr><th rowspan="3">城市名称</th><th colspan="10">河北建筑业企业数量</th><th colspan="6">省外进冀建筑业企业数量</th></tr>
<tr><th rowspan="2">企业数量</th><th colspan="4">持有总承包资质的企业</th><th colspan="4">持有专业承包资质的企业</th><th rowspan="2">劳务分包企业</th><th rowspan="2">企业数量</th><th colspan="3">持有总承包资质的企业</th><th colspan="2">持有专业承包资质的企业</th></tr>
<tr><th>特级</th><th>一级</th><th>二级</th><th>三级</th><th>一级</th><th>二级</th><th>三级</th><th>不分等级</th><th>总数</th><th>特级</th><th>一级</th><th>总数</th><th>一级</th></tr>
<tr><td>河北省</td><td>15686</td><td>19</td><td>328</td><td>1677</td><td>5601</td><td>621</td><td>2977</td><td>4235</td><td>3848</td><td>3848</td><td rowspan="12">6124</td><td rowspan="12">4872</td><td rowspan="12">362</td><td rowspan="12">1915</td><td rowspan="12">5575</td><td rowspan="12">2623</td></tr>
<tr><td>石家庄市</td><td>3073</td><td>5</td><td>82</td><td>308</td><td>845</td><td>223</td><td>755</td><td>782</td><td>668</td><td>668</td></tr>
<tr><td>承德市</td><td>1054</td><td>—</td><td>18</td><td>152</td><td>429</td><td>19</td><td>143</td><td>274</td><td>300</td><td>300</td></tr>
<tr><td>张家口市</td><td>613</td><td>—</td><td>9</td><td>65</td><td>256</td><td>8</td><td>90</td><td>113</td><td>174</td><td>174</td></tr>
<tr><td>秦皇岛市</td><td>824</td><td>—</td><td>22</td><td>84</td><td>262</td><td>50</td><td>208</td><td>203</td><td>171</td><td>171</td></tr>
<tr><td>唐山市</td><td>1887</td><td>3</td><td>39</td><td>211</td><td>788</td><td>66</td><td>288</td><td>530</td><td>450</td><td>450</td></tr>
<tr><td>廊坊市</td><td>967</td><td>3</td><td>26</td><td>125</td><td>320</td><td>41</td><td>217</td><td>192</td><td>217</td><td>217</td></tr>
<tr><td>保定市</td><td>2095</td><td>5</td><td>48</td><td>216</td><td>632</td><td>77</td><td>320</td><td>498</td><td>661</td><td>661</td></tr>
<tr><td>沧州市</td><td>1337</td><td>1</td><td>27</td><td>123</td><td>487</td><td>34</td><td>224</td><td>398</td><td>308</td><td>308</td></tr>
<tr><td>衡水市</td><td>1002</td><td>—</td><td>7</td><td>75</td><td>340</td><td>37</td><td>211</td><td>349</td><td>202</td><td>202</td></tr>
<tr><td>邢台市</td><td>1054</td><td>1</td><td>10</td><td>110</td><td>497</td><td>14</td><td>170</td><td>274</td><td>231</td><td>231</td></tr>
<tr><td>邯郸市</td><td>1780</td><td>1</td><td>40</td><td>208</td><td>745</td><td>52</td><td>351</td><td>622</td><td>466</td><td>466</td></tr>
</table>

注：统计日期截至2019年12月31日。

资料来源：河北省建筑业企业资质管理和服务信息平台、住建部建筑业企业资质打证系统。

2. 市场结构进一步合理优化，企业“走出去”省外建筑市场开拓力度加大成效明显

一是紧盯国家产业政策导向，调整结构，拓展市场“短板领域”取得

突破；二是进一步加大对企业“走出去”发展支持力度，省外市场在国家产业政策导向领域取得新进展；三是积极“走出去”参与“一带一路”建设，对外承包工程力度加大。

3. 对民营建企政策引导支持力度加大，全省首家民营建企河北建设集团香港上市示范作用凸显

2019 年，全省进一步加大对民营企业的引导支持力度，明确提出鼓励全省民营建筑企业积极参与工程总承包、全过程咨询试点工作，促进企业转型升级。进一步放宽民营建筑业企业市场准入条件，鼓励全省民营建筑企业参与市场竞争，鼓励民营建筑企业与国有骨干企业深度合作，组成战略联盟，积极参与京津冀协同发展、雄安新区规划建设，建立联系服务民营建筑企业工作机制等一系列措施。

（三）围绕构建大质量、大标准体系质量强省战略目标，着力提升建筑工程质量品质和行业标准化水平

1. 围绕构建大质量体系，工程质量提升专项行动扎实推进

一是深入开展建筑工程质量提升行动，加快建立监督管理长效机制；二是强化责任意识，做好省委、省政府交办牵头重点任务；三是全面提升建设工程质量，品牌建设迈出新步伐。

2. 围绕大标准体系建设质量强省战略目标，突出标准引领作用

一是在全国省级层面率先出台第一部工程建设标准化工作管理地方性规章；二是完成省政府督办和质量强省标准编制工作任务；三是京津冀协同发展标准编制工作取得新进展；四是完成雄安新区第一部高质量标准。

（四）强化创新引领，加快科技成果转化，推进工程质量品质整体提升和产业转型发展

一是坚持创新引领，全省住建行业科技水平进一步提升；二是全省建筑业向绿色低能耗转型，成效显著；三是建筑业企业加快推进科技进步，提升自主创新能力。

（五）建筑施工安全生产和扬尘污染防治工作扎实有效，强化防范风险全省安全生产形势总体稳定

一是建筑施工安全风险防控措施有力，积极有效；二是建筑施工扬尘治理措施落实到位，监控手段创新；三是加强监管督导，确保重点工程安全平稳；四是着力推进建筑安全标准化和信息化建设。

（六）绿色建筑依法推进，装配式建筑助推建筑业向产业现代化转型

一方面，绿色建筑加快发展，建筑能效进一步提升，另一方面，大力推进装配式建筑发展，加快建筑业向产业现代化转型。

（七）加强工程计价依据体系建设工作，京津冀计价体系一体化工作取得新进展

一方面，推进京津冀计价体系一体化取得新进展，另一方面，加强全省计价依据体系建设工作，推进工程造价管理改革。

（八）以培养适应建筑业转型升级和高质量发展产业队伍为目标，推进职业教育培训工作持续创新

一方面，建筑行业顶尖人才示范引领作用明显，另一方面，努力搭建建筑行业竞技提升平台，推进职业教育培训各项工作持续创新。

三 2020年全省建筑业面临的发展环境

（一）宏观政策带来的市场机遇与挑战

1. 新基建与老基建齐发力，为建筑业带来新机遇和新动能

一方面，随着基建补短板政策陆续出台，新一轮的项目建设热潮随之开启，基建投资增速提升，另一方面，新型基础设施建设打造经济发展和数字化转型的新引擎，成为建筑业一大新的增长点。

2. 新型城镇化为建筑业发展带来新机遇

新型城镇化建设将成为2020年的投资重点之一。加强新型城镇化建设，大力提升县城公共设施和服务能力。深入推进新型城镇化，发挥中心城市和城市群综合带动作用，这是城市发展战略的重大变化,将为建筑业转型发展带来新机遇。

3. 民生工程和城市基础设施短板项目成为关注热点

当前，随着新型城镇化的推进，城市更加注重精细化、微更新，重点关注老旧小区改造。2020年新开工改造城镇老旧小区3.9万个，支持加装电梯，发展用餐、保洁等多样社区服务。2020年，住建部预计老旧小区改造的整体投资规模超过4万亿元，老旧小区改造可以带动装修、公共配套设施建设等市场的发展，扩大有效投资。

4. 积极构建区域协调发展新机制，建筑业面临区域性市场新机遇

国务院明确提出：完善产业政策和区域政策体系，构建区域协调发展新机制，完善雄安新区、海南自贸区、东北振兴发展、京津冀协同发展、长江经济带发展、长江三角洲区域一体化发展、粤港澳大湾区建设、黄河流域生态保护和高质量发展等国家重大区域战略推进实施机制，形成主体功能明显、优势互补、高质量发展的区域经济布局。

5. PPP项目全生命周期绩效管理政策出台，PPP进入规范化、高质量发展阶段

在经历了近两年的政策调整之后，PPP已开始由理性回归逐步向规范化方向发展，符合PPP模式运用本质特征的项目、绿色环保和惠民类项目的比例显著增加，发挥对国民经济稳定增长更强的拉动作用。全省建筑业企业要强身健体，抓住政策机遇加快转型进入PPP市场。

（二）行业政策带来的发展机遇

1. 深化工程建设项目审批制度改革，进一步优化营商环境

2020年以来，我国优化营商环境的改革力度更大、精准度更高、节奏更快。国务院首次公布的《优化营商环境条例》，从2020年1月1日起正式施行。从2020年7月1日起，在全省范围内对住房和城乡建设领域8项涉企经营许可事项

实行全覆盖清单管理，按照实行告知承诺、优化审批服务2种方式分类推进改革，主要内容包括事项及审批部门、改革举措、审批流程、事中事后监管措施。

2. 工程总承包管理办法及相关政策的实行，将推动建筑企业向工程总承包企业转型

住建部、国家发改委印发了《房屋建筑和市政基础设施项目工程总承包管理办法》（以下简称《管理办法》）自2020年3月1日起施行。支持建筑企业加快向工程总承包企业转型发展，推进设计、采购、施工等各阶段工作深度融合。建筑业企业将成为转型工程总承包的核心力量，同时积极发展建营一体化、投建营一体化，逐步实现由建设施工优势为主向投融资、工程建设、运营服务的综合优势转变。

四　发展对策与建议

（一）加强行业高质量发展战略研究指导工作，为推进建筑业向强省迈进提供强有力政策支撑

一是以改进完善行业统计体系为突破口，加快建立建筑业高质量发展指标体系；二是制定推进全省建筑业高质量发展强有力政策措施；三是加快研究制定全省建筑业“十四五”发展规划。

（二）着力培育优质企业，充分发挥龙头企业引领带动作用

一是重点发挥龙头领军作用，培育打造全省建筑业参与国内外市场竞争航母；二是推进省内大型建筑业企业向综合型企业转型，在市场中发展壮大；三是鼓励央企与本地企业强强联合，推动全省建筑企业上层次上台阶；四是引导支持建筑业总部经济发展，持续深化支持龙头建筑企业做大做强发展政策。

（三）加大对民营企业支持力度，促进民营建筑企业持续健康发展

一方面，切实减轻民企负担，营造优化发展环境。另一方面，激励民企创新创优，加快培育民营企业优秀品牌。

（四）深化建筑业“放管服”改革，提升行政服务效能和治理水平

一方面，优化资质审批管理，开展试点放宽承揽业务范围。另一方面，加强行业监督管理，提升治理能力。

（五）以推动建筑业绿色发展为目标，加快组织模式和建造方式变革创新

一是全面推进绿色建筑发展，加快建造方式转变；二是以推行工程总承包模式为重点，加快工程建设组织方式变革；三是以大数据智能化智慧化为着力点，助力建筑业转型升级。

（六）加大建筑企业“走出去”引导扶持力度，提升全省建筑业企业外向拓展能力

一是推动区域建筑业龙头优势企业组成战略联盟，“走出去”共同开拓国际工程建筑市场；二是加大政策支持力度，进一步提升国际竞争力和市场占有率；三是把建筑业“走出去”发展战略纳入“十四五”规划，加快制定出“三年行动计划”目标进度表。

参考文献

河北省统计局：《2019 年河北省国民经济和社会发展统计公报》。

河北省统计局：《2019 年（四季度）建筑业企业生产情况表》。

中国建筑业协会：《2019 年建筑业发展统计分析报告》。

河北省住房与城乡建设厅：《2019 年度河北省住房城乡建设行业主要统计指标数据手册》。

B.18
山西工程建设发展报告（2020）

山西省建筑业协会*

摘　要： 2019年，山西建筑业以加快产业结构调整和促进行业发展方式转变为核心，着力推动高质量发展，有力地促进了全省经济发展和社会进步。本报告整理了全省建筑业发展的基本情况，总结了行业发展中的主要经济指标稳步增长、特级企业数量和规模快速发展、就业发挥举足轻重的作用、人均产值生产率居全国上游、民营企业保持快速发展等特点。指出了本地企业省外市场拓展能力仍需加强、国有控股建筑企业劳动生产率需进一步提高、近四年企业资产负债率持续高位运行等需要关注的问题。提出了优化国内外市场布局、坚持科技创新驱动发展、促进各资质等级建筑企业健康发展、积极拓展企业融资渠道、推进建筑产业现代化、健全市场监管机制等发展建议。

关键词： 工程建设　建筑业　山西

2019年，山西建筑业广大干部职工以党的“十九大”和习近平总书记系列重要讲话精神为指导，围绕“四个全面”战略布局，以深化行业改革和科技创新为动力，以规范和整顿建筑市场秩序为抓手，以加快产业结构调

---

* 课题组成员：张新民，山西省建筑业协会秘书长，主要研究方向为建筑行业发展；王凡，山西省建筑业协会副会长，主要研究方向为建筑企业管理；张树成，山西省建筑业协会副秘书长，主要研究方向为建筑行业发展。执笔人：张树成。

整和行业发展方式转变为核心，着力推动工程建设行业高质量发展，有力地促进了全省经济发展和社会进步。全省建筑业生产继续保持了较快增长的态势。

一　建筑业运行情况及分析

（一）完成产值

2019 年，山西建筑业完成总产值 4653. 28 亿元，比上年增加 581. 80 亿元，同比增长 14. 3 个百分点，增速比上年提高 0. 1 个百分点，居全国第 4 位。

（二）产值情况分析

1. 省内、省外完成产值

山西建筑业总产值中，省内完成产值 3044. 0 亿元，同比增长 15. 9%，占总产值比重 65. 4%；省外完成产值 1609. 3 亿元，同比增长 11. 3%，占总产值比重 34. 6%。

2. 总产值构成

山西建筑工程完成产值 4043. 4 亿元，同比增长 14%，占总产值的 86. 9%；安装工程完成产值 463. 7 亿元，同比增长 10%，占总产值的 10. 4%；其他建筑业完成产值 146. 2 亿元，同比增长 42. 9%，占总产值的 3. 1%。

3. 国民经济行业分类

山西房屋建筑业完成产值 2176. 9 亿元，比上年增加 299. 4 亿元，同比增长 15. 9%，占总产值的 46. 8%；土木工程建筑业完成产值 2108. 1 亿元，比上年增加 230. 6 亿元，同比增长 12. 3%，占总产值的 45. 3%；建筑安装业完成产值 189. 5 亿元，比上年增加 39. 9 亿元，同比增长 21. 1%，占总产值的 4. 9%；建筑装饰和其他建筑业完成产值 126. 3 亿元，比上年增加 12. 5 亿元，同比增长 9. 9%，占总产值的 3%。

4. 企业资质等级分类

截至2019年底，山西共有资质以上总承包和专业承包建筑业企业3292家，同比增长12.6%，其中，特级企业20家、一级企业262家，特、一级企业共完成总产值3373.8亿元，比上年增加451.4亿元，占全部产值比重为72.5%，其中，特级企业完成产值1606.4亿元，占全部产值的34.5%。

5. 签订合同额

本年新签合同额3010.7亿元，比上年增加1350.3亿元，同比增长81.3%，占全部新签合同额的47.9%。

6. 房屋建筑面积

2019年，山西建筑业企业房屋建筑施工面积16990.3万平方米，同比增长2%。其中，新开工房屋面积5872.9万平方米，同比增长3.7%。

7. 财务状况

2019年，山西建筑业企业主营业务收入为4491.9亿元，同比增长10.5%；利润总额106.2亿元，同比下降11.6%；应收工程款1942.1亿元，同比增长12.7%。

二　发展主要特点

（一）主要经济指标稳步增长

2019年，山西建筑业完成总产值4653.3亿元，同比增长14.3%，增速比上年提高0.1个百分点，比全国平均增速高8.6个百分点，在全国31个省（区、市）中居第4位，近年来，山西建筑业生产一直保持了良好的发展势头，产值增速持续保持两位数增长，稳居全国前列。

（二）特级企业数量和规模快速发展

截至2019年底，全省共有资质以上总承包和专业承包建筑企业3292家，同比增长12.6%，其中，特级企业20家，同比增长66.7%，一级企业262家，比上年增加80家，同比增长44%。

在签订合同额方面，特级企业共签订合同额4900.2亿元，同比增长61.6%，占全部建筑企业签订合同额的46.9%。

在从业人员方面，特级企业从事建筑业活动的平均人数达到31.8万人，比上年增加11.7万人，同比增长58.2%，期末从业人员20.4万人，同比增长58%。

（三）吸纳就业发挥举足轻重的作用

2019年，全省直接从事建筑业生产经营活动的平均人数达到113万人，比上年增加3.6万余人，同比增长3.3%；期末从业人数达到80.9万人，比上年增加2.7万人，同比增长3.5%；其中，工程技术人员13.1万人，比上年增加1395人，同比增长1.1%。

（四）人均产值生产率居全国上游

2019年，全省按施工产值计算的全员劳动生产率达到41.2万元/人，比上年增长4万元/人，比全国平均劳动生产率（40万元/人）高1.2万元/人，在全国31个省（区、市）中居第13位，在中部六省中居第3位。

（五）民营企业保持快速发展

全省民营企业2982家，企业个数占全部企业比重达到90.6%，较上年提高1.6个百分点，共完成产值1978.2亿元，同比增长21.5%，占全部产值的42.5%，较上年提高了2.5个百分点。

三　需关注的问题

（一）加强本地企业省外市场拓展能力

2019年，全国各省建筑企业在本省外完成产值共计83435.1亿元，其中，江苏占全国产值比重最大达到 18.4%，其次是北京和浙江，分别占 10.3% 和 8.7%；山西企业省外完成产值 1609.3 亿元，占全国省外产值的 1.9%，显示出山西企业的市场拓展能力有待提高。

（二）进一步提高国有控股建筑企业劳动生产率

2019 年，全省有工作量的国有控股建筑企业共 290 家，从事建筑业活动的从业人员平均人数为 55.9 万人，完成建筑业总产值 2670.8 亿元，按总产值计算的劳动生产率为 47.8 万元/人，高于全省平均水平，但在全国中居第 22 位，与全国平均 59.7 万元/人的生产率相差 11.9 万元/人。

（三）近四年企业资产负债率持续高位运行

2019 年前三季度，全省建筑业企业资产合计 6377.1 亿元，同比增长 15.1%，负债合计 4920.7 亿元，同比增长 14.3%，资产负债率 77.2%，比上年同期下降 0.5 个百分点，比 2018 年提高 0.8 个百分点。从 2016 年 78.1%、2017 年 77.9%、2018 年 76.4% 到 2019 年前三季度的 77.2%，近四年来，山西资产负债率一直处于 75% 以上的高位运行状态。

四　促进行业发展的对策

（一）完善工程建设组织模式，优化国内外市场布局

1. 提升总承包企业服务能力

持续推进工程总承包模式，鼓励支持特、一级施工总承包企业和甲级工程设计企业采用参股、控股、联合体经营等方式优化重组，向具有研发设计、施工采购、项目运营等综合能力的工程总承包企业发展。引导工程总承包企业提升全过程管理水平，并对工程质量、安全、进度、造价负总责，促进总承包企业一体化、集成化经营。加快工程总承包企业的人才、技术、管理、资金和品牌的建设与扩张，向房地产、大型公建、基础设施等领域延伸产业链，促进总

承包企业多元化经营。鼓励总承包企业实施品牌战略，加大投入，争创具有国内、国际竞争力的企业。

2. 发挥专业承包企业特色优势

支持专业承包企业向专、精、特、新方向发展，做到专注、精细、特色、创新，实现企业资金、人员、技术等资源的聚焦。坚持创新驱动发展战略，树立技术引领的发展理念，勇于打破市场垄断，用精良的产品和服务品质、精简高效的组织管理为业主提供优质服务。引导中小型施工总承包企业以大型工程项目为依托，走分工协作之路，构建功能齐全、层次明晰、系统合理的专业配套协作平台。扶持发展小微企业，鼓励具有一定管理能力的班组长创办小微企业，享受国家规定的税收减免优惠政策。

3. 加快企业“走出去”步伐

大力优化市场布局，延伸拓展新兴和高端业务领域，进入高铁、轨道交通、综合交通枢纽、综合管廊、水利港口、隧道桥梁、超高层建筑等专业领域。抓住国家实施“一带一路”倡议、京津冀一体化发展等机遇，拓展发展新领域，借助国际经济技术合作平台，采取 BOT、EPC 等新的投融资模式进入国内国际市场，参与工程竞标；积极争取与国内国际大型工程承包商通过股权投资、业务合作等形式建立稳固长久的合作关系，积极宣传推介实力强、信誉好的本地企业，打造山西建筑业良好品牌。

（二）科学布局促进各资质等级建筑企业健康发展

一、二级建筑企业承担着大部分重点项目的施工任务，在全省建筑行业中发挥着重要作用，是全省建筑生产的中坚力量，在支持特级企业做大做强和扶植培育小微企业迅速成长的同时也不能忽略一、二级企业的稳步发展和提高。要科学谋划各资质等级分布结构，形成特级企业引领，一、二级企业支撑，三级及以下企业生力军做有力补充的良好局面。

（三）积极拓展企业融资渠道

鼓励引导山西金融机构加大对符合条件建筑业企业的金融支持力度，为山西建筑业企业承揽大型项目提供更加灵活的融资担保；降低企业融资成本；努力寻求并不断创新银企合作的办法，通过企业与银行之间充分沟通，夯实信用基础，解决企业资金问题；创新企业间合作机制，使得企业间资金能够在合作中发挥有效作用。

（四）推进建筑产业现代化

强化政策引导，鼓励企业实施以推动装配式建筑发展为重点，以培育试点城市、产业联盟、生产基地为抓手，以创新示范项目为带动，积极争取财政、国土、税务等方面的政策支持，有效推动山西建筑业产业化现代化发展。“十四五”期间，在逐步建立完善的技术标准体系的基础上，加大建立包括开发建设、技术研发、深度设计、构件生产、现场装配、运营维护等在内的产业联盟的工作力度，形成一批以骨干企业为核心、产业链完善的产业集群，引领建筑产业现代化有序推进。

（五）健全市场监管机制，营造有序发展环境

加快建筑市场监管法规体系建设，有序推进市场监管立法工作，按照“统一规划、分步实施、急用先立”的原则，逐步构建行政执法、行业自律、社会监督相结合的建筑市场监督体系。研究制定工程总承包、工程担保、工程保险、工程价款结算、企业融资等方面的规范性文件，进一步规范建筑市场各方主体行为。加大对建筑市场违法违规行为的管控力度，严厉打击围标串标、资质挂靠、转包和违法分包等严重扰乱市场秩序的行为，实现严格化、规范化的监管。

B.19 天津工程建设发展报告（2020）*

天津市建筑业协会

摘　要： 2019年，天津建筑业完成总产值4096.5亿元，比上年增长8个百分点。本报告梳理了天津建筑业企业发展的主要经济数据，总结出行业发展中产业规模持续扩大、市场格局外向型特征更加明显、高附加值产能短板日显突出、绿色高质量发展水平进一步提升、工程建设质量安全稳定受控、工程总承包试点工作不断推进等特点。针对2020年天津建筑业市场发展，提出了把握新基建带来的新机遇、在实践中推动BIM研发应用彰显更大价值、加速发展以装配式为核心的绿色建筑、迎来数字化应用建设投资高潮、抢抓各领域补短板带来的新商机、推进全过程工程咨询服务发展、坚决守住质量安全底线等趋势和重点。

关键词： 工程建设　建筑业　天津

一　建筑业企业发展基本情况

（一）建筑业产值

1. 建筑业总产值

天津全年实现建筑业总产值4096.5亿元，同比增长8.06%，增幅较上年增长19.11个百分点（见图1）。

* 本报告图表数据均来自国家统计局和天津市统计局。

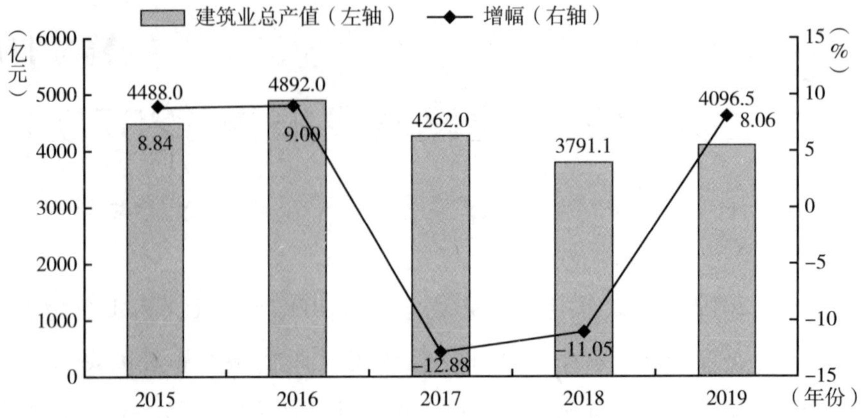

图1　2015～2019年天津建筑业总产值情况

2. 建筑业总产值构成情况

从构成情况来看，建筑工程完成产值3605.64亿元，同比增长9.5%，占总产值比重88.02%；安装工程完成产值389.2亿元，同比减少1.53%，占总产值比重9.5%；其他产值完成101.66亿元，同比减少1.44%，占总产值比重2.48%（见图2）。

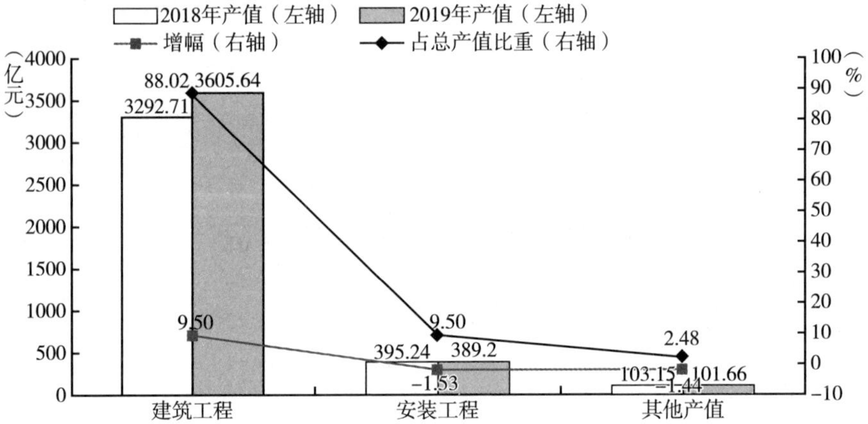

图2　2018～2019年天津建筑业产值构成情况

3. 按全市产值完成地区划分建筑产值情况

中心城区共完成建筑业总产值779.07亿元，占全市建筑业总产值的

19.02%；环城四区共完成建筑业总产值883.27亿元，占全市建筑业总产值的21.56%；远郊五区共完成建筑业总产值469.05亿元，占全市建筑业总产值的11.45%；滨海新区共完成建筑业总产值1965.11亿元，占全市建筑业总产值的47.97%（见图3、图4）。

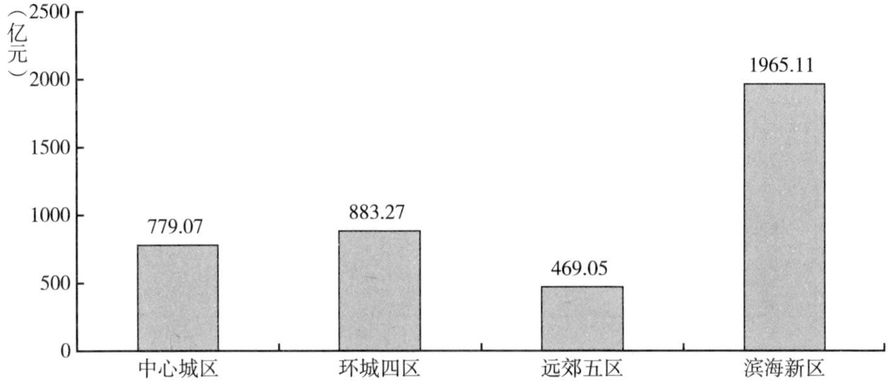

图3　2019年天津区域建筑业总产值

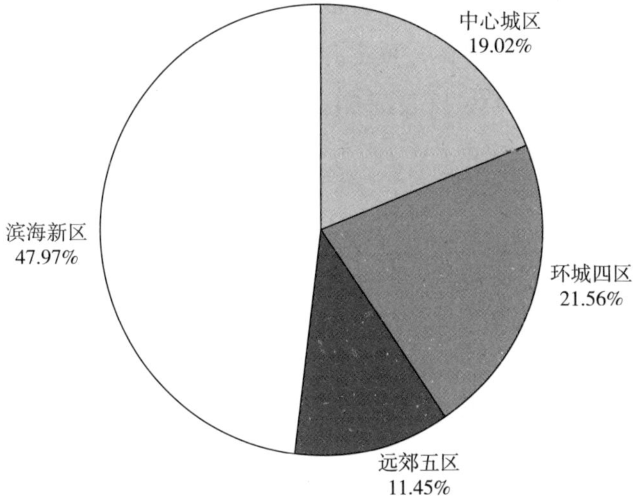

图4　2019年天津区域建筑业产值占比情况

4. 全市企业在外地完成产值情况

2019 年，全市企业在外地完成产值 2394.51 亿元，同比增长 12.14%，占建筑业总产值的 58.45%（见图 5）。

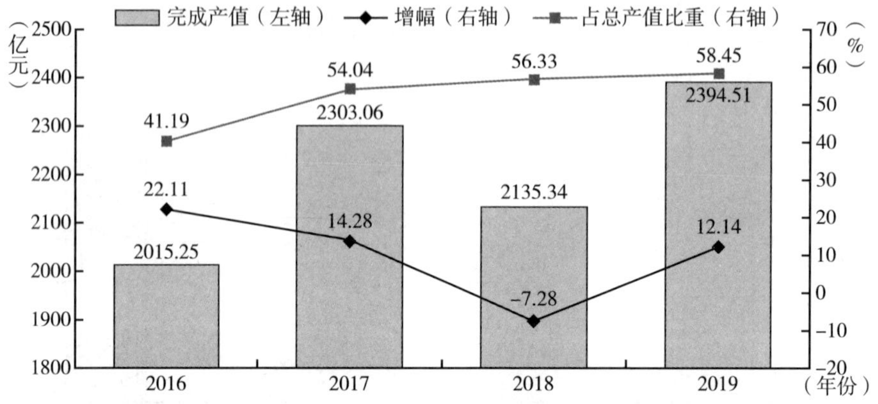

图 5　2016～2019 年天津市企业在外地完成产值

5. 四个直辖市及华北五省市建筑业产值完成情况

2019 年全国建筑业总产值 248445.79 亿元，其中北京占比 4.8%，天津占比 1.6%，上海占比 3.1%，重庆占比 3.3%，河北占比 2.4%，山西占比 1.9%，内蒙古占比 0.44%（见图 6）。

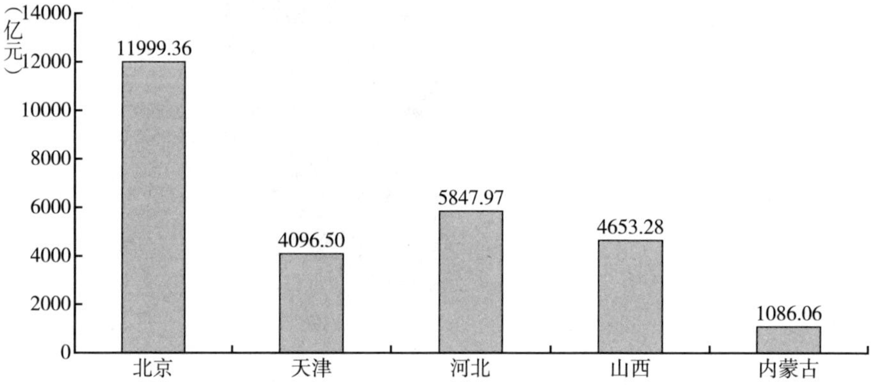

图 6　2019 年华北五省市产值对比情况

6. 竣工产值

2019 年，天津竣工产值 1859.43 亿元，同比增长 17.73%。

（二）营业收入

2019 年，天津实现建筑业营业收入 5117.7 亿元，同比增长 24.54%。

（三）营业利润额

2019 年，全市营业利润 105.95 亿元，同比增长 23.9%。

（四）房屋建筑施工面积

2019 年，全市房屋建筑施工面积 15616.89 平方米，同比增长 16.7%。

（五）新签合同额

2019 年，全市建筑业签订合同额 13071.67 亿元，同比增长 9.6%，其中上年结转合同额 7017.7 亿元，同比增长 9.39%；本年新签合同额 6054.5 亿元，同比增长 9.93%。

（六）企业数量情况

截至 2019 年底，天津全市共有建筑业企业总数 6449 家，同比增加 811 家，增幅 14.4%。其中，特级资质施工总承包企业 13 家，一级资质施工总承包企业 143 家，二级资质施工总承包企业 283 家，三级资质施工总承包企业 1407 家。一级资质专业承包企业 199 家，二级及以下资质专业承包企业 2705 家。劳务作业企业 1699 家。

（七）从业人员

2019 年，全市建筑业企业从业人员 81.08 万人，同比增长 25.94%。

（八）劳动生产率

2019 年，全市建筑业劳动生产率达到 50.52 万元/人，同比下降了 14.2%。

（九）各类建材价格走势情况

根据《天津工程造价信息》发布的人工及建设工程材料价格指数，2019 年建筑工程人工价格比 2018 年平均上涨约为 8%，主要建材价格除钢材价格比 2018 年价格平均下降外，水泥价格比 2018 年平均上涨约为 2.8%，砂石材料价格比 2018 年平均上涨约为 3.4%。受人工价格及各类建材价格上涨变动影响，建筑工程的单方造价 2019 年总体呈现上涨趋势。

二　建筑业发展特点分析

（一）产业规模持续扩大，增速平稳

2019 年，在社会整体深入推进供给侧结构性改革的形势下，天津建筑业仍然稳中有进，总产值有所回升，支柱产业地位坚不可摧，其占全市 GDP 份额有进一步增强的趋势；建筑业企业数量、新签合同额、营业收入、营业利润、从业人数等继续增长，在拉动经济、带动上下游相关产业、吸纳农村转移人口扩大就业、推进新型城镇化建设、维护社会稳定等方面继续发挥重要作用。

（二）市场格局外向型特征更加明显，“走出去”渐成趋势

天津建筑业企业在稳固本地市场的同时，积极实施“走出去”战略，紧紧抓住京津冀协同发展、长江经济带、粤港澳大湾区、“一带一路”倡议等新经济增长极，大力拓展外埠市场和海外市场，外向度（在外省、市完成产值占比）超过本地市场的格局渐趋成型。目前本市企业在河北、浙江、安徽、四川等省份市场拓展力度较大，2019 年，在浙江、安徽、北京、江苏等省份的产值增幅较大。

（三）市场竞争日趋激烈，高附加值产能短板日益突出

随着经济发展进入新常态和建筑业改革的持续推进，建筑企业产业链向

上下游延伸，在资本运营、技术应用、项目精细化管理等方面具备较高的综合实力。而目前全市建筑企业产业单一，含金量高的产业产能明显偏低，资本运营水平偏低、融资能力较弱，与央企和外地知名企业相比处于下风。

（四）绿色高质量发展水平进一步提升

大力发展绿色建筑和装配式建筑。推动绿色生态城区建设，新建建筑100%执行绿色建筑设计标准，开展绿色建筑、绿色建材标识评价工作，发布实施建筑节能推广、限制和禁止目录，完成170万平方米公共建筑、220万平方米既有居住建筑节能改造工作。推动建设高品质装配式建筑项目，新开工装配式建筑面积达到282万平方米。海绵城市和综合管廊建设取得成效。完善海绵城市设施建设、验收、运营、养护全过程标准制度体系，解放南路和中新生态城两个试点区域完工35.36平方公里，完工率超过90%，服务京津冀综合管廊标准协同，完善设计标准，有序推进综合管廊建设，累计开工建设管廊54.67公里，提前完成“十三五”规划目标。持续推进生态文明建设。打赢蓝天保卫战，全面落实施工工地“六个百分之百”，在施项目实现扬尘检测视频、监控设备全覆盖，工地扬尘治理得到有效控制。

（五）工程建设质量安全稳定受控

完善房屋建筑和市政基础设施工程质量安全监管体系，严格落实建筑工程质量终身责任制，新建工程“两书一牌”覆盖率100%。强化源头管控，注重建材质量控制，严查违规使用海砂生产混凝土等行为，对6家工程质量检测机构进行了处罚，吊销3家检测机构相关资质。加强施工过程质量安全监管，持续深入开展安全生产隐患排查整治，加强汛期、节假日等关键时期安全管理，落实安全风险防控措施，全年未发生较大及以上生产安全事故。

（六）工程总承包试点工作不断推进

住建部在2018年出台了工程总承包管理办法，天津市住建委推出试行工程总承包的暂行方案。截至2019年底，有51个项目纳入试点项目库，其中29个项目为2019年新审查批准项目，投资总额达到284亿元。目前竣工项目8个，装修阶段5个，主体阶段10个，基础阶段8个，已招标2个，未招标25个。工程总承包组织模式水平进一步提升。

（七）BIM研发应用水平进一步提升

2019年，BIM市场呈现出模型应用到平台应用、施工方主导开始向建设方主导应用的发展趋势，BIM技术应用也不仅限于施工阶段，设计阶段及部分运维阶段的案例逐渐增多。随着市场需求趋势的要求，全市建筑企业加快了BIM技术应用力度。天津市住房城乡建设委于2019年2月发布了《关于推进我市建筑信息模型（BIM）技术应用指导意见的通知》，提出进一步推广建筑信息模型（BIM）技术应用，提高建筑业信息化水平的指导意见。截至2019年底，天津71%以上的新建工程项目不同程度的采用BIM技术应用。

（八）建筑业农民工管理进一步增强

落实《住房城乡建设部办公厅关于启用全国建筑工人管理服务信息平台的通知》（建办市函〔2018〕603号）要求，“天津市建筑工人管理服务信息平台”于2019年5月30日正式上线，实现全市各级建筑工人实名制管理平台互联共享，并与全国建筑工人管理服务平台对接，截至2019年底，项目入库率75%，接受2018年度农民工工资支付工作专项考核，取得了全国排名第12的成绩。

（九）行业诚信体系建设水平进一步提高

加强建筑企业信用体系建设。按照“统一标准、统一评价、统一发布”的原则，以建筑市场信用信息平台归集的各类信用数据为基础，组织完成2018年度信用评价及等级评定工作。采用“双随机一公开”方式进行多批次抽查，共有3006家施工总承包企业、420家建设工程监理企业参与信用等级评定。为进一步强化对建筑市场主体的信用约束，加大对质量安全事故、农民工工资拖欠问题责任单位的信用惩戒力度，在初评的基础上，依据《天津市建筑市场主体信用奖惩办法》，根据事故等级、拖欠问题严重程度，对相关责任主体的信用等级进行了调整和限定。其中信用等级 A 级企业 321 家，B 级企业 275 家，C 级企业 2391 家，D 级企业 19 家。参与信用等级评定的建设工程监理企业共 420 家，信用等级 A 级企业 70 家，B 级企业 59 家，C 级企业 289 家，D 级企业 2 家。对失信主体的威慑进一步增强，企业诚信意识进一步提升。

（十）建筑市场行为得到进一步规范

着力优化招投标监管。抓好招标投标全流程电子化系统建设，重新开发房屋建筑和市政基础设施工程招投标行政监督平台，提升改造交易平台。加强建筑市场执法检查，打击围标串标、转包违法分包等违法违规行为。落实扫黑除恶专项斗争要求，天津市城乡建设委员会印发了《市住房城乡建设委关于开展建筑市场扫黑除恶专项排查的通知》，对全市应当招标项目和在建施工项目开展专项检查，重点查处围标串标、违法分包、转包、出借资质证书、涉嫌恶意讨薪等建筑市场违规行为。开展职业资格人员“挂证”专项整治。落实住建部等七部委部署要求，在全市开展“挂证”专项整治。通过天津市建筑市场监管与信用信息平台，向相关企业推送社保核查异常数据 5 万余条次，督促企业和职业资格人员开展自查。

（十一）营商环境不断改善，行风不断优化

全面深化工程建设项目审批制度改革。进一步精简和规范工程建设项目审批事项，科学设置审批流程，强化“一张蓝图、多规合一”项目策划生成机制，注重“一制三化”改革。行政许可和服务类事项申请材料缩减 40%，审批时限平均压缩至法定时限的 20%，政务服务事项全部实行“一次办”，85 个事项分别下放到滨海新区及各功能区。持续推进便民利企服务。主动简政放权，取消开发企业资质年检，积极稳妥下放资质审

批权限，服务支持开发企业做大做强。天津市建筑业协会发挥桥梁纽带作用，加强对企业服务力度，2019 年在推动行业信用体系建设、就企业关注的焦点问题进行深入调研反映企业诉求、积极搭建国内外行业平台，在政策宣传、专业培训、对外合作交流、建立信息服务平台等方面做实做细，收到良好成效。

三 2020年天津建筑业发展趋势分析

（一）把握新基建带来的新机遇

2020 年，天津政府工作报告将新基建置于重点地位，主要覆盖 5G 基站建设、特高压、城际高速铁路和城市轨道交通、新能源汽车充电桩、大数据中心、人工智能和工业互联网等七大领域。与传统基建相比，新基建强调信息化技术，兼具科技与基建双重属性的融会贯通。对于建筑业来说，要做好新基建与传统基建的融合，实现从“土木基建”到“信息基建”的跨越。积极引进新技术、获取新资质、培养新人才，探索行业间横向合作，形成新的产业链。抓住这一历史性机遇，寻找和实现新的经济增长点，天津发布了 2020 年重大项目清单，其中新基建项目占比显著增加，必将对建筑业形成新一轮利好。

（二）在实践中推动 BIM 研发应用

BIM 以关键时刻无可辩驳的能力成为建筑行业发展的重要支撑。天津市建设系统 BIM 技术推广中心的成立，为天津企业提升 BIM 技术应用水平提供了良好平台。其制定统一标准，提升模型兼容性、轻量化、可维护，实现 BIM 模型多维度信息共享使用，促进 BIM 技术在工程建设应用落地等方面加强引领、研发、交流和推广。2020 年，天津提出将对 BIM 施工图数字化审查系统升级改造的任务。将推动 BIM 应用标准化提升到新水平。

（三）加速发展以装配式为核心的绿色建筑

2020 年，天津提出稳步推进装配式建筑发展，新开工装配式建筑面积 350 万平方米，推进绿色建筑规模化发展，着力打造具有引领效应的绿色建筑示范城区，确保民用建筑 100% 达到绿色建筑标准；推动京津冀协同标准《绿色建筑评价标准》《绿色建筑设计标准》出台实施，推动各方责任主体积极落实绿色建筑相关标准要求；加大新技术、新工艺、新材料、新设备的推广力度，提高绿色建筑实施水平。持续推动实施既有公共建筑节能改造工作，改造项目平均节能率不低于 15%。

（四）迎来数字化应用建设投资高峰

大数据、云计算、互联网、物联网、5G、区块链等技术的日趋成熟，将加速建筑行业数字化转型。从企业内部管理来说，工程项目的所有资料数据都可以通过线上存储和处理，通过项目共享协同平台中的相关权限设定，各类资料数据都可以做到实时共享，所有申报事项都可以看到运转状态，客观反映真实状况，明确各自责任，实现远程协同办公，避免了建筑企业普遍存在的由于保管不善和人员流动造成的资料丢失损毁问题。加强现有信息系统整合，实现各系统互联互通，与全市政务信息资源共享交换平台和住建部各业务系统数据交互。从企业产品的升级换代来说，随着新基建项目的广泛兴起，对于建筑产品能否智能化、信息化提出了更高要求。每一个掌握数字化研发应用技术成熟的企业才能在智慧城市的建设过程中拥有一席之地。

（五）加速科技成果转化是建筑业发展的强劲动力

进一步推动企业加强与产学研有关企业的合作，以及与其整合；进一步引领企业申报高新技术企业，通过加强新技术、新材料、新工艺的研发和成果应用，有效提高工程质量、缩短工期、降低成本、提高客户满意度和核心竞争力。

（六）抢抓各领域补短板带来的新商机

经历了新冠肺炎疫情，很多领域都显露出较多短板，如公共医疗设施短缺、交通运输压力大、物流仓储设施不健全、城市改造工程任务艰巨等，这些都会成为城市治理的重头戏，从客观上为建筑业提供了无限商机。2020年，天津提出加快加速完善轨道交通网络；全面启动国家会展中心展馆区及综合配套区建设；积极推进机场三期项目前期工作；大力推进海绵城市建设；因地制宜推动综合管廊建设。

（七）推进全过程工程咨询服务发展

2019年3月15日，国家发改委、住建部联合发布的《关于推进全过程工程咨询服务发展的指导意见》（发改投资规〔2019〕515号），将全过程工程咨询推向新高潮。未来，建设单位只对接两类主体：一是工程总承包商；二是全过程工程咨询机构。建筑企业必须组织专业团队力量加大研究力度，通过自身的服务水平争取客户的青睐。建筑企业要有从建筑商向服务商过渡融合的思维，与设计、咨询、金融、投资等机构形成深度合作联盟，以甲方思维和乙方视角为地方政府和建设单位提供解决方案。

（八）力推工程总承包发展再上新水平

住建部和发改委联合发文推动工程总承包（EPC），并就工程总承包合同文本征求全行业意见，随着《政府投资条例》的实施，越来越多的政府项目将采用工程总承包模式。已经正式施行的《房屋建筑和市政基础设施工程总承包管理办法》标志着“设计＋施工双资质”时代的到来，“联合体”方式也真正被认可。有实力的建筑企业应当抓住这一契机，继续在向工程总承包转型上迈出更大步伐。

（九）力争在PPP市场有所作为

虽然PPP在近几年的实践中存在争议，但依然在有部分企业获得成功，优秀的民企在与国企、央企合作开展项目中获得了远大于施工的收益。天津住建委出台文件要求激发社会资本活力，积极筹划 PPP 储备项目，会同有关部门，启动策划海河柳林设计之都、东北角大胡同等区域开发建设 PPP 项目，继续推动中心城区污水处理设施 PPP 项目，策划一批区域开发基础设施 PPP 项目。

（十）深入推进城市扶贫攻坚，乡村振兴取得决胜

2020 年，天津将制定老旧城区更新改造工作指导意见相关文件，指导各区选取片区开展可行性试点，推动完成更新改造节点任务。持续推进市区零散棚户区改造任务，结合目前全市农村困难群众危房存量，完成 3800 户农村困难群众危房改造任务，确保到 2020 年如期实现脱贫攻坚目标；持续推进老旧小区加装电梯工作，督促指导各区按照“先试点、后推开”的原则，充分调动民意，完善试点方案，推动既有住宅加装电梯工作取得新进展。推进环外老旧小区改造工作，提高居住安全和环境质量。投入 1.23 亿元，维修市内六区直管公房 118.84 万平方米。同时，还将做好城镇住宅配套幼儿园专项治理收尾攻坚工作，确保配套幼儿园与首期建设的居民住宅区同步规划、同步设计、同步建设、同步验收、同步交付使用。这将是城市房地产市场退潮后的又一投资新领域。

（十一）完善标准法规体系，提高建设管理水平

完善法规制度体系。根据国家建设工程消防设计审查和验收的有关规定，制定出台全市消防设计审查和验收有关制度文件，完善市区两级消防验收政策文件，明确职责边界，细化工作制度，固化标准操作规程。建立人居环境评价指标体系，提升城市发展水平。提高勘察设计质量和管理水平。制定工程建设标准编制计划，重点完善建筑产业现代化、绿色生态低碳、海绵城市等提升人民生活水平和城市宜居品质的标准。继续推动京津冀工程建设领域标准一体化工作，加大三地在海绵城市、绿色建筑、建筑工业化、综合管廊、施工安全等 5 个领域的标准合作力度。加大施工图审查改革力度，组

织实施天津市BIM施工图数字化审查系统升级改造。落实施工图审查属地化监督管理，形成市、区两级管理体系，加强事中事后监管，持续开展勘察设计及施工图审查质量检查，巩固全市勘察设计质量的高压严管态势。做好抗震及无障碍建设相关工作，进一步规范超限高层建筑工程抗震设防审批管理。

（十二）严守质量安全底线，着力提升建筑工程质量

进一步完善工程质量保障体系，提升建筑工程品质。持续开展工程质量安全提升行动，夯实工程质量安全主体责任，推动企业建立质量安全自维自控的体系和机制。强化工程质量安全监管，探索采取政府购买服务的方式，组织动员社会技术力量参与工程质量安全监督管理。深化监督执法改革，推行部门联合“双随机、一公开”和“互联网+”监管，以检查执法方式的创新提升事中事后监管效能，实现由政府监管向社会共治的转变。严格按照“隐患就是事故，事故就要处理”和“四铁”的要求，严格执法，严肃追责。深入组织开展质量安全隐患排查治理行动，及时消除各类施工安全隐患，保障人民生命财产安全。

（十三）推动国企+民企混合所有制改革向纵深发展

央企、大型国企兼并地方建筑企业、大型民企兼并地方国企将成为趋势。各级政府希望将国企的品牌信誉优势和民企的机制灵活优势相融合，同时撬动社会资本杠杆，使得老企业焕发活力，新企业增强底蕴。2020年，全市住宅集团已经与上海建工集团混改，其他企业混改进程也将进一步加快。

（十四）推进农民工实名制管理向用工管理精细化和法治化深入

新形势下建筑企业的管理精细化、技术专业化、组织效率化要求用工方式必须改变以往的粗放松散型管理模式，确保用工的连续性、高素质和法治化，国家推行实名制的要求成为当务之急。目前企业管理的习惯性、工人的流动性、管理成本的提高、各地实名制要求的不一致也造成企业的在实际操作中的困惑。2020年，天津提出要强化劳务用工管理各项制度的落实，推

进天津建筑工人管理服务信息平台建设，提升劳务用工管理工作水平。施工单位要与建筑工人建立相对稳定的劳动关系，加大对于建筑工人的教育培训力度，健全建筑工人技能培训和技能鉴定体系，建立与工人技能水平相结合的收入分配制度，将工资分配向关键技术岗位倾斜。提升农民工向建筑工人专业化、组织化的转化水平。

（十五）进一步适应防疫常态化要求，巩固双战双赢成果

建筑业应当加快推进产业转型，提升行业治理能力。一是全面落实建筑工人实名制管理；二是大力推进企业数字化转型；三是根据实际情况，优化运营模式，采取调整薪酬、轮岗轮休、缩短工时等用工方式，在确保员工岗位的前提下，缓解支付压力；四是行业主管部门推动资质审批告知承诺制改革，实行资质申报、审批、公示、公告等业务的“一网通办”，采用邮寄方式领取证书；五是建议政府有关主管部门、行业协会通过呼吁，加大对企业增信贷、降利率、延期限等资金支持的帮扶；增加援企稳岗相关补贴的政策帮扶。

（十六）进一步优化建筑业营商环境，给企业带来更多的获得感

住建部、天津市住建委将继续推进工程建设项目审批制度改革。强化落实《天津市深化工程建设项目审批制度改革实施方案》各项改革措施，提升审批时效性。开展“清单制＋告知承诺制”审批改革试点工作，进一步优化、简化社会投资小型仓库、厂房等工业类建筑工程和既有建筑改造工程审批流程。深入推进“一制三化”改革。以“四办”“五减”为抓手，继续拓宽办事渠道，简化审批手续；以“证照分离”改革为契机，研究探索涉企证照事项审批改革，积极组织抓好落实，全力提升政务服务水平。努力打造与全国统一的工程建设项目审批和管理体系。加大招标投标工作改革力度，研究出台全市措施。加快推动招标投标全流程电子化，努力实现招标投标的公开、公平、公正。改进信用评价办法，缩短评价周期，进一步提升信用评价对企业诚信经营的引导作用，努力创建全国最优的建设管理营商环境。

B.20 贵州工程建设发展报告（2020）*

贵州省建筑业协会**

摘　要： 2019年，贵州建筑业以脱贫攻坚为统揽，落实高质量发展要求，圆满完成各项目标任务，完成总产值3714.89亿元，同比增长11.6%。本文梳理了工程建设行业发展基本情况，从深化完善住房体系、加快转变建设管理方式、大力实施乡村振兴战略、加快推进建筑业转型升级、进一步优化营商环境、提升依法行政能力和水平等方面系统回顾了全面工作。指出行业发展中存在的建筑行业整体水平不高、科技创新能力亟须加强、建筑市场秩序有待进一步规范、骨干企业需大力培育等主要问题。明确了2020年的工作将主要以守住工程建设行业生态发展“底线”、改善城乡面貌、推进小城镇生活污水治理攻坚战、推进住房制度改革实现新突破、推进建筑业转型升级、深化工程建设项目审批制度改革、推进大数据与住建行业深度融合等方面为重点开展。

关键词： 工程建设　建筑业　贵州

一　行业发展基本情况

2019年，贵州建筑业完成总产值3714.89亿元，增速11.6%，增加值

* 本报告图表数据均来自国家统计局和贵州省统计局。

** 课题组成员：张放明，贵州省建筑业协会会长，主要研究方向为建筑行业管理；邹雨，贵州省建筑业协会副秘书长，主要研究方向为建筑行业发展研究。执笔人：邹雨。

增速达到12.2%，占地区生产总值比重提高9个百分点。总承包和专业承包建筑企业达4512家。全省注册一级建造师7679人，注册二级建造师36371人，注册监理工程师2480人，注册造价工程师2279人，勘察设计师1455人，建筑业施工企业安全生产“三类人员”94636人。施工员等八大员19015人，特种人员75811人，技能工人102204人，为建筑业发展提供了人才支撑。

二　2019年贵州工程建设行业工作回顾

（一）深化完善住房体系，推动实现“住有所居”梦想

一是全省棚户区改造已开工7.61万户，已基本建成10.9万套，争取中央专项补助资金93.17亿元，完成投资818.5亿元；二是多措并举做好房地产市场调控，推进房地产市场健康发展，完成房地产开发投资2989亿元，同比增长27.3%；三是加快公租房竣工和分配，全省累计分配74.45万套，分配率达到94.1%；四是试点推动公租房“新租赁”，已获批62.81亿元，已投放40.88亿元，全年发放租赁补贴4.72万户。

（二）加快转变建设管理方式，推动城镇高质量发展

一是深入推进海绵城市建设，全年共建成海绵型示范项目130个，累计建成面积97.4平方公里。全省在建地下综合管廊48.89公里，建成26.34公里。二是建成地下管网3750公里、城市社会公共停车位3.4万个，新建改造城镇公共厕所350座。三是印发新型城镇化建设工作要点，第二批国家新型城镇化综合试点取得积极成效，湄潭、玉屏等地6条试点经验得到国家认可并向全国推广。

（三）深化供给侧结构性改革，加快推进建筑业转型升级

一是印发加快建筑业转型升级高质量发展若干意见，为建筑业发展壮大

提供政策支撑。二是大力整治工程建设领域专业技术人员职业资格“挂证”行为，累计注销人数30000余人次，整改12000余人次，标注异常11500余人，合计整改53500余人，整改率超过95%。严格落实工程质量终身责任制，2019年获“鲁班奖”1个、国家优质工程奖3个，“黄果树杯”获奖项目36个。三是印发加快绿色建筑发展的十条措施，全年新增绿色生态小区项目9个，建筑面积790.79万平方米，建筑节能强制性标准执行率达100%。四是加快推进装配式建筑试点示范，全省在建和拟建装配式建筑约400万平方米。五是会同省市场监管局对145家新型墙体材料生产企业产品、75个在建工地使用的新型墙材现场抽检并进行通报，组织实施磷石膏新型墙体材料示范项目3个，互联网+新型墙体材料革新信息管理系统建成投运。

（四）全面推进工程建设项目审批制度改革，优化营商环境

一是全面开展工程建设项目审批制度改革工作实施方案，出台贵州省工程建设项目并联审批管理办法（试行）等35个配套政策。二是审批事项大幅清理，审批事项由155项精简至84项，清理减少约46%。三是审批流程优化，根据项目类别、投资规模等，分类制定政府投资项目、一般社会投资项目、小型社会投资项目、带方案出让小型社会投资项目审批流程图示范文本，实现“审批流程图再造”。四是审批系统投入试运行，省、市两级审批管理系统建成上线，全省入库项目2922个。

（五）扎实推进法治建设，提升依法行政能力和水平

一是结合实际组织起草《贵州省农村住房保障条例（草案）》《贵州省建设工程质量安全监督条例（草案）》，与时俱进，对《贵州省消防条例》《贵州省消防设施管理规定》等5项地方性法规规章提出修改意见。二是对15件规范性文件进行前置合法性审核，编印《贵州省住房和城乡建设厅规范性文件汇编》，附录住建领域法律法规规章共计151项，发省住建系统干部职工学习使用。三是推行部门联合“双随机、一公开”监

管，会同省直有关部门开展政府类投资项目实施情况联合执法行动，向社会公布随机检查结果1354条。

三　行业发展中存在的问题

（一）建筑行业整体水平不高

贵州建筑业整体竞争力偏低，大部分企业在行业生产链中居于末端，在公共建筑、公路、水利等基础建设领域竞争力较低。企业的项目管理水平和技术创新能力短板明显，承接高端项目的经验和能力不足，也缺乏在复杂工程项目实践中提升技术管理水平和锻炼人才的机会。

（二）科技创新能力亟须加强

贵州建筑业企业经营理念相对滞后，建筑行业发展方式粗放，不重视科技创新投入与人才培养，缺乏抵御市场风险能力。与央企及部分建筑强省相比，贵州建筑业科技含量较低，在建筑新技术、新工艺、新材料和新产品的使用上比较被动，BIM技术的推广和信息化建设的普及还需加强。技术创新和新技术推广应用主体主要是央企、国企和省外入黔企业，贵州本土企业特别是民营建筑企业长期缺位。

（三）建筑市场有待规范

建筑市场体制机制尚不完善，围标串标、挂靠、转包、分包等行业问题时有发生，拖欠工程款和拖欠建筑工人工资普遍存在。需加强行业监管信息化水平，加强建筑市场信用体系建设，加强建设工程造价管理，加大建筑市场违法违规行为查处力度。建立规范合理、竞争有序的建筑市场。

（四）建筑业“龙头”骨干企业需大力培育

缺少“龙头”骨干企业是贵州建筑业的一个突出问题。2019年，贵州特级建筑业企业只有14家，总量远远不及四川、云南等省份。在各个反映企业影响力的排行榜（如中国企业500强等）中，几乎见不到贵州建筑业企业的身影。加快转变发展方式、培育大型品牌建筑业企业和龙头建筑业企业，是一个非常紧迫的问题。

四 2020年重点工作

（一）持续做好建筑业企业服务工作

做好贵州建筑业企业“五评、五推、一帮、一培、一搭”工作，五评：第一是评贵州省“黄果树”杯优质施工工程，第二是评贵州省10项新技术应用示范工程，第三是评贵州省省级工法，第四是评贵州省建筑业绿色施工示范工程，第五是评贵州省建筑业优秀施工企业及项目经理。五推：第一是推荐国家鲁班奖，第二是推荐国家优质工程奖，第三是推荐工程建设科学技术奖，第四是推荐国家级绿色施工示范，第五是推国家QC成果。一帮是帮助企业解决实际困难，全心全意的为企业着想，扎扎实实为企业办事。一培是开展新政策、新规范、新技术等宣贯培训。通过这些新知识、新技能的培训，对全省建筑企业的企业负责人及各级员工深入学习领会当前建筑业前沿知识，提高质量安全生产责任，优化营商环境，规范建筑市场秩序，严格工程造价及竣工结算制度，保障建筑工人合法权益，增强企业核心竞争力，都具有重要指导作用。一搭是搭建企业与行业主管部门之间、企业与企业之间、企业与市场之间的服务平台，让企业获得绿色、低价、高效、低价的一网通办事服务。

（二）深入开展调研，积极反映诉求，努力为企业创造良好的外部环境

组织广大建筑企业开展调研，并汇总整理各单位的具体情况，定期出具调研报告，提交建设行政主管部门，为其决策提供参考和依据。调研重点一

是就企业目前关注的工程质量保证金、农民工工资支付保证金、投标保证金、履约保证金等问题进行专题调研，为企业减负排忧解难。二是提高建筑业企业效益研究。分析特、一级资质建筑企业会员单位存在的产值利润率低、劳动生产率低、工程交易成本高的原因，提出解决这一问题的对策。

（三）促进企业科技进步与创新发展

深入开展绿色施工示范工程活动。继续做好第一批和第二批绿色施工示范工程的过程验收工作。收集整理有关已验收合格的绿色施工示范工程数据资料，进一步完善绿色施工示范工程的管理与验收标准。根据国家标准结合贵州实际情况，修订好贵州建筑工程绿色施工示范工程管理办法，举办绿色施工与精品工程观摩学习。筹划举办贵州首届建筑业施工企业 BIM 大赛，召开 BIM 成果经验交流会。

（四）加强交流学习，推动企业提高竞争力

以新技术、新工艺应用为重点，开展与优秀企业的学习交流。将与大型企业合作，组织人员赴行业发展先进地区考察，学习有关新技术应用的制度、方法和经验，结合贵州建筑业特点，研究探讨符合贵州实情的办法，制定推动企业发展的具体举措。

B.21
吉林工程建设发展报告（2020）*

吉林省建筑业协会**

摘　要： 2019年，吉林建筑业改革发展稳步推进，完成建筑业产值1863.1亿元。通过建立并扶持省级重点建筑企业，推动核心骨干企业在市场竞争中发展壮大，带动中小建筑企业发展。本报告梳理了全省工程建设行业发展的基本情况，从消防设计审查验收移交工作顺利承接、建筑市场监督全面强化、工程质量安全监管力度不断加大等方面回顾了全年工作。指出行业发展中存在的建筑业发展不快、建筑工程质量和安全工作有待进一步加强、建筑市场管理不够规范、建筑业改革创新工作进展缓慢等突出问题。提出继续深化建筑业改革、积极促进建筑产业转型升级、大力扶持企业发展、加大建筑市场监管力度、加强工程质量安全管理、加快推广绿色建筑等发展建议和举措。

关键词： 工程建设　建筑业　吉林

2019年，吉林省住房城乡建设系统全体人员认真学习贯彻习近平新时代中国特色社会主义思想，牢固树立“四个意识”，坚定“四个自信”，坚决做到“两个维护”，坚持以人民为中心的发展思想，在省委、省政府的坚

---

* 本报告图表数据均来自国家统计局和吉林省统计局。

** 课题组成员：吕文超，吉林省住建厅办公室副主任，主要研究方向为工程建设行业发展与政策；孔永臣，吉林省建筑业协会常务副秘书长，主要研究方向为土木工程。执笔人：吕文超。

强领导下，在住建部的有力指导下，紧紧围绕全省工作大局，立足实际，主动作为，全面完成了建筑业各项工作任务。

一　行业发展基本情况

2019 年，吉林完成建筑业产值 1863. 1 亿元，同比下降 14. 6%；企业新签合同额 2179. 1 亿元，同比增长 2. 3%；房屋新开工面积 3562. 31 万平方米，同比下降 20. 1%。

二　建筑业改革发展稳步推进

（一）建筑业实现平稳发展

将扶持建筑业企业发展列入吉林省政府“强化精准调控着力稳增长防风险政策措施”，公布 2019 年度省级重点扶持企业名单，在资质资格、市场开拓、评先选优等方面给予支持。加快建筑业转型升级，大力发展装配式建筑，完成亚泰集团长春建材产业园、吉林长发现代建筑产业园建设。推进中润科技钢结构公司发展装配式钢结构桥梁体系和住宅体系，松原飞达杭萧装配式钢管束结构住宅体系。全年落实装配式混凝土结构建筑 110 万平方米。组建我省 BIM 技术评标专家库，组织“数字建筑、点亮吉林”峰会，扩大 BIM 技术在吉林的传播范围。

（二）消防设计审查验收移交工作顺利承接

组建消防专班，制定《吉林省住房城乡建设主管部门消防验收工作手册（暂行）》，使全省消防审验工作有法可依、有章可循。会同省编办联合印发《关于做好建设工程消防设计审查验收工作的通知》，明确市（州）、县（市）住建部门消防审验工作的主要职责、机构设置和人员配备的具体要求。全省共计 350 余人参加消防审验业务专项培训。

（三）建筑市场监督全面强化

重点整治建筑工程施工发包与承包违法行为，全省共检查在建工程项目663项，对78个单位进行处罚。积极开展工程建设领域专业技术人员职业资格“挂证”清理工作，共识别存疑人员24689人，已整改24465人，整改率为99%。对全省2147个项目开展建设工程招标投标领域专项检查。落实建筑工人实名制管理，解决农民工工资欠薪，全省共有3126个工程项目通过实名制管理系统录入项目信息，占全省在施项目的60%以上，累计进场考勤人数49401人。开展勘察设计质量专项检查，共检查149个房建项目，对检查中发现质量问题的31家勘察设计单位、12家审图机构、34名注册执业人员进行严肃处理。

（四）工程质量安全监管力度不断加大

开展“双随机、一公开”、暗查暗访、交叉互检等安全生产监督检查，印发《吉林省工程质量安全手册实施细则（试行）》和《吉林省危险性较大分部分项工程安全管理规定实施细则》等文件。组织开展“迎大庆、保安全、严监管、促平安”大决战，全力保证全年及新中国成立70周年大庆全省建设行业安全稳定，全省共排查建筑施工企业1166家，排查事故隐患7068项，下达执法文书872份，停产整顿77家企业。开展全省施工现场标准化示范工地考评工作，187个项目被评为2019年度省级施工现场标准化管理示范工地。开展质量检测市场乱象专项整治，检测市场得到进一步规范。

三　建筑业改革发展方面存在的不足

（1）建筑业发展不快、质量不高，本省缺少一批骨干企业，综合竞争力不强、外向度不高，在竞争中处于劣势，外省企业尤其是央企持续抢占吉林建筑市场。

（2）建筑工程质量和安全工作有待进一步加强，参建各方主体责任落实不到位，基层监管力量不足，监管方式和手段落后，对各方主体责任追究和处罚力度不够，质量问题和安全事故时有发生。

（3）建筑市场管理不够规范，违法发包、转包、分包的案件投诉举报较多，人员挂证问题依然不同程度存在。

（4）在推行工程总承包、全过程咨询服务、BIM 技术应用、预拌砂浆推广应用等建筑业改革创新工作上，没有取得重大进展。

（5）各地消防审验机构建设进展缓慢，审验人员流动性大，业务能力亟待提高。

四　2020年建筑业改革发展对策建议

深入推进建筑业改革发展，促进建筑业加快转型升级，准确掌握并切实解决制约吉林省建筑业改革发展的关键性难题，把握好建筑业发展的大方向、大趋势，通过改革创新发展，全面提高建筑业发展质量和效益。

（1）继续深化建筑业改革。落实国务院 19 号文及省政府《关于促进建筑业发展的若干意见》精神，牢固树立新发展理念，以加快转变工程建设组织实施方式，大力推行工程总承包和全过程咨询，大力实施绿色建造、精益建造和装配式建造，全面提升建筑工程品质和建造水平。

（2）持续推进建筑业“放管服”改革。继续加大建筑工程施工许可环节简化流程、缩短时限、减少要件的工作力度，规范落实告知承诺制，提高施工许可审批效率，加快工程项目落地。

（3）积极促进建筑产业转型升级。深入贯彻落实省政府《关于大力发展装配式建筑的实施意见》，推进装配式住宅建设和钢结构装配式住宅建设试点，到 2020 年底，长春、吉林两市装配式建筑占新建建筑面积比例达到 20% 以上。

（4）大力扶持企业发展。应对新的地区 GDP 核算方法改革，积极配合统计部门做好企业入统工作，继续加大对省、市重点扶持企业的支持力度，在资质资格、市场开拓、评先选优等方面给予支持。对全省建筑业企业单独承揽确有困难的大型项目，支持外埠入吉企业和本省企业组成联合体投标。

（5）加大建筑市场监管力度。加强建筑市场违法发包、转包、分包等违法违规行为认定查处力度，继续清理注册执业人员“挂证”行为，整治建筑市场突出问题，规范全省建筑市场秩序。加强外埠入吉企业管理。对出现违法转包、分包、出借资质、拖欠农民工工资、发生质量安全事故、管理人员不在岗不履职等问题的外埠企业，加大查处力度，将计入不良记录、列入黑名单、清出市场等处罚措施落到实处。

（6）加强工程质量安全管理。督促各级建设主管部门建立健全质量安全监督机构，制定监督计划，严格履行监管程序，严格落实监管责任和建设工程各方主体责任。重点做好深基坑、高支模、脚手架、起重机械、临时用电等易造成伤害事故的重点部位和关键环节的安全管控，深入开展以危险性较大分部分项工程为重点的专项整治行动，切实将安全隐患消灭在萌芽状态。认真落实质量安全手册制度，逐步实现质量安全管理标准化和规范化。加大事中事后的监管力度，以高压态势严厉打击违章指挥、违规作业等各种违规违法行为。全面做好建设工程消防审验工作，确保消防工程质量安全。

（7）加快推广绿色建筑。逐步实施居住建筑节能 75% 标准。发布《吉林省绿色建筑评价标准》，启动《吉林省绿色民用建筑设计标准》和《吉林省绿色民用建筑工程验收标准》的编制工作，严把施工图审查关，确保强制执行范围内的新建建筑严格执行绿色建筑标准，不断提高新建绿色建筑比例，力争到 2020 年底新建绿色建筑比例超过 60%。培育超低能耗建筑示范项目。做好绿色建材及四新技术推广应用，加快提高绿色建材应用比例。大力推广预拌砂浆在建筑工程中的应用，长春市本级、吉林市本级 2020 年新开工项目禁止在建筑工程现场搅拌砂浆，应使用预拌砂浆。其他市县 2020 年为过渡期，到 2021 年全省城市（含县城）禁止施工现场搅拌砂浆。

B.22 海南工程建设发展报告（2020）*

海南省建筑业协会

摘　要： 2019年，海南建筑业实现增加值为514.47亿元，同比增长4.2%。本报告分析了全省建筑企业构成，回顾了行业发展基本情况。从保持房地产市场持续平稳健康发展、促进城乡环境面貌明显改善、引领装配式建筑快速发展、稳步提升群众住房保障水平和居住条件、推动建筑业管理提质增效、推动营商环境进一步优化等方面回顾了上年度的工作。指出了统筹做好疫情防控和工程项目复工复产达产、保持房地产市场平稳健康发展、继续加强住房保障力度和改善居住条件、全力推动装配式建筑发展再上新台阶、深化推进改革创新和城市精细化管理等下一步工作重点。

关键词： 工程建设　建筑业　海南

一　2019年海南建筑业企业构成

截至2019年底，海南取得资质的工程建设企业有3166家（含招标代理机构），具体分类情况如下。

建筑业企业为2435家。其中，总承包特级1家（建筑工程），总承包一级31家（其中建筑工程25家，市政公用工程11家，部分企业具有多个

* 本报告图表数据来自国家统计局和海南省统计局。

专业资质，故加合大于31家，下同），总承包二级96家（其中建筑工程67家，市政公用工程54家），总承包三级1030家（其中建筑工程853家，市政公用工程694家）。具有专业承包资质的856家，其中，专业承包一级36家，专业承包二级340家，专业承包三级254家，其他不分等级的226家（预拌混凝土专业承包企业112家，所有站点为115个），劳务分包企业421家。

建设工程勘察企业40家。其中，具有综合资质的4家，专业甲级6家，乙级22家，丙级4家，勘察劳务4家。

工程设计企业239家。其中，专业甲级32家，乙级131家，丙级71家，丁级5家。

建设工程监理企业72家。其中，专业甲级23家，乙级41家，丙级8家。

工程检测企业100家。

工程造价企业91家。其中，甲级23家，乙级37家，暂定级31家。

省内招标代理机构219家。

二　行业发展基本情况

2019年海南建筑业增加值为365.98亿元，同比增长7.89%，建筑业占全省GDP的6.89%。近几年，海南建筑业增加值占GPD总量比值均保持在10%左右，建筑业在海南经济社会发展中占据着重要地位。

2019年海南施工报建项目为2982个，报建合同金额1438亿元。其中，房屋建筑项目2660个，建筑面积4200万平方米，合同金额1295亿元，市政项目322个，合同金额143亿元。

三　2019年海南工程建设行业工作回顾

（一）精准调控，保持房地产市场持续平稳健康发展

始终坚持“房子是用来住的，不是用来炒的”，严格执行“全域限购”

政策，坚决防范炒房炒地投机行为，保持房地产市场平稳运行，总体呈现“量降价稳”态势。一是加快建立房地产市场长效机制。二是继续加强房地产市场调控。树立“全省一盘棋”思想，加强住房建设总量管控和年度计划管控，严格控制增量，积极消化存量，促进供需平衡和房地产业转型发展。三是进一步完善住房市场和保障体系。构建租购并举的住房制度，加强人才住房保障工作，继续完善和落实引进人才住房政策，进一步支持总部企业人才、高层次人才、急需紧缺人才等各类人才在海南购房居住。四是加强房地产市场风险防范。成立海南省房地产风险防范工作领导小组和督导专班，制定分类处置指导意见，指导加快推进妥善处置风险项目。五是开展房地产市场和住房租赁中介机构乱象专项整治。

（二）深化巩固，促进城乡环境面貌明显改善

一是推进城市综合管廊建设。全省累计形成综合管廊58.76公里；二是全省累计建成海绵城市45.96平方公里，8个设市城市全部完成编制海绵城市专项规划。三是全力推进燃气下乡“气代柴薪”试点建设，推动全省20个镇98个自然村开展燃气下乡“气代柴薪”工程建设。四是全省累计建成焚烧发电厂5座、填埋场16座、渗滤液处理设施19座、转运站274座、垃圾收集点1.26万个，完成91座非正规垃圾堆放点治理。五是垃圾分类工作稳步推进。六是农村“厕所革命”半年攻坚行动。七是城乡环境综合整治成效明显。开展了“城乡环境大整治、干干净净迎国庆”活动和露天烧烤、餐饮油烟、工地扬尘、城市道路扬尘等专项治理，城市精细化管理水平逐步提升。

（三）多措并举，引领装配式建筑快速发展

一年来，主动吸收先进省市经验做法，坚持高质量发展要求，不断深化工作措施，从政策引导、技术体系建设、产能布局、交流合作、试点示范等多个方面，加速推动全省装配式建筑发展实现新突破。2019年装配式建造项目面积完成435万平方米，是2018年的5.3倍，呈现出快速高效发展态

势。一是强化政策支持措施。制定了装配式建筑实施主要环节管理规定、专家管理办法、建筑设计和图审的具体要求以及推进钢结构装配式建筑应用与发展等规范性文件，进一步强化考核机制，夯实了装配式建筑快速发展的政策基础。二是完善技术体系和标准。组织开展适宜海南的装配式建筑适宜技术体系和标准化关键技术课题研究，出台环岛旅游公路驿站建设技术导则，推动符合海南地方特点的装配式建筑技术、标准体系建设。三是积极引导并推进全省预制构件产能布局。已投产 PC 构件、钢构件生产基地 10 家，在建生产基地 2 家。四是加强技术、人才交流合作。已与中国建研院、华建集团等 5 家综合技术力量雄厚的机构开展战略合作，通过在海南设立分院、研究院、院士工作站和互派人员挂职交流等形式，采取共同开展建筑研究与应用、赴省外学习考察、知名专家讲座、现场观摩会、调研指导等多种方式，推动全省装配式建筑技术水平和人才素质不断提升。五是积极开展装配式建筑试点示范。组织开展了装配式建筑示范项目和示范基地评审，评选出三亚崖州湾科技城产业促进中心等 3 个示范项目和创蓝易等 3 个示范基地，充分发挥试点示范效应。

（四）以人为本，稳步提升群众住房保障水平和居住条件

一是圆满完成国家下达棚改任务。2019 年国家下达棚改计划 8461 套，实际开工 8471 套，开工率 100.1%。二是加快公租房及配套设施建设，指导市县合理调整准入条件，扩大保障范围。全年政府投资公租房累计分配入住 7.47 万套，分配入住率 93.6%，完成国家下达指标要求。三是住房公积金使用效益进一步提升。全省住房公积金累计缴存 960.02 亿元，提取 526.8 亿元，占缴存额的 54.87%，发放个人贷款 516.6 亿元，使用率、个贷率分别达到 91.91% 和 82.06%。四是扎实完成农村危改工作。在保证完成国家下达 1 万户任务的前提下，主动拓展危改受益范围，新增农村住房安全大排查出的任务 2624 户。全年共完成农村危房改造 1.27 万户，入住率 100%，超额完成国家下达任务。在 2019 年全国农村危房改造工作积极主动、成效明显的 20 个省份中名列第 4。五是城镇老旧小区改造稳步推

进。组织开展了全省城镇老旧小区改造摸底排查工作，基本摸清改造底数。2019 年申请获得国家专项补助资金 4248 万元，用于推进全省 41 个城镇老旧小区改造。六是选定琼中和白沙开展我省农村住房建设试点。推动乡村民宿发展推进机制进一步完善，全年建成乡村民宿 82 家，超过规划目标。

（五）扎实有序，推动建筑业管理提质增效

一是深化建设项目组织实施方式改革。推行装配式建筑项目采用总承包管理模式，探索建筑工程服务机构提供报批报建等在内的全过程咨询服务。二是诚信管理体系更加完善。诚信评价标准已覆盖 7 类企业 7 类人员，诚信评价应用场景不断丰富，共采集企业良好记录 1081 条、企业不良记录 643 条、列入黑名单企业 11 个，开展 4 期诚信等级评价，推行工地安全责任险浮动费率制度，信用监管效能进一步提升。三是大力推进信息化监管。将建筑施工工地远程视频监控的使用范围扩大到 1 万平方米或 2500 万元合同金额施工项目。加快推进工地现场人员实名制管理，不断加强实名制系统安装应用的事中事后监管。四是工程质量安全监管水平进一步提升。2019 年全省未发生较大以上工程质量安全事故，工程质量形势稳中有升，优质工程较上年大幅增长，共有三亚亚特兰蒂斯酒店项目等 4 个工程获国家鲁班奖、海口综合管廊试点工程等 6 个工程获国家优质工程奖、海口市民游客中心等 35 个工程获省优质工程“绿岛杯”，评定省级工法 48 项，全省 20 项工程获省建筑业新技术应用示范工程，全省 7 个项目获全国 3A 安全文明标准化工地、55 个项目获省级安全文明标准化工地。安全生产形势稳中向好，事故起数、死亡人数、受伤人数实现“三下降”。五是加快推进绿色建筑发展。推动全省新增绿色建筑面积 1202. 93 万平方米。六是标准定额工作取得新发展。完成《海南省地下综合管廊建设及运营维护技术标准》《海南省绿色建筑工程综合定额》等 9 项地方标准定额制修订，累计发布各类价格信息 3 万余条，积极探索造价咨询行业“互联网 + 监管”方式，服务保障和行业监管水平持续提高。

（六）改革创新，推动营商环境进一步优化

认真贯彻落实省政府《推进制度创新十一条措施》，制度创新取得丰硕成果。一是全力推进工程建设项目审批制度改革。目前已出台全省审批事项清单、流程图36份，初步完成省级监管平台和城市审批管理平台开发建设，海口、三亚等12个市县已实现“综合窗口”运行。二是施行联合验收。按照“一口受理、并联验收、限时办结”新模式，进一步整合优化工程项目验收流程，全年累计办理联合验收项目98个，切实提高了验收效率。三是试行施工许可告知承诺制审批。在全省试行施工许可告知承诺制审批1日办结制度，建立以诚信为基础的事中事后监管新模式。全年有1156个项目通过“告知承诺制”取得施工许可，平均为每个申领企业减少7天待批时间。四是支持引进国际化专业服务机构，推进服务要素集聚。放开工程设计领域外资准入限制，取消外商投资设计企业外籍技术人员比例要求和首次申请业绩要求。对自贸试验区内的港澳台企业，不再执行工程承包范围限制性规定。五是制度创新案例成果不断丰富。全面完成《中国（海南）自由贸易试验区总体方案》中的改革创新事项5项，率先在全国推行施工图审市场化和“多审合一”、工程施工许可告知承诺制和BIM技术在招投标领域应用等3项制度创新案例，有序推出住建领域制度创新事项4项。

四　2019年海南工程建设行业存在的问题

一是房地产长效机制建设需要扎实推进，住房保障体系需要加快完善，房地产市场仍存在一些乱象；二是城乡基础设施建设滞后于城乡发展需要，补短板任务依然较重，如生活垃圾处理设施建设相对滞后，城镇老旧小区改造和燃气下乡工作远没达到预期目标；三是全省建筑业企业结构不够优化、专业技术和管理人员素质不高、市场竞争力不强的问题还没有根本转变，亟须进一步加大力度推动提质增效；四是装配式建筑政府投资项目占比较目标要求偏低，构件产能布局不均与产能闲置并存，亟须破除发展不均衡现象。

五　2020年海南工程建设行业发展重点

2020 年是全面建成小康社会和“十三五”规划的收官之年，也是海南自由贸易港建设开始之年，做好住房城乡建设工作意义重大。

（一）统筹做好疫情防控和工程项目复工复产达产

一是抓好疫情常态化防控工作；二是加强复工复产施工现场管理；三是要细化工作举措推进工程复工复产达产，切实解决企业实际困难。

（二）保持房地产市场平稳健康发展

一是严格执行调控政策。继续坚持“房子是用来住的、不是用来炒的”定位，继续严格执行“全域限购”等政策，坚持房地产调控目标不动摇、力度不放松、政策不走样，保持政策的连续性、稳定性。二是建立房地产市场平稳健康发展城市主体责任制。三是进一步完善住房市场供应和住房保障体系。大力推进安居型商品房试点建设；加快实施基层教师、医生住房保障专项计划，妥善解决好本地居民和引进人才以及基层教师和医务人员住房问题。多渠道筹集租赁住房房源，鼓励存量商品住房用地转型用于租赁住房建设，构建租购并举的住房制度；逐步推动房地产业转型发展。四是加大违法违规行为查处力度。五是进一步加强房地产风险防范工作。继续发挥省市（县）房地产风险防范领导小组和专班作用，进一步完善房地产风险防范工作机制和房地产市场监管制度，稳妥处置各类房地产风险，特别是要做好受疫情影响导致的风险处置工作，维护社会稳定。

（三）继续加强住房保障力度和改善居住条件

一是继续推进棚户区改造。二是持续加强公租房保障。结合需求和房源情况，多渠道筹集公租房房源，逐步加大公租房实物配租比例。进一步完善公租房实物配租和租赁补贴机制，租赁补贴保障范围从城镇低保、低收入住房困难家庭，逐步扩大到城镇中等偏下收入住房困难家庭。三是全面完成4类重点对象农村危房改造任务。四是加大城镇老旧小区改造工作力度。认真落实《海南省城镇老旧小区改造指导意见（试行)》，加快推进改造项目开工建设。五是落实新建住宅小区配套公共服务设施机制。六是持续做好特色乡村民宿和传统村落保护发展工作。

（四）全力推动装配式建筑发展再上新台阶

坚决将省委、省政府有关决策部署落实到行动上，主动吸收先进经验和做法，抓实、抓紧、抓好各项推广工作，采取严格的考核制度，力争今年完成装配式建造面积不少于800万平方米。一是加强政策指导。明确工作要点和工作任务，具备条件的公共建筑项目全部采用装配式方式建造。二是积极推进全省装配式建筑构件产能布局，促进在建项目尽早投产运行。临高县要做好对金牌港经济开发区产业规划编制及入园企业招商工作，推动国际热带绿色建筑（装配式建筑）基地建设。三是继续开展装配式建筑示范。开展好2020年装配式建筑示范基地和示范项目评审认定。四是加快提升我省装配式建筑技术水平。继续举办各类装配式建筑技术交流培训，培养装配式建筑设计、生产、施工、管理等专业人才，建立海南装配式建筑专家库。要加快推动适合海南省情的装配式建筑技术体系建设，促进装配式建筑产业链协同发展。

（五）深化推进改革创新和城市精细化管理

一是按时完成工程建设项目审批制度改革任务。严格按照国家和省政府的工作部署，继续深化改革。建成和运行全省统一的工程建设项目审批管理系统2.0版，实现工程建设项目审批事项100%网上办理，实现更高层次的工程建设项目审批“四统一”，全省工程建设项目审批时间压缩至120个工作日以内。协调相关部门出台项目审批系统运行管理办法、项目策划生成管理办法等配套制度。到2020年6月底，基本建成全省统一的工程建设项目审批管理体系。二是继续推进住建领域“证照分离”改革试点。清理完善行政审批流程，完成住建领域行政审批最少的事项清单编制工作。按照“直接取消审批、审批改为备案、实行告知承诺、优化准入服务”四项改革措施，加快推进“互联网＋政务服务”，推动涉企经营许可事项从申请、受理到审核、发证全流程“一网通办”“最多跑一次”。加强对审批行为的监督管理，建立审批服务“好差评”制度，由企业评判服务绩效。三是推广企业资质告知承诺制审批，推动建设领域执业资格国际互认；开展建设行业企业资质和从业人员资格电子证书试点，实现企业资质和人员资格证书事项“零跑动”。四是不断提升城市精细化管理水平。要认真落实《海南省加快推进城市精细化管理的指导意见》，加快构建城市精细化管理体系，推动市容市貌整治提升。尚未建成数字化城市管理信息系统的市县要加快城市管理综合服务平台建设，提高城市管理科技水平。继续落实全省城管执法队伍“强基础、转作风、树形象”三年行动，进一步提升执法服务水平，做到依法执法、文明执法、廉洁执法。强化打违控违工作，实现违建零增长目标。

专 题 篇

Special Topics

B.23
建筑施工行业信用风险研究

中国施工企业管理协会信用评价工作委员会　中国诚信研究院

摘　要： 2019年，建筑施工行业保持平稳发展态势，对经济社会发展做出了显著贡献。随着行业改革的持续深化，以信用为核心的新型监管机制进一步完善，行业信用体系建设的深入推进，对规范建筑市场行为，保障建设工程质量和安全，维护公民、法人和其他组织的合法权益发挥了重要作用。本报告从行业完成产值、整体盈利空间和景气度、信用质量等三方面回顾了行业发展情况，对行业信用政策环境进行了分析。从企业信用意识、企业失信态势、行业失信行为等方面对行业信用状况进行了总结，有针对性地做出了环保失信风险提示并提出了相关对策建议。

关键词： 建筑施工行业　行业信用建设　企业信用风险

一　建筑施工行业发展情况

（一）产值持续稳定增长

随着城镇化的推进和建筑施工行业改革的持续深化，建筑施工行业在国民经济中的比重趋于稳定。据国家统计局核算结果，2019 年前三季度，全国有施工活动的建筑业企业 103814 家，比上年同期增加 8414 家，同比增长 8.82%，共完成建筑业总产值 248445.77 亿元，同比增长 5.68%；签订合同总额 545038.89 亿元，同比增长 10.24%；实现增加值 70904 亿元，同比增长 5.60%，建筑行业对全国 GDP 贡献率达 7.15%。①

（二）行业整体盈利空间与景气度继续保持稳定

从宏观方面来看，2019 年建筑业商务活动指数持续保持高位运行，有 5 个月超过 60%，表明该指数长期处于高位景气区间，且每月该指数均领先于非制造业商务活动指数（见图 1）。另外，从市场需求来看，11 月、12 月建筑业新订单指数分别为 56%、52.9%，均高于非制造业新订单指数。以上两点均表明随着基础设施投资回暖，近期重大基础设施建设项目逐步落地，房地产市场呈现积极变化，建筑行业持续保持着稳定发展的态势。

从微观方面来看，建筑施工行业成本主要为钢材、水泥等原材料和人工成本。其中钢材价格中枢的变化主要受钢铁行业供需格局变化影响，水泥价格则受淡旺季影响大，人工成本季度间变动较小。② 12 月末钢材综合价格指数 106.10 点③，比上年同期下降 1.02%。1～12 月全国水泥价格指数分别为

---

① 资料来源：国家统计局，中国诚信研究院研究整理。

② 中债资信建筑建材行业研究团队：《2019 年建筑施工行业信用风险展望》，https://new.qq.com/omn/20190801/20190801A0K6SR00。

③ 资料来源：中国钢铁工业协会，中国诚信研究院研究整理。

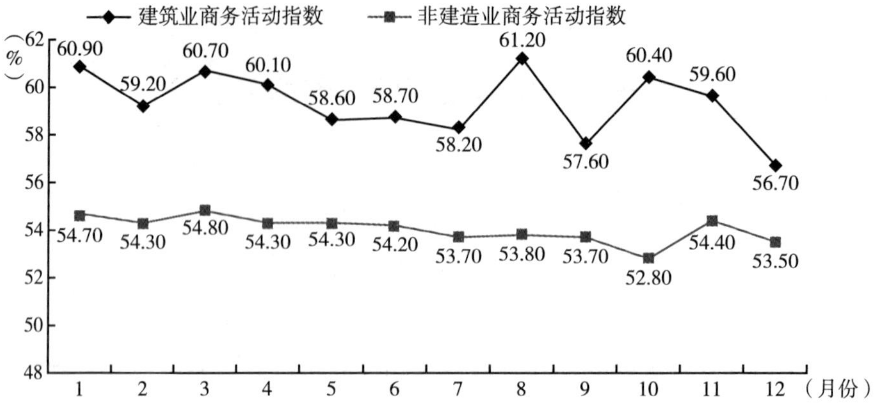

图 1　2019 年各月建筑业商务活动指数与非制造业商务活动指数比较

资料来源：国家统计局，中国诚信研究院研究整理。

161.68、151.90、147.27、147.31、149.67、146.99、146.87、144.25、145.40、150.08，163.91，166.44 点①（见图 2），整体来看水泥成本略有上升，但对于建筑施工行业来说，水泥相比钢铁需求半径较小，对行业影响较小。

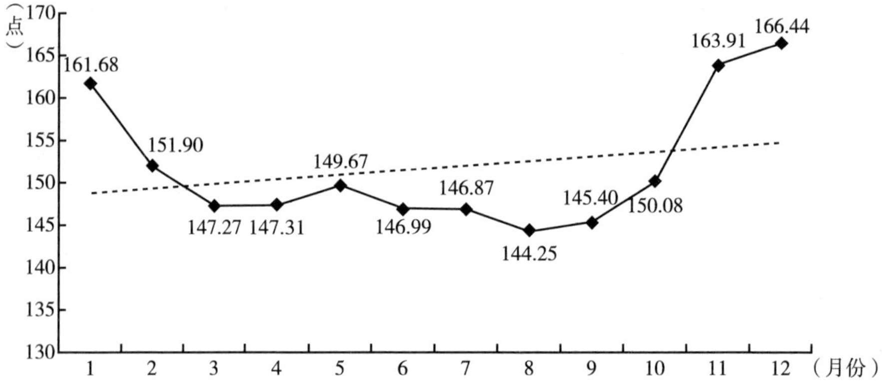

图 2　2019 年全国水泥价格指数变动趋势

资料来源：工业和信息化部网站，中国诚信研究院研究整理。

---

① 资料来源：工业和信息化部网站、中国水泥网，中国诚信研究院整理。

2020年，随着下游房地产、基建等行业进入淡季，开工率有所下降，但考虑到国家环保限产政策压力及水泥错峰生产的启动影响部分产能释放，预计钢材和水泥价格整体保持较低水平，行业成本控制压力较小，同时总产值增速有望保持较高水平①，预计行业整体盈利空间和景气度基本继续维持稳定。

（三）行业整体信用质量保持弱稳定

建筑施工行业是垫资较严重的行业，资金面的变化对建筑施工企业短期信用风险有较大影响。从建筑施工行业下游房地产资金情况来看，2019年全国房地产开发投资规模突破132194亿元，比上年增长9.9%，继续维持在相对高位运行。房地产企业通过国内信用债、房地产信托和海外发债均较上年同期明显好转；从基建投资的资金情况来看，在基建投资回暖的背景下，项目的加速落地加大建筑施工行业对资金的需求。② 受2018年底国务院提前下达1.39万亿元新增债务限额以及《财政部关于做好地方政府债券发行工作的意见》（财库〔2019〕23号）提出9月底前完成新增债券发行意见的影响，2019年地方债发行节奏较往年加快，全国累计发行43264亿元③，较去年增长3.87%。此外，专项债券发行增速较快，对基建领域的支持力度加大，带动建筑业投资需求上升。反映建筑施工行业下游基建投资可用资金大幅增加。“稳投资”“补短板”的政策基调不变，基建投资如期回暖；建筑施工项目储备充足，招投标情况有所改善。

对于企业外部融资，从发债主体级别来看，2019年发债主体的信用等级主要在AA+及AAA级别。9月央行全面降准，资金环境整体趋向宽松。随着PPP模式的继续推广，级别相对更高的央企和地方国企对资金需求更大，发债主体级别向高级别集中，大型建筑施工企业的竞争优势进一步凸显。

① 资料来源：工业和信息化网站、中国水泥网，中国诚信研究院整理。

② 联合资信：《建筑施工行业观察报告——2019年一季度》，https://news.hexun.com/2019-07-02/197716807.html。

③ 资料来源：国家统计局，中国诚信研究院研究整理。

总体而言，2019 年房地产企业和地方政府的资金仍呈相对宽松的状态，随着基建补短板相关部署的落实以及积极的财政政策影响，基建投资预期回暖，建筑施工行业资金面得到改善。建筑施工企业经营规模仍有一定的扩展空间，政府相关部门对全行业的扶持规范力度也将持续，建筑施工行业整体信用质量将保持相对稳定，但仍需关注多元化业务复杂及承接投资类项目较多的企业面临的资金周转压力，特别是流动性紧张的中小型民营建筑施工企业在融资收紧的情形下偿债风险将明显升高。

二　建筑施工行业信用政策环境

总体来看，建筑施工行业于近期出台的相关政策主要分为两个方向。

第一，继续完善建筑施工行业信用标准认定，包括制定违法发包、承包行为的认定办法和查处办法，建筑施工人员实名管理办法，绿色建筑评价办法，项目承包管理办法等，旨在提高建筑施工行业规范化程度，加强诚信评价体系建设。

第二，在减轻企业负担的同时强化信用体系建设，包括精简项目审批流程，支持民营企业发展，优化招投标竞争环境，严惩招投标过程中的失信行为，加快完善市场信用和担保体系，深化工程招投标制度改革。旨在推动国内市场一体化、改善行业竞争环境、降低民企负担，进一步优化建筑施工企业的经营环境，推动建筑施工行业信用体系建设。

三　建筑施工行业信用状况分析

本报告以中国施工企业管理协会 4089 家建筑施工企业[①]为分析对象，从信用中国、住房和城乡建设部、国家企业信用信息公示系统、中国裁判文书网和工程建设企业信用体系平台获取企业的信用信息并对其信用状况进行分析。

---

① 注：数据截至 2019 年 12 月 31 日。

（一）建筑施工企业信用意识不断提升

1. 企业信用档案覆盖率持续增长

截至 2019 年底，工程建设企业信用体系建设平台上已归集建立 5116 家企业信用档案，覆盖了所有协会会员企业、非会员企业、施工总承包特级资质企业、八大央企和部分地方龙头企业。企业主动填报、主动记录、主动积累信用的积极性越来越高。

2. 参与行业信用评价的热情不断提升

2019 年，共有 946 家企业主动参评，并获得中国施工企业管理协会授予的评价等级，占系统内全部归集企业的 18. 49% 。其中有 863 家建筑施工企业的信用等级被评为 AAA 级，在全部获评企业中占比 91. 22%；58 家企业的信用等级被评为 AA 级，占比为 6. 13%；25 家企业的信用等级被评为 A 级，占比为 2. 64%（见图 3）。

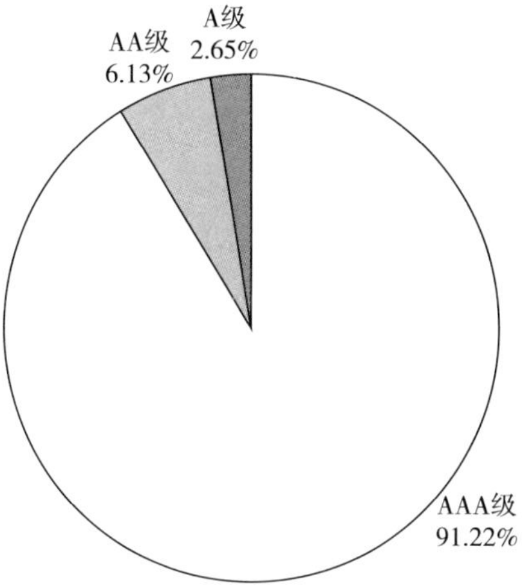

图 3　企业信用等级分布

3. 主动进行信用修复的企业数量不断增加

截至 2019 年 12 月末，本年度共有 380 家企业主动进行信用修复。从中国施工企业协会会员单位对信用体系建设工作参与度中可以看出，在国家政策的推动下，随着行业协会与各会员企业的不断努力，建筑施工企业的整体信用意识不断提升，建筑施工企业的主动参与意愿增强，信用建设积极性提高，反映整个建筑施工行业的信用体系建设工作成效颇显。

（二）建筑施工企业失信态势依然严峻

从获取的数据来看，2013～2019 年，中国施工企业管理协会会员企业中共有失信企业 1967 家，占全部会员企业的比重接近 50%，覆盖全国内地 31 个省级行政区域，失信行为总数累计 13694 起。其中 2019 年失信企业 505 家，共造成失信行为总数 3104 起。

1. 失信企业和失信行为记录皆呈逐年升高趋势

近年来，协会会员企业失信企业数量和造成的失信行为数量皆呈逐年升高趋势，2019 年有所回落。2013 年发生失信行为的企业总数仅为 99 家，造成失信行为 202 起，在 2013 年到 2019 年全部查询到的失信企业和失信行为总数中，占比仅为 5.03%、1.48%；2014 年失信企业数为 200 家，失信行为 515 起，分别占比 10.17%、3.75%；2015 年失信企业数为 503 家，失信行为 1192 起，分别占比 25.57%、8.70%；2016 年失信企业数为 690 家，失信行为 1886 起，分别占比 35.08%、13.77%；2017 年失信企业数为 921 家，失信行为 2165 起，分别占比 46.82%、15.81%；2018 年失信企业数为 1133 家，失信行为 4635 起，分别占比 57.60%、33.85%；2019 年失信企业数为 505 家，失信行为 3104 起，分别占比 25.67%、22.67%，较 2018 年有所回落（见图 4、图 5）。

2. 华东地区失信企业及失信记录高于其他区域

从地区分布[①]来看，自 2019 年起，华东地区失信企业及失信记录数目明显高于其他六个区域。失信企业有 207 家，发生失信行为 1317 起，占比

① 注：本报告按国家统计局区域划分标准将中国划分为 8 大区域，即华东（包括山东、江苏、安徽、浙江、福建、上海市）；华南（包括广东、广西、湖南）；华中（湖北、湖南、河南、江西）；华北（包括北京、天津、河北、山西和内蒙古）；西北（包括宁夏、新疆、青海、陕西、甘肃）；西南（包括四川、贵州、重庆、云南、西藏）；东北（包括辽宁、吉林、黑龙江）；台港澳，由于协会会员企业中台港澳地区企业较少，所以本报告涉及地区为其他七大区域。数据截至 2019 年 12 月 31 日。

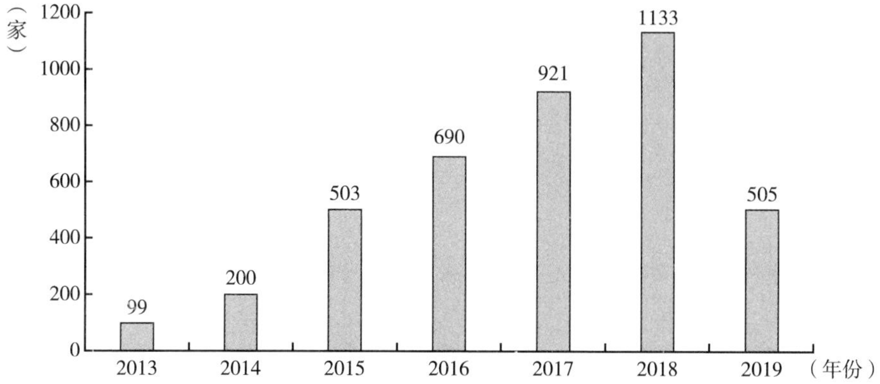

图 4　2013～2019 年发生失信行为的企业数

资料来源：工程建设行业信用体系建设平台，中国诚信研究院整理。

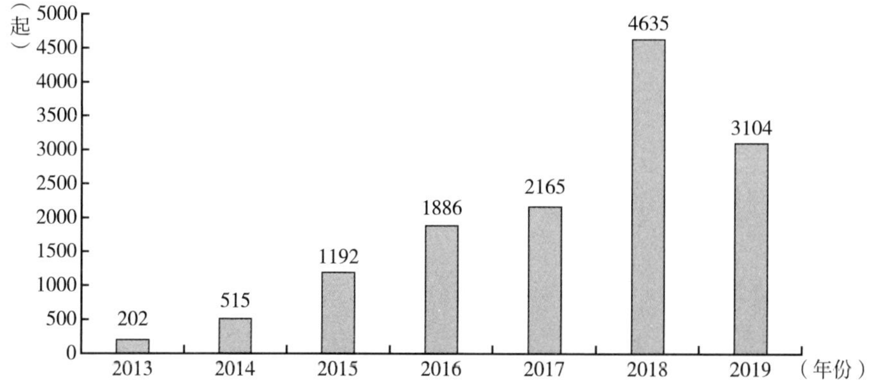

图 5　2013～2019 年发生失信行为数

资料来源：工程建设行业信用体系建设平台，中国诚信研究院整理。

42.4%，平均每家 6.4 起；华南失信企业有 61 家，发生失信行为 329 起，占比 10.6%，平均每家 5.4 起；华中失信企业有 51 家，发生失信行为 373 起，占比 12.0%，平均每家 7.3 起；华北失信企业有 107 家，发生失信行为 569 起，占比 18.3%，平均每家 5.3 起；西北失信企业有 16 家，发生失信行为 140 起，占比 4.5%，平均每家 8.75 起；西南失信企业有 26 家，发生失信行为 195 起，占比 6.3%，平均每家 7.5 起；东北地区失信企业有 37 家，发生失信行为 181 起，占比 5.8%，平均每家 4.9 起（见表 1）。

表1　按地域分类失信情况

单位：家，起，%

地区	失信企业数		失信行为数	
	失信企业数	失信企业占比	失信行为数	失信行为占比
华东	207	41.0	1317	42.4
华南	61	12.1	329	10.6
华中	51	10.1	373	12.0
华北	107	21.2	569	18.3
西北	16	3.2	140	4.5
西南	26	5.1	195	6.3
东北	37	7.3	181	5.8

资料来源：工程建设行业信用体系建设平台，中国诚信研究院整理。

2019年华东地区失信企业有207家，发生失信行为1317起，占比高达42.4%，出现这一情况主要有以下几点原因。

（1）根据《建筑施工行业发展情况报告》，无论是建筑业新签合同额还是建筑企业单位数，华东地区都远高于其他六区域，华东地区企业基数最大，建筑业在建项目数量最多，产值规模最大，这是该区域失信企业和失信行为数目均居全国最高的主要原因。

（2）随着《建设项目环境保护管理条例》的修改，《中华人民共和国环境影响评价法》《中华人民共和国环境噪声污染防治法》《中华人民共和国大气污染防治法》等环保相关法律法规的不断讨论修正，以及建设美丽中国各项政策措施的逐步落实，国家对于环保违法违规的执法监管力度不断加大，尤其是东部沿海地区政府部门执法监管范围更广，调查手段更多，建筑施工企业在建筑施工过程中更容易被纳入环保失信行为范畴，这是华东地区失信企业和失信行为数目居高的另一大原因。

3. 未履行生效司法判决和行政处罚

2019年度收集到的协会会员企业的全部失信行为信息可以分为失信被执行人信息和行政处罚信息两大类，其中失信被执行人信息对应的失信行为为“未履行生效司法判决”。在所有失信行为中，未履行生效司法判决的企业227家，共造成失信行为1736起，占比达55.93%，平均每家企业造成

7.6 起未履行生效司法判决的失信行为。行政处罚涉企 286 家，共造成失信行为 1368 起，占比达 44.07%，平均每家企业造成 4.8 起受行政处罚的失信行为（见图 6）。

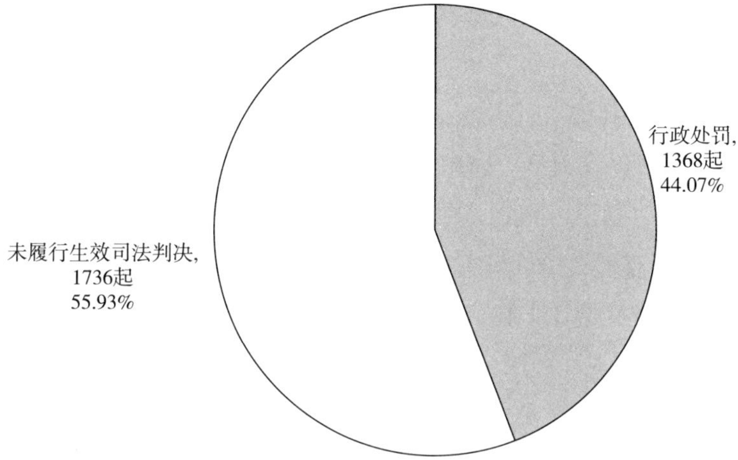

图 6　未履行生效司法判决和行政处罚比例

资料来源：工程建设行业信用体系建设平台，中国诚信研究院整理。

（1）未履行生效司法判决失信行为

在 1736 起未履行生效司法判决失信行为中又包括有履行能力而拒不履行的 1323 起，占比 76.2%。妨碍、抗拒执行的 19 起，占比 1%。隐匿财产或其他规避执行的 74 起，占比 4.3%。违反财产报告的 320 起，占比 18.4%。

建筑施工企业发生未履行生效司法判决失信行为主要有以下原因。一是建筑施工行业普遍存在施工企业现金流紧张或业主拖延支付工程款的情况，导致企业逾期支付供应商货款，发生失信行为；二是建筑施工材料、设备经常出现信息不对称导致的质量、数量问题，企业发现不及时、处理不到位，以致经常发生诉讼；三是建筑施工企业发展到一定阶段，通过签订劳务合同将具体工程分包给劳务公司，但分包过程中合同权利义务落实不到位，如劳务公司未及时足额向农民工支付工资、未缴纳工伤保险金、未签订劳动合同或签订虚假劳动合同，或者导致工伤事故、劳动争议纠纷，增大了施工企业的潜在风险，此外，与承包人在支付各类款项时也经常发生纠纷。

建筑施工企业在进行生产经营活动中难免出现诉讼纠纷行为，因此会产生未履行生效判决司法判决失信行为，由于行业的特殊性，对于包括大型国有企业在内的建筑施工企业来说这一情况是不可避免的，故本报告不再对这一方面的失信行为展开研究。

（2）行政处罚失信行为

截至2019年12月底，行政处罚失信行为总计1368起，其中环保失信问题最为严峻，扬尘、噪音、建筑垃圾污染等环保类失信行为887起，占比高达64.8%。涉税失信行为41起，占比3.0%。质量安全事故19起，安全隐患行为242起，共261起，占比19.1%。违章建筑施工行为47起，占比3.4%。未取得施工许可擅自施工89起，占比6.5%。未经批准非法占用土地、占用或挖掘城市道路、砍伐树木、擅自接入公共排水管等，共43起，占比3.1%（见图7）。

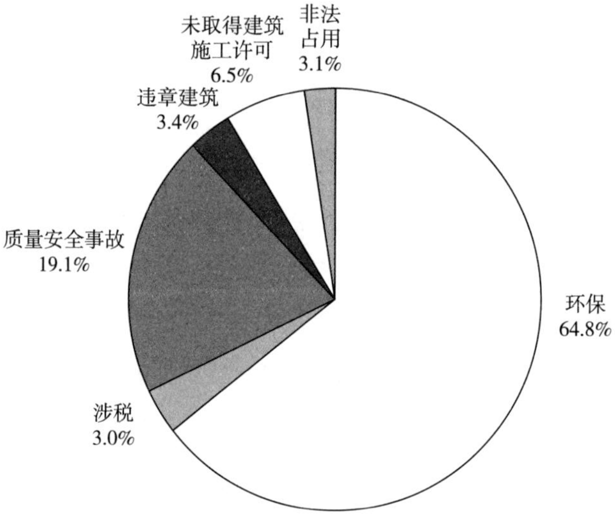

图7　行政处罚失信行为分类占比

资料来源：工程建设行业信用体系建设平台，中国诚信研究院整理。

（三）建筑施工行业失信行为频繁出现的原因

1. 现有建筑施工行业法律法规对业主履约行为的约束力不足

健全的法制体系是信用工作的前提和基础。社会信用体系建设离不开强有力的法律法规支持和保障。《中华人民共和国建筑法》《中华人民共和国合同法》《中华人民共和国招标投标法》《中华人民共和国刑法》等对建筑市场中承包商的违法失信行为做出了惩戒规定，但是缺乏对未能履约业主的惩罚措施，如《中华人民共和国建筑法》仅对发包单位应当按照合同的规定及时拨付工程款项做出了说明，对违反合同的行为却没有明确的惩罚办法，造成部分业主严重拖欠工程款、肢解发包、随意缩短工期压低价格等行为，一定程度上助长了违约失信行为。

2. 建筑施工企业自身管理不力

（1）企业擅自施工造成质量安全问题

在取得施工许可证之前建筑施工企业不允许进行施工行为，但一些建筑施工企业为了项目能够早日竣工，提前获得经济效益，或为了追赶工期，在获得施工许可证之前就擅自进行施工活动，例如，协会监测到一些企业[①]因擅自开工受到行政处罚，导致企业对工程项目缺少直接、及时的管理管控，进而增大了质量问题和安全生产风险，从而发生失信行为。

（2）企业不正当竞争行为加剧建筑施工市场信用恶化

在当前建筑施工行业“僧多粥少”的环境下，企业之间不可避免地存在同质化竞争。根据“最低价中标”原则，企业通过压低中标成本，甚至以低于工程成本的方式争取中标，部分企业在项目承建中通过以次充好、偷工减料等方式拉回成本。形式各异的围标、串标不仅造成国家建设资金流失严重，扰乱招投标市场公开、公正、公平的市场环境，还恶化了建筑市场的竞争环境，加剧了建筑市场的信用问题。

---

① 注：为尊重企业隐私，报告在此隐去了相关企业的名称。

（3）企业内控管理不力导致失信行为发生

建筑施工企业内部控制制度不完善，缺少对工程项目全过程的控制管理，加上公司治理结构不健全、管理层对内控制制度长期不重视、企业监督执行不到位等因素，企业内部制度弱化，内控经验匮乏。例如对工程关键过程和特殊过程缺乏相应过程控制的规定；对外分包工程款结算没有详细的结算控制程序，结算原始资料甚至没有现场工程师的签字；租赁设备、采购原料无合同或合同中材料标价不明确，进场设备与原定设备不符等；施工工程未安装防污装置、未落实环保措施，违反环保规定；施工工程安全管理不到位等。这些都反映出企业内部管理制度不健全的问题，程序管理设计滞后，内部控制无力，既影响了工程进度与质量，损害企业的经济效益，还易导致失信行为的发生。涉及企业包括环保失信的企业、产生安全隐患或发生重大质量事故的企业和其他失信企业共计 279 家。

3. 建筑施工领域监管范围扩大、监管技术手段升级使擦边企业列入失信名单概率增大

企业触及信用红线的概率随国家对建筑施工领域监管范围不断扩大而增加。首先，近年来国家社会信用体系建设工作不断推进，工程建设领域信用体系建设工作不断深入开展，信用标准不断细化规范，政府、社会联动参与的跨地区、跨领域、跨部门的联合奖惩机制不断发展完善。其次，国家持续扩大建筑施工领域环保失信行为监管范围，环保部受国务院委托修改《建设项目环境保护管理条例》，建立和完善建设项目环境违法行为档案库，对环保失信行为做出界定标准。各地区对建筑行业失信环保失信行为查处力度逐渐加大；此外，“互联网 +”持续深入推进，信息技术的发展使建筑施工行业的信用信息共享工作不断推进，政府、社会联动参与的跨地区、跨领域、跨部门守信联合激励和失信联合惩戒机制不断完善发展，目前已通过信用信息平台基本实现了信用信息资源互享。政府之间互联互通，加强信息公开共享，加大信用监管范围，使擦边企业列入失信名单概率增大。

以上均使得建筑施工行业中原先就本已存在却未被惩治的失信行为不断

曝光出来，这也成为建筑施工行业失信企业和造成的失信行为数量逐年上升的重要原因之一。

四 环保失信风险提示及对策建议

从协会会员企业的全部行政处罚信息来看，环保问题成为建筑施工行业最急需解决的问题。部分企业缺乏环境诚信意识和信用水平，盲目追求经济效益，从而出现建设项目环评未批先建、排污单位超标排放、暗管偷排、篡改伪造监测数据等违法失信行为，对社会和人们都造成不良影响。随着监管范围和强度的扩大，因环保问题引发失信行为还将面临更严重的惩戒，企业后续的生存和发展将面临更大的压力和挑战。因此，建筑施工企业务必重点关注环保问题。

（一）建筑施工企业环保失信案例

某建筑工程有限公司①因污染问题被纳入环保信用失信黑名单，引发市场担忧。

某建筑工程有限公司②因施工活动污染大气等环保问题频发、多次通报仍未落实管控措施，被当地相关责任部门通报批评，污染问题严重的6个项目工地分别实施停工一个月至三个月的处罚，验收合格后方可施工。公司及公司负责人被纳入环保信用失信“黑名单”。对其惩戒措施包括：限制取得政府供应土地；限制参与财政投资公共工程建设项目投标活动；限制发行企业债券及公司债券；停止执行相关财政性资金支持，或者限制其申请财政性资金项目；停止执行投资等领域相关优惠性政策，或者对其关于享受相关优惠性政策的申请不予批准；推动各金融机构将失信生产经营单位的失信情况作为融资授信的参考。对该企业负责人惩戒措施包括：限制查询政府采购项

① 注：为尊重企业隐私，报告在此隐去了相关企业的名称。

② 注：为尊重企业隐私，报告在此隐去了相关企业的名称。

目信息；依法限制参加政府采购活动；供金融机构融资授信时审慎性参考；限制补贴性资金和社会保障资金支持；限制购买不动产及国有产权交易；限制乘坐飞机、列车软卧等其他非生活和工作必需的消费行为；限制出境；查封、扣押车辆。

（二）环保失信行为分类

根据国家发展和改革委员会、中央银行、生态环境部及其他相关部门签署的《关于对环境保护领域失信生产经营单位及其有关人员开展联合惩戒的合作备忘录》，在环境保护领域存在严重失信行为的生产经营单位及其法定代表人、主要负责人和负有责任的有关人员均会被列为联合惩戒对象，因此，建筑施工企业务必对行业内发生率较高的环保失信行为高度重视。

根据环境保护部、国家发展和改革委员会、中央人民银行 2013 年发布的《企业环境信用评价办法（试行）》，环保失信行为可分为以下 12 类。

（1）因为环境违法构成环境犯罪的；（2）建设项目环评文件未通过审批擅自开工的；（3）建设项目环保设施未建成、环保措施未落实、未通过竣工环保验收或验收不合格，主体工程正式投入生产或者使用的；（4）建设项目性质、规模、地点、采用的生产工艺或者防治污染、防止生态破坏的措施发生重大变动，未重新报批环评文件，擅自投入生产或者使用的；（5）主要污染物排放总量超过控制指标的；（6）私设暗管或者利用渗井、渗坑、裂隙、溶洞等排放、倾倒、处置水污染物，或者通过私设旁路排放大气污染物的；（7）非法排放、倾倒、处置危险废物，或者向无经营许可证或者超出经营许可范围的单位或个人提供或者委托其收集、贮存、利用、处置危险废物的；（8）环境违法行为造成集中式生活饮用水水源取水中断的；（9）环境违法行为对生活饮用水水源保护区、自然保护区、国家重点生态功能区、风景名胜区、居住功能区、基本农田保护区等环境敏感区造成重大不利影响的；（10）违法从事自然资源开发、交通基础设施建设，以及其他开发建设活动，造成严重生态破坏的；（11）违反重污染天气应急预案有关规定，对重污染天气响应不力的；（12）未按照环保部门规定擅自进行建筑施工的。

（三）建筑施工企业环保失信行为防范措施

1. 加强内部管理，重视环保内控制度建设

（1）企业内部培养环保意识

参与建筑施工的工作人员除了须具备扎实的专业水平外，还需要熟知环保施工技术以及环保相关法律法规。第一，在培养专业技术的同时，企业需同时对内部工作人员们进行相关的培训，培育环保施工意识，明白其现实意义，以保障环保施工技术的顺利推行。第二，落实培训、考核制度，建筑施工企业还应建立对应的考核制度，通过考试制度来掌握学习人员对绿色环保技术的学习程度。

（2）建立环保管理问责制度

在建筑施工行为开始前，根据绿色施工要求，建立不同的环保小组，以施工组的组长为队长，组员由一线员工组成，全面实施绿色环保技术和措施，同时还可以将责任具体化、明确化到每一个成员身上，真正做到权责统一，保障绿色环保技术的顺利推行①。

2. 提高建筑施工现场管理有效性

建筑施工现场管理的专业性和合理性不仅决定着整个建筑工程的质量安全，还能有效减小建筑施工行为造成环保失信问题的风险，因此，提高建筑施工现场管理的专业性和合理性，是防范环保失信行为的有效措施。

（1）注重施工人员培训计划

针对建筑施工现场施工人员专业综合素质不高、影响工程施工进度和管理工作开展的现象，建筑施工企业应加大对劳务队伍的系统化的职业技能培训和安全教育，指导现场施工管理流程的人员作业，使其能够明确在整个施

① 郑辉：《建筑施工环保技术现状与发展策略》，《建筑工程技术与设计》2018 年第 29 期。

工过程中所处的位置，以此提高建筑施工现场管理的有效性[①]。

（2）明确施工安全及环保管理重要性

结合实际情况对施工现场环保工作进行全方位的分析，对施工材料、机械、工艺等各环节进行逐项划分，对影响区域内环境的因素做及时有效的控制，确保施工过程对周边环境生态影响降至最低，有效提升整体的施工进度[②]。

参考文献

张国义、刘永红、孙慧：《工程建设企业失信状况调查报告》，《施工企业管理》2019 年第 3 期，第 84 ~ 87 页。

李威：《加快构建工程建设领域新型信用监管机制》，《中国信用》2019 年第 11 期，第 118 ~ 119 页。

① 何彬：《试述建筑工程施工现场安全管理工作》，《中国房地产业》2019 年第 5 期。

② 何彬：《试述建筑工程施工现场安全管理工作》，《中国房地产业》2019 年第 5 期。

B.24
钢结构住宅发展的现状与前景

中国施工企业管理协会*

摘　要： 钢结构住宅建筑是装配式建筑的代表类型之一，在国内外有广泛的应用。本报告回顾了国外及国内钢结构住宅的发展历程，总结出钢结构住宅建筑符合绿色和可持续发展理念、具有工业化特质、建造与信息化融合、具有良好的环保与抗震性能等特点。从物质基础和技术条件两方面对钢结构住宅的发展进行了分析，提出了钢结构住宅的产品设计标准化、全寿命周期一体化设计、施工过程机械化、工程EPC总承包四个方面的发展前景。通过调研，找出钢结构住宅在发展中存在鼓励发展的相关政策落实不完全到位、市场认可程度有待提高、生产企业产能利用率不高、专业技术人才短缺制约市场发展等主要问题，并结合实际提出了加快相关鼓励政策落地实施、加强政策引导和舆论宣传、推动装配式钢结构生产企业转型升级、逐步建立产教融合的专业人才培养体系等发展建议。

关键词： 钢结构住宅　建筑业　施工企业

钢结构住宅建筑是以工厂化生产的钢梁、钢柱为骨架，同时配以新型轻质、保温、隔热、高强的墙体材料作为围护结构建造而成的建筑，其主要承重骨架是由钢构件或钢管混凝土构件所组成。

---

* 执笔人：冯雷，中国施工企业管理协会行业发展部主任科员，主要研究方向为工程建设行业发展和企业管理。

一　国外及国内钢结构住宅发展历程回顾

（一）国外钢结构住宅发展历程

1. 发展起步时期

18 世纪至 20 世纪初，随着工业革命对资本主义经济发展的影响不断深入，部分资本主义国家的钢铁工业得到有力促进，钢结构技术得以产生和初步发展。这个时期炼钢技术的产生和进步为钢结构发展提供了必要的物质基础。同时，力学相关理论在这个时期也发展迅速，这为钢结构的科学应用提供了理论基础。

2. 初步探索时期

20 世纪初至中叶，钢结构的防火能力缺陷被逐步发现，同时，钢筋混凝土结构应用速度加快，钢结构的发展进入低潮期。这个时期钢结构技术研究受到建筑师们的重视，逐步探索在钢结构住宅中运用钢结构技术和钢材特性来体现现代建筑理念，这为钢结构住宅的后续发展奠定了坚实基础。

3. 全面发展时期

20 世纪 50 年代开始，钢结构开始全面进入住宅领域。进入 60 年代，西方资本主义国家钢材性能和产量取得了突破性进展，钢结构建筑的各种结构体系日益成熟，计算机技术也逐步应用于钢结构建筑的辅助设计中。从 20 世纪 70 年代开始，随着全球经济的发展，钢结构住宅技术在经济发达国家得到了全面发展，不断走向成熟。钢结构住宅技术的研究和应用已从欧洲、美洲的少数国家向更多的国家和地区推广，亚洲的日本、韩国和中国台湾地区钢结构住宅发展尤为典型。从这个时期开始，钢结构住宅逐步走向工业化生产，这是钢结构技术发展成熟的重要标志。

目前，瑞典、美国、澳大利亚和日本的钢结构住宅占本国新建住宅总面积的比例分别约为 80%、75%、50% 和 20%。

（二）国内钢结构住宅发展历程

1. 发展准备阶段

新中国成立初期到20世纪80年代初，中国由于钢材产量低，一直以“节约用钢”作为基本国策，钢结构在建筑中的应用局限于一些标志性公共建筑和工业建筑中，在民用住宅建筑中只有少量的应用尝试。20世纪八九十年代，中国钢结构在建筑领域的应用主要集中在高层和超高层钢结构建筑。在此期间，全国大约建了40多栋高层钢结构建筑，总建筑面积超过300万平方米左右。但用在钢结构住宅方面较少，钢结构住宅还处在探索性的开发、研究阶段。

2. 探索启动阶段

从20世纪90年代开始，中国开始探索钢结构建筑在住宅建筑中的应用。这个阶段钢结构住宅部分从国外引进或合作建造完成，例如北京恩济里小区的7层钢结构住宅，主要材料由意大利提供；山东烟台在滨海地区引进了200栋日式别墅；北新集团引进了意大利的三层别墅。

同时，国内的钢结构住宅先驱者开始进行钢结构住宅的研制、开发和建造。1994年，上海浦东北蔡建造了一栋8层钢结构住宅楼，采用框架承重体系；1998年，中铁紫荆钢结构公司建设一幢3层实验楼，采用钢框架－核心筒结构。

这个阶段国内相关单位逐渐提高了对钢结构住宅的重视程度，进行了相关的探索，这也为钢结构住宅的发展起到了重要推动作用。

3. 积极推广阶段

1996年起，中国钢材年产量连续超过1亿吨，并跃居世界首位，这为钢结构住宅的发展提供了基础和保障。经过多年的探索实验，公众对钢结构优越性的认识逐渐提高，钢结构住宅在中国进入快速发展时期。

政府主管部门为了推动钢结构住宅的发展，出台了一系列的激励政策。原建设部、国家冶金工业局联合组织制定的《国家建筑钢结构产业“十五”计划和2015年发展规划纲要》明确指出钢结构具有强度高、自重轻、抗震性能好、施工速度快、地基费用省、占地面积小、工业化程度高、外形美观等一系列优点。

经过多年发展，中国已经具备发展钢结构住宅的有利条件。一是钢产量稳居世界第一，能够充分保证建筑市场的用钢需求；二是国际上已经有相当成熟的钢结构住宅建筑技术和经验，可供借鉴；三是钢结构建筑的有关技术标准和规范相继颁布，并且多个钢结构设计软件也已投入使用；四是中国冶金工业的发展为钢结构进入住宅领域提供了保障。

4. 高质量发展阶段

党的“十八大”确定生态文明目标后，政府更加重视钢结构住宅产业化发展。2013 年以来，中国钢结构建筑用钢量年均增速保持在 10% 以上，钢结构住宅的发展迎来了战略机遇期，逐步实现从高速发展到高质量发展的转变。

这个阶段，钢结构生产企业开始注重核心技术的研发与应用，以提升产品质量和企业效益为驱动，坚持技术、管理、组织、机制等方面的创新，通过推动关键核心技术、产业结构、技术与产品集成能力、软件及信息化技术等方面的升级，不断提升钢结构住宅质量，并加快在钢结构住宅的发展模式、产品结构体系等方面的研究。

企业面对装配式钢结构行业的全球化发展趋势，紧跟国家新一轮对外开放步伐，积极参与“一带一路”倡议，统筹谋划好“走出去”与“引进来”两个大局，积极推动自身发展。

二　钢结构住宅的优势

（一）钢结构住宅符合绿色和可持续发展理念

钢结构住宅的建造方式充分体现绿色和可持续发展理念，可以实现节约、清洁、安全和高品质、高效率、高效益。在建造过程中能节约资源、保护环境，是建筑业转型升级、走向现代建造文明的可持续发展之路的选择。在面临巨大资源环境压力的条件下，通过使用绿色建材和先进的技术与工艺，建立与绿色发展相适应的建造方式是实现资源节约、环境保护的技术条件和产业基础。

（二）钢结构住宅具有工业化特质

钢结构住宅产业化程度高，具有标准化、工厂化、装配化、一体化和信息化的鲜明特征，可以运用现代工业化的组织方式和生产手段，对钢结构住宅建筑生产全过程的各个阶段的生产要素进行系统集成和整合，钢结构住宅适合大规模工业化生产。

（三）钢结构住宅建造与信息化融合

钢结构住宅在生产过程中，与 BIM 信息技术可以深度融合。钢结构住宅的建造过程，将设计、生产、运营维护有机结合，解决整个行业发展系统性不足的问题，包括技术与管理之间的结合，体制机制的落后。通过信息互联技术与企业生产技术和管理的有机融合，实现企业管理数字化和精细化，从而提高企业运营管理效率，提质增效，达到提升社会生产力的目标。

（四）钢结构住宅具有良好的环保与抗震性能

钢结构住宅采用新型建筑材料和装配式生产方式，属于节能环保住宅，且替代了传统砌筑、现浇等落后生产方式及建筑材料，保护土地资源，保障国民经济可持续发展。

钢结构住宅的防灾减灾能力较强。钢结构的延性较好，当结构在地震动力作用下破坏时可吸收较多的能量，降低脆性破坏的危险程度，尤其在高烈度地震区，使用钢结构更能够保障安全。

三　中国发展钢结构住宅的条件与前景

（一）中国发展钢结构住宅的条件

在物质基础方面，中国的钢产量已是世界第一。2018 年，粗钢产量为 9.28 亿吨，占全球粗钢产量的 50% 以上。钢材产量和质量持续提高，钢结构的造价也有较大幅度的降低。钢材供过于求的新形势，为中国发展钢结构住宅打下坚实的物质基础。

技术条件方面，近年来，中国的钢结构生产企业和相关科研机构坚持和加强产业技术引领作用，持续深化技术创新，在钢结构建筑的设计、制造、施工等各方面技术都取得了突破性进展。例如钢结构深化设计技术、厚钢板焊接技术、大型钢结构滑移安装技术、钢与混凝土结构结合技术、高轻度钢材应用技术等，这些新技术的广泛应用极大地提升了钢结构建筑的质量和品质。

政策支持方面，中国政府高度重视钢结构建筑的发展，相继出台了多项推动钢结构发展的政策。《“十三五”装配式建筑行动方案》明确提出，到2020 年全国装配式建筑占新建建筑的比例达到 15% 以上，其中，重点推进地区达到 20% 以上，积极推进地区达到 15% 以上，鼓励推进地区达到 10% 以上。目前中国所有省份都已经制定了装配式建筑发展规划，并加紧实施落地。

浙江、山东、四川、湖南、江西、河南六个省为落实 2019 年 4 月住建部召开的“推进钢结构装配式住宅建设座谈会”会议精神，分别提出开展钢结构住宅建设试点，并明确了试点目标。

由此可见，中央及地方政府均十分重视钢结构在建筑领域的应用，并积极鼓励钢结构的产业化发展。随着更多支持政策的推出与相继落地，中国钢结构行业迎来了最佳发展时期。

（二）中国钢结构住宅的发展前景

1. 产品设计标准化

标准化设计是钢结构住宅的特点之一，能够有效提高深化设计、采购、加工等工作的效率，提高施工便捷性。在做好标准化设计的同时，兼顾个性化设计，是未来钢结构住宅的发展方向。主要包括建筑户型的标准化、结构构件标准化、部件标准化、部品标准化。

2. 全寿命周期设计一体化

钢结构住宅是一个完整的建筑系统，涉及设计、制作、运输、施工、装饰装修、管理等全方位的工作，需要综合考虑各专业协调问题，提高钢结构住宅适用性能。

一体化设计是未来的发展趋势。由建筑设计牵头的结构设计、装饰设计和机电设计一体化，考虑结构与建筑的融合，模数和标准化的部品构件。装饰设计与结构设计的相互融合，装饰与结构的连接节点互留以及标准化的连接方式，是未来的发展方向。

3. 施工过程机械化

“好、快、省”是施工企业的核心竞争力，而“快”是目前钢结构企业应该实现但还未实现的目标，需要施工组织理念、配套的施工设备和器具的创新，也是施工企业的竞争力的主要体现方式，快速施工能力是核心竞争力的发力点。

未来的自动化施工设备应根据钢结构住宅的配套部品部件安装施工需求，分类分项进行开发，达到高质量完成安装施工质量的同时，减少产业化工人的需求，在不断推广应用过程中不仅可保证钢结构住宅的品质，还可以降低建造成本。

4. 工程 EPC 总承包

钢结构住宅是一个完整的建筑系统，适用于工程 EPC 总承包管理模式，施工企业应由专业分包商向建筑系统集成商转变，由工程 EPC 总承包单位完成设计、采购、土建、钢结构安装、装饰、交付等各环节的施工，有利于各专业协调，减少纠纷，有利于质量、进度、成本的控制。实现项目 EPC 总承包管理层、专业施工管理层分开的目标，通过强化项目 EPC 总承包管理层对项目整体的服务、协调、管控，提高大型、复杂项目的 EPC 总承包管理水平。

四　装配式建筑生产企业抽样调查情况

为了解装配式钢结构建筑生产企业的发展情况、发展中遇到的主要问题，并因此提出相应的发展建议，中国施工企业管理协会课题组通过问卷调查、实地走访等方式对福建、广西、海南、河北、湖南、江苏、江西、辽宁、山东、山西、陕西、上海、浙江、吉林、广东（含深圳）等省市的89家装配式生产企业进行了抽样调查。抽样调研企业分类情况见图1。为了全面了解装配式建筑发展情况，本次抽样调查采集数据包括装配式混凝土生产情况。

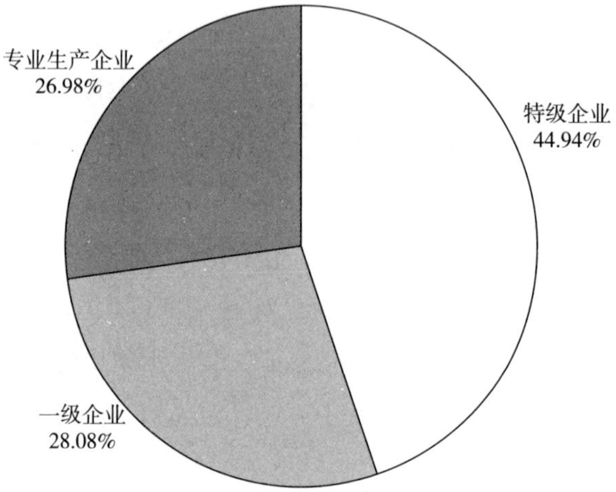

图1　抽样调研企业分类情况

2018年，抽样企业完成产值60513824.36万元，近三年的产值复合增长率为8.92%，营业收入48828682.32万元，新签合同额82740077.11万元，实现利润1340054.63万元，产值利润率为2.2%。

截至2018年底，抽样企业共有生产线658条，装配式混凝土产能658.03万平方米，装配式钢结构产能211.14万吨。装配式生产企业产能利用率为47.09%，其中装配式混凝土生产企业产能利用率为42.72%，装配式钢结构生产企业产能利用率为69.11%。

2018年，抽样企业完成装配式建筑施工面积6253.27万平方米，占全国装配式建筑施工总面积的32.91%，其中装配式混凝土建筑面积5337.02万平方米，装配式钢结构建筑面积916.25万平方米；抽样企业完成装配式住宅施工面积3958.43万平方米，其中装配式混凝土住宅施工面积3849.15

万平方米，占比为 97.23%，钢结构住宅施工面积 109.28 万平方米，占比为 2.77%（见图 2）；保障性住宅施工面积 1770.89 万平方米，占比为 44.73%，商业住宅施工面积 2187.54 万平方米，占比为 55.27%。

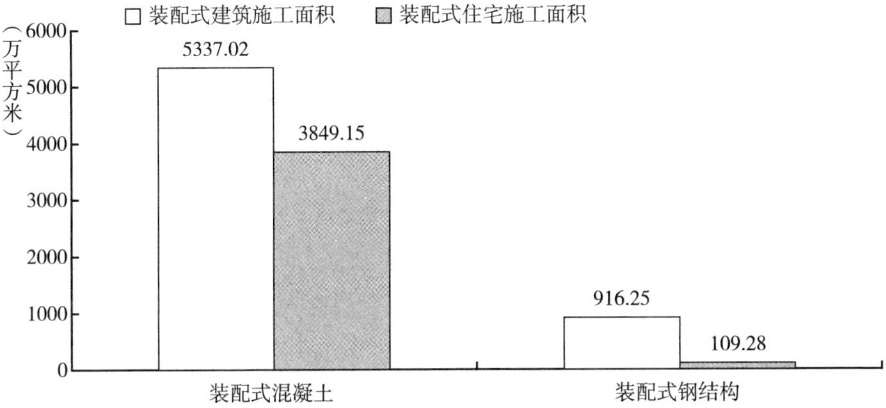

图 2　抽样调研企业装配式完成施工面积情况

装配式混凝土住宅中保障性住宅施工面积 1701.81 万平方米，商业住宅施工面积 2147.34 万平方米，钢结构住宅中保障性住宅施工面积 69.08 万平方米，商业住宅施工面积 40.20 万平方米。

按资质类别看，特级资质企业数量占抽样调研企业总数的 44.94%，特级资质企业完成产值 55148192.42 万元，占抽样企业完成产值的 91.1%，产值利润率为 2.08%，装配式混凝土产能利用率为 40.70%，装配式钢结构产能利用率为 84.93%。

一级资质企业数量占抽样调研企业总数的 28.08%，一级资质企业完成产值 5122625.19 万元，占抽样企业完成产值的 8.4%，产值利润率为 3.49%，装配式混凝土产能利用率为 46.96%，装配式钢结构产能利用率为 64.51%。

专业生产企业数量占调研企业总数的为 26.98%，专业生产企业完成产值 243006.74 万元，占抽样调研企业完成产值的 0.5%，产值利润率为 4.5%，装配式混凝土产能利用率为 39.37%，装配式钢结构产能利用率为 48.6%（见图 3）。

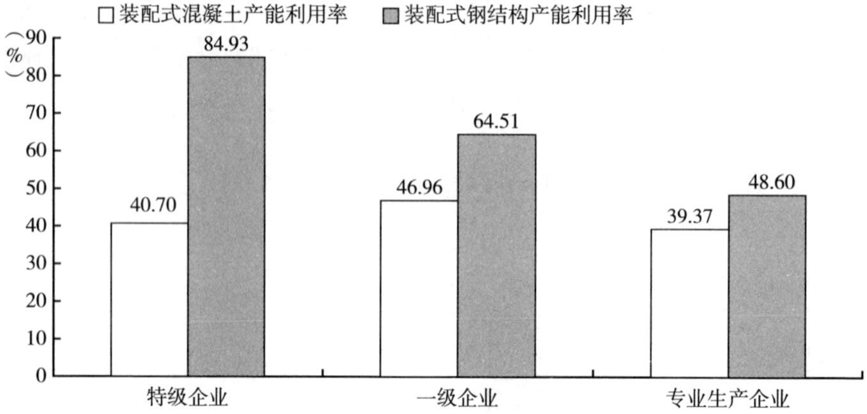

图3　抽样调研企业产能利用率情况

特级资质企业参与装配式建筑生产的比例较高。专业生产企业的产值利润率较高。不同类型企业的装配式钢结构产能利用率高于装配式混凝土结构，也体现出装配式钢结构建筑呈现良好的发展态势。

五　钢结构住宅发展中存在的主要问题

（一）鼓励钢结构住宅发展的相关政策落实不到位

钢结构建筑的高质量发展离不开政府的大力支持，虽然政府行政主管部门提出了大力发展钢结构住宅的倡议，出台了相关文件，但整体而言政策性文件在落地时与发展目标有较大距离，地区差异也比较明显。一方面，为了让开发企业投资落地，部分政府主管部门提出过高的装配式建筑发展目标或给予企业多种优惠的承诺，但在实施中无法全部兑现，影响了企业的积极性，致使部分投资不能转换为实际产能。另一方面，各地出台的相关政策较多，但在规划审批、土地供应、财政金融等方面出台政策的实质性吸引力不够，导致开发、生产、施工企业推进钢结构住宅的积极性不高，全面推进钢结构住宅的市场环境还没有形成。

（二）钢结构住宅的市场认可程度有待提高

目前，社会公众对钢结构住宅的认可程度较低，钢结构住宅占整个住宅市场的份额不足2%。主要有以下三个方面的原因，一是宣传力度不足。目前对钢结构住宅的优良性能和节能环保优势宣传不足，消费者对钢结构住宅在结构安全性、耐久性、防火、防腐性能等方面存在认识误区。二是技术储备不足。部分开发、设计、部品生产、施工、监理、检测企业对建造方式的转变认识不够，技术和生产能力储备不足。三是初期成本投入比较高。钢结构住宅需要建筑构件的预制生产，因此前期需投入大量的资金购买大型生产、运输及吊装等设备，导致企业的初期成本投入高。

（三）钢结构住宅生产企业产能利用率不高

钢结构住宅尚未形成成熟统一的技术体系，影响了规模化推广进程。在抽样调查中发现地方企业的产能利用率差异很大，最高达47%，部分地方部品部件产能过剩，部分地方供不应求。从区域布局看，多数地区尚未打破行政区域界限去统筹规划生产企业的数量和产能，在产业布局上只是局限于本行政区域内，不能从整体的角度去统筹考虑，极易导致区域布局不合理，产能过剩与产能不足并存。从企业层面看，企业缺乏整体性技术解决方案，钢结构住宅三板（外墙板、内墙板、楼板）技术体系有待完善，外围护结构渗漏、施工效率低等问题依然存在。尚未适应施工方法的转变导致生产效率降低，企业成本增加，对企业项目管理、产能利用和盈利能力都提出了新的挑战。

（四）专业技术人才短缺制约市场发展

装配式钢结构建筑涉及不同于传统的施工工艺和施工流程，对装配式钢结构建筑施工管理和施工过程均提出新的要求，目前行业中专业技术人才仍然缺乏。一方面，施工管理人员技术能力仍需加强。许多施工管理人员对新型建造方式还处在感性认识和起步摸索阶段，缺乏系统的学习培训及实践经验，还不能完全满足新型建造方式的需求。另一方面，复合型技术人才短缺。装配式钢结构建筑建造过程中除了蓝图设计，还需要部品部件的深化设计，需要将装配施工与现浇施工进行衔接、搭配，懂设计、会施工、能管理的复合型技术人才紧缺制约了装配式钢结构建筑的发展。

六　推动钢结构住宅发展的建议

（一）加快相关鼓励政策的落地实施

建议因地制宜地不断完善钢结构住宅相关政策体系。一方面，地方政府要在推进钢结构住宅工作中，将重点推进地区、积极推进地区和鼓励推进地区的发展节奏有机地协同起来；将装配式混凝土建筑、装配式钢结构建筑、装配式木结构建筑的发展有机地协同起来；将装配式建筑不同环节的供需有机地协同起来。另一方面，装配式钢结构建筑要实行“双轮驱动”和“两方面同步”。“双轮驱动”即试点示范省市和基地企业同步推进。各地可在借鉴先进经验的基础上，创造性地制定本地更接地气的政策措施。“两方面同步”即公共建筑和住宅同步发展。在确定钢结构建筑发展目标和总体布局的基础上，明确钢结构建筑发展管理部门，建立联动机制。

（二）加强政策引导和舆论宣传

一是在发展初期通过规划和财政政策调动市场积极性。从示范城市、产业基地、示范工程、科研项目和人才培训等方面加大财政资金投入力度，鼓励采用以奖代补的形式。二是建立政策弹性机制，待钢结构住宅发展日益成熟后逐步取消激励政策。应充分发挥财政资金“四两拨千斤”作用，撬动更多金融资本、民间资本和社会资本支持装配式建筑的健康发展。三是大力宣传推广钢结构住宅在节能环保、抗震性、节约成本等方面的优势，消除公众对钢结构住宅的认识误区，提高全社会的认知和认同度。

（三）推动装配式钢结构生产企业转型升级

建议钢结构生产企业适应新形势，不断加大关键技术研发和转型升级步伐。一方面，完善促进钢结构住宅科技成果转化的政策环境。建立新技术、新产品、新工艺的评估推广机制，编制相关图集、指南等标准规范，促进关键技术和成套技术科技成果产业化。另一方面，推动企业管理能力现代化建设，引导企业向工程总承包方向转型。钢结构住宅对于设计、制作和施工的一体化要求高，采用工程总承包方式可以有效地建立先进的技术体系，提高管理效率。打通产业链的壁垒，解决设计、采购、施工一体化问题，技术与管理脱节问题，实现资源优化和效益最大化。

（四）逐步建立产教融合的专业人才培养体系

建议按照《国务院办公厅关于深化产教融合的若干意见》（国办发〔2017〕95号）要求，结合市场需求和企业实际分三个层次建立装配式建筑人才培养体系。在高层次专业人才培养方面，通过选拔企业优秀专业技术人才，参与国内关键技术研究、国内外行业技术交流等方式进行深入探索，掌握行业前沿技术，创建企业核心技术及施工技术体系。在一线专业技术管理人员培养方面，要通过定期开设“装配式建筑技术管理人才培训班”进行专业知识培训，掌握装配式建筑专业技术和管理方式，再通过项目技术应用，实现理论与实践的结合。在专业技能工人培养方面，要依托于高校和高职院校开设装配式建筑专业课程，结合课堂教学、现场实操、实践练习等方式，加强在校学生专业化素质培养，为装配式建筑产业的发展提供专业化人才支撑。

B.25
建筑施工企业降杠杆、压“两金”的实践与思考

武汉建筑业协会*

摘　要： 近年来，中国建筑施工企业随着经营规模的扩大，“两金”（应收账款和存货占用资金）总额急剧攀升，企业杠杆率高企，债务规模不断增长，导致债务风险上升，经营压力不断增大降杠杆防风险、压“两金”成为当前建筑企业面临的突出问题。本文分析了目前建筑企业在降杠杆、防风险、压“两金”过程中所面临的困境，结合某国有建筑企业的实际经验，针对性地提出了加强思想认知、强化组织保障、发挥联动作用等三个方面的相应具体对策措施，重点阐述了在发挥联动作用方面，主要通过狠抓市场源头质量、强化商务确权结算、深耕精益建造、强化投资业务管理、强化现金流管理、统筹法务风险预警、加强存量资产管理、严格管控负债规模、有序开展融资创新、夯实企业效益管理、健全财务信息管控等措施进一步实现建筑企业降杆杆、压“两金”的目标。

关键词： 建筑业施工企业　降杠杆　压“两金”

党的十九大以来，中国经济进入高质量发展的新时代，经济由高速增长

---

* 执笔人：蔡绍兴，中建三局第一建设工程有限责任公司总会计师，主要研究方向为建筑企业管理、企业发展战略研究。

阶段转向高质量发展阶段。党中央、国务院部署以供给侧结构性改革为主线，持续推动降杠杆防风险，压“两金”减库存，坚决防范化解金融风险。本报告从某建筑国有公司（以下简称“公司”）的降杠杆压“两金”的实际情况出发，探究降杠杆、压“两金”工作的实施方案，为建筑企业降杠杆压“两金”工作提供参考和借鉴。

一　降杠杆、压“两金”含义

“两金”，是指资产负债表中应收账款和存货占用资金，“两金”占比高会导致企业资金周转效率低、运行质量和盈利能力差。杠杆率是指资产负债表中负债总额与资产总额的比率，表明企业总资产中有多少是通过负债筹集的，该指标是评价企业负债水平的综合指标，是衡量企业偿债能力的重要指标。当前，建筑企业普遍存在资产负债率居高不下，“两金”总额压降困难，经营性净现金流入持续下降，总资产周转率下降趋势难于改变等突出矛盾问题。对于施工企业来讲，降杠杆的难点和重点就是降“两金”。

二　降杠杆、压“两金”目前存在的困难

从外部环境来看，行业发展的挑战增大。近几年多数政府和企业都处于高杠杆状态，均面临降杠杆的压力。房地产行业处于政策调整期，金融政策监管下房地产行业严禁违规举债，房地产企业各项融资持续收紧，房地产行业整体现金流较为紧张，合约质量不断恶化，对建筑企业造成较大影响。一是合同收款条件呈下滑趋势。月度 80% 及以上收款项目合同额平均占比逐年下降，节点收款项目平均占比不断增长，进度款收款周期长达 2 个月以上，越来越多的项目需要建筑企业垫资。二是业主支付方式发生变化。合同中约定商票收款的平均占比逐渐增多，严重影响了企业现金流，增加了“两金”总额。三是部分房企业主为减缓自身资金压力，对施工单位降低确权速度、拖延结算来延缓支付。部分业主在未取得相关许可证的前提下盲目

督促进场开工，对因自身原因引起的工期推卸责任。市场竞争激烈，业主大幅压低中标价格，建筑企业的多数项目都是低价中标，投标利润十分微薄或亏损。分供商受金融偏紧政策影响，对现金需求更加强烈，通过产业链传递资金压力空间明显受限。民营企业拖欠款等刚性支付要求越来越高，债务违约及诉讼风险不断积累。

从内部管理来看，管理工作还有待加强。当前“现金为王”的管理理念还不够深入，降杠杆管理工作还有待进一步加强。一是市场源头把关不严格，未建立相应的营销底线，盲目低价中标，为了一时业绩不顾后期风险，靠后期结算扭亏。未对业主资信开展详细评估和调查，部分项目业主资信实力较差，易形成过程大额工程款拖欠。二是部分项目内部管理不到位，系统联动机制不健全，因合同争议、手续不全、人员变动大等无法及时取得确权和最终结算，造成工程款无法及时回收；三是受环保监管影响，材料价格均有不同程度的上升，材料支付比例显著提高，现金流压力进一步增大。

三 建筑企业降杠杆、压“两金”的管理措施

结合某国有企业降杠杆管理经验，坚持整体布局、分类施策、聚焦重点、持续推进的工作思路，全面开展降杠杆减负债推进工作。从资产端、负债端、权益端多管齐下、协同发力，加快“两金”回收，严控带息负债，提升利润质量。

（一）加强思想认知

1. 充分发挥国有企业党建独特优势

将降杠杆工作与贯彻落实十九大精神、落实党中央国务院降杠杆重大决策部署，与增强“四个意识”、坚定“四个自信”，做到“两个维护”、践行“六个力量”相结合。学习领会中央决策和中建党组的部署，进一步把握降杠杆重大意义，充分认识到降杠杆防风险，是打好防范化解重大风险攻坚战的重要举措，以实际行动和实际成效践行“不忘初心、牢记使命”。

2. 加强降杠杆减负债政策宣传

提高企业全员思想认识水平，要真正认识到降杠杆减负债工作同企业做大做强并不矛盾，是实现高质量发展，建设世界一流企业的主要举措。要认识到高质量发展就要坚持“质量第一、效益优先”原则，推动“质量、效率、动力”三大变革，全面提升运营品质，忍痛舍弃低效和无效的规模扩张，为未来发展赢得时间、赢得空间。要认识到降杠杆减负债工作是一个复杂的系统性工程，涉及企业的各个层面和各业务板块，绝不仅仅是财务系统的事。企业的运营，起于战略，终于报表。营销质量改善是源头，投资周转加速是关键，商务确权是核心，合约法务是保障，财务资金是呈现。

（二）强化组织保障

1. 健全管理体系

完善降杠杆、压“两金”管理体系、工作机制、奖罚制度等管理办法，明确各业务系统、各级组织工作目标。建立权责明确的决策执行监督机制，明确降杠杆的主体责任，强化资产负债管理责任。各级机构成立以主要领导为第一责任人，主管领导和主管部门负责具体推进，实现横向联通各业务系统，纵向贯穿上下级组织的全系统、全员合力压降的良性管理体系和工作机制。

2. 明确责任目标

一是对资产负债表进行逐项分析，对资产负债进行逐项细化分解，制定清理方案，明确相关职能部门的管控内容，实行销项清单管理，确保降杠杆工作有的放矢。二是以责任状为抓手，确保责任层层压实。对责任目标按季度逐项进行分解，明确时间、节点、责任人。加强过程管控，及时预警。三是通过各层级的降杠杆减负债体系建设，每月定期的降杠杆月度例会联动各业务系统，横向分解指标任务；通过总部引领，加强对下属单位的管控，实现纵向传递压力。

3. 加强成果交流

及时宣传推广降杠杆减负债的优秀管理方法和成果，创造交流机会，为各单位间交流学习提供平台；加强人才培养力度，鼓励员工学习，加大激励力度，形成比学赶超的良好氛围，促进水平提升。

（三）发挥联动作用

1. 狠抓市场源头质量

一是坚持营销底线。营销体系在“两金”管控中应肩负起“未到期应收账款”的管理，提高合同质量就是控制“未到期应收账款”的增幅及占比。完善市场管理制度，完善风险分级管控体系。对业主资信情况、综合实力等进行评估和调查，改善合同付款条件，化解合同签订中存在的支付风险，从源头上提高营销质量。提升战略客户项目合约品质，放弃效益差、产出低、规模小的项目，切实提高战略客户营销质量。在项目立项、保证金缴纳和合同评审等环节，层层把控，杜绝违规垫资的行为。二是遵守投资项目决策纪律。建立年度投资空间预算制度，合理控制投资节奏。严格执行股份公司投资项目立项要求和程序。将融资条件、融资成本前置考虑和评估，将融资可行性作为承接项目的重要依据。坚守投资底线，从源头上防控风险。加强对项目可研报告、实施方案及合同文件的实质性审查，在风险未化解前慎重投入。

2. 强化商务确权结算

一是强化过程结算和确权管理。设定过程确权率底线目标，实行过程确权与资金支付强相关管理。推动商务策划前移，尽早明确商务策划点。及时办理项目洽商、签证、索赔事宜，提升在建项目确权效率，促进项目工程款及时或超前收回。二是加大竣工结算力度。做好项目结算策划，深入贯彻“开工即结算开始，竣工即结算完成”，正确认识结算效率与效益的辩证关系，充分考虑资金的时间价值，贯彻“现金为王”的理念，做到适时结算定案，早日回收工程款。

3. 深耕精益建造

一是合理调配资源精心组织施工，严格执行计划确保履约，围绕收款节点设置节点计划考核目标和工期奖，实现收款时点前移，切实用精益建造促进工程款回收，解决因工期、质量、进度、安全等涉及的工程款回收问题。针对项目后期因维保纠纷造成工程款无法回收的，出台维保管理办法，提高项目维修效率，衡量维修成本、项目效益、社会信誉等因素，尽快做出决策，加快拖欠款项回收。二是对项目存货进行计划管理，减少存货积压，探索零库存方案。合理科学控制施工进度，实现施工组织的最优化，避免出现因抢工造成采购成本、库存量的增加，及时合规处置不需要的材料。

4. 强化投资业务管理

做好投资项目可行性研究报告的跟踪落实，及时测算项目全生命周期费用成本，重视项目履约，加快投资收益顺利实现。关注政策变化导向，加强到期回购款的回收力度，加速地产存货的周转效率，平衡年度投资业务资金收支情况，做到张弛有度。做好 PPP 项目运营管理，探索投资项目提前退出机制，针对股权比例较大的项目推进股权转让，针对有稳定现金流的经营性项目通过资产证券化实现退出，以轻资产运作为导向，实现投资业务可持续发展。

5. 强化现金流管理

一是完善资金管理制度。加强项目资金策划管理，优化项目资金策划编制方案，提高资金策划精度，建立更为有效的奖罚激励机制，促进资金更快回流。强化资金底线管控，对触及红线的单位，适时进行经营战略调整或专项整治。二是开展资金使用效率评价。探索分业务构建资金使用效率评价体系，逐步将评价结果与资金投放挂钩，为企业的发展和决策提供支持。三是加强负现金流专项治理。按月出具负现金流分析报告，着重分析形成负现金流的原因。制定节点转正计划及降低垫资专项措施，严控负现金流建造项目后续资金投入，对负现金流达到一定标准的，开展风险评估，避免盲目投入增加风险。强化负现金流风险预警，定期开展风险排查。

6. 统筹法务风险预警

统筹公司风险管理，防范资金回收风险。加大对业主资信的调查力度，加强对投标风险、履约风险和资金风险的识别。定期关注业主资信重大变化，尤其是现金流恶化、财务风险较高的业主，关注延迟结算及付款、要求改变付款方式等行为，做好应对预案。评估合同履约和重大债权的法律风险，针对长账龄款项适时运用法律手段解决债权的回收。

7. 加强存量资产管理

一是定期开展财产清查，对各类资产进行清理盘点，核实资产实物和价值状况，做好相关尽职调查、资产清查、财产评估等工作，分析资产收益能力和变现能力，提出资产分类管理、处置、运营方案。按照分类管控、精准施策的思路，对资产划定规模总额上线、周转速度下线、盈利能力底线、现金回收红线。“四线”之外的非战略性资产要制定处置路线图。二是加快低效资产清理，对土地、厂房、设备等闲置资产以及各类重资产，采取出售、转让、租赁、回租、招商合作等多种形式予以盘活，实现有效利用。引导企业进入产权交易市场，充分发挥产权交易市场价格发现、价值实现功能。高度关注抵债资产处置，加大奖罚力度，全力推进低效、限制资产处置变现，提高资产使用效率。

8. 严格管控负债规模

一是控制带息负债规模。按照企业发展规划、战略导向合理配置信贷预算，管控资源投放，压缩非战略性业务和项目的带息负债，做好债务融资结构、期限的匹配。二是控制经营性负债总额。定期进行债务梳理，强化与分供商账务核对工作。建立债务风险监控机制，按月度对下属单位经营性债务情况进行预警，按时足额支付分供商款项，积极主动解决分歧。加大内部清欠力度；清理拖欠民营企业账款，彰显央企担当。

9. 有序开展融资创新

一是积极开展债转股。与金融资产管理公司、保险资产管理机构、国有资本投资运营公司等多种类型实施机构开展市场化债转股工作，引入社会资本，增强资本实力。二是通过金融工具加快资产周转。加强与保险、养老金、政府产业引导基金等低成本资金对接，落实存量 PPP 项目融资资金到位。在受限资金集中、固定资产盘活、工程款回收等方面借助金融机构资源优势，在控制风险的情况下，通过金融工具加快资产周转。三是提高资本运作能力。探索资本运作，通过参股、控股、债转股等多种方式进行资本运作，加大对并购贷款、股权投资基金、创业投资基金、产业投资基金等形式参与企业兼并重组的研究，整合社会资源，快速形成专业能力，优化资本结构。

10. 夯实企业效益管理

一是完善效益管理体系。定期开展分支机构盈利能力分析工作，促进盈利水平持续提升，利润结构持续优化。二是支撑精细成本管理。深入推进预算管控，严控各级单位和项目管理费用。加强集采管理，通过金融工具优化对外支付方式，切实发挥金融工具的优势，有效降低大宗材料集采成本。加强货币资金和信贷动态管理，获取低成本的信贷资源，降低融资成本。加强保险业务集中，有效降低项目保险费用开支。三是巩固税务管理成果。完善项目增值税管理，将增值税管理与项目经济活动分析相结合，落实增值税目标责任状过程管控。加强税务筹划，编制纳税筹划案例库指引，降低公司税负。

11. 健全财务信息技术管控

建筑企业项目个数众多，业务遍及广泛，需要依靠信息技术平台和信息技术手段实现有效管控，实现“以技术管技术”，也是创建世界一流示范企业的必然要求。要从改善内部运营的角度，对企业管理制定共同规则，建立标准化的集中管理机制。要建立高效协同的信息系统，通过信息系统实现对业务管控的整体性、可控性和及时性，推动财务与业务深度融合。依托信息系统，根据行业政策、市场动态、客户类型、合作条件等业务核心数据库搭建大数据体系，强化数据治理，增强大数据分析能力。定期对企业经济运营情况开展分析，出具分析报告，改善运营质量。对标建筑行业先进单位，查找短板，为企业高质量发展提供决策支撑。

四 结语

综上所述，在当前的外部环境下，短期内建筑市场不会发生大的根本改善，降杠杆的力度仍然不会减弱，在双重压力下，企业需要改变依托债务扩大规模的发展思路，大力提升企业的内在发展品质，坚持业务管理底线，不断提升资金管控水平，方能在降杠杆工作中取得实效，真正实现企业高质量发展。

参考文献

陈希琳：《如何正确看待并积极稳妥推进企业降杠杆——访原国有重点大型企业监事会主席季晓南》，《经济》2019 年第 5 期，第 92 ~ 94 页。

刘洋：《中央建筑企业高杠杆的成因和去杠杆方式的探究》，《时代金融》2019 年第 12 期，第 38 ~ 39、49 页。

毕爽：《浅谈国有企业降杠杆、防风险问题研究》，《现代国企研究》2019 年第 6 期，第 60 ~ 61 页。

李丰团：《供给侧结构性改革下非金融企业去杠杆的困境和途径》，《财会月刊》2018 年第 21 期，第 163 ~ 169 页。

孙刚：《目前形势下国有企业“去杠杆”的路径探讨》，《全国流通经济》2018 年第 30 期，第 49 ~ 50 页。

胡文军：《新时代防范化解国有企业债务风险的探讨》，《中国管理信息化》2018 年第 18 期，第 34 ~ 35 页。

张晓晶、常欣、刘磊：《结构性去杠杆：进程、逻辑与前景——中国去杠杆 2017 年度报告》，《经济学动态》2018 年第 5 期，第 16 ~ 29 页。

袁超：《国有企业积极稳妥降低企业杠杆率的探究》，《中国国际财经（中英文）》2017 年第 20 期，第 167 页。

调 研 篇

Research Articles

B.26

江苏建筑业产业结构分析研究

张宁宁　周文辉　蔡　杰　伏祥乾*

摘　要： 经过多年快速、扎实的发展，江苏建筑业已成为省内的支柱产业、优势产业和富民产业。综合实力不断增强，产业规模不断扩大，营商环境不断优化，各项指标位居全国前列。但是，当前江苏建筑业仍存在很多问题，特别是产业结构方面有诸多问题亟待解决。为此，江苏省住房和城乡建设厅委托省建筑行业协会开展江苏建筑业产业结构调研，通过了解和掌握江苏建筑业相关企业的资质、专业、产品、竞争力、人才和质量效益等六大方面的产业结构总体状况，收集企业和

* 作者：张宁宁，江苏省建筑行业协会会长，主要研究方向为工程建设行业管理；周文辉，江苏省住房和城乡建设厅建筑市场监管处副处长，主要研究方向为建筑行业管理；蔡杰，江苏省建筑行业协会秘书长，主要研究方向为建筑行业发展；伏祥乾，江苏省建筑行业协会副秘书长兼行业发展部主任，主要研究方向为建筑行业发展。执笔人：周文辉。

地方各项经济指标，剖析当前建筑业供给侧结构矛盾对产业高质量发展的影响，提出化解结构性矛盾的对策思路，促进产业结构优化，释放政策红利，激发市场活力，进一步加快建筑业转型升级。

关键词： 建筑业　产业结构　工程建设　江苏

一　江苏建筑业产业结构分析研究背景

2019 年是中华人民共和国成立 70 周年，是全面建成小康社会、实现第一个百年奋斗目标的关键之年。国家为经济社会发展制定了新目标、提出了新要求，任务重、挑战多、要求高。建筑业作为国民经济的支柱产业，必须把改革发展放在国家经济社会发展大局中思考，明确自身定位、把握改革方向、抓住发展机遇，在新征程中实现新作为。

经过多年快速、扎实的发展，江苏建筑业已成为省内的支柱型产业、优势产业和富民产业。综合实力不断增强，产业规模不断扩大，营商环境不断优化，各项指标位居全国前列。住建部把江苏作为全国建筑业改革综合试点省份，努力为全国推进建筑业改革发展做出有益探索。为此，江苏在 2000 年提出的“建筑强省”战略基础上，于 2016 年制定了“建筑强省 2.0”发展战略，并明确了由产业结构、市场结构、企业综合素质、产业现代化水平、科技与人才、综合效益等六大要素构成的“建筑强省 2.0”评价体系、“三步走”的发展战略以及具体的提升路径。其中在产业结构评价维度，包括咨询业比例、基础设施项目比例、总承包比例、工业化比例和产业集中度等 5 项二级指标及其相应三级指标。

此外，江苏于 2017 年发布《江苏省人民政府关于促进建筑业改革发展的意见》（苏政发〔2017〕151 号），明确当前和今后一个时期，江苏建筑业改革发展，要坚持以习近平新时代中国特色社会主义思想为指引，贯彻落实党的十九大精神，牢固树立和自觉践行新发展理念，深化建筑业“放管服”改革，推动装配式建筑、绿色建筑、智慧建筑、全装修成品住房等加快发展，提高工程质量安全水平，完善监管体制机制，培育优势骨干企业，提升“江苏建造”品牌的含金量和影响力，为建设“强富美高”新江苏提供有力支撑。

江苏建筑业仍存在较多问题，特别是产业结构方面有诸多不足亟待解决，具体表现在资质结构不完善、专业比例不合理、产品类型不均衡、竞争机制不公平、人才梯队不健全、质量效益不达标等方面。因此，针对上述宏观形势现状以及江苏产业结构存在的实际问题，按照国务院办公厅 19 号文和苏政发 151 号文要求，江苏省住房和城乡建设厅委托省建筑行业协会开展江苏省建筑业产业结构调研，通过了解和掌握江苏省建筑业相关企业的资质、专业、产品、竞争力、人才和质量效益等六大方面的产业结构总体状况，收集企业和地方各项经济指标，剖析当前建筑业供给侧结构矛盾对产业高质量发展的影响，提出化解结构性矛盾的对策思路，促进产业结构优化，释放政策红利，激发市场活力，进一步加快建筑业转型升级。

二　江苏建筑业产业结构现状分析

（一）江苏建筑业产业结构概况

据统计数据显示，2018 年江苏建筑业产值为 34053.9 亿元，占全国建筑业总产值的 13%，较 2017 年增长 8.5%，增幅提高 2.1 个百分点（见图 1），自 2006 年以来，江苏建筑业产值已连续 13 年位居全国榜首，从 2009 年全省建筑业产值首次突破 1 万亿元，到 2018 年江苏建筑业产值达到 3.41 万亿元，在这十年间增长了 322%，在规模、质量、效益、科技等方面屡创佳绩。

2018 年江苏实现建筑业增加值 5140.6 亿元，比上年增长 10.5%，占全省地区生产总值的 5.5%，连续 13 年保持在全省 GDP 的 5% ~6% 区间（见图 2）。

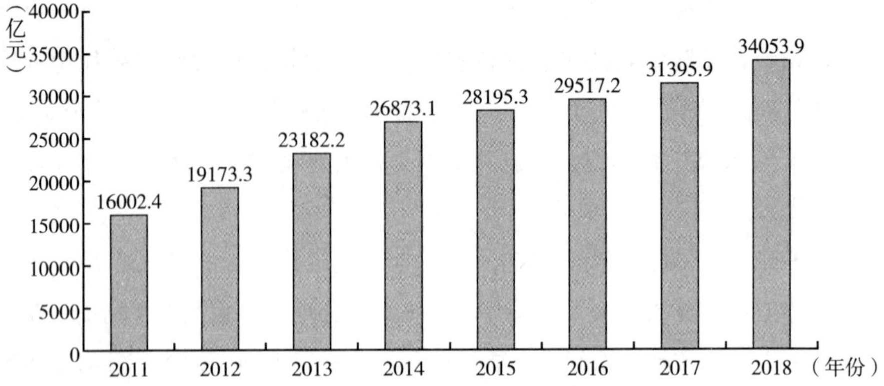

图1　2011～2018年江苏建筑业总产值历年情况

注：本统计图表数据取自于《2018年度江苏建筑业发展报告》。

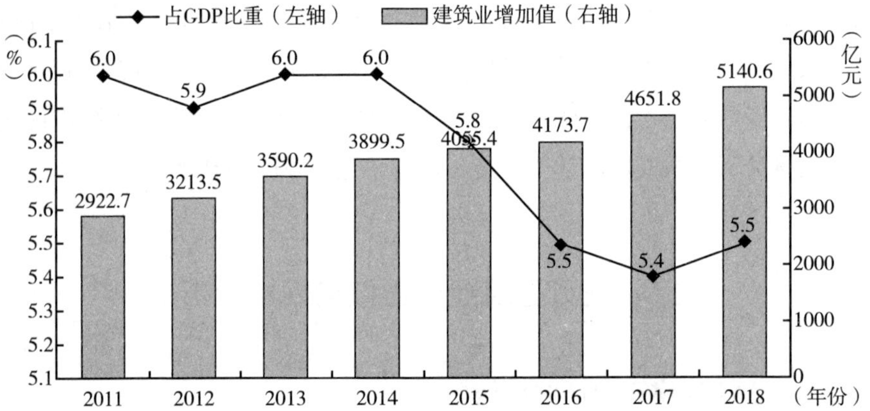

图2　2011～2018年江苏建筑业增加值历年情况

资料来源：《2018年度江苏建筑业发展报告》。

从地域结构来看，苏中地区共完成建筑业总产值16057.9亿元，同比增长9.7%，占全省建筑业总产值的47.1%，产值规模和增速继续全省领先；苏南地区共完成建筑业总产值10545.7亿元，同比增长10.2%，占全省建筑业总产值的30.9%；苏北地区共完成建筑业总产值7450.3亿元，同比增长3.7%，占全省建筑业总产值的21.9%（见图3）。

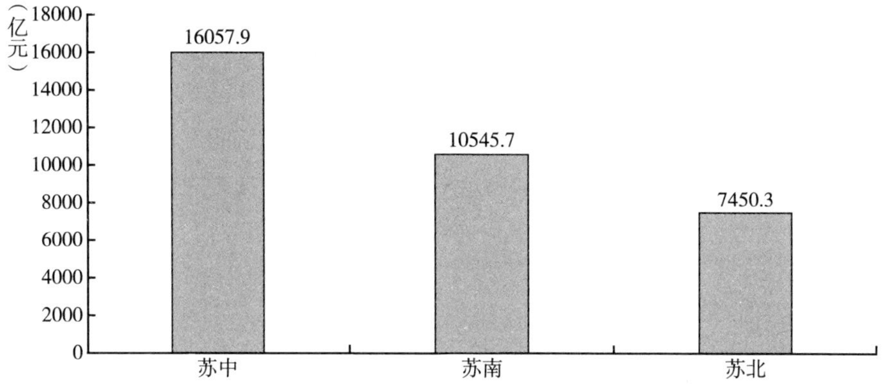

图 3　2018 年江苏省内区域建筑业产值情况

资料来源：《2018 年度江苏建筑业发展报告》。

市级层面，省内 13 市的建筑业产值总体呈南多中强北少的态势，其中南通一枝独秀，产值达到全省的 24.8%，是排名第二位南京（占比 12.6%）的近两倍。扬州和泰州紧随南京排名第三、第四位。连云港、宿迁和镇江的占比均不足 3%，表现欠佳（见图 4）。

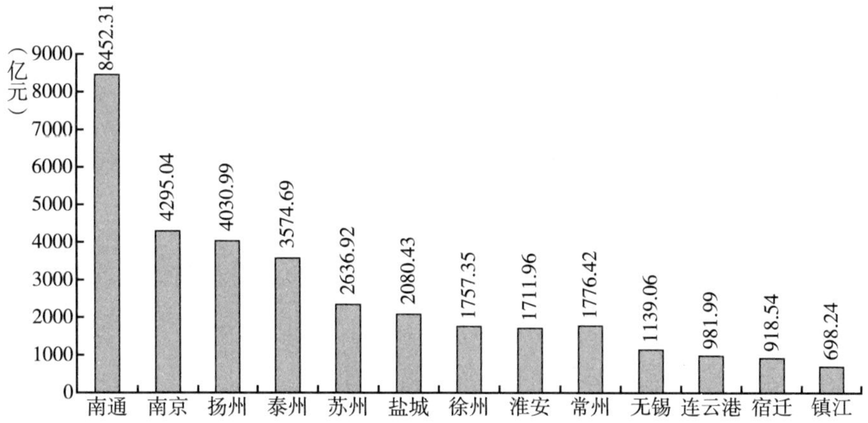

图 4　2018 年江苏省内设区市建筑业总产值情况

资料来源：《2018 年度江苏建筑业发展报告》。

县级市层面，全省列入统计观察的64个县（市、区），建筑业营业额超200亿元的县（市、区）达到50个，比上年同期增加13个。其中海门营业额超过2000亿，通州、海安、江都、如皋、高邮、江宁、启东分别完成产值1912.7亿元、1532.2亿元、1252.4亿元、1212.5亿元、1132.6亿元、1075.8亿元、1060.6亿元，营业额突破千亿元关口（见图5）。

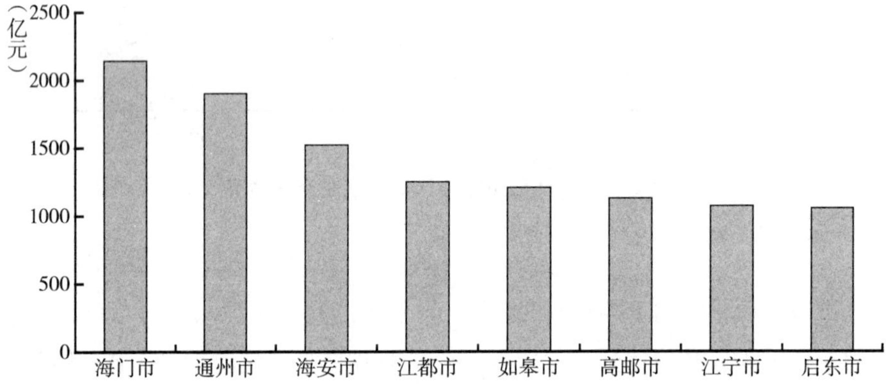

图5　2018年江苏省内县（市、区）建筑业总产值情况

资料来源：《2018年度江苏建筑业发展报告》。

总体而言，在政府、协会和各个建筑企业的共同努力下，江苏建筑业产业结构的各项经济指标均位列全国前列，无愧于建筑强省称号。

（二）江苏建筑业资质结构

1. 资质等级

从资质等级来看，全省80家特级资质企业共完成产值10955.9亿元，同比增长19.7%，占建筑业总产值的32.2%，占比提升3.1个百分点；一级资质企业共完成产值13757.4亿元，同比增长7.1%，占比较上年同期提高3.2个百分点，占建筑业总产值的40.5%；二级资质企业共完成产值6362.2亿元，同比增长3.4%，占建筑业总产值的18.7%，较上年同期占比下降0.9个百分点；三级企业完成产值2978.4亿元，同比增长7.3%，占建筑业总产值的8.8%，与上年同期持平。总体而言，2018年各级资质企业建筑业总产值相较于2017年有所增长，一级和特级企业总产值占江苏建筑业总产值比重远超过二级和三级资质企业。

2. 产业集中度

全省一级资质以上企业产值达到24654.3亿元，以一级以上企业完成产值占建筑业总产值比重的方法测算，产业集中度为72.6%，同比提高1.7个百分点；以企业总数前10%的企业完成产值占建筑业总产值比重的方法测算，产业集中度为84.8%（见图6）。

图6　2012~2019年江苏产业集中度

资料来源：《2018年度江苏建筑业发展报告》。

3. 资质情况

截至2019年3月，江苏建筑业企业总数30937家，同比增加6671家，具有特级资质的建筑业企业80家，新增特级企业资质14家，特级资质数量达到82项，其中，建筑工程74项、公路工程1项（江苏省交通工程集团有限公司），矿山工程1项，石油化工工程1项，市政工程5项。中亿丰建设集团股份有限公司与中国核工业华兴建设有限公司具有建筑工程和市政工程两项特级总承包资质。

从总承包资质等级数量来看，具有总承包一级资质1248项，具有总承包二级资质4615项，具有总承包三级资质18814项。从专业承包资质等级数量来看，具有专业承包一级资质 3131 项，具有专业承包二级资质 18666 项，具有专业承包三级资质 19651 项。具有专业承包不分等级资质的施工企业 4534 项，具有劳务分包资质 3107 项。

（三）江苏建筑业专业结构

从专业结构类型来看，2018 年江苏房屋建筑业完成产值 18589.1 亿元，同比增长 9.7%，占总产值比重 54.59%；土木工程建筑业完成产值 8673.1 亿元，同比增长 6.7%，其中，铁路工程、公路工程、城市轨道交通工程分别完成产值 211.2 亿元、1056.3 亿元、100.3 亿元；建筑安装业完成产值 2998.5 亿元，同比增长 4.8%；建筑装饰、装修和其他建筑业完成产值 3793.2 亿元，同比增长 9.7%（见表 1）。

表 1　2017～2018 年江苏按行业类别划分建筑业总产值情况

单位：亿元，%

行业类别	2017 年产值	2018 年产值	增幅	2018 年产值占总产值比重
房屋建筑业	16947.7	18589.1	9.7	54.59
土木工程建筑业	8128.5	8673.1	6.7	25.47
建筑安装业	2861.2	2998.5	4.8	8.81
建筑装饰、装修和其他建筑业	3458.5	3793.2	9.7	11.14

资料来源：《2018 年度江苏建筑业发展报告》。

（四）江苏建筑业产品结构

1. 科技创新

在绿色建筑、村镇建设、城市建设、BIM 技术应用、装配式建筑等领域确定了计划类科技项目 24 个，指导类科技项目 360 个。组织申报住房城乡建设部科技项目，共有 83 个项目获得立项，较上年增加 25%；积极组织申报各类奖项，10 项科技成果获得 2018 年度华夏建设科学技术奖、11 项科技成果获得省科学技术奖；组织对 63 项科研成果进行鉴定；组织对“第十届江苏省园艺博览会博览园主展馆及附属项目”等13项新技术进行“三新审定”，有效促进了建设科技创新成果在工程中的推广应用。

2. 装配式建筑

制定年度工作要点，分解下达年度目标任务，加强监督检查和督促指导。发布了第二批装配式建筑系列名录，共有49家施工企业、66家监理企业、76家部品构件生产基地、89家检测机构入选。开展了2018年度装配式建筑奖补项目申报、评审工作，28个项目涵盖了装配式混凝土结构、钢结构、木结构和组合结构，示范项目种类齐全、技术先进，示范引领效应逐步显现。开展了省级建筑产业现代化示范园区和示范基地申报、现场踏看、评审工作，共确定4个示范园区、49个示范基地（3个集成应用类、8个设计研发类、38个部品生产类）。2018年全省建设用地中明确的装配式建筑项目面积达3457万平方米，新开工装配式建筑项目面积达2079万平方米，新开工装配式建筑比例15%。

3. BIM技术应用

起草《关于推进建筑信息模型应用的指导意见》，确定了BIM推广的原则、发展目标、工作任务等内容。设立了25个关于BIM技术设计、施工、运营管理等方面研究课题，为制定政策措施、推动BIM技术应用奠定了基础。编制完成《江苏省BIM设计基础标准》，加快编制《工程勘察设计数字化交付标准》和《施工图设计文件数字化审查标准》，为设计、施工图审查提供技术支撑。开展《江苏省BIM技术应用计价依据》调研和资料收集工作。确定了13个BIM应用示范工程，通过试点示范带动全省工程建设领域BIM技术推广应用。

4. 新技术新工法

全年共审批通过省级工法及新技术应用示范工程400项。持续推广新技术应用，鼓励企业申报“江苏省新技术应用示范工程”目标项目，全年共累计完成316项目标项目的审批。联合省经信委扎实做好省级技术研发中心申报企业的认定及评审工作，共认定“省级技术研发中心”申报企业9家。

（五）江苏建筑业竞争力结构

1. 规模企业情况

2018 年全省建筑业产值超亿元的企业，达到 3890 家，比去年增加 322 家。其中，产值 1～10 亿元的企业 3357 家，10 亿～50 亿元的企业 428 家，50 亿～100 亿元的企业 61 家，100 亿元以上的企业 44 家，见表 2。全省 44 家产值百亿元的企业中，超 200 亿元的有 16 家，超 300 亿元的有 9 家，超 400 亿元的有 5 家，超 500 亿元的有 4 家，超 600 亿元的有 3 家。南通三建、苏中建设、南通二建位列前三名，完成产值分别为 619.6 亿元、618.6 亿元、603.5 亿元，较上年均增长 10% 以上（见表 2）。

表 2　2016～2018 年江苏省建筑业总产值超亿元的企业统计

单位：家

分类	2016 年	2017 年	2018 年
1 亿～5 亿元	2491	2638	2897
5 亿～10 亿元	400	436	460
10 亿～50 亿元	383	393	428
50 亿～100 亿元	46	61	61
100 亿元以上	34	40	44
总计	3354	3568	3890

资料来源：《2018 年度江苏建筑业发展报告》。

2. 招投标管理

2018 年，全省发包标段 37643 个，比上年下降 9%，合同总价 9264 亿元，比上年增长 26.9%。招标发包 26942 个标段，比上年下降 8%，中标额 6228 亿元，比上年增长 31.3%；其中公开招标 25560 个标段，比上年下降 7%，中标额 5309 亿元，比上年增长 29%；邀请招标 1382 个标段，比上年下降 26%，中标额 919 亿元，比上年增长 46.5%。2018 年全省发包标段比上年同期下降，但合同总价却上涨迅猛。省招标办直接监管 12 个项目，投资总额 94.5 亿元；招标 90 个标段，中标价 21.8 亿元。其中施工 41 个标段，中标额 18.8 亿元；材料设备 18 个标段，中标额 1.55 亿元；设计监理 29 个标段，中标额 0.64 亿元。

2018 年，全省电子招投标 25361 个标段，电子招投标率 93.5%。其中施工 18128 个标段，电子招投标率 99.5%，比上年提高了 1.5%；材料设备 1720 个标段，电子招投标率 94.8%，比上年提高了 5.8%；监理 3924 个标段，电子招投标率 99.8%，比上年提高了 1.8%；勘察设计 1025 个标段，电子招投标率 60.6%，比上年提高 21.6%。电子资格预审 1620 个标段，电子预审率 92.5%，比上年提高 19.9%。远程异地评标 2776 个标段，占 61.9%，比上年下降了 15.1%；施工远程 1027 个标段，远程率 84.9%，比上年下降 3.1%；监理远程 1388 个，远程率 97%，比上年下降了 9%。

（六）江苏建筑业人才结构

1. 人员情况

2018 年，江苏从事建筑活动平均人数（计算劳动生产率平均人数）913.3 万人，同比增长 2.4%。建筑业年末从业人数 834.09 万人，同比增长 1.5%。其中，省内从业人员数 525.4 万人，同比增长 0.2%；出省从业人员数 308.7 万人，同比增长 4.0%（见图 7）。

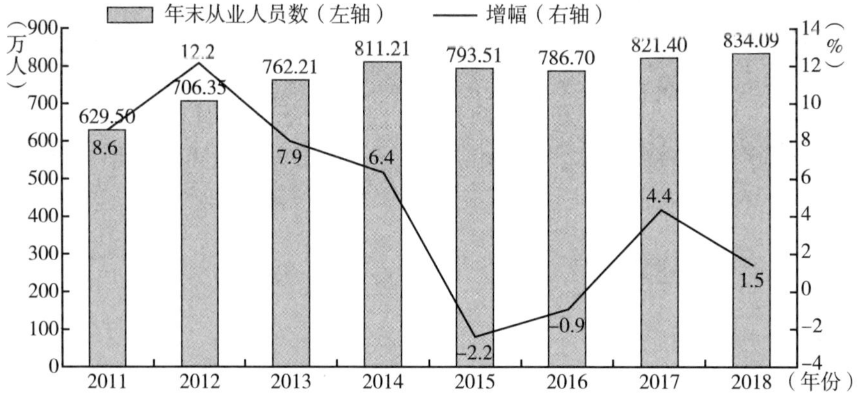

图 7　2011～2018 年江苏建筑业从业人员情况

资料来源：《2018 年度江苏建筑业发展报告》。

2. 执业资格人员

2018 年，与江苏有关部门共同组织了 9 个场次的国家级建设类执业资格考试，报考总人数达 35.77 万余人，较 2017 年增加了 4.39 万余人。其中，一、二级建筑师、勘察设计注册工程师、房地产估价师和房地产经纪专业人员的报考人数分别为 5124 人、14953 人、2290 人和 6026 人，合计 2.84 万余人；二级建造师、监理工程师、一级建造师、一级造价工程师和城乡规划师 5 项资格考试报考人数分别为 14.62 万人、8083 人、14.37 万人、2.92 万和 2462 人，合计 32.93 万余人。9 项考试成绩合格人数共 5.6 万余人。

截至 2018 年 12 月底，全省注册建造师总数 296176 人，较上年同期增加 32302 人，其中注册一级建造师 65752 人，占注册建造师总数的 22.2%，同比增加了 3049 人；注册二级建造师 230424 人，占注册建造师总数的 77.8%，同比增加了 29253 人，注册建造师人数较上年同期增加 12.2%。全省临时注册建造师 7098 人，其中，持有注册一级建造师临时执业证书的有 2403 人，持有注册二级建造师临时执业证书的有 4695 人。

3. 其他注册人员

2018 年，全省其他专业注册人员共计 49567 人。其中注册监理工程师 20747 人，注册造价工程师 15905 人，注册建筑师 2684 人（一级建筑师 1702 人，二级建筑师 982 人），注册结构工程师 3487 人（一级结构工程师 2879 人，二级结构工程师 608 人），注册工程师 4143 人（电气工程师 1707 人、化工工程师 554 人、公用设备师 1882 人），注册土木工程师（岩土）1236 人，注册城市规划师 1365 人。注册执业人员总数较上年同期增加 1590 人，增长 3.3%。

（七）江苏建筑业质量效益结构

1. 企业营业额

2018 年实现建筑业企业营业额 36909.8 亿元，同比增长 9.2%，增幅较去年上升 1.3 个百分点。但与此同时，建筑业企业营业额同比增长幅度有所下降，从 2011 年的 28.9% 下降到 2018 年的 9.2%，且幅度趋于平稳（见图 8）。

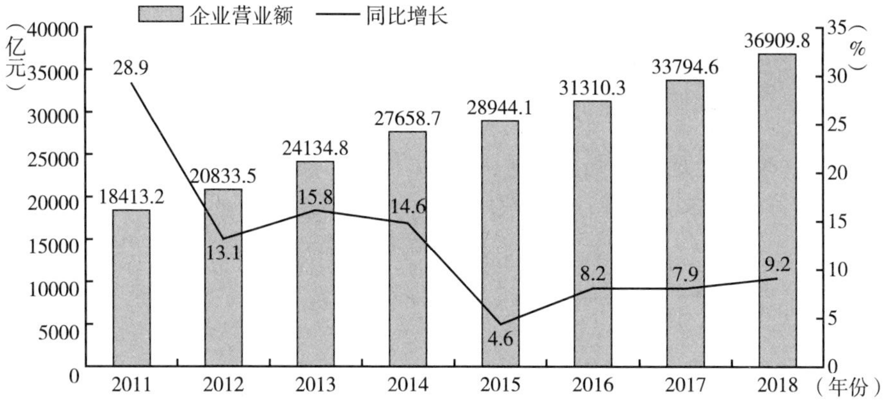

图8　2011～2018年江苏企业营业额情况

资料来源：《2018年度江苏建筑业发展报告》。

2. 工程结算收入

江苏2018年建筑业企业工程结算收入30388.3亿元，同比增长11.9%，增幅较上年提高5个百分点。但2015年同比增长率最低，仅为2.6%，2016年之后同比增长率有所增加（见图9）。

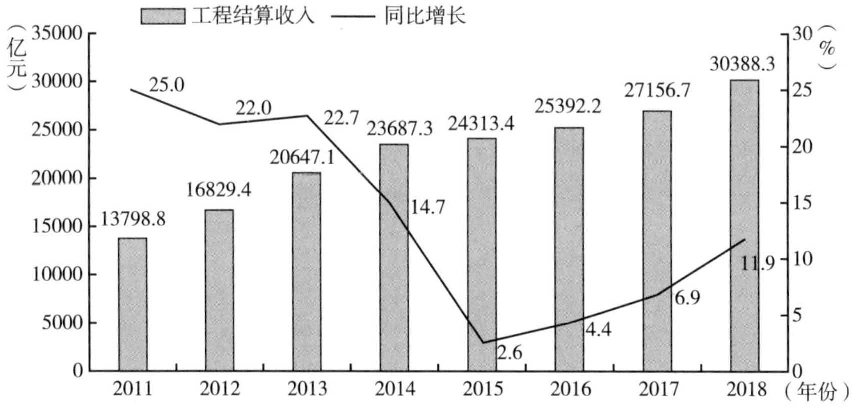

图9　2011～2018年江苏工程结算收入情况

资料来源：《2018年度江苏建筑业发展报告》。

3. 新签合同额

2018年，江苏建筑业签订合同额54522.6亿元，同比增长11.2%，其中，上年结转合同额 22110.7 亿元，本年新签合同额 32411.9 亿元，较上年同期分别增长 11.6% 和 10.9%。

4. 行业利税

江苏 2018 年建筑业利润总额 1447.7 亿元，同比增长 8.7%，增幅较去年提升 4.7 个百分点，产值利润率达 4.3%。建筑业上缴税金 1006.6 亿元，同比提高 0.5%。实现利税总额 2453.3 亿元，同比增长 5.1%，产值利税率 7.2%（见图 10、图 11）。

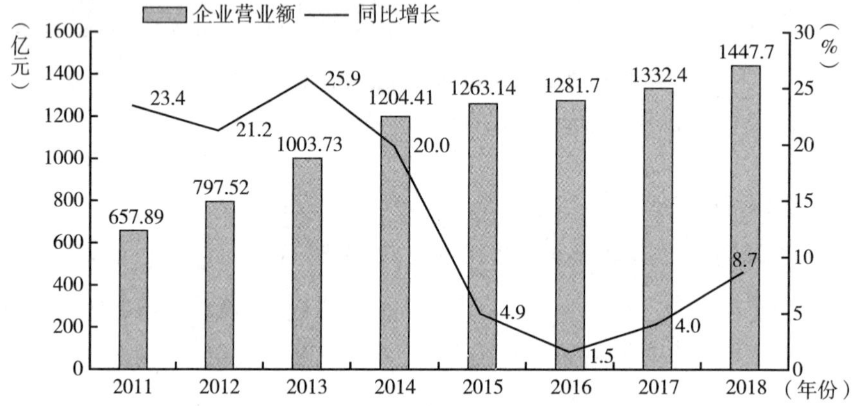

图 10　2011～2018 年江苏利润总额情况

资料来源：《2018 年度江苏建筑业发展报告》。

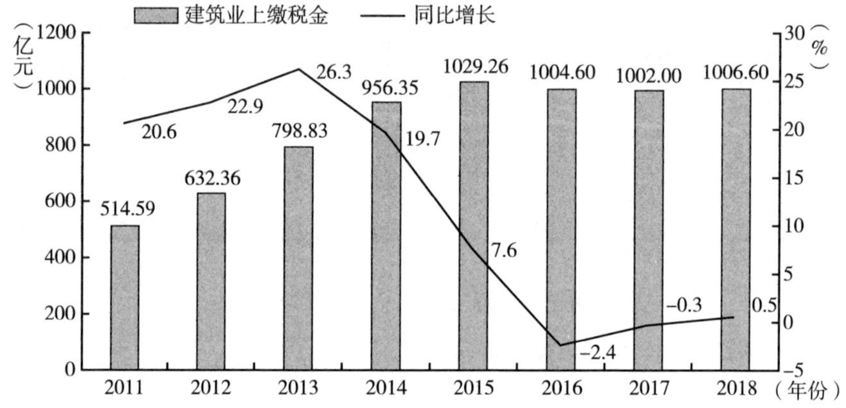

图 11　2011～2018 年江苏建筑业上缴税金情况

资料来源：《2018 年度江苏建筑业发展报告》。

5. 人均劳动报酬

2018 年，江苏建筑业从业人员人均劳动报酬达 55719. 3 元，同比增长 3. 9%。此外，2018 年江苏建筑业从业人员人均劳动报酬比全省农民人均可支配收入多 34874 元（见图 12）。

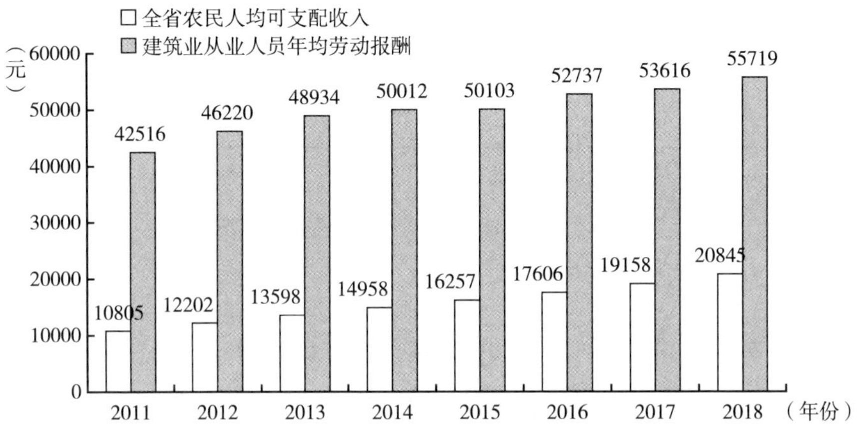

图 12　2011 ~ 2018 年江苏全省农民人均可支配收入与从事建筑业人均劳动报酬对比

资料来源：《2018 年度江苏建筑业发展报告》。

6. 劳动生产率

2018 年，建筑业劳动生产率达 372866. 5 元/人，同比增长 6%，其中，省内劳动生产率 343083. 9 元/人，同比增长 4. 7%；省外劳动生产率为 416442. 8 元/人，同比增长 7. 4%（见图 13）。

7. 工程奖项

2018 年，全省共获国家“鲁班奖”10 项，“国家优质工程奖”28 项，获全国“安全之星”32 项，获奖总数位于全国前列。共 459 个项目获得 2018 年度江苏省优质工程奖“扬子杯”。

8. 工程质量

全省受监工程 86879 项，与上年同期相比增加 2. 3%；建筑面积 94773. 1 万平方米，与上年同期相比增加 9. 9%；新开工 29605 项，建筑面积 34268. 1 万平方米，与上年同期相比增加 24. 2%（其中保障性住房面积

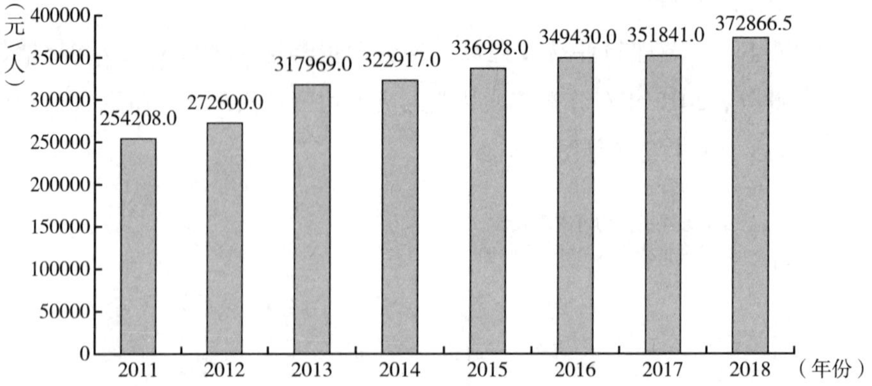

图 13　2011～2018 年江苏劳动生产率情况

资料来源：《2018 年度江苏建筑业发展报告》。

2138.7 万平方米，同比增加 22.9%；商品房面积 18845.99 万平方米，同比增加 26.3%；市政基础设施工程投资额 5522850.9 万元，同比减少 2.2%；公共建筑项目建筑面积 6195.9 万平方米，同比增加 18.9%；其他项目建筑面积 7087.6 万平方米，同比增加 23.7%），新开工项目数同比增加 12.5%；已竣工 19984 项，同比减少 6.2%；竣工面积 21047.97 万平方米，同比减少 9.1%；在建项目数 66895 项，同比增加 5.1%；在建面积 73725.1 万平方米，同比增加 16.8%；一次通过验收合格率为 99.1%；共发出整改通知单 19012 份，局部停工通知书 700 份，受委托对责任主体的违法行为做出经济处罚 140 起，在监工程未发生重大质量事故，全省建设工程质量继续保持平稳态势。

9. 安全监管

2018 年，全省各级建设行政主管部门共检查工程项目数 70483 项，下发行政处罚书 2337 份，其中处罚单位 2064 家，处罚个人 112 人，实施信用惩戒 809 起，曝光违法典型案例 227 起。根据事故调查报告和政府批复，共处罚省内事故企业 102 家，向 28 家外省事故企业所在地发出建议处罚函。针对地区间不同时段安全形势状态，每季度通报一次全省安全生产总体形势，先后向无锡、南京、苏州、南通、徐州、常州等安全形势严峻地区建设主管部门下发了《建筑施工安全生产工作督促函》。各级建设主管部门和施工企业共组织《危险性较大的分部分项工程安全管理规定》宣贯活动1503次，参加119408人次，其中省级今年举办公益讲座14场。2018年，全省共发生房屋市政工程一般生产安全事故85起，死亡87人，事故起数和死亡人数均实现双下降。

（八）江苏建筑业产业结构存在的问题梳理

1. 资质结构方面

江苏被调研企业中，建筑工程与市政公用工程总承包资质较多，分别达到216家和175家，均超过了其他所有总承包资质数总和。从地区来看，南京（含省部属）各类总承包资质数量最多，其次为苏州和南通。徐州、常州、盐城、泰州和宿迁数量最少。建筑工程施工总承包一级资质较多，所承接的业务基本与该项资质相符。然而对于建筑工程施工总承包二级和三级资质而言，所承接的业务却与该资质不匹配。市政公用工程施工总承包所承接的业务与该项资质存在严重不匹配现象，依靠相应资质完成的产值占企业年度总产值比例较低。根据《2018年江苏建筑业发展报告》，特级和一级资质企业完成产值占调研企业总数的72.7%，而二级及以下总承包资质企业仅占27.5%。由此可见，大量低等级资质企业在市场中占据大量人力资源，但完成产值比例却偏少。

2. 专业结构方面

被调研企业中，专业承包资质以建筑装修装饰工程和建筑机电安装工程为主，排名前5位的专业承包资质数量占所有资质数量的55.95%，分布极不均匀。此外，与总承包资质类似，江苏内拥有的专业承包资质较多，但拥有上述资质的企业实际承揽的相应业务量却与之不相匹配，导致完成产值占企业年度总产值比例较低。超过半数企业没有劳务资质，而是采取劳务分包的方式，自有劳动力较少，导致企业人员结构不稳定。综上所述，拥有低等级专业资质的企业在市场中数量巨大，但其实际承揽业务比例极为有限，严重浪费建筑市场人才资源。自有员工数少，建筑工人流动量大可能导致建筑企业人员结构失稳，建筑质量下降等严重问题。

3. 产品结构方面

被调研企业中房屋建筑产品占据最大比重，土木工程次之；超过半数企业采用装配式施工方式完成的建筑产品比重低于20%，仅有6家企业完全采用装配式施工方式生产建筑产品，总体装配式建筑的使用率较低；有278家企业采用了施工总承包模式，超过100家企业采用了施工专业承包或劳务分包和工程总承包模式；仅有3家企业采用项目管理承包模式。从数据可见，江苏建筑产品类型比例不均衡，“重房建，轻其他”已成为常态和趋势。装配式建筑、三板等新型建筑方式的技术和制度不成熟，仍未在市场范围内广泛应用。新型建筑承包方式限于政策与制度的不成熟，也没有被普遍接受。

4. 竞争力结构方面

被调研的企业中有35.74%的企业参与投标项目的平均投资规模在5000万元以下，27.21%的企业在5000万至1亿元，仅有3.28%的企业在10亿元以上；多数企业表示，2018年本企业参与的投标项目中平均有5～20家企业参与竞争，有26家企业表示本企业参与的投标项目中平均有100家以上企业参与竞争；有113家表示，2018年本企业参与投标的中标比率仅为1%～10%；有16%的企业表示投标报价下浮率在20%以上。江苏建筑行业竞争激烈，市场供需不平衡。

5. 人才结构方面

被调研企业中有近半数的企业人数在100～500人；超过半数企业的管理人员数量占总人数的30%以下，但劳务人员占比差异悬殊；超过半数企业的初级职称占总人数的30%以下，中级职称占总人数的20%以下，同时超过60%的企业高级职称占总人数的10%以下；建筑职业资格方面，超过70%企业的其他注册类人数占总人数的10%以下；学历方面，多数企业员工学历为高中及中专、大专及本科；年龄方面，企业员工主要为20～49岁的青年劳动力和中年劳动力。从数据分析可知，江苏建筑业企业中技术人才缺乏，学历普遍偏低，小型企业为维护自身的资质水平需要大量具备资格证书的人员支持，但实际业务量却与相应资质不匹配。

6. 质量效益结构的问题

建筑工程质量等级方面，被调研企业中有 24 家企业获得市级工程奖项，占比达到 90% 以上；质量安全方面，仅有 11 家企业发生质量安全一般性及以上事故数量 1 起，1 家企业发生质量安全一般性及以上事故数量 2 起，但此数据真实性有待进一步考证；企业利润总额方面，103 家企业利润总额在 1000 万～5000 万元，31 家企业利润总额在 100 万～500 万元，31 家利润总额在 5000 万～10000 万元，11 家企业利润总额在达到 10 亿元以上。从数据分析可知，江苏内建筑企业的国家级以上工程奖项占比较少，企业质量安全方面把控到位，企业利润水平差异较大。

三　江苏建筑业产业结构的政策建议

（一）加强资质资格管理，深化放管服改革

为适应“放管服”改革需要、促进建筑业发展，江苏基于《省政府关于促进建筑业改革发展的意见》（苏政发〔2017〕151 号），颁布了《关于调整部分建筑业企业资质承包工程范围的试行办法》，主要包括以下三个方面：（1）调整部分专业承包资质承包工程范围；（2）具有建筑工程施工总承包资质的企业，可以承接总承包资质覆盖范围内的专业承包工程；（3）允许部分类别的施工总承包企业跨专业承接工程。虽然上述政策的颁布对规范江苏建筑企业资质结构具有一定成效，但通过调研与访谈仍可见一些资质市场乱象，如企业资质升级作假、中介机构混乱、投机挂靠、资质与实际业务不匹配等。政府应进一步完善建筑业资质资格管理。按照住房城乡建设部的试点要求，通过简化合并工程建设企业资质，扩大资质承接业务范围，减少不必要的资质认定等做法，淡化资质管理理念，更加强调市场在资源配置中的决定性作用。稳步、逐步推进“淡化、简化企业资质”与“简政放权，轻审批重监管”改革，强化人和业绩的作用，并且由重事前审批

改为重事中、事后监管，从而达到规范建筑市场的目的，使得依赖挂靠模式生存的企业无处可逃，真正有实力的企业脱颖而出。

（二）龙头企业做大做强，中小企业做精做长

政府和行业协会应结合地域特点，针对不同类型企业对症下药。一方面，加快培育龙头骨干企业。坚持扶优扶强的原则，加快发展一批综合实力强、资产规模大、社会信誉好的大型建筑企业或企业集团，提高产业集中度，深入实施品牌战略，积极为企业在人才引进、市场准入、融资、政策咨询等方面提供支持和服务，对全年完成建筑业总产值和上缴税金首次超过一定标准的建筑企业，根据有关规定给予奖励，促进企业做大做强。鼓励大型企业，特别是特级和一级资质企业强强联合，组成联合舰队，形成当地、江苏乃至全国航母型企业。另一方面，扶持发展专业承包企业。引导和支持中小型建筑业企业向专业化、技术型方向发展，培育一批经营特色明显、科技含量较高、市场前景广阔的专业企业，重点发展建筑智能化、消防设施、建筑装饰装修、建筑幕墙等设计与施工一体化，以及钢结构、电子工程、电信工程和环保工程等专业企业，进一步提高专业企业在全行业中的比重。支持专业企业进入基础设施和高技术含量工程建设领域，逐步提升高端建筑市场的专业施工能力。引导现有劳务作业班组向小微专业承包企业发展，积极鼓励建筑领域的大众创新、万众创业，享受国家和省规定的减免税收政策。鼓励企业发挥自己特色，做精、做长，最终形成一批“高专特精”优势企业。

（三）督促行业标准更新与修订、促进新型技术推广与应用

更新行业标准。应及时更新建筑材料清单、行业定额指导价，着力使各项规范和标准与当前实际建筑成本和技术相吻合。例如，某企业反映其已具备建立装配式桥墩的各项技术，但限于政府与行业缺乏相关技术的规范、检测方式、验收方法等，因而企业迟迟未能开展该项工程。再如，某企业反映相关当前的人材机单价定额与市场实际行情有较大出入，其指出钢筋工日均薪酬与定额相比相差近百元。此外，企业反映有关混凝土标号、建材替代类

型选用、新型施工技术标准等问题，在政府纸质文件上与现实中均有较大出入。因此，建议政府开展专项调研，建立动态数据反馈系统，及时更新标准与规范内容，以适应飞速发展的建筑行业形势。

鼓励装配式建筑。发展装配式建筑是建造方式的重大变革，是推进供给侧结构性改革和新型城镇化发展的重要举措。促进建筑业结构转型升级，装配式基地建设需要获得各相关部门大力支持，并能享受国家、省及地方相应的优惠政策，尤其在产业政策、长期规划上能获得区产业推进办得及时指导。在装配式建筑结构深化设计人员、产业工人培训、生产流水线合理设置等方面还需要加大力度予以落实。政府从政策导向推广新型装饰材料的使用，确保新型材料优于传统建材，逐步淘汰传统材料，使建筑装饰能更节能、环保。行业、企业逐步加快推进装配式建材的实际应用。由于建筑成本相对较高等原因，全省范围内真正实施装配钢结构的企业数量较少，加之宣传力度不够，社会认知度差，推广有一定难度。为此，应该从省级层面加大新产业、新产品的宣传力度，增强社会认知度。此外，应从政府层面出台一些配套性政策及措施，虽然已出台了《关于加快推进建筑产业现代化的实施意见》等政策文件和奖励措施，推动了装配式产业发展。但产业发展尚须进一步出台相应实施细则，明确装配式项目比例、给予专项基金扶持及税收优惠政策等，加大全面推广装配式建筑比例。

新技术研发与应用。企业必须加强科技投入和研发能力，充分发挥企业技术人员的作用，重点研发具有自主知识产权的发明专利、工艺、工法，以技术创新改变传统施工方式，提升管理水平。此外，要加强科技成果的转化和利用。建议建筑企业加强和先进工业企业、互联网企业、高科技企业的合作，把 3D 打印、机器人、BIM 技术、大数据等科技成果转化为自己所用，用科技成果提升劳动生产率，提升解决“高、大、难、特”项目的技术能力。

（四）完善建筑市场竞争机制，改善建筑企业生存环境

市场准入制度。多数企业反映，在“走出去”的过程中遇到诸多困难，

会遇到地方对外来企业设置的不合理的政策，希望政府能够打破区域市场准入壁垒，取消各地区、各行业在法律法规和国务院规定外对企业设置的不合理准入条件。严禁擅自设立或变相设立审批、备案事项。政府应适当降低准入门槛，如各种形式的入库制度，让企业能有更多参与竞争的机会。另外，应加强对本地建筑企业的保护和扶持，防止外来大型国有企业和央企的进入对本地企业生存空间造成的巨大威胁。建议给本地和民营建筑企业更多的机会，行业协会可牵头签订企业自律守则，以防行业内恶性竞争，形成良好的市场秩序。

招投标制度。虽然招投标市场的整治和管理一直在持续，但仍可见部分招标项目条件设置苛刻、评审专家暗箱操作与企业围标、实际中标价下浮程度过大、入围企业过多致相互排挤、外来企业恶意低价中标等现象发生。政府应进一步加强工程招投标和市场交易的管理，规范招标代理机构市场行为，强化合同履约跟踪监管，缩小工程项目招投标范围，实行“评定分离”制度，健全建筑设计发包制度等做法，突出对工程招投标实施“分类监管”的理念，尤其加强对政府投资工程的监管，对非国有资金占主导地位的工程建设项目，由建设单位自主选择发包方式和是否进入有形市场进行交易。在调研过程中，企业建议在建设工程的招标文件制定或审核中，不应以企业过往业绩规模大、数量多为衡量标准，而是应制定同标的工程相匹配的、条件较低的业绩条件，主管部门需严格审核招标文件，不得人为设置招标高门槛，给市场一个公平竞争的环境。放宽本地企业在非公开市场中的招标项目业绩备案准入门槛。明确某些项目投标入围企业中，本地企业的比例下限，或者通过有条件的企业与本地企业组成联合体等形式，争取让本地企业参与到重大项目建设中。此外，应采取有效措施，切实降低企业招投标成本，提高高级别资质企业的中标率。

审计制度。政府部门在对工程项目进行审计，特别对总承包工程、PPP工程等新型承包工程项目的过程中，地方审计方式与国家政策有较大出入，导致审计时间拖延。部分企业因此在工程竣工后少则 1 年，多达 10 年仍未获得剩余工程款，严重影响企业资金运作。因此，上级政府和当地政府应协调统筹，共同出台一套明确、精准、高效，同时又符合国家和地方政策要求的新型审计制度。

审批制度。2019 年 3 月，国务院办公厅印发的《关于全面开展工程建设项目审批制度改革的实施意见》提出，对工程建设项目审批制度实施全流程、全覆盖改革。虽然审批制度有显著改善，但在调研和访谈过程中了解到，企业仍会受到某些烦琐审批业务的困扰。例如，客户支付工程款需建筑企业申请外经证，然后派遣财务人员至项目所在地缴税，但由于工程款支付的滞后性，乙方建筑企业不得不再次派人前往工程所在地办理，造成人力和财力的浪费。企业建议相关业务可以实现网上申报与办理。再如，现行政策要求每一个工程都必须到项目所在地设立农民工专用工资专户。对于工程项目多的企业，甚至同时存在几百个账户，给财务管理带来很大困扰。企业建议由当地管理部门建立统一的农民工工资专户，下设若干分户，由各建筑企业向内汇缴劳务工资。因此，政府应进一步优化和改进各项审批制度，早日实现“至多跑一次”的企业诉求。

（五）强化建筑人才队伍建设，维护就业市场公平公正

强化人才“引、用、留”政策。政府应督促和帮助建筑企业吸纳人才，组建素质高、战斗力强的人才队伍。通过提供专场招聘会、高级人才洽谈会等有效形式，帮助企业引进省级以上重点院校建筑专业毕业生来充实建筑队伍，物色专业的管理人才。对现有企业技术人员进行分期培训并组织赴外地考察学习，不断提高建筑业技术人员素质，使建筑业整体水平不断提高。培养造就以建造师为主体的经营管理人才队伍，以关键岗位人员、技术骨干和一般技术人员组成的专业人才队伍，以技师、高级技工为主体的施工作业队伍，形成多层次的产业发展人才队伍，提升产业整体素质。大力加强农民工技能培训，强化对农民工的准入培训和岗位技能培训。加强组织协调，保障培训质量，提高一线作业人员持证上岗率。

规范农民工市场。政府既要保障农民工合法权益，严格监督农民工工资拖欠问题，又要尽量防止企业利益受到损害，避免由于农民工自身失

职、不作为导致工程损失，却仍索取工资行为。切实抓好农民工培训工作。大力实施农民工技能培训示范工程，建立以农民工业余学校为载体的企业自主培训机制，强化对农民工的准入培训和岗位技能培训。加强组织协调，规范行业教育管理和培训行为，保障培训质量。改进建筑职业技能鉴定、考核管理办法，降低企业和农民工培训负担，提高一线作业人员持证上岗率。

（六）重视安全、质量、环保问题，平衡社会、经济、自然效益

质量安全管理方面，国家住建部和应急管理部于 2019 年 12 月出台了《关于加强建筑施工安全事故责任企业人员处罚的意见》，主要强调五个方面内容：推行安全生产承诺制；吊销责任人员从业资格；依法加大责任人员问责力度；依法强化责任人员刑事责任追究；强化责任人员失信惩戒。江苏省及省内各市县在国家政策基础上出台了各自的建筑施工安全管理办法，如《南京市建设工程质量安全管理工作意见》《苏州市建筑施工安全监督管理办法》等。但是在调研过程中，企业普遍反映惩治力度过大，波及范围广。例如，南通建筑企业反映，本地的施工项目人员伤亡事故惩罚措施过于严厉，直接导致企业在较长时间段内无法参与投标，对企业经济运营造成较大打击。希望政府部门重新考虑企业各项问责方式，既要惩治和改善，又要避免波及企业根基和市场秩序。

经济效益方面，建筑企业需要贯彻“利益利润最大化、环境影响最小化”的原则。通过合理控制投资成本、加强工程项目管理工作、进行节能优化、加大对建筑质量的监管力度、强化建筑的成本控制等措施来实现。同时，在调研过程中获知，建筑企业希望政府能够进一步降低行业增值税，并对本土企业进行重点扶持，出台一些税、费、保证金方面的优惠政策，切实减轻企业负担，为企业发展提供政策保障。此外，政府应积极为企业在人才引进、市场准入、融资、政策咨询等方面提供支持和服务，对全年完成建筑业总产值和上缴税金首次超过一定标准的建筑企业予以奖励。建筑业协会应充分发挥服务作用，针对当地企业存在的普遍问题开展讲座、会议等形式，

围绕企业的转型升级、经济效益提升措施等内容进行引导和教育。

环境保护方面，江苏省生态厅、社会信用体系领导小组办公室等相关部门在今年积极响应国家号召，出台多项针对建筑企业的管理与处罚措施。然而多数企业反映，政府采取的“一律关停”“先停再说”等做法，严重影响到了企业正常运作，甚至行业稳定性。例如，自 2019 年 1 月起实施的《江苏省企业环保信用评价暂行办法》对企业的环境违法违规行为处罚处理类别划分过粗、扣分过重，一定程度影响了江苏省建筑业的正常发展。企业年信用总分共 10 分，扬尘、夜间施工噪声等环保处罚一次扣 3 分，发生 3 次以上即列入红黑名单，导致企业无法办理银行信贷，直接影响到企业的正常生产，甚至引起区域性施工企业的信贷风险。目前，江苏已有多家龙头建筑企业因在外工地受到环保处罚，被列入了省环保监测系统黄色名单。尽管企业已经及时整改到位，但因系统原因，企业仍在黄色名单之列，影响了银行对企业的授信和投放。因此，建议政府进一步细化环境违法违规行业处罚类别，减小扣分记录分值。坚决避免“一刀切”现象，避免紧急停工停业停产等简单粗暴行为，为江苏建筑施工企业的发展提供政策保障。

参考文献

江苏省住房和城乡建设厅：《2018 年江苏建筑业发展报告》。

李忠富、范建双、王一越：《中国建筑业产业结构调整的研究》，《建筑管理现代化》2008 年第 5 期，第 5 ~ 9 页。

廖玉平：《建筑业产业结构调整战略研究》，《建筑经济》2005 年第 3 期，第 5 ~ 9 页。

武汉市建筑协会：《促进武汉市建筑业高质量发展专题调研报告》。

新疆东西部经济研究院：《建筑企业参与“一带一路”建设研究报告》。

张宁宁、伏祥乾、周文辉、王铭辉：《坚持“四轮驱动”推动高质量发展——江苏省建筑业结构调整和转型升级情况调研报告》，2019。

张雪芹：《基于市场主导的建筑业产业结构调整研究》，重庆大学，2007。

中共河北省委、河北省人民政府：《河北雄安新区规划纲要》。

中共中央、国务院：《长江三角洲区域一体化发展规划纲要》。

中共中央、国务院：《粤港澳大湾区发展规划纲要》。

中共中央政治局：《长江经济带发展规划纲要》。

中国建筑业协会：《创新引领建筑业高质量发展——江苏省建筑业改革发展调研报告》，中国建筑工业出版社，2018。

B.27

内蒙古建筑业持续健康发展情况的调研报告*

内蒙古自治区建筑业协会

摘　要： 近年来，全区很多建筑业企业存在举步艰难、经营困难、生存危机、发展迟缓的现象，与政府倡导的促进建筑业持续健康发展的目标有较大差距。本报告在充分调研的基础上，指出了行业发展中存在市场竞争状况惨烈、工程款拖欠仍较普遍、企业融资艰难、利润大幅下滑、用人成本增加、市场准入要求渐高等方面的问题与困难，并深入分析了原因。结合实际提出了推动国家和自治区相关政策的真正落实、为本土企业的发展创建更大的空间、引领本土企业顺应市场规律整合内部资源、支持高等级企业加快发展、切实落实龙头企业优惠政策、加强对中小型建筑企业的服务指导、支持建筑业企业“走出去”发展、加强工程结算管理等促进行业健康发展的具体举措。

关键词： 内蒙古　建筑业　可持续发展

* 课题组成员：闫保和，原内蒙古自治区住建厅调研员，现任内蒙古自治区建筑业协会专家委员会副主任，主要研究方向为建筑业改革发展；韩平，内蒙古自治区建筑业协会会长，主要研究方向为建筑行业发展；杨晓刚，内蒙古自治区建筑业协会副会长兼秘书长，主要研究方向为建筑业行业发展；李艳玲，内蒙古自治区建筑业协会副秘书长，主要研究方向为建筑业改革发展；刘天娇，内蒙古自治区建筑业协会智能化分会副秘书长，主要研究方向为建筑业改革发展。执笔人：闫保和。

《国务院办公厅关于促进建筑业持续健康发展的意见》和《内蒙古自治区人民政府办公厅关于促进建筑业持续健康发展的实施意见》（以下简称《两办意见》）发布以来，至今已分别有两年半和接近两年时间。《两办意见》贯彻落实如何，全区建筑业企业发展运行情况怎样，实现持续健康发展存在的主要问题有哪些，带着上述问题，自治区建筑业协会受自治区住建厅委托并在住建厅指导下，深入呼、包、鄂、赤等建筑业企业较多的地区进行了实地调研，同时委托其他盟市建筑业协会，采取多种形式进行了专题调研。

总体来看，《两办意见》的贯彻落实不到位，多项政策性措施没有得到落实或有效落实；全区建筑业企业，除少数高等级大型企业外，绝大多数目前举步艰难，经营困难，生存危机，发展迟缓，半数以上企业处于歇业或半歇业状态；众多企业表现维持观望状态，心无目标，胸无良策；2015～2018年，内蒙古建筑业总产值累计完成21659亿元，年均完成产值5414.75亿元；本土企业完成产值累计4507亿元，年均产值1126.75亿元，本土企业完成的建筑业总产值仅占全区建筑业总产值的20.8%。本土企业已进入“最严寒的冬季”，持续健康发展的愿景正在被严峻的困难阻止。

一　主要困难和问题

（一）市场竞争接近惨烈，“僧多粥少、有僧无粥”的状况日益凸显

近年来，工程项目的逐年递减与工程企业的大幅增加，使建筑市场出现了前所未有的竞争局面。一项几百万甚至几十万元的工程有几十家甚至上百家企业参与竞标，众多企业“一活难求”。全区现有施工总承包和专业承包企业5000多家，2020年上半年有50%以上的企业处于停工半停工状态，特别是二级以下中小企业更为明显。据自治区统计部门数据显示，上半年全区建筑业企业新签合同额451.36亿元，较去年和前年同期分别下降9%和13%。“无活可干”的企业面临两种选择，宣布解体或靠历年

结余的利润暂且维持工人工资，等待承揽新的项目。一些企业负责人表示，照此延续全区约有50%以上的建筑业企业只能维持一年左右。

（二）工程款拖欠仍较普遍，“要款难”仍是企业的“心病”

许多政府投资项目的工程已投入使用多年，但仍以未结算或审计未完成为由不予支付工程款，部分工程即使完成了审计结算，也以多种理由、多种手段拒付工程款。参与调研的156家企业中，有一半以上存在工程款被严重拖欠问题，拖欠时间有的三五年，有的已十多年，工程款金额少则几十万元、几百万，多则几千万元、几亿元。据不完全统计，全区政府投资项目拖欠工程款两年以上的款项累计约323.3亿元。工程款被大量长期拖欠，直接制约了企业的发展，甚至已影响了企业的生存。

（三）“上欠下压”，融资艰难，企业“有心经营、无力发展”

建筑业企业处于建设单位、材料供应商以及建筑工人的“中间地段”，一方面工程款不能及时兑现，另一方面材料款和工人工资又不能拖欠。一些中小企业由于“底子薄、积淀少”，缺乏垫资能力，因而“有活不能干，有活不敢干”。民营企业融资困难，大多无银行授信，被金融单位拒之门外，不受青睐。由于资金循环不畅，形不成良性链条，施工企业经常因拖欠材料款被材料供应商告上法庭。2018年以来，全区有65家施工企业成为“被告”，有的企业一年内接到的“传票”达7张。企业的法人代表常常奔波于“讨债”与“法庭陈述”的路上。包头一家曾十分辉煌的施工总承包企业，因法律官司所致已放弃施工，准备退出建筑行业。参与调研的企业谈道，他们对做大做强已没有了热情和信心，认为“能够维持现状、继续生存就行了”“不是不想做，而是无力做”。

（四）利润大幅下滑，“弱势”不断显现

建设单位依仗“僧多粥少”的现状，在“最低价中标”的基础上，仍在施工合同中设置若干不合理条文，甚至“霸王条款”，把本应由建设单位

承担的内容，强加给施工单位，强制企业遵守和履行。如垫付工程款、承担招标代理费、全额缴纳安措费等，无端挤占了企业的流动资金；“营改增”之后，建筑所用砂石料、工地食堂购买的主副食品、机械机具及临时用工人员，由于无法取得专用发票，导致进项抵扣不足，尽管增值税两次下调，但企业实际缴税仍高于“税改”之前；建设单位特别是房地产开发企业，工程竣工后“以车、房甚至酒等生活用品高价折算后替代工程款”。此外，现代建筑中部品构件成品率逐年提升，也压缩了施工成本，缩减了施工企业的利润空间。许多企业明知利润微薄甚至没有利润，但“为了养人留人，不得不硬着头皮承接工程”。利润大幅下降，既影响了企业的持续发展，又给工程质量和安全埋下了隐患。

（五）用人成本增加，企业负担繁重

随着社会环境、市场环境的变化、社会工资的普遍上涨和社保制度的不断完善，企业用人贵、用人难的问题进一步凸显。与其他许多行业相比，建筑工人是劳动风险高、强度大、环境差、公众认可度较低的职业，是个“青年不愿干，中年钱少不能干，老年干不了”的职业。一线建筑工人基本来自农村、山区、偏远贫困地区，大多背井离乡与家人两地生活。这些特性决定了建筑工人要比其他职业有更多的付出并获得更多的报酬。企业为了“留住人”，保证“有活干时有人干”，一方面要提供较高的工资待遇，另一方面要给员工缴纳社保。一个中等级别的总承包企业，月缴纳社保费近百万元，年缴合计上千万元，如因流动资金“断裂”不能按时缴纳，还需追加利息和滞纳金。企业反映，一方面工程款不能及时兑现，向银行借贷困难，另一方面工人工资又须按月发放不能拖欠，建筑企业就如同“风箱里的耗子”。

（六）市场准入“门槛”渐高，资质升级增项困难较多

随着城乡基础建设水平的不断提升，“高、大、难”建设项目越来越多，所要求的资质等级越来越高，特别是在项目总量减少、企业数量增加、

区外高等级企业大批进入的背景下，中小企业生存发展空间越来越小。企业大多由于历史短、实力弱、规模小、等级低、融资和垫资能力不足，在承揽工程特别是较大工程项目上明显处于劣势。按照现行国家标准和规定，企业升级、增项要考核工程业绩，且这些业绩必须是在网络平台上公开发布的。一方面没有业绩不能升级，另一方面资质等级低承揽不了工程，生成不了业绩。许多企业为了生存迫于无奈，只好采取“挂靠”形式，或者与区外企业合作。特别是房屋建筑和市政工程，由于过去“未批先建”项目较多，前期手续不全，工程没有备案，网上不能发布，导致一些企业“有业绩不认可”，直接影响了企业的资质晋级。

二 存在困难和问题的主要原因

（一）建筑市场走向平缓，工程项目明显减少

建筑业企业的兴衰与建设项目的多少紧密相关。近年来，一是受国家宏观调控政策的影响，固定资产投资回落，房地产市场走低，基础设施建设放缓，因而项目减少。二是各级政府由于历年“欠账”较多，新投入不足，拟新建的项目无法开工，导致项目减少。三是受建筑产品周期律的影响，城乡集中的、大规模的建设改造任务已趋于完成，“轰轰烈烈的建设”已周期性结束，建设项目缩减。据统计，2018 年全区房建和市政工程项目新开工 3200 余个，较上年度下降了 8.6%，其中房地产项目和市政基础设施项目分别下降 6.7% 和 9.3%。部分地区除少量大型已开工的公共设施建筑外，几乎没有新建项目。进入 2019 年后，这一状况更加凸显。建设项目的整体缩减，直接影响到了建筑业企业的发展。

（二）施工企业相对过剩，“供大于求”体现明显

2010 年前后，从上至下加大固定资产的投资，开展了大规模的建设，在城乡面貌实现突破性改观的同时，给建筑业带来了“黄金期”，申请建筑

业资质的企业增速明显。与此同时，从国家层面逐步放宽了资质标准，降低了相关条件，一大批企业进入了建筑行业。2010 年之前，内蒙古自治区拥有特级资质的建筑业企业仅有 264 余家，而到 2018 年突破了 600 家，一级资质同样如此，2010 年，内蒙古自治区拥有一级资质以上的建筑业企业 70 余家，到 2018 年底已达到 180 家，建筑业企业总数从 1500 多家增加了近 6000 多家。近几年来由于工程项目的大幅减少，建筑业企业显现了过剩，形成了“僧多粥少”的局面。

（三）区外高资质企业大批进入，挤压了本土企业生存空间

内蒙古建筑业企业大多起步晚、基础薄、等级低、规模小，90% 以上为民营性质。国家明令取消地区性门槛后，众多高等级的区外企业（含央企、下同)，看到了经济发展的态势、自然资源的优势及施工队伍的弱势，从而蜂拥而至。目前在内蒙古施工的区外建筑业企业，据不完全统计有 1300 多家，其中央企 100 余家。这些企业大多具有资质等级高、融资能力强、施工能力强等特点，承揽了全区众多大型、较大型的工程项目。区内企业特别是二级以下中小企业，在众多强势的区外企业面前，竞争乏力。因为“僧多粥少”，有许多本土企业有能力承揽的中小型项目，也大多被区外企业所承揽。

（四）政策落实不够到位，扶持措施给力不足

从调研情况看，《两办意见》下发后，有些地区没有得到充分重视和贯彻落实。有的企业将文件“束之高阁”；有的企业起草了落实意见，但照搬照套文件；有的主管部门由于领导变动，新任领导对《两办意见》忽视，有的领导虽然知道《两办意见》，但没有引起重视，没有将“贯彻落实”列入议程；还有的企业在执行中有的采取“选择性落实”，一些保障建筑业企业合法权益的政策性规定没有得到执行。例如，建设单位依然拒收施工企业提供的各类保证金的保函，仍然要求必须使用现金；对解决拖欠工程款的相应政策性措施，基本没有落实；各金融机构对建筑业中小企业的融资申请基本没有兑现；工程竣工后不按规定时限结算和审计等。

三 实现持续健康发展的建议意见

建筑业在人类社会的发展史上具有不可替代的重要作用，在实现中华民族伟大复兴的中国梦的进程中更加离不开建筑业。内蒙古建筑业多年来为自治区经济社会的发展做出了重要贡献，是自治区重要的支柱型产业。建筑业企业无论新中国成立初期还是改革开放以来，无论有形的城乡基本设施建设，还是无形的社会全面建设，都刻下了鲜明的印迹。建筑业工人不畏风霜雨雪、艰难险阻，建起了座座高楼大厦，开通了条条交通大道，现代都市、美丽乡村无一不是由他们的汗水浇铸；自觉为党分忧、为民造福，扶贫助学，抢险救灾，危难时刻总有他们的身影，堪称“第二应急救援队伍”。建筑业承载着70万农民工的就业，带动了100万户家庭的有效脱贫，每年为自治区创造近60亿元的税收，是自治区经济社会建设不可或缺的重要力量；在建筑业企业生存和发展十分艰难的环境下，多数企业仍在坚守着“阵地”，期盼“曙光”的来临。面对内蒙古建筑业企业目前生存和发展所遇的前所未有的困难和问题，相关部门应高度重视，加大作为，加强扶持，加快企业走出困境的步伐，使全区建筑业企业尽早步入持续健康发展的轨道。解决这些困难和问题，仅靠某一级政府、某一个部门是不够的，必须加强政府及有关部门、有关机构的通力合作，上下联动，共同发力。

（一）加大有效督导，推动国家和自治区相关政策的落实

第一，自治区政府和有关部门应牵头对《两办意见》的执行情况组织专项督查，并将执行情况进行通报。第二，要把落实促进建筑业发展有关政策的情况，作为对各地区和各有关部门的考核内容之一，列入年度考评，把“重视”落到实处。凡《两办意见》没有执行或没有认真执行的地区和有关部门，应责令其查找原因，予以问责；对不执行两级政府政策规定的有关部门和单位应予以追责。

（二）完善扶持政策，为本土企业的发展创造更大空间

针对企业存在的困难和不断变化着的市场，学习借鉴区外省（区，市）的经验，探索本土企业走出困境的可行路径，丰富完善激励企业发展进步的政策措施，实行精准施策。要基于有利于本土企业健康成长、有利于促进行业进步、有利于自治区和谐发展的思路，加大改革力度，拓宽扶持渠道，细化扶持措施。

（三）加强行业指导，引领本土企业顺应市场规律整合内部资源

指导建筑业企业了解国际、国内和内蒙古经济发展形势，分析掌握市场发展变化规律，科学调整并确定企业发展战略和发展方向，科学整合企业内部结构，做到顺势而为。各级建筑业主管部门，要定期对企业的发展情况，特别是大型、较大型企业的发展运营情况进行“巡诊”“会诊”，对出现的普遍性问题，及时分析原因研究对策，从政策制度层面上助力企业的发展。

（四）优化服务质量，打造更加宽松的发展环境

各级住建主管部门和服务机构，要进一步改进管理与服务方式，既要依法科学管理，更要主动靠前服务；主动为企业的发展出谋划策、排忧解难；进一步简化办事程序，提高办事效率和办事质量，真正把企业的满意作为评价主管部门的标准；进一步提高涉企的各类行政许可和服务保障效率，提倡靠前服务、贴近服务、主动服务，满腔热情地为企业的解困发展创建优良的社会环境。政府各有关部门及各金融、税务、保险等机构，要切实按照《两办意见》依法积极履行服务企业的职能，确保扶持建筑业发展政策措施的有效落实。

（五）创新扶持举措，支持高等级企业加快发展

学习借鉴其他省（区、市）的扶持政策。注册在内蒙古的建筑业企业，凡取得建筑、市政公用、电力、冶金、公路、水利水电、矿山、石油化工等

专业中任意1项施工总承包特级和1项施工总承包一级资质的企业，可直接申请上述其他专业工程的施工总承包二级及各类专业承包二级资质。企业直接申请二级及以上资质，专业技术负责人或建造师主持完成的业绩需满足所申请的二级及以上资质对企业业绩的要求。从特级或一级资质（含专业承包）企业分立的全资子公司，可直接申请相应资质类别的二级资质。直接申请获准二级资质的企业，可由企业承诺在两年内按照《建筑业企业资质标准》（以下简称《标准》）规定的70%的人员数量补齐。子公司直接申请二级资质时，应提交技术负责人（注册建造师）主持完成的相应工程类别及等级的业绩材料。分立的全资子公司，获准资质后两年内其产（股）权性质不得变更。

（六）切实落实龙头企业优惠政策

对评选为自治区建筑业的龙头企业，要在工程建设招标投标以及资质升级增项等方面给予优先优惠。龙头企业参与国有投资的房屋建筑和市政公用等类别的重点工程、大型工程项目投标时，不再进行资格预审，减半收取投标保证金，同等条件优先中标。依法实行邀请招标的项目应优先向龙头企业倾斜。对龙头企业申请交通运输、水利水电、电力、矿山、石油化工、机电等相应资质较少专业增项的，除申请专业的技术负责人外，其他条件不做考核；申请增项升级，除企业工程业绩外，其他条件不做考核（需向住房城乡建设部申请的资质除外）。对龙头企业依照有关规定组织的现场管理人员和技术工人的专业培训，其合法性予以认定。对能够提供足额担保的龙头企业，可在其资质类别内放宽承揽业务范围的限制。

各级住建主管部门要加大对龙头企业的支持力度，指导和帮助龙头企业当好行业的表率。

（七）加强对中小型建筑企业的服务指导

各级住建主管部门要对属地建筑业企业的资质结构、市场运行、发展前景进行调研分析和分类指导，对实力较强、运行良好、诚信经营的中小型企业，要加强针对性指导和实用性服务，在资质升级增项及分立合并、安全生产许可的相应培训考核、工程项目承揽及验收备案入网、人员调动变更的手续办理等方面，提供快捷周到的服务，保持绿色畅通的通道。企业技术工人在区外合法培训机构完成的培训，应与区内的培训一同对待，培训机构出具或核发的相应证书应是真实有效的。要认真分析建筑业企业发展中面临的主要问题和困难，以及需要主管部门提供的支持和服务，进行“专题会诊”，对拟申请施工总承包一级以上资质的企业开展定向服务。对近三年无工程项目、无建筑业产值或未报送建筑业生产经营情况的企业，要予以清理注销。

（八）支持建筑业企业“走出去”发展

对出境从事建筑施工的企业，各地住建主管部门要协调有关部门，提供更多的咨询、服务、保障和安全保护，指导企业针对性的学习了解所到国家和地区的法规民俗，增强风险防范意识。对出区跨省施工的企业，要搭建平台，广开绿灯，优先快办手续，帮助企业做好相应的宣传推介工作，为开拓外埠市场提供有力支撑。支持区内外一级以上建筑业企业结成战略联盟或组成联合体投标，发挥成员企业在不同地域、不同专业领域的优势，共同承接大型基础设施和重大公共建筑项目。在区外出现重大经济民事纠纷时，要协助企业进行诉讼或协调有关部门给予行政或法律援助。对境外区外施工的优秀企业，各地要以多种形式予以宣扬和表彰，对优秀的项目经理要予以奖励。内蒙古施工企业外埠项目获得当地市（州）及以上行业主管部门或协会颁发的质量、安全奖项的业绩，在投标中可享受区内同等政策待遇。

（九）积极引进高等级大型企业“落户”

对区外建筑业企业（含央企）申请在内蒙古建立独立法人全资子公司的企业，应当予以积极支持。在其母公司出具授权证明、承诺书确认子公司的合法性后，且母公司为特级资质企业、在内蒙古的建筑业产值近三年年均3亿元（由母公司提供相应数据，下同）以上的，可向子公司颁发与母公司资质类别相应的二级资质；母公司为施工总承包一级资质、在建筑业产值近三年年均1亿元以上的，可向子公司颁发与母公司资质类别相应的三级资质；母公司为专业承包一级资质且建筑业产值近三年年均5000万元以上的，可向子公司颁发与母公司资质类别相应的最低等级资质。原注册地认定的二级注册建造师等执业资格证书，可换发相应证书。各盟市住建主管部门对直接迁入本地区的特级、一级施工总承包企业，年产值达到一定数额的，可建议当地政府（行署）给予一定数额的财政奖励。奖励的标准和条件由各盟市确定。

（十）加强工程结算管理

推行施工过程结算。建设单位应按照合同约定的计算周期或工程进度进行结算并支付工程款。严格竣工结算时限要求。工程竣工后建设单位从接到完整结算资料之日起，结算时限分别为2000万元以下的30天以内，2000万元至5000万元45天以内，5000万元以上60天以内。在规定时限内未完成审查或未提出异议的，视为认可承包人提交的竣工结算报告。结算文件经发承包双方签字确认后，未经对方同意另一方不得就已生效的竣工结算文件委托工程造价咨询机构重复审核。

（十一）适度放宽小型项目负责人任职限制

原则上同一旗（县、区）单项合同额200万元以下的项目，注册建造师（含临时注册建造师，下同）可在2～3个项目中兼职，但同时应设置由施工员担任的项目副经理，协助项目负责人做好项目管理工作。同一专业的配套或附属设施工程再次招标时，可由原项目负责人继续承担该项目的负责人。对于企业中标后“锁证”的注册建造师，施工总承包项目经建设单位组织的主体结构验收合格后即应“解锁”，不得要求竣工验收备案后再“解锁”；专业承包工程经建设单位或施工总承包企业验收合格后即应“解锁”。对因故不能按时开工超过6个月，施工许可证失效的，应予以及时“解锁”。

（十二）鼓励装配式建筑生产企业的发展

装配式建筑生产企业，经考核满足生产基本条件、具有一定装配式施工能力，其技术负责人及2名以上注册建造师主持完成过建筑工程施工总承包二级以上资质标准要求的工程业绩，可直接申请建筑工程施工总承包二级资质。其中装配式混凝土结构建筑生产企业，设计产能需达到年产预制部品部件10万立方米以上，具备生产预制楼梯、叠合楼板、复合外墙板、内墙板、阳台板、空调板及其他预制部品部件的生产线、养护窑、产品堆放场地及各项管理制度等条件；钢结构生产企业，设计产能需达到年产钢结构部品部件1万吨以上；木结构建筑生产企业，设计产能需达到年产木结构部品部件1万立方米（或木结构建筑5万平方米）以上，具有烘干、生产、加工制作、安装及各项管理制度等条件。

B.28

关于增值税税负和政府投资项目结算问题的调研报告

吉林省建筑业协会*

摘　要： 针对营改增税制改革后企业税负和成本不降反增等问题，以及吉林省住建厅、财政厅、审计厅联合印发的《关于加强国有投资建设工程竣工结算管理工作的通知》在执行中遇到的问题，对会员企业进行深入调研，深入分析问题原因，提出应对措施和建议。营改增方面，建议政府有关部门协调税务部门，解决建筑市场乱象，规范市场行为，减轻企业生存压力，让建筑企业真正享受到营改增带来的红利。落实国有投资建设工程竣工结算文件，建议加强执行过程中的跟踪监管，落实责任，防止过程中推诿扯皮。加强对国有投资项目预算监管，从源头解决执行难的问题。加强对已竣工工程的"清欠"监管，帮助企业减负。

关键词： 建筑业　增值税　营业税　国有投资项目

根据吉林省住房和城乡建设厅主管领导意见和要求，吉林省建筑业协会围绕"增值税税负、政府投资项目结算"问题进行调研。在会员单位反馈建议的基础上，协会组织召开了骨干会员单位座谈会，260 人参与了此次座

---

* 执笔人：王文祥，现任吉林省建筑业协会《吉林建筑业》编辑室主任，高级政工师，正高级经济师，主要研究方向为建筑行业相关政策，施工企业经营管理制度与运行机制。

谈，围绕以上两个问题深入探讨。其次，召开12家核心层会员企业的企业发展联盟会议，12家核心层会员企业的董事长和总经理参加了此次会议，听取对策建议。调研的基本情况如下。

一 吉林省建筑企业增值税税负问题

（一）实行营改增税制改革后，企业税负和成本普遍增加

建筑企业实行营改增税制后已有3年时间，在执行过程中国家虽然对税率及相关政策进行了调整，但是由于诸多原因，建筑业企业的税负普遍不降反升，企业成本增加，负担加重，盈利难度增大。调研和座谈中进行数据对比，着重对已竣工工程增值税情况进行了详细测算分析。

1. 企业总体税负情况

以4个企业为例：

吉林建工集团：2018年一般计税方法的项目有376个，不含税产值29.31亿元，上缴增值税1.31亿元，税负为4.48%。比营业税时税负增加1.48%。一般计税方法的合作项目有253个，不含税产值17亿元，上缴增值税9972万元，税负为5.84%，比营业税时税负增加2.48%。

吉林省交通建设集团：2018年完成税前营业收入19.47亿元，销项税加附加税共计7831.45万元，按营业税应缴纳6542.73万元，增值税比营业税多缴纳128.87万元，增加1.97%。

吉化北建公司：实行营改增后的两年，企业平均税负比营业税时增加4%左右。

吉林省华兴工程集团：2018年增值税税负为4.02%，2017年增值税税负为4.23%，分别增加1.02%、1.23%。这是在票据齐全的情况下得出的结果，而实际运行中企业要取得专票，供应商要普遍加价，增加企业成本。

以上所列既有大企业、小企业，也有不同所有制企业、土建与水利水电

等不同类型企业。

2. 已竣工项目的税负情况

主要对施工企业上报的建筑工程项目和市政路桥工程项目相关数据进行分析测算。选取处于数据正态分布的建筑工程12个项目，市政路桥工程3个项目。所选取的测算项目均为一般计税方法。

建筑工程项目的实缴增值税额占工程总价的5.38%～7.77%，平均为6.11%；即增值税实缴额比原营业税额高出2.02%～4.03%，平均高出2.75%。

市政路桥工程项目的实缴增值税额占工程总价的6.7%～8.64%，平均为7.86%；即增值税实缴额比原营业税额高出3.31%～5.28%，平均高出4.5%。

现国家有新税率调整政策出台，将制造业等行业现行的16%的税率降至13%，将交通运输业、建筑业等行业现行10%的税率降至9%，这种税率调整，对建筑业而言又增加了纳税额。

（二）营改增后税负增加的主要原因

1. 抵扣不足与供应商加价

一是市场对材料供应商乱加价现象没有约束，不开发票一个价格，开具普票与专票价格又不一样。开具专票价格一般高出原价格5%～12%，这直接导致了企业成本增加了5%，企业利润相应减少5%左右；二是地材、二、三类材料向供应商索要发票时，加价有时比抵扣的进项税还要高，逼得企业只能开具普票。三是商品混凝土施工用量大，但3%的进项税过低，抵扣不足。四是建筑企业人工费、机械费、周转工具费大都没有可抵扣进项税，导致企业资金成本增加。

2. 工程项目水、电费抵扣难

由于施工的前期手续均由甲方办理，导致不能以施工企业名称挂水、电表，造成施工企业无法取得专票抵税。

3. 建设单位拖延支付工程进度款

多数建设单位拖延支付工程进度款，致使企业不能按时支付供应商货款和分包款，导致企业不能按时取得进项税发票抵税而提前纳税，这势必造成企业税负增加。

4. 专票取得难度大、费用高

部分合作项目宁可全额缴纳10%增值税，也不要进项税发票抵扣。

5. 特殊行业的建设单位不开具材料发票

部分特殊行业如石油化工、天然气管线的建安公司，主材甲供并在决算中扣除，不给施工方开具材料发票，且这类项目甲方多数不同意简易计征，这类项目采取一般计征，增值税税负一般可达6%左右。

（三）相关建议

建议政府有关部门协调税务部门，针对营改增后建筑业企业在运行中出现的共性问题，研究探讨具体的应对措施，解决市场乱象，规范建筑市场行为，减轻企业生存压力，让建筑业企业真正享受到营改增带来的红利。

二 关于政府投资项目结算问题

（一）政府投资项目结算难的主要原因

2018年末，吉林省住建厅、财政厅、审计厅联合下发的《关于加强国有投资建设工程竣工结算管理工作的通知》（吉建联发〔2018〕44号文）受到施工企业的普遍欢迎。这给困扰施工企业多年的结算难题提供了明确的政策依据和有力支持。这一政策正处于启动落实中，本次调研和座谈着重对政府投资项目结算难的问题及文件执行中可能还会遇到的难点进行了分析。

（1）政府投资项目普遍超概算，导致结算难。如吉林市换乘中心工程2013年8月竣工，由于工程超概算，一审完成的结算卷上报吉林市铁路投资公司后，无法上报市财政复审，致使工程款5年后不能结算。

（2）建设单位工程尤其是一些政府投资工程前期手续不健全，无法及时组织竣工验收。部分建设单位在项目进行过程中变更施工图纸，没有相应部门出具签证文件，导致竣工结算额与实际发生差距较大。

（3）工程竣工结算流程过于复杂，要经过造价事务所（或监理公司）审查、财政评审审核、审计机构审计等，程序复杂、时间过长。例如，长春建工集团承建的重庆路旧城改造项目，工程完工后只支付了60%的工程款，因迟迟不组织竣工验收和结算，至今尚未进入审计。44 号文件下发后，个别地区虽然启动了结算审计，但至今仍无实质性进展，可见执行 44 号文件过程中还要进一步加强监管，着重解决执行过程中出现的新问题。

（4）建议将政府投资项目结算纳入全省建筑市场公共监督服务平台，接受社会监督，提高透明度。

（二）关于落实好44号文件的相关建议

（1）相关政府部门下一步应把重点放在加强对文件执行过程中的跟踪监管上，明确 44 号文件落实的监管部门和职责，牵头抓好监督落实，防止执行中出现推诿现象。建议对建设方在结算中的责任做进一步明确，加强对建设方的约束力度。出台与文件配套的实施细则，提高文件执行的可操作性，实行责任追溯制，对不执行 44 号文件的建设单位进行处罚。对文件执行中出现的问题进行调研，对发现的问题及时采取应对措施，以保证这一对施工企业利好的政策真正落到实处。

（2）着力加强对政府投资项目预算监管。提高项目概算编制的准确度，严格控制概算外建设项目。完善建设工程前期手续，确保政府投资工程建设资金如期到位。这项工作应责成相关部门负责，以从源头解决执行难的问题。

（3）44 号文件下发后，对历史遗留的工程结算问题进行一次梳理，分类提出解决方案，尽快进入结算程序。对手续已经健全、具备结算条件的项目应尽快进入结算，防止新的拖延。

（4）将工程竣工结算与过程结算相结合。明确发承包方在施工过程中已经确认的结果，不再重复计量、计价，只需将其中历次计量结果直接汇总计入结算资料，简化结算过程，有利于对建设单位投资控制和施工单位工程款回收。按工程节点进行结算，有利于缩短结算时间。

（5）把对已竣工工程款的“清欠”工作，纳入竣工工程结算的过程监管，帮助企业减轻资金压力。

B.29

建筑施工企业“无欠薪”工作开展及推进实施实名制管理平台情况的调研报告

——以杭州市为例

杭州市建筑业协会　杭州市建筑装饰行业协会*

摘　要： 建筑工人实名制管理是规范秩序、加强监管、维护权益，促进建筑业持续健康发展的重要举措。本报告针对杭州建筑施工企业“无欠薪”工作开展及推进实施全国实名制管理平台中，实际操作层面上，建筑企业普遍反映存在的问题。协会成立了调研组并开展调研。就专用账户设立、资金不能足额拨付、拨付比例实行“一刀切”、支付流程的税务风险、实名制平台对接成本大、农民工工资个税缴纳等问题提出意见和建议。

关键词： 施工企业　“无欠薪”工作　工程建设　杭州

2019年3月1日起，住建部和人社部发布的《建筑工人实名制管理办法（试行）》（以下简称《办法》）正式实施。《办法》贯彻落实国务院办公

---

* 课题组成员：廖原，杭州市建筑业协会、杭州市建筑装饰行业协会副会长兼秘书长，主要研究方向为建筑市场管理；赵全强，杭州市建筑业协会、杭州市建筑装饰行业协会法律顾问浙江东鹰律师事务所主任，主要研究方向为建筑业法律；裘奇，杭州市建筑业协会劳务管理分会副秘书长杭州广通劳务承包有限公司办公室主任、总经理助理、党总支书记，主要研究方向为建筑劳务管理；赵萍，杭州市建筑业协会副秘书长，主要研究方向为建筑企业管理。执笔人：赵萍。

厅印发的《关于促进建筑业持续健康发展的意见》和《关于全面治理拖欠农民工工资问题的意见》，以规范秩序、加强监管、维护权益，促进建筑业持续健康发展。

2017 年 12 月，杭州市建委下发了《关于实施农民工工资专用账户制度的通知》《杭州建筑业开展“浙江无欠薪”行动实施细则》，开始实施民工工资分账管理，并且在原有的杭州市统一平台上不断地推进施工现场实名制管理。2018 年 12 月 28 日下发《杭州市建设领域农民工“无欠薪”管理实施细则（试行）》的通知（杭建市〔2018〕161 号），进一步进行规范。

经过一年多的实施，杭州市农民工工资分账管理与施工现场实名制管理，在规范工程建设领域劳动用工，防范拖欠农民工工资，全面维护农民工合法权益方面起到了积极的作用。全市大部分建筑业企业都能正确认识其重要意义，严格按照政策要求，积极推进落实。但是在实际操作层面上，建筑业企业普遍反映存在一些问题。为此，杭州市建筑业协会、杭州市建筑装饰行业协会通过发放调查问卷、召开落实情况调研座谈会、走访杭州市五家重点骨干企业、参加六家区、县（市）建筑业协会牵头召开的座谈会等方式，开展专题调研。

一 “无欠薪”工作开展、全国实名制管理平台推进中存在的问题

（一）“无欠薪”工作开展中存在的问题

1. 专用账户设立

施工企业必须在每个项目所在地开设农民工工资专用账户，增加了管理成本和管理风险。专用账户要求施工总承包企业以项目为单位，在项目所在地的商业银行开设独立的专用账户，每个项目开设一个。企业普遍反映专用账户开设数量过多、开户银行过多，开户银行也基本涵盖所有商业银行。由于专用账户跨行、跨区、跨市、跨省，账户的开设、维护，以及后期的注销

都需要企业额外大量投入人力、财力和精力，增加了企业的管理成本。另外在企业涉诉时，农民工工资专用账户被保全、冻结的情况也屡有发生，增加了企业的管理风险。

2. 部分建设单位不能按时足额将工人工资付至专用账户，施工企业垫资支付，增加企业资金压力

实际操作中，按工程施工节点支付工程进度款的施工总承包合同大量存在，建设单位只能按照施工总包合同约定的按施工节点支付工程款，而不能按专用账户管理要求按月足额支付工人工资，使得施工总包企业只能垫付农民工工资，直接增加了施工总包企业的资金压力。

建设单位根据施工总承包合同约定，每月按照施工企业完成产值的70% ~80% 支付工程进度款，相应的人工费进入专用账户只有 70% ~80% 的比例，主管部门要求施工企业要按时足额发放民工工资，不足的 20% ~30% 的部分由施工企业垫付，增加了其资金压力。

由于建设方资金不到位，如何进行民工工资发放，没有一个明确的流程说明，主管部门对专用账户资金的监管和追责主要集中在施工总承包企业身上，对建设单位缺少具体的制约和监管措施，无法有效推进“无欠薪”行动。

3. 专用账户对工资性工程款拨付比例设置实行“一刀切”不合理

目前部分项目在设置农民工工资专用账户工资性工程款拨付比例时，没有考虑施工阶段性差异化，实行的是“一刀切”管理，统一规定每月要按照10% ~25% 的固定比例，将人工费打入专用账户。在实际施工中，每个施工节点不同，人工费与施工产值的占比情况也不同，工程新开工阶段，人工费的支出比例并不高，到主体、装饰装修阶段，人工数量达到峰值。专用账户资金比例“一刀切”导致项目农民工专用账户上的资金存在开工阶段大量闲置，主体、装饰装修阶段资金缺口较大的问题。

4. 专用账户设置在支付农民工工资流程上为施工企业带来税务风险

目前专用账户支付农民工工资的流程是劳务分包企业向总包企业出具工资代发协议，总包企业直接通过专用账户进行代发，劳务分包企业再开具人

工费发票给总包企业入账。这种操作流程容易造成总包企业和劳务分包企业资金流和票流不一致，存在税务风险。

5. 管理部门实施标准不统一

《杭州市建设领域农民工“无欠薪”管理实施细则（试行）》的通知（杭建市〔2018〕161 号）规定专用账户的备案、撤销，专用账户资金比例等，由各区、县（市）建设行政主管部门和人力资源社会保障行政部门负责。实际操作中，由于对文件的理解不同，各区、县（市）的管理要求存在不同情况，给企业造成新的负担。

（二）对接全国实名制平台及管理存在的问题

中华人民共和国住房和城乡建设部办公厅发布《关于启用全国建筑工人管理服务平台的通知》（建办市函〔2018〕603 号）明确各地区应用“全国建筑工人管理服务信息平台”，原管理系统于 2019 年 4 月 1 日起停止使用。为此，企业需要自行对接全国平台。

1. 对接全国实名制信息管理平台给企业增加大量成本

企业与全国实名制平台对接，需要采集 298 个信息源，以往企业投入的信息化管理硬件和软件与现在全国平台对接不匹配，企业对接改造成本较高。中介电商每个项目平台使用费价格较高，施工现场考勤道闸改造成本较高，同时杭州从事实名制系统开发和对接的软件公司相对有限，而当前对接需求相对集中，部分软件公司存在坐地起价行为，对接改造成本明显偏高，单个工程项目对接改造费用普遍需要投入 3 万 ~4 万元，导致企业积极性不足。

全国实名制平台无法与地市级行业主管部门实现数据共享。地方企业反映，为了应对本地区行业主管部门的检查，数据需要同时上传全国平台和地市级平台，重复上传不仅增加了企业的工作量，而且增加了企业的设施费用、维护费用、培训费用和管理成本。

2. 施工企业实名制管理所需费用没有资金来源，增加企业管理成本

根据管理规定“实名制管理所需费用可列入安全文明施工费和管理

费”，在实际招投标过程中，建设单位并没有将该两项费用列入造价，使得企业没有资金来源，增加了企业的管理成本。

3. 实名制管理工作推进不积极

根据税法规定，农民工在岗满勤的情况下，按照当前市场工资，大部分农民工所得薪酬已超过个税起征点，但其本人没有纳税意愿。主管部门和税务部门对于建筑业农民工薪酬个税部分如何征收、向谁征收、申报途径、费用来源没有明文规定。

如由企业承担个税费用，人工费支出将大大增加，如果不明确费用来源，企业将无力承担。正是由于这个问题，企业难以推进实名制管理。

二 “无欠薪”工作开展和对接全国实名制平台的对策建议

（一）“无欠薪”工作开展的对策建议

（1）建议修订《杭州市建设领域农民工“无欠薪”管理实施细则（试行）》，允许以企业为单位在杭州市行政区域内开设农民工工资专用账户，各个项目作为子账户单列在企业专用账户下进行管理。实现民工工资卡“一卡通”，避免企业多次开户、民工重复办卡、一人多卡的现象，减轻企业管理成本和风险。

（2）由杭州市建委、人社局共同制订《杭州市建设项目工程款和工资款分账管理协议示范文本》，明确建设单位、施工总承包单位及商业银行三方主体责任，统一各区、县（市）管理部门实施标准。具体明确三点。

第一，增加对建设单位的监管和惩戒条款，建立建设单位违约的问责机制，保障农民工工资专用账户的资金来源。

第二，建议规定无论施工总承包合同如何约定工程进度款的支付方式（按月或按节点），施工企业均每月上报施工产值，建设单位以审核后的当月全部产值为基数，按照约定的比例将农民工工资拨付至专用账户。

第三，在建设单位工资性工程款拨付比例设置上，建议避免“一刀切”，尽量避免每个施工阶段都统一固定的比例，而是按照施工阶段人工费的实际需求，由企业区分施工阶段自行申报拨付比例，同时保证整个施工阶段总的人工费比例不低于规定比例。

（3）关于专用账户设置在支付农民工工资流程上造成企业存在税务风险的问题，建议建设行政主管部门与税务部门沟通协调，打消企业顾虑。

（4）关于部分企业反映的农民工工资专用账户查封、冻结问题，建议相关部门与司法部门进行协调，农民工工资专用账户因其特殊用途，不得查封、冻结。专用账户内资金专用于农民工工资的，依法保障建筑企业农民工的合法权益。

（二）关于对接全国实名制平台及管理的建议

（1）实名制管理平台的推进，在费用来源、平台对接、现场管理等方面仍存在问题，建议市建委建立统一的地市级管理平台，对企业开放应用端口，通过统一平台对接全国平台，减轻企业负担。

（2）实名制管理所需费用保障，是企业最为关注的问题，建议规定建设单位在招标时将该部分费用单列，作为不可竞争费用，不得优惠。

（3）关于企业对农民工个税缴纳的顾虑，建议相关主管部门与税务部门进行协调，明确建筑业农民工个税的缴纳与申报流程，明确费用来源。现阶段实际征收有难度，可以参考浙江省其他地区的操作方法，如金华、温州等，实行个人所得税定额征收。

附　录

B.30 2019年度完成产值100亿元以上工程建设企业名单

表1　2019年度完成产值100亿元以上工程建设企业名单

排名	企业名称	完成产值(万元)	推荐单位
1	中国冶金科工股份有限公司	33863761.00	中国冶金科工集团有限公司
2	中国建筑第三工程局有限公司	25931749.00	湖北省建筑业协会
3	北京城建集团有限责任公司	17490000.00	北京市建筑业联合会
4	云南省建设投资控股集团有限公司	15602362.40	云南省建筑业协会
5	中国建筑第二工程局有限公司	14478300.47	北京市建筑业联合会
6	中国建筑一局(集团)有限公司	14153026.00	北京市建筑业联合会
7	中国建筑第五工程局有限公司	14141051.00	湖南省建筑业协会
8	广西建工集团有限责任公司	14012410.00	广西建筑业联合会
9	广州市建筑集团有限公司	12185682.95	广东省建筑业协会
10	陕西建工控股集团有限公司	11779239.02	陕西省建筑业协会
11	中国葛洲坝集团股份有限公司	11056322.00	中国能源建设股份有限公司
12	北京建工集团有限责任公司	10961553.30	北京市建筑业联合会
13	湖南建工集团有限公司	10905133.96	湖南省建筑业协会

续表

排名	企业名称	完成产值(万元)	推荐单位
14	中交一公局集团有限公司	10656776.00	中国施工企业管理协会
15	中铁四局集团有限公司	10201818.00	中国中铁股份有限公司
16	山西建设投资集团有限公司	9082143.00	山西省建筑业协会
17	江苏南通三建集团股份有限公司	8834106.00	江苏省建筑行业协会
18	中国建筑第四工程局有限公司	8229700.00	广东省建筑业协会
19	中铁一局集团有限公司	8011605.00	中国中铁股份有限公司
20	甘肃省建设投资(控股)集团总公司	7667019.85	甘肃省建筑业联合会
21	江苏省建筑工程集团有限公司	7553963.00	江苏省建筑行业协会
22	南通四建集团有限公司	7529558.00	江苏省建筑行业协会
23	江苏南通二建集团有限公司	7415023.00	江苏省建筑行业协会
24	青建集团股份公司	7406900.00	山东省建筑业协会
25	江苏省苏中建设集团股份有限公司	7069463.00	江苏省建筑行业协会
26	贵州建工集团有限公司	6943283.28	贵州省建筑业协会
27	中交第二航务局工程局有限公司	6563936.00	湖北省建筑业协会
28	成都建工集团有限公司	6527045.00	四川省建筑业协会
29	北京住总集团有限责任公司	6296925.00	北京市建筑业联合会
30	中铁二局集团有限公司	6210461.00	中国中铁股份有限公司
31	中铁建工集团有限公司	6004738.00	中国中铁股份有限公司
32	中铁建设集团有限公司	5708086.00	中国施工企业管理协会
33	中建三局第一建设工程有限责任公司	5669355.00	湖北省建筑业协会
34	天元建设集团有限公司	5611672.63	山东省建筑业协会
35	中铁五局集团有限公司	5515421.00	中国中铁股份有限公司
36	四川公路桥梁建设集团有限公司	5367848.76	中国施工企业管理协会
37	江苏中南建筑产业集团有限责任公司	5303729.00	江苏省建筑行业协会
38	中铁三局集团有限公司	5289601.00	中国中铁股份有限公司
39	北京市政路桥集团有限公司	5103813.00	北京市建筑业联合会
40	中铁十局集团有限公司	4829368.00	中国中铁股份有限公司
41	中铁隧道局集团有限公司	4687660.00	中国中铁股份有限公司
42	中铁七局集团有限公司	4616485.00	中国中铁股份有限公司
43	上海宝冶集团有限公司	4525667.07	上海市建筑施工行业协会
44	中国电建集团国际工程有限公司	4521579.72	中国电力建设集团有限公司
45	河北建设集团股份有限公司	4496706.66	河北省建筑业协会
46	山河建设集团有限公司	4287985.00	湖北省建筑业协会

续表

排名	企业名称	完成产值(万元)	推荐单位
47	中国铁路通信信号股份有限公司	4164628.00	中国铁路通信信号集团有限公司
48	中国五冶集团有限公司	4066865.14	中国施工企业管理协会
49	中铁大桥局集团有限公司	4060976.00	中国中铁股份有限公司
50	中铁电气化局集团有限公司	4031139.00	中国中铁股份有限公司
51	江苏省华建建设股份有限公司	4026200.00	江苏省建筑行业协会
52	中交第四公路工程局有限公司	3719980.76	中国施工企业管理协会
53	中国建筑第六工程局有限公司	3718600.00	天津市建筑业协会
54	中国铁建大桥工程局集团有限公司	3631381.63	天津市建筑业协会
55	中交第四航务工程局有限公司	3626032.61	广东省建筑业协会
56	苏州金螳螂企业(集团)有限公司	3624590.00	江苏省建筑行业协会
57	中铁上海工程局集团有限公司	3522216.00	中国中铁股份有限公司
58	中电建路桥集团有限公司	3504602.13	中国电力建设集团有限公司
59	江苏南通六建建设集团有限公司	3500138.70	江苏省建筑行业协会
60	中铁六局集团有限公司	3453627.00	中国中铁股份有限公司
61	中铁八局集团有限公司	3387077.00	中国中铁股份有限公司
62	新七建设集团有限公司	3372973.00	湖北省建筑业协会
63	中建三局第三建设工程有限责任公司	3301300.00	中国施工企业管理协会
64	富利建设集团有限公司	3080625.00	广东省建筑业协会
65	中国石油工程建设有限公司	3009023.00	中国石油工程建设协会
66	正太集团有限公司	2994028.00	江苏省建筑行业协会
67	中亿丰建设集团股份有限公司	2900763.00	江苏省建筑行业协会
68	中铁北京工程局集团有限公司	2726028.00	中国中铁股份有限公司
69	中国水利水电第八工程局有限公司	2724893.00	中国电力建设集团有限公司
70	江苏江中集团有限公司	2723737.00	江苏省建筑行业协会
71	中建海峡建设发展有限公司	2705893.00	福建省建筑业协会
72	中如建工集团有限公司	2654050.04	江苏省建筑行业协会
73	福建建工集团有限责任公司	2653730.00	福建省建筑业协会
74	中国水利水电第七工程局有限公司	2635773.30	中国电力建设集团有限公司
75	中国十七冶集团有限公司	2609487.69	中国冶金建设协会
76	中铁城市发展投资集团有限公司	2609398.00	中国中铁股份有限公司
77	中国电建集团华东勘测设计研究院有限公司	2594574.35	中国电力建设集团有限公司
78	龙信建设集团有限公司	2558478.00	江苏省建筑行业协会

续表

排名	企业名称	完成产值(万元)	推荐单位
79	宁波建工股份有限公司	2554443.83	浙江省建筑业行业协会
80	中兴建设有限公司	2553249.00	江苏省建筑行业协会
81	上海建工二建集团有限公司	2480997.34	中国施工企业管理协会
82	广西建工集团第五建筑工程有限责任公司	2470082.20	中国施工企业管理协会
83	中国中材国际工程股份有限公司	2437000.00	中国建材工程建设协会
84	上海建工五建集团有限公司	2408281.01	中国施工企业管理协会
85	龙元建设集团股份有限公司	2387168.00	浙江省建筑业行业协会
86	中国水利水电第十一工程局有限公司	2377470.41	中国电力建设集团有限公司
87	中电建生态环境集团有限公司	2351099.00	中国电力建设集团有限公司
88	中国水利水电第十四工程局有限公司	2330185.09	中国电力建设集团有限公司
89	中铁投资集团有限公司	2327878.00	中国中铁股份有限公司
90	新八建设集团有限公司	2269878.00	湖北省建筑业协会
91	中冶建工集团有限公司	2256845.00	重庆市建筑业协会
92	浙江交工集团股份有限公司	2242000.00	浙江省建筑业行业协会
93	宝业湖北建工集团有限公司	2220345.00	湖北省建筑业协会
94	中国能源建设集团南方建设投资有限公司	2151210.07	中国能源建设股份有限公司
95	中国土木工程集团有限公司	2135000.00	中国施工企业管理协会
96	中铁南方投资集团有限公司	2126669.00	中国中铁股份有限公司
97	中国水利水电第四工程局有限公司	2126064.68	中国电力建设集团有限公司
98	江苏邗建集团有限公司	2123071.60	江苏省建筑行业协会
99	浙江中成建工集团有限公司	2117261.00	浙江省建筑业行业协会
100	华新建工集团有限公司	2106682.80	江苏省建筑行业协会
101	中国一冶集团有限公司	2101743.81	湖北省建筑业协会
102	广东电白建设集团有限公司	2081088.00	广东省建筑业协会
103	济南城建集团有限公司	2078979.96	山东省建筑业协会
104	浙江宝业建设集团有限公司	2070710.00	浙江省建筑业行业协会
105	山东电力建设第三工程有限公司	2065707.85	中国电力建设集团有限公司
106	中建科工集团有限公司	2054840.62	广东省建筑业协会
107	中冶天工集团有限公司	2046010.00	天津市建筑业协会
108	江苏弘盛建设工程集团有限公司	2016000.00	中国施工企业管理协会
109	烟建集团有限公司	1998539.00	山东省建筑业协会
110	上海隧道工程有限公司	1898744.00	上海市建筑施工行业协会
111	中国核工业华兴建设有限公司	1890041.25	中国施工企业管理协会

续表

排名	企业名称	完成产值(万元)	推荐单位
112	中铁广州工程局集团有限公司	1889652.00	中国中铁股份有限公司
113	山西路桥建设集团有限公司	1887154.66	山西省建筑业协会
114	中建一局集团第二建筑有限公司	1859712.73	中国施工企业管理协会
115	保利长大工程有限公司	1855691.00	广东省建筑业协会
116	广东腾越建筑工程有限公司	1842108.70	广东省建筑业协会
117	中建八局第三建设有限公司	1830000.00	江苏省建筑行业协会
118	中建一局集团建设发展有限公司	1828789.61	中国施工企业管理协会
119	中铁九局集团有限公司	1801658.00	中国中铁股份有限公司
120	海天建设集团有限公司	1773125.28	浙江省建筑业行业协会
121	中国电建市政建设集团有限公司	1750757.00	中国电力建设集团有限公司
122	南通五建控股集团有限公司	1734682.90	江苏省建筑行业协会
123	中铁交通投资集团有限公司	1707187.00	中国中铁股份有限公司
124	启东建筑集团有限公司	1662195.30	江苏省建筑行业协会
125	国基建设集团有限公司	1660143.50	山西省建筑业协会
126	中建安装集团有限公司	1656178.00	江苏省建筑行业协会
127	中国水利水电第五工程局有限公司	1655304.00	中国电力建设集团有限公司
128	七冶建设集团有限责任公司	1646056.40	贵州省建筑业协会
129	十一冶建设集团有限责任公司	1636890.43	广西建筑业联合会
130	中建新疆建工(集团)有限公司	1627483.00	新疆维吾尔自治区建筑业协会
131	江苏江都建设集团有限公司	1602684.30	中国施工企业管理协会
132	兴润建设集团有限公司	1601968.00	山东省建筑业协会
133	江苏省江建集团有限公司	1599974.50	江苏省建筑行业协会
134	合肥建工集团有限公司	1599716.32	安徽省建筑业协会
135	上海绿地建设(集团)有限公司	1573248.00	上海市建筑施工行业协会
136	山东华邦建设集团有限公司	1564271.17	山东省建筑业协会
137	歌山建设集团有限公司	1529121.00	浙江省建筑业行业协会
138	潍坊昌大建设集团有限公司	1523702.32	山东省建筑业协会
139	方远建设集团股份有限公司	1511696.00	浙江省建筑业行业协会
140	中国江苏国际经济技术合作集团有限公司	1506836.00	江苏省建筑行业协会
141	云南建丰建筑工程有限公司	1501742.00	云南省建筑业协会
142	大元建业集团股份有限公司	1486321.00	河北省建筑业协会
143	浙江国泰建设集团有限公司	1471160.00	浙江省建筑业行业协会
144	中煤第三建设(集团)有限责任公司	1471089.00	安徽省建筑业协会

续表

排名	企业名称	完成产值(万元)	推荐单位
145	华北建设集团有限公司	1470523.54	河北省建筑业协会
146	广西建工集团第一建筑工程有限责任公司	1434489.25	中国施工企业管理协会
147	武汉建工(集团)有限公司	1419616.13	湖北省建筑业协会
148	中铁二十二局集团有限公司	1418234.98	中国施工企业管理协会
149	上海绿地建筑工程有限公司	1418051.00	上海市建筑施工行业协会
150	广东永和建设集团有限公司	1412692.32	广东省建筑业协会
151	中国石油管道局工程有限公司	1410161.00	中国石油工程建设协会
152	安徽水利开发有限公司	1399215.60	中国施工企业管理协会
153	广州工程总承包集团有限公司	1394000.00	中国施工企业管理协会
154	贵州省公路工程集团有限公司	1387727.00	贵州省建筑业协会
155	中安华力建设集团有限公司	1365815.00	安徽省建筑业协会
156	广西建工集团冶金建设有限公司	1365000.00	中国施工企业管理协会
157	中国华西企业有限公司	1361574.30	广东省建筑业协会
158	中青建安建设集团有限公司	1360828.00	山东省建筑业协会
159	南京宏亚建设集团有限公司	1352698.00	江苏省建筑行业协会
160	湖南省第五工程有限公司	1341300.00	中国施工企业管理协会
161	山东寿光建设集团有限公司	1321081.00	山东省建筑业协会
162	中交隧道工程局有限公司	1307832.57	中国施工企业管理协会
163	深圳广田集团股份有限公司	1304625.63	广东省建筑业协会
164	中国通信建设集团有限公司	1294181.00	中国通信企业协会通信工程建设分会
165	浙江勤业建工集团有限公司	1284500.00	浙江省建筑业行业协会
166	福建省泷澄建设集团有限公司	1283312.50	福建省建筑业协会
167	江西建工第一建筑有限责任公司	1277959.98	中国施工企业管理协会
168	中恒建设集团有限公司	1272790.80	江西省建筑业协会
169	湖南路桥建设集团有限责任公司	1268312.19	湖南省建筑业协会
170	中国建材国际工程集团有限公司	1268000.00	中国建材工程建设协会
171	中国电建集团贵州工程有限公司	1256249.00	中国电力建设集团有限公司
172	甘肃路桥建设集团有限公司	1254885.67	甘肃省建筑业联合会
173	浙江舜江建设集团有限公司	1247450.00	浙江省建筑业行业协会
174	山东天齐置业集团股份有限公司	1233967.98	山东省建筑业协会
175	浙江省三建建设集团有限公司	1233133.00	浙江省建筑业行业协会
176	安徽三建工程有限公司	1221381.56	中国施工企业管理协会
177	中国天辰工程有限公司	1220848.45	中国化工施工企业协会

续表

排名	企业名称	完成产值(万元)	推荐单位
178	江苏天目建设集团有限公司	1216810.40	江苏省建筑行业协会
179	中国化学工程第三建设有限公司	1214658.00	中国化工施工企业协会
180	浙江省二建建设集团有限公司	1209967.00	浙江省建筑业行业协会
181	泰兴一建建设集团有限公司	1208166.00	江苏省建筑行业协会
182	江苏通州二建建设工程集团有限公司	1191234.00	江苏省建筑行业协会
183	内蒙古兴泰建设集团有限公司	1187191.08	内蒙古自治区建筑业协会
184	发达控股集团有限公司	1180040.00	江西省建筑业协会
185	中国二冶集团有限公司	1175145.26	中国冶金建设协会
186	冠鲁建设股份有限公司	1173627.46	山东省建筑业协会
187	中铁开发投资集团有限公司	1170716.00	中国中铁股份有限公司
188	北京城建道桥建设集团有限公司	1158033.42	中国施工企业管理协会
189	贵州桥梁建设集团有限责任公司	1155500.00	中国施工企业管理协会
190	上海城建市政工程(集团)有限公司	1153198.20	上海市建筑施工行业协会
191	中国电建集团山东电力建设第一工程有限公司	1139300.00	中国施工企业管理协会
192	浙江省一建建设集团有限公司	1126236.00	浙江省建筑业行业协会
193	山西省工业设备安装集团有限公司	1118127.26	中国化工施工企业协会
194	龙建路桥股份有限公司	1110637.00	黑龙江省建筑业协会
195	中移建设有限公司	1106062.00	中国通信企业协会通信工程建设分会
196	浙江省东阳第三建筑工程有限公司	1105338.70	中国施工企业管理协会
197	福建省永泰建筑工程公司	1101260.00	福建省建筑业协会
198	深圳市建筑工程股份有限公司	1100818.19	中国施工企业管理协会
199	江苏省金陵建工集团有限公司	1100530.00	江苏省建筑行业协会
200	威海建设集团股份有限公司	1095453.70	山东省建筑业协会
201	浙江鸿翔建设集团股份有限公司	1090101.21	中国施工企业管理协会
202	宏润建设集团股份有限公司	1089691.00	上海市建筑施工行业协会
203	中国化学工程第七建设有限公司	1087096.00	中国化工施工企业协会
204	中电建建筑集团有限公司	1084541.64	中国电力建设集团有限公司
205	江苏通州四建集团有限公司	1075294.00	江苏省建筑行业协会
206	巨匠建设集团股份有限公司	1074277.00	浙江省建筑业行业协会
207	福建省闽南建筑工程有限公司	1062588.00	福建省建筑业协会
208	上海市基础工程集团有限公司	1055800.00	中国施工企业管理协会

续表

排名	企业名称	完成产值(万元)	推荐单位
209	安徽金煌建设集团有限公司	1055276.00	安徽省建筑业协会
210	中铁武汉电气化局集团有限公司	1051298.00	中国中铁股份有限公司
211	福建九鼎建设集团有限公司	1051260.90	中国施工企业管理协会
212	江苏启安建设集团有限公司	1051258.60	中国化工施工企业协会
213	福建省永富建设集团有限公司	1051237.00	福建省建筑业协会
214	江苏金土木建设集团有限公司	1050000.00	江苏省建筑行业协会
215	中国能源建设集团广东火电工程有限公司	1049333.98	广东省建筑业协会
216	长业建设集团有限公司	1031605.00	浙江省建筑业行业协会
217	中国机械工业建设集团有限公司	1027075.05	中国施工企业管理协会
218	中化二建集团有限公司	1021900.00	山西省建筑业协会
219	湖北长安建设集团股份有限公司	1020537.22	湖北省建筑业协会
220	中联建设集团股份有限公司	1020534.00	江西省建筑业协会
221	陕西建工第一建设集团有限公司	1016233.21	中国施工企业管理协会
222	中建一局集团第五建筑有限公司	1013755.10	中国施工企业管理协会
223	中铁四局集团第四工程有限公司	1013078.00	中国施工企业管理协会
224	中国水利水电第十工程局有限公司	1012348.45	中国施工企业管理协会
225	南通华荣建设集团有限公司	1010645.00	中国施工企业管理协会
226	陕西建工机械施工集团有限公司	1005185.71	中国施工企业管理协会
227	济南四建(集团)有限责任公司	1001807.70	山东省建筑业协会
228	南通市达欣工程股份有限公司	1000132.00	江苏省建筑行业协会

说明：表中发布企业为自愿参与，未纳入发布的企业均未申报参与活动。

B.31

2018~2019年度第二批国家优质工程奖入选工程名单

国家优质工程金奖

（排名不分先后）

境内工程

1. 榆横～潍坊1000千伏特高压交流输变电工程

主申报单位：国家电网有限公司交流建设分公司

2. 广东湛江钢铁基地项目

主申报单位：宝钢湛江钢铁有限公司

3. 重庆西站（重庆至贵阳铁路扩能改造工程重庆西站站房及相关工程）

主申报单位：中铁十二局集团有限公司

4. 国投湄洲湾2×1000MW绿色建造示范工程

主申报单位：国投云顶湄洲湾电力有限公司

5. 长江中游荆江河段航道整治工程昌门溪至熊家洲段工程

主申报单位：长江航道局

6. 福清核电3、4号机组工程

主申报单位：福建福清核电有限公司

7. 中国石油—沙特阿美合资云南1300万吨/年炼油项目

主申报单位：中石油云南石化有限公司

8. 中电投协鑫滨海新建2×1000MW燃煤发电工程

主申报单位：国家电投集团协鑫滨海发电有限公司

9. 郑州大学第一附属医院郑东新区医院工程

主申报单位：郑州大学第一附属医院

10. 四川雅砻江锦屏一级、二级水电站工程

主申报单位：雅砻江流域水电开发有限公司

11. 广东省潮州至惠州高速公路项目

主申报单位：中铁十四局集团有限公司

12. 哈尔滨万达文化旅游城产业综合体—万达茂工程

主申报单位：中国建筑第二工程局有限公司

13. 扎鲁特—青州 ±800 千伏特高压直流输电工程

主申报单位：国家电网有限公司直流建设分公司

14. 南京长江第四大桥工程

主申报单位：中交第二航务工程局有限公司

15. 南昌市红谷隧道工程

主申报单位：中铁隧道局集团有限公司

境外工程

16. 哈萨克斯坦 PKOP 奇姆肯特炼油厂现代化改造工程

主申报单位：中国石油工程建设有限公司

17. 摩洛哥努奥二期 200MW 槽式光热电站工程

主申报单位：山东电力建设第三工程有限公司

国家优质工程奖

（排名不分先后）

境内工程

1. 山西省柏叶口水库工程

主申报单位：山西省柏叶口水库建设管理局

2. 山东钢铁集团有限公司日照钢铁精品基地项目 1#5100m^3 高炉工程

主申报单位：中国二十冶集团有限公司

3. 南水北调东线一期刘老涧二站工程

主申报单位：江苏淮阴水利建设有限公司

4. 青海铜业有限责任公司阴极铜工程—熔炼系统

主申报单位：中国二十二冶集团有限公司

5. 中国电信西宁—格尔木—吐鲁番干线光缆线路工程

主申报单位：中国电信集团有限公司

6. 中俄原油管道二线工程

主申报单位：中国石油天然气股份有限公司管道分公司

7. 河北首朗新能源科技有限公司 4.5 万吨/年钢铁工业煤气生物发酵法制燃料乙醇项目

主申报单位：河北省安装工程有限公司

8. 山东阳煤恒通化工股份有限公司 30 万吨/年聚氯乙烯原料路线改造及 20 万吨/年双氧水法环氧丙烷清洁生产项目 30 万吨/年甲醇制烯烃装置

主申报单位：惠生工程（中国）有限公司

9. 湖北 500 万方/天 LNG 工厂国产化示范工程

主申报单位：中国石油工程建设有限公司

10. 甘肃电投武威 2×350MW 热电联产工程

主申报单位：中国能源建设集团西北电力建设甘肃工程有限公司

11. 上海崇明燃机电厂工程

主申报单位：上海申能崇明发电有限公司

12. 华电扬州 2×475MW 燃机扩建工程

主申报单位：江苏华电扬州发电有限公司

13. 长春东南热电厂 2X350MW 机组新建工程

主申报单位：吉林电力股份有限公司长春热电分公司

14. 山东大唐临清热电厂“上大压小”新建项目

主申报单位：大唐临清热电有限公司

15. 江苏国信淮安盐化新材料产业园 2×400MW 级燃机热电联产工程

主申报单位：江苏国信淮安第二燃气发电有限责任公司

16. 500kV 版纳变电站工程（含 220kV 版纳开关站工程）

主申报单位：云南电网有限责任公司建设分公司

17. 500 千伏文山（上稔）变电站工程

主申报单位：广东电网有限责任公司中山供电局

18. 福建宁德崇儒 500 千伏变电站工程

主申报单位：国网福建省电力有限公司建设分公司

19. 江西东乡 500 千伏变电站新建工程

主申报单位：国网江西省电力有限公司建设分公司

20. 江苏苏州南部电网 500 千伏统一潮流控制器（UPFC）示范工程

主申报单位：江苏省送变电有限公司

21. 巴彦淖尔市磴口 500 千伏变电站工程

主申报单位：内蒙古电力（集团）有限责任公司内蒙古超高压供电局

22. 仙桃 500 千伏变电站新建工程

主申报单位：国网湖北省电力有限公司中超建设管理公司

23. 安徽芜湖三 500 千伏变电站新建工程

主申报单位：国网安徽省电力有限公司建设分公司

24. 河南新乡北 500 千伏变电站工程

主申报单位：国网河南省电力公司建设分公司

25. 山东惠民 500 千伏变电站工程

主申报单位：国网山东省电力公司建设公司

26. 河北成峰（官路）500 千伏变电站工程

主申报单位：国网河北省电力有限公司建设公司

27. 承德东 500 千伏变电站工程

主申报单位：国网冀北电力有限公司承德供电公司

28. 中广核乌拉特中旗乌兰四号风电场 200MW 风电工程

主申报单位：中广核（乌拉特中旗）风电有限公司

29. 国华乌拉特中旗乌兰 400MW 风电项目

主申报单位：国华巴彦淖尔（乌拉特中旗）风电有限公司

30. 辽宁红沿河核电一期工程 3、4 号机组

主申报单位：辽宁红沿河核电有限公司

31. 鲁能江苏东台200MW海上风电项目

主申报单位：江苏广恒新能源有限公司

32. 宁安铁路安庆长江大桥

主申报单位：中铁大桥局集团有限公司

33. 新建南京至安庆铁路四电集成及相关工程

主申报单位：中铁十一局集团有限公司

34. 南京至高淳城际轨道禄口机场至溧水段工程

主申报单位：中铁一局集团有限公司

35. 苏州市轨道交通2号线及延伸线工程

主申报单位：中铁十七局集团有限公司

36. 南昌市轨道交通2号线生米南车辆综合基地工程

主申报单位：中铁五局集团有限公司

37. 广州市轨道交通十四号线邓村车辆段与综合基地工程

主申报单位：中铁一局集团有限公司

38. 滨北线松花江公铁两用桥改建工程

主申报单位：中铁二十二局集团有限公司

39. 新建哈齐铁路客运专线“四电”系统集成及相关工程和客运信息系统工程

主申报单位：中铁电气化局集团有限公司

40. 四平至齐齐哈尔铁路郑家屯至榆树屯站（哈局管内）电气化改造工程ZHSG标段（齐齐哈尔车辆段改造工程）

主申报单位：中铁城建集团有限公司

41. 滨绥铁路牡丹江至绥芬河段扩能改造工程双丰隧道

主申报单位：中铁十九局集团有限公司

42. 武汉市轨道交通11号线东段（光谷火车站—左岭站）工程BT投融资建设项目

主申报单位：中国电建集团铁路建设有限公司

43. 新建大冶北至阳新铁路大冶湖特大桥工程

主申报单位：中铁十一局集团有限公司

44. 新建石家庄至济南铁路客运专线平禹特大桥

主申报单位：中铁十八局集团有限公司

45. 新建铁路大同至西安客运专线原平西至西安北段“四电”系统集成及相关工程（SDJC）标段

主申报单位：中国铁建电气化局集团有限公司

46. 西成客专跨西宝客专特大桥

主申报单位：中铁十一局集团有限公司

47. 新建宝鸡至兰州铁路客运专线三阳川渭河2号特大桥

主申报单位：中铁三局集团有限公司

48. 新建宝鸡至兰州铁路客运专线渭河隧道

主申报单位：中铁十二局集团有限公司

49. 新建拉萨至日喀则铁路雅江3#特大桥

主申报单位：中铁二十一局集团有限公司

50. 新建重庆至万州铁路分水镇隧道

主申报单位：中铁十一局集团有限公司

51. 重庆轨道交通五号线一期北段工程（园博中心站—大石坝站）

主申报单位：中国中铁股份有限公司

52. 重庆至贵阳铁路扩能改造工程天坪隧道

主申报单位：中铁隧道局集团有限公司

53. 重庆至贵阳铁路扩能改造工程新凉风垭隧道

主申报单位：中铁十八局集团有限公司

54. 新建沪昆铁路客运专线长沙至昆明段（贵州）北盘江特大桥

主申报单位：中铁广州工程局集团有限公司

55. 新建沪昆铁路客运专线（云南段）腰站特大桥

主申报单位：中铁五局集团有限公司

56. 烟台港西港区一期工程

主申报单位：中交一航局第二工程有限公司

57. 武汉新港阳逻港区三作业区一期工程起步阶段工程

主申报单位：武汉新港建设投资开发集团有限公司

58. 唐山液化天然气项目码头工程

主申报单位：中交一航局第一工程有限公司

59. 连云港港徐圩港区防波堤工程

主申报单位：中交第三航务工程局有限公司

60. 连云港港30万吨级航道一期工程

主申报单位：中交上海航道局有限公司

61. 台州东部新区启动区块吹填及软基处理工程

主申报单位：中交上海航道局有限公司

62. 厦门港海沧港区20#～21#泊位工程

主申报单位：中交第三航务工程局有限公司

63. 济南市二环南路建设工程（西段）

主申报单位：中铁十局集团有限公司

64. 中节能（临沂）环保能源有限公司生活垃圾、污泥焚烧综合提升改扩建项目

主申报单位：山东淄建集团有限公司

65. 菏泽市丹阳路上跨铁路立交桥

主申报单位：中铁二十局集团有限公司

66. 南昌市九洲大道高架快速路工程（朝阳大桥—洪都大道）

主申报单位：中铁广州工程局集团有限公司

67. 重庆市黄桷湾立交工程

主申报单位：重庆建工第二建设有限公司

68. 重庆市江津中渡长江大桥

主申报单位：中国建筑第六工程局有限公司

69. 南宁东站综合交通枢纽一期工程（地下空间）—公共服务工程01标

主申报单位：中铁隧道局集团有限公司

70. 南宁市青山大桥工程

主申报单位：中铁四局集团有限公司

71. 南宁市良庆大桥工程

主申报单位：中铁十八局集团有限公司

72. 方特东盟神画景观工程

主申报单位：广西富林景观建设有限公司

73. 广西百色至靖西高速公路

主申报单位：广西百靖高速公路有限公司

74. 省道 S366 线（珠海大道）金湾互通立交工程

主申报单位：广东省水利水电第三工程局有限公司

75. 天津国家会展中心海河通道工程

主申报单位：中国建筑第六工程局有限公司

76. 曹妃甸工业区跨纳潮河 2 号大桥工程

主申报单位：中建三局集团有限公司

77. 郑州市 107 辅道快速化工程 PPP 项目 1 ~5 标桥梁工程

主申报单位：中电建路桥集团有限公司

78. 墨水湖北路（孟家铺立交—龙阳大道）工程

主申报单位：武汉市汉阳市政建设集团有限公司

79. 长沙机场大道工程

主申报单位：中铁七局集团第三工程有限公司

80. 长沙市芙蓉区浏阳河东岸风光带建设项目投资与设计施工总承包

主申报单位：湖南省绿林市政景观工程有限公司

81. 湘潭昭山示范区基础设施建设工程（片区道路工程）第三标段（昭山二标）

主申报单位：长沙市市政工程有限责任公司

82. 成都经济区环线高速公路简阳至蒲江段项目

主申报单位：中铁二十局集团有限公司

83. 江油市涪江五桥

主申报单位：中交一公局第四工程有限公司

84. 国道317线雀儿山隧道

主申报单位：中铁一局集团有限公司

85. 达州至万州高速公路（四川境）项目

主申报单位：四川路桥华东建设有限责任公司

86. 亚行城市路网完善项目路桥完善子项目凤城八路—太华路立交工程

主申报单位：西安市市政建设（集团）有限公司

87. 乌鲁木齐新客站北区配套设施建设工程—北六标

主申报单位：新疆维泰开发建设（集团）股份有限公司

88. 乌鲁木齐县十二连湖生态建设项目—六标段（8号湖）

主申报单位：新疆城建洪源市政园林有限公司

89. 东风路南段（永定路—宁通高速）快速化改造工程

主申报单位：北京市政建设集团有限责任公司

90. 盐城市内环高架快速路网工程

主申报单位：中交一公局第五工程有限公司

91. 延安路中运量公交系统工程

主申报单位：上海市政工程设计研究总院（集团）有限公司

92. 宁波市澄浪桥及接线工程

主申报单位：宏润建设集团股份有限公司

93. 广化路及寺前配套总承包工程

主申报单位：中交建宏峰集团有限公司

94. 海口市地下综合管廊试点工程（2015~2016）长滨路等六条综合管廊

主申报单位：中铁四局集团有限公司

95. 嘉德艺术中心（综合楼）（嘉德艺术中心项目）

主申报单位：中建三局集团有限公司

96. 新能源试验中心

主申报单位：中国建筑第二工程局有限公司

97. 三利大厦改扩建工程

主申报单位：中国建筑一局（集团）有限公司

98. 图书馆等 2 项（北京化工大学昌平新校区图书馆）

主申报单位：中建三局集团有限公司

99. 1#科研楼（宇航标准集成电路综合科研楼）

主申报单位：中航天建设工程有限公司

100. 电力科研楼等 3 项（中国电力科学研究院科技研发中心建设工程）

主申报单位：中国建筑股份有限公司

101. 丰台区西铁国际商业科研综合楼项目

主申报单位：中建二局第三建筑工程有限公司

102. 中北镇示范小城镇安置区永旺西农民长远生计公建项目

主申报单位：天津天一建设集团有限公司

103. 河北工业大学图书馆

主申报单位：天津二建建筑工程有限公司

104. 尚斓苑 2～3#楼

主申报单位：中建二局第四建筑工程有限公司

105. 天津生态城信息大厦工程

主申报单位：中国建筑第八工程局有限公司

106. 山西焦煤集团综合服务基地

主申报单位：山西西山金信建筑有限公司

107. 山西省心血管病医院门急诊综合楼

主申报单位：太原市第一建筑工程集团有限公司

108. 山西省中医药研究院门诊综合楼、地下车库工程

主申报单位：国基建设集团有限公司

109. 山西医科大学新校区图书馆

主申报单位：山西建筑工程集团有限公司

110. 山西齿科医院门诊研究综合楼

主申报单位：山西二建集团有限公司

111. 尚东 SOHO

主申报单位：山西一建集团有限公司

112. 邯郸明仁医院扩建病房楼项目

主申报单位：邯郸市邯三建筑工程有限公司

113. 邢台职业技术学院校区扩建汽车、机电系教学实训楼

主申报单位：河北省第二建筑工程有限公司

114. 河北省省直人防工程（含室外配套完善提升附属项目）

主申报单位：河北建工集团有限责任公司

115. 三井大厦一期

主申报单位：大元建业集团股份有限公司

116. 长城汽车股份有限公司徐水哈弗分公司整车厂三期一标段焊装车间工程

主申报单位：中冶天工集团有限公司

117. 哈尔滨工业大学科技创新大厦基础科研楼

主申报单位：黑龙江省三建建筑工程有限责任公司

118. 湖南中烟工业有限责任公司四平卷烟厂易地技术改造项目联合工房

主申报单位：山西建筑工程集团有限公司

119. 居住、商业 A2 地块二期（沈阳嘉里中心）

主申报单位：中建一局集团建设发展有限公司

120. 阜新万达广场项目

主申报单位：中国建筑第二工程局有限公司

121. 大连金石滩鲁能希尔顿度假酒店项目

主申报单位：中国建筑第八工程局有限公司

122. 内蒙古气象防灾减灾监测预警中心

主申报单位：内蒙古兴泰建设集团有限公司

123. 内蒙古医学院附属医院门诊病房综合楼

主申报单位：江苏省苏中建设集团股份有限公司

124. 巴彦淖尔市医院住院楼、门诊医技楼工程

主申报单位：巴彦淖尔市医院

125. 呼伦贝尔投资公司国库收付中心业务用房

主申报单位：南通宏华建筑安装有限公司

126. 中国商飞试飞中心祝桥基地项目 101 民机试飞技术楼

主申报单位：上海建工七建集团有限公司

127. 世纪大道 SN1 地块（暂定名：浦东金融广场）T3 塔楼

主申报单位：上海建工一建集团有限公司

128. 展想中心（B－1 地块新建项目）

主申报单位：中国建筑第八工程局有限公司

129. 北蔡御桥社区 09—01 地块商业办公项目东楼

主申报单位：江苏省苏中建设集团股份有限公司

130. 普洛斯上海奉城物流园项目 B—1 周转仓库、B—2 周转仓库

主申报单位：上海海怡建设（集团）有限公司

131. 上海吴淞口国际邮轮码头后续工程

主申报单位：上海宝冶集团有限公司

132. 上海铁路局太平桥货场部分地块单位租赁房项目 A 地块工程

主申报单位：中铁上海工程局集团有限公司

133. 长宁区 88 街坊 32/8 丘商办综合楼项目

主申报单位：中国建筑一局（集团）有限公司

134. 远东宏信广场

主申报单位：中国建筑第八工程局有限公司

135. 南京国际博览中心一期扩建工程

主申报单位：中建八局第三建设有限公司

136. 南京牛首山文化旅游区一期工程—佛顶寺及前苑景观

主申报单位：中国建筑第八工程局有限公司

137. 金陵大报恩寺遗址公园及配套建设项目

主申报单位：中国建筑第八工程局有限公司

138. 宜兴农村商业银行新大楼

主申报单位：江苏宜安建设有限公司

139. 张家港保税区滨江大厦工程

主申报单位：中铁建设集团有限公司

140. 惠氏制药有限公司扩建项目（综合楼、生产厂房、仓库）

主申报单位：中亿丰建设集团股份有限公司

141. 思齐路以西地块商服楼项目

主申报单位：苏州市八都建筑有限公司

142. 苏州工业园区体育中心服务楼

主申报单位：中国建筑第八工程局有限公司

143. 嘉源大厦

主申报单位：江苏集慧建设集团有限公司

144. 谷物加工成套设备制造项目

主申报单位：江苏正方园建设集团有限公司

145. 南徐新城商务办公 A 区 A2、A5 楼

主申报单位：江苏润祥建设集团有限公司

146. “昌建广场”10#楼

主申报单位：江苏南通三建集团股份有限公司

147. 泰州市中医院整体搬迁工程

主申报单位：正太集团有限公司

148. 盐城市城南新区医院南区新建工程门急诊医技楼

主申报单位：江苏中南建筑产业集团有限责任公司

149. 南通高新区科技之窗项目一标段（A 区地下室、A1 楼、A2 楼、B 区）

主申报单位：南通新华建筑集团有限公司

150. 南通滨江洲际酒店 4 号楼

主申报单位：南通鑫金建设集团有限公司

151. 能达大厦建设工程

主申报单位：江苏南通六建建设集团有限公司

152. 阿里巴巴杭州软件生产基地二期增资扩建项目

主申报单位：浙江宝业建设集团有限公司

153. 互联网安防产业基地 I 标段

主申报单位：浙江省一建建设集团有限公司

154. 公交闸口停保基地迁建工程

主申报单位：杭州中宙建工集团有限公司

155. 长兴县人民医院改扩建工程一期门急诊楼项目

主申报单位：恒德建设有限公司

156. 湖州市南太湖湿地奥体公园体育场

主申报单位：中国建筑第八工程局有限公司

157. 浙江金义信息通信产业园一期

主申报单位：新世纪建设集团有限公司

158. 温州永强机场新建航站楼及附属工程

主申报单位：中国建筑第八工程局有限公司

159. 台州市黄岩综合客运枢纽站（一期）

主申报单位：标力建设集团有限公司

160. 绍兴市新行政中心

主申报单位：浙江勤业建工集团有限公司

161. 浙江医药高等专科学校奉化校区建设工程

主申报单位：中国电建集团华东勘测设计研究院有限公司

162. 皖银大厦

主申报单位：中国建筑第五工程局有限公司

163. 安徽心脑血管医院（安徽省立医院南区）二期

主申报单位：中建三局集团有限公司

164. 置地·创新中心（塔楼）

主申报单位：中建三局第一建设工程有限责任公司

165. 安徽轻工国际贸易及研发中心

主申报单位：合肥建工集团有限公司

166. 交通银行金融服务中心（合肥）项目一期和二期一阶段工程

主申报单位：中国建筑第八工程局有限公司

167. 中国科学技术大学先进技术研究院研发实验楼

主申报单位：安徽三建工程有限公司

168. 南昌西湖万达广场

主申报单位：中国建筑第二工程局有限公司

169. 新建九江至南昌城际铁路工程南昌站改造工程

主申报单位：中铁建设集团有限公司

170. 数字福建云计算中心（社会和企业云）

主申报单位：中建海峡建设发展有限公司

171. 福建交通集团物流信息大厦

主申报单位：福建六建集团有限公司

172. 南益广场办公楼

主申报单位：中国建筑第二工程局有限公司

173. 复旦大学附属中山医院厦门医院（核心医疗区及地下室）

主申报单位：厦门国贸控股建设开发有限公司

174. 通达国际中心办公楼工程

主申报单位：厦门中联永亨建设集团有限公司

175. 福兴国际中心

主申报单位：厦门思总建设有限公司

176. 中环国际广场

主申报单位：龙元建设集团股份有限公司

177. 海口市民游客中心

主申报单位：中建三局集团有限公司

178. 历下区东舍坊片区房地产开发项目（B 楼及车库）

主申报单位：中国建筑第八工程局有限公司

179. 临朐县妇幼保健院 · 计生服务站医疗综合楼

主申报单位：山东华邦建设集团有限公司

180. 昌邑市人民医院门诊病房综合楼

主申报单位：潍坊昌大建设集团有限公司

181. 烟台市莱阳中心医院门诊病房综合楼

主申报单位：山东嘉安建设集团有限公司

182. 烟台华东电子科技楼工程

主申报单位：山东飞鸿建设集团有限公司

183. 永旺梦乐城烟台店

主申报单位：中铁建工集团有限公司

184. 威海市档案中心

主申报单位：威海建设集团股份有限公司

185. 威海海景壹号4#公寓式酒店

主申报单位：天元建设集团有限公司

186. 德州中元科技创业园基地建设项目AB座

主申报单位：德州天元集团有限责任公司

187. 山东淄博汉能600MW铜铟镓硒薄膜太阳能电池生产项目生产厂房1

主申报单位：山东天齐置业集团股份有限公司

188. 桓台县城南学校中学部

主申报单位：山东新城建工股份有限公司

189. 临沂高新区软件产业园一期工程

主申报单位：天元建设集团有限公司

190. 济宁市第一人民医院高新区分院门诊医技综合楼工程

主申报单位：中国建筑第八工程局有限公司

191. 山东省第23届运动会综合指挥中心

主申报单位：青建集团股份公司

192. 泗水县人民医院新院区病房楼

主申报单位：山东永胜建设集团有限公司

193. 孔府西苑二期工程

主申报单位：北京建工集团有限责任公司

194. 光大国际工程

主申报单位：荣华建设集团有限公司

195. 中铁青岛世界博览城会议中心综合体项目

主申报单位：中铁建工集团有限公司

196. 青岛东方影都万达城

主申报单位：中国建筑第八工程局有限公司

197. 青岛市民健身中心

主申报单位：中国建筑股份有限公司

198. 中科青岛研发城（D区块）汇智园项目2#楼、地下车库工程

主申报单位：青建国际集团有限公司

199. 硅谷大厦及配套项目1.1期工程

主申报单位：青岛即建建设集团有限公司

200. 青岛南京路小学建设工程

主申报单位：青岛新华友建工集团股份有限公司

201. 上实·国际广场二期

主申报单位：江苏中南建筑产业集团有限责任公司

202. 洛阳正大国际城市广场暨市民中心西地块项目（Ⅰ标段）

主申报单位：南通华新建工集团有限公司

203. 富田·九鼎世家二期

主申报单位：中铁十五局集团城市建设工程有限公司

204. 郑州大学建筑科技研究中心

主申报单位：河南七建工程集团有限公司

205. 郑州新区污水处理厂工程

主申报单位：郑州市污水净化有限公司

206. 正弘国际广场

主申报单位：中国建筑第八工程局有限公司

207. 7 号商业楼（开封大宏万达工程项目）

主申报单位：中国建筑第七工程局有限公司

208. 鹤壁万达广场

主申报单位：中建二局第二建筑工程有限公司

209. 武汉 1818 中心二期

主申报单位：湖北博瀚置业有限公司

210. 武汉大学大学生体育活动中心

主申报单位：中建三局集团有限公司

211. 恒融商务中心二期项目

主申报单位：武汉建工集团股份有限公司

212. 光谷科技会展中心项目

主申报单位：中国二十冶集团有限公司

213. 荆门文化服务中心工程

主申报单位：中国一冶集团有限公司

214. 钟祥市人民医院南湖新区扩建（一标段）住院楼

主申报单位：新七建设集团有限公司

215. 遵义市奥林匹克体育中心建设项目

主申报单位：中建四局第三建筑工程有限公司

216. 贵阳国际会议展览中心 c2 201 大厦

主申报单位：中国建筑第四工程局有限公司

217. 息烽温泉景区旅游基础设施及配套建设工程

主申报单位：中铁二局第一工程有限公司

218. 中机国际工程技术研发中心及配套工程

主申报单位：五矿二十三冶建设集团有限公司

219. 衡阳万达广场

主申报单位：中国建筑第二工程局有限公司

220. 楷林国际大厦 A 座及地下室

主申报单位：中建五局第三建设有限公司

221. 创远·湘江壹号三期I1、I2、55号栋及地下室工程

主申报单位：长沙创远置业有限公司

222. 湖南中医药大学3号教学楼

主申报单位：湖南省第四工程有限公司

223. 株洲汽车交易中心

主申报单位：湖南省第五工程有限公司

224. 醴陵陶瓷会展馆

主申报单位：湖南省第六工程有限公司

225. 湘雅常德医院（门急诊楼、医技楼、地下室）

主申报单位：德成建设集团有限公司

226. 吉首市一中迁建项目（吉首市高级中学）

主申报单位：湖南东方红建设集团有限公司

227. 湛江市第二人民医院住院综合大楼（一期）

主申报单位：湛江市第四建筑工程有限公司

228. 肇庆新区体育中心项目（场馆）

主申报单位：中国建筑第八工程局有限公司

229. 航展中心新建主展馆工程

主申报单位：南通四建集团有限公司

230. 华海金湾公馆（A104—0136）

主申报单位：中建二局第二建筑工程有限公司

231. 广东以色列理工学院（筹）一期校区（北校区）建设项目

主申报单位：广东省第二建筑工程有限公司

232. 梅州卷烟厂联合工房及配套工程技术改造项目

主申报单位：中国二十二冶集团有限公司

233. 华为松山湖终端项目二期

主申报单位：中国建筑第二工程局有限公司

234. 中国人寿大厦施工总承包工程

主申报单位：中建三局第二建设工程有限责任公司

235. 华联城市全景花园总承包工程

主申报单位：江苏省华建建设股份有限公司

236. 荣超城市春天花园

主申报单位：江苏省华建建设股份有限公司

237. 沙浦工业区片区更新单元（一期）A408—1100 号宗地项目总承包工程（艺展天地展示中心 A408—1100 号宗地项目）

主申报单位：中国建筑第二工程局有限公司

238. 深业上城（南区）一期

主申报单位：中国建筑第二工程局有限公司

239. 中山大学中山眼科中心医疗科研综合楼工程

主申报单位：广州机施建设集团有限公司

240. 公建（自编号增城少年宫）

主申报单位：广州市恒盛建设工程有限公司

241. 国家知识产权局专利局专利审查协作广东中心一期业务用房施工总承包工程

主申报单位：广州协安建设工程有限公司

242. 广州地铁琶洲 AH041018、AH041023 地块项目主体工程 BT 融资建设（施工图设计及施工总承包）工程

主申报单位：中铁建工集团有限公司

243. 广西大学图书馆二期工程

主申报单位：广西建工集团第一建筑工程有限责任公司

244. 农房·澜湾九里一标段

主申报单位：广西建工集团第二建筑工程有限责任公司

245. 10 万吨/年蛋白饮料及谷物饮料生产加工迁建项目（蛋白饮料及谷物饮料生产车间、检验楼、宿舍楼）

主申报单位：广西建工集团建筑工程总承包有限公司

246. 中国—东盟国际商贸物流中心 B 座

主申报单位：中建三局第一建设工程有限责任公司

247. 埌西商务综合楼

主申报单位：兴华建工集团股份有限公司

248. 广西百色聚丰广场写字楼工程

主申报单位：广西华东建设集团有限公司

249. 鼎盛中央城一期工程

主申报单位：浙江欣捷建设有限公司

250. 北海文邦国际大厦（商业办公楼及地下室）

主申报单位：广西兴地建设工程有限公司

251. 仙葫分院门诊住院综合楼

主申报单位：广西建工集团第三建筑工程有限责任公司

252. 广西电子政务外网云计算中心项目（一期）

主申报单位：中国建筑第八工程局有限公司

253. 南宁市图书馆

主申报单位：中建八局第二建设有限公司

254. 柳州白莲机场航站楼及配套设施扩建工程—航站楼

主申报单位：广西建工集团第五建筑工程有限责任公司

建设单位：广西柳州市建设投资开发有限责任公司

255. 柳州上汽汽车变速器有限公司柳东分公司一期工程建设项目—机加工车间、装配车间

主申报单位：广西建工集团第四建筑工程有限责任公司

256. 门急诊医技大楼工程

主申报单位：广西建工集团第五建筑工程有限责任公司

257. 广西北流·幸福里（B地块）1#～2#商业楼、1#～3#住宅楼、5#～13#住宅楼、15#18#住宅楼及地下室工程

主申报单位：广西城建建设集团有限公司

258. 盛世江南二期1#、2#、3#楼及地下室

主申报单位：广西桂川建设集团有限公司

259. 重庆巴南万达广场二期（C区）

主申报单位：中国建筑第二工程局有限公司

260. 华熙 LIVE · 重庆鱼洞（巴南区体育中心综合整治）项目—体育馆工程

主申报单位：中建一局集团建设发展有限公司

261. 中渝国际都会（4#地块）项目 4—1 大商业工程

主申报单位：中国建筑第八工程局有限公司

262. 中国重庆人力资源服务产业园一期工程 3#楼

主申报单位：重庆建工集团股份有限公司

263. 江厦 · 星光汇

主申报单位：重庆建工集团股份有限公司

264. 招商银行金融后台服务中心项目—科研楼

主申报单位：中建三局集团有限公司

265. 成都万达瑞华酒店工程

主申报单位：中国建筑第二工程局有限公司

266. 川北医学院附属医院新区医院门诊综合大楼

主申报单位：四川省第十五建筑有限公司

267. 英联国际商务中心

主申报单位：成都建工第一建筑工程有限公司

268. 成都大魔方演艺中心

主申报单位：中国五冶集团有限公司

269. 泰康之家 · 蜀园一期

主申报单位：中建一局集团建设发展有限公司

270. 昆明西山万达广场 8 幢、9 幢甲级写字楼及 B 区地下室

主申报单位：中国建筑第二工程局有限公司

271. 昆明院科研试验大楼建设项目

主申报单位：云南建投第二建设有限公司

272. 腾冲永兴财富中心建设工程

主申报单位：云南建投第五建设有限公司

273. 西安迈科商业中心

主申报单位：中建三局集团有限公司

274. 地电广场 B 座工程

主申报单位：陕西建工集团有限公司

275. 中国东方航空西北分公司东方航空城 A 区项目

主申报单位：陕西建工第六建设集团有限公司

276. 万科·金域华府 DK1（B 区）31#楼及地下车库

主申报单位：中天建设集团有限公司

277. 连续波雷达系统系列产品军民两用防务技术研发中心建设项目

主申报单位：陕西建工第八建设集团有限公司

278. 西北现代医药物流中心二期项目

主申报单位：陕西建工集团有限公司

279. 咸阳奥体中心建设项目

主申报单位：陕西建工集团有限公司

280. 延安新区文兴书院山体文化公园项目

主申报单位：陕西建工第一建设集团有限公司

281. 陕西南宫山核心景区工程（大雄宝殿、大光明殿）

主申报单位：陕西古建园林建设有限公司

282. 周原国际考古研究基地工程

主申报单位：陕西古建园林建设有限公司

283. 世和·天玺国际中心工程

主申报单位：中铁建设集团有限公司

284. 石嘴山万达广场工程

主申报单位：中国建筑第二工程局有限公司

285. 兰州高新区科技孵化大厦

主申报单位：甘肃第六建设集团股份有限公司

286. 西北师范大学特殊教育师资培养培训综合楼

主申报单位：甘肃第七建设集团股份有限公司

287. 青海省图书馆（二期）、美术馆、文化馆项目

主申报单位：浙江省建工集团有限责任公司

288. 乌鲁木齐市第一中学经济开发区（头屯河区）校区工程

主申报单位：新疆天一建工投资集团有限责任公司

289. 新疆库尔勒机场改扩建工程航站楼工程

主申报单位：中建三局集团有限公司

290. 和田市北京海淀小学及和田市北京海淀幼儿园工程

主申报单位：北京建工四建工程建设有限公司

291. 昆明市第一人民医院北市区医院建设项目

主申报单位：云南建投第四建设有限公司

境外工程

292. 刚果（布）国家 1 号公路二期工程

主申报单位：中国建筑股份有限公司

293. 1510—1 一期工程

主申报单位：1510 工程建设指挥部

294. 伊朗 ZISCO 年产 250 万吨球团项目

主申报单位：中钢设备有限公司

295. 卢旺达沿湖路 66 公里项目

主申报单位：中国路桥工程有限责任公司

296. 巴基斯坦卡西姆港煤、水泥及熟料码头

主申报单位：中国港湾工程有限责任公司

297. 新加坡裕廊船厂大士南二期工程

主申报单位：中国港湾工程有限责任公司

298. 斯里兰卡汉班托塔海港发展项目二期工程

主申报单位：中国港湾工程有限责任公司

299. 坦桑尼亚 Dodoma—Babati（多多玛—巴巴提）道路项目

主申报单位：中铁七局集团有限公司

300. 乌干达 MBARARA 绕城高速及 MBARARA—NTUNGAMO 道路项目

主申报单位：中铁七局集团有限公司

301. 中国建材赞比亚工业园项目

主申报单位：中材建设有限公司

302. 尼日利亚 SOKOTO 3300TPD 水泥生产线总承包项目

主申报单位：中材建设有限公司

303. 中白商贸物流园首发区 ZBSG—1 标项目

主申报单位：中铁二十五局集团有限公司

304. 老挝首都万象东马凯水处理厂改扩建项目

主申报单位：云南省建设投资控股集团有限公司

B.32
2019年工程建设科学技术奖获奖名单

一　工程建设最高科学技术奖

序号	获奖人姓名	工作单位	职务
1	毛志兵	中国建筑股份有限公司	总工程师
2	宗敦峰	中国电力建设集团有限公司	总工程师

二　工程建设技术发明奖

一等奖（1项）

序号	项目名称	推荐单位	主要完成人员
1	“分片掘进式装配”地下综合管廊建造技术	中国交通建设股份有限公司	翟世鸿(中交第二航务工程局有限公司)、杨秀礼(中交第二航务工程局有限公司)、孟奎(中交第二航务工程局有限公司)、蒋道东(中交第二航务工程局有限公司)、杨睿(中交第二航务工程局有限公司)、许超(中交第二航务工程局有限公司)

二等奖（12项）

序号	项目名称	推荐单位	主要完成人员
1	零能耗太阳能独立住宅研发设计与施工综合技术	中国建筑集团有限公司科学技术协会	黎光军(中建四局第六建筑工程有限公司)、管聪聪(中建四局第六建筑工程有限公司)、周子璐(中建四局第六建筑工程有限公司)、潘怡华(中建四局第六建筑工程有限公司)、刘芳玲(中建四局第六建筑工程有限公司)、祝阳(中国建筑第四工程局有限公司)
2	一种变截面变坡度大体积混凝土导流槽施工方法	北京市建筑业联合会	孙喆(中航天建设工程有限公司)、刘振东(中航天建设工程有限公司)、修勇(中航天建设工程有限公司)、高佳(中航天建设工程有限公司)

续表

序号	项目名称	推荐单位	主要完成人员
3	高大模板倒锥形支撑体系集中承载施工技术研究	河北省建筑业协会	田军果(河北省第二建筑工程有限公司)、苏伸青(河北省第二建筑工程有限公司)
4	核电站CA结构模块立式拼装技术	中国建筑业协会核工业建设分会	刘军(中国核工业第二二建设有限公司)、章中华(中国核工业第二二建设有限公司)、吴海宾(中国核工业第二二建设有限公司)、肖志威(中国核工业第二二建设有限公司)、朱称生(中国核工业第二二建设有限公司)、朱华泽(中国核工业第二二建设有限公司)
5	便携式变态混凝土智能高压注浆系统及注浆方法	中国电力建设集团有限公司	唐杰伟(中国水利水电第七工程局有限公司)、郑祥(中国水利水电第七工程局有限公司)、刘英(中国水利水电第七工程局有限公司)、张彬(中国水利水电第七工程局有限公司)、田正宏(河海大学)、蔡博文(河海大学)
6	一种超流态PVA纤维混凝土的研发与在桥梁伸缩缝中施工应用研究	内蒙古自治区建筑业协会	高俊义(中交一公局第六工程有限公司)、朱士良(中交一公局第六工程有限公司)、王建军(中交一公局第六工程有限公司)、王兆辉(中交一公局第六工程有限公司)、孙瑞隆(中交一公局第六工程有限公司)
7	水泥混凝土路面滑模摊铺成套技术	广东省建筑业协会	李连生(广东冠粤路桥有限公司)、朱勇强(广东冠粤路桥有限公司)、曾伟兴(广东冠粤路桥有限公司)、罗灵先(广州华旭建设工程有限公司)、曾业礼(广东冠粤路桥有限公司)、陈才敏(广东冠粤路桥有限公司)
8	黄土隧道一次衬砌液压模板台车	中国交通建设股份有限公司	董合林(中交第四公路工程局有限公司)、席兵印(中交第四公路工程局有限公司)、贺胜利(中交第四公路工程局有限公司)、吴金龙(中交第四公路工程局有限公司)、吴方明(中交第四公路工程局有限公司)、杜合雨(中交第四公路工程局有限公司)
9	公路隧道中倒凸字型整体中心排水沟装置	甘肃省建筑业联合会	罗宏涛(甘肃路桥第四公路工程有限责任公司)、张举鹏(甘肃路桥第四公路工程有限责任公司)、王龙飞(甘肃路桥建设集团有限公司)、金明亮(甘肃路桥第四公路工程有限责任公司)、任伟红(甘肃路桥第四公路工程有限责任公司)
10	一种高铁线路故障测距方法及故障测距系统	中国中铁股份有限公司	缪弼东(中铁电气化局集团有限公司)、赵正路(中铁电气化局集团有限公司)、张玉平(中铁电气化局集团有限公司)、艾广宁(中铁电气化局集团有限公司)、许红(中铁电气化局集团有限公司)、张忠义(中铁电气化局集团有限公司)
11	大型焦炉绿色快速建造技术	中国冶金建设协会	吴鹏民(五冶集团上海有限公司)、程爱民(五冶集团上海有限公司)、王永川(五冶集团上海有限公司)、卢华忠(五冶集团上海有限公司)、陈建超(五冶集团上海有限公司)、张宁美(五冶集团上海有限公司)

续表

序号	项目名称	推荐单位	主要完成人员
12	基于 BIM 的房屋建筑工程量计量体系	广东省建筑业协会	黄剑文(广东电白二建集团有限公司)、王亦斌(广州大学)、高明(广东电白二建集团有限公司)、周舜英(永道工程咨询有限公司)

三　工程建设科学技术进步奖

一等奖（60 项）

序号	项目名称	推荐单位	主要完成单位	主要完成人员
1	敞开式 TBM 安全高效施工关键技术研究及应用	中国电力建设集团有限公司	中国水利水电第三工程局有限公司、石家庄铁道大学、中国水利水电第十四工程局有限公司、中国水利水电第六工程局有限公司	许金林、王鹏禹、黄继敏、杜立杰、左立富、韩小亮、李东锋、王永、杨元红、李光前、吴根生、郭坤、陈忠伟、郑继光、李世民
2	严寒地区大型室内滑雪场施工关键技术研究及应用	黑龙江省建筑业协会	中国建筑第二工程局有限公司、北京市建筑设计研究院有限公司、铭星冰雪(北京)科技有限公司、中建二局第四建筑工程有限公司、天津大学、北京维拓时代建筑设计有限公司、江苏沪宁钢机股份有限公司、浙江精工钢结构集团有限公司	张志明、朱忠义、王建涛、李子欣、杨艳红、王全逵、仇健、马立功、张琳、姜会浩、冯霄雷、王广宇、荣彬、杨文侠、刘龙飞
3	跨海桥隧工程高精度测量基准建设与应用	中国中铁股份有限公司	中铁大桥勘测设计院集团有限公司、港珠澳大桥管理局	吴迪军、余烈、方辉兵、熊伟、熊金海、郑强、李书亮、张建军、熊小莉、丁川、李剑坤、周瑞祥、陈峰、李书银、朱翼翔
4	隧道泥水充填破碎带高精度三维探测、智能监测与预警处治关键技术	中国铁建股份有限公司	中铁十一局集团第四工程有限公司、武广铁路客运专线有限责任公司、中铁一局集团第五工程有限公司、中国矿业大学(北京)、山东大学、西南交通大学、中铁十二局集团有限公司、中铁五局集团第一工程有限责任公司	高军、申百囤、林晓、谭发刚、杨立云、赵建岐、李波、吴德兴、曹振兴、贾超、王晓康、项小珍、刘凯文、武亮月、侯小军

续表

序号	项目名称	推荐单位	主要完成单位	主要完成人员
5	超高复杂结构数字化建造关键技术	上海市建筑施工行业协会	上海建工集团股份有限公司、上海建工一建集团有限公司、上海市机械施工集团有限公司、上海建工四建集团有限公司、上海建工五建集团有限公司	龚剑、房霆宸、黄玉林、赵一鸣、杨佳林、周虹、吴联定、朱毅敏、陈晓明、张铭、吴小建、顾国明、左俊卿、潘峰、张阿晋
6	现代复杂宗教建筑施工关键技术研究与应用	中国建筑集团有限公司科学技术协会	中国建筑第八工程局有限公司、上海申元岩土工程有限公司、上海通正铝合金结构工程技术有限公司、苏州金螳螂建筑装饰股份有限公司	孙晓阳、陈新喜、李赟、颜卫东、梁志荣、张帅、欧阳元文、于健伟、韩桂圣、邢利兵、朱农、左岗、王延生、杨人光、唐鑫坤
7	武汉中心工程建造关键技术研究与应用	湖北省建筑业协会	中建三局集团有限公司、华东建筑设计研究院有限公司	邓伟华、周鹏华、周杰刚、张一锋、王健、李鹏、武超、付国、李健强、程康、蒲勇、黄挡玉、陈小明、魏立
8	重庆西站综合施工技术及实体结构性能检测与研究	山西省建筑业协会	中铁十二局集团有限公司、中铁十二局集团建筑安装工程有限公司、中国铁路成都局集团有限公司客站建设指挥部、同济大学建筑设计研究院（集团）有限公司、太原理工大学	蔡英康、王中军、张茂林、刘传平、贾玮、范伟、李锐、王美静、盖宏、李铁英、王瑞刚、张昆、胡石权、郑河舟、张建康
9	邻近太湖超长条形深基坑设计与施工技术研究与应用	北京市建筑业联合会	北京建工土木工程有限公司、江苏建院营造股份有限公司、北京建工集团有限责任公司、中铁第四勘察设计院集团有限公司、北京交通大学、北京建筑大学、江苏地质基桩工程公司	刘向科、杨志强、游大江、刘军、唐永福、高强、何亚飞、许世雄、黄留新、王利民、崔江余、周会武、王浩、江智鹏、胡宏飚
10	紧邻多条运营地铁的深大基坑群施工关键技术研究与应用	中国建筑集团有限公司科学技术协会	中国建筑第八工程局有限公司	王俊佚、王国欣、陈华、任思澔、杜佐龙、陈新喜、金国栋、赵辉、李赟、范怀伟、卢雄峰、田惠文、闫涛、续文昊、修亚光

续表

序号	项目名称	推荐单位	主要完成单位	主要完成人员
11	超长大跨劲性清水混凝土结构施工技术	中国建筑集团有限公司科学技术协会	中国建筑第八工程局有限公司	王文元、朱健、申屠洋锋、刘建华、杨冬辉、张鸿飞、李海涛、江莹、范垚垚、艾迪飞、黄永飞、黄凯、韩文奇、马春玥
12	超大高科技电子厂房关键施工技术研究与应用	北京市建筑业联合会	中建一局集团建设发展有限公司	李志伟、詹必雄、刘景月、王志伟、赵华亮、周国梁、郭宁、张涛、初末、李浩、孙江龙、王东峰、高惠润、邓文瑶、康凯
13	C100 高性能山砂混凝土配制及 331 米超高泵送技术	中国建筑集团有限公司科学技术协会	贵州中建建筑科研设计院有限公司、中国建筑第四工程局有限公司、中国建筑股份有限公司技术中心、中建西部建设贵州有限公司、中建四局第六建筑工程有限公司	李新刚、徐立斌、王林枫、韦永斌、潘佩瑶、黄巧玲、林喜华、陈尚伟、钟安鑫、秦锴、朱国良、马佳、何信周、鲁超、廖昶
14	超高层结构复杂截面钢管混凝土巨型柱设计与建造技术	中国建筑集团有限公司科学技术协会	中建三局集团有限公司、华建集团华东建筑设计研究总院、中建西部建设北方有限公司	侯玉杰、余地华、包联进、叶建、袁启涛、冯源、付国、张凤超、李干椿、赖国梁、王伟、刘磊、董志国、胡佳楠、范宗臣
15	超大型综合体建筑机电工程高品质建造与智慧运维技术研究与应用	湖北省建筑业协会	中建三局第二建设工程有限责任公司	孙龙飞、邓亚宏、徐小平、赵雷、蒋保胜、孙志国、乐天驰、邓从蓉、焦双峰、蒋森林、明杰、曹卫超、曾敏露、丁杰、孙范林
16	框架建筑挂板式预制隔墙结构减震性能研究	北京市建筑业联合会	北京城建亚泰建设集团有限公司、北京工业大学、北京亚泰智博科技发展有限公司	董佳节、陈盈、费恺、张文学、李萌、谢全懿、那金兰、付勇攀、马祎斌、杜修力、孙菁、郑艳龙、李朝旭、向少波、李洪涛
17	中国国际贸易中心三期 B 工程施工关键技术	北京市建筑业联合会	中建一局集团建设发展有限公司	刘卫未、廖钢林、王晶、张胜良、翟海涛、任常保、高慧润、聂艳侠、黄勇、李静、鹿英奎、樊成龙、崔基、常奇峰、马楠
18	超大直径斜交网格无轴式摩天轮关键施工技术	天津市建筑施工行业协会	中建六局安装工程有限公司、中国建筑第六工程局有限公司	余流、陆海英、杜澎泉、张倩、隗合新、李娟、冯磊、石伟、樊云鹏、高少磊、顾佳亮、侯冬野

续表

序号	项目名称	推荐单位	主要完成单位	主要完成人员
19	超大型钢结构电子洁净厂房建造关键技术研究与应用	陕西省建筑业协会	陕西建工集团有限公司、陕西建工机械施工集团有限公司、陕西建工第六建设集团有限公司、陕西建工第十一建设集团有限公司、陕西建工安装集团有限公司	王西胜、马小波、葛鸿志、弓国涛、卜延渭、刘勇、王瑜辉、帖秋、李林、余科峰
20	重大水利工程建设精细化智能管控关键技术	中国水利企业协会	中国水利水电科学研究院、中国水电基础局有限公司、河南省出山店水库建设管理局、河南省水利勘测设计研究有限公司	王玉杰、温彦锋、肖恩尚、陈祖煜、赵宇飞、杨峰、姜龙、赵明华、林兴超、黄晓勇、宋全香、曹瑞琅、李云松、刘立鹏、皮进
21	抽水蓄能电站过渡过程压力安全评价关键技术研究及应用	中国电力建设企业协会	国网新源控股有限公司技术中心、黑龙江牡丹江抽水蓄能有限公司、武汉大学	邓磊、张飞、何万成、宫奎、杨桀彬、丁景焕、樊玉林、尹和松、周攀、胡金弘
22	高掺粉煤灰常态混凝土与碾压混凝土联合筑坝新技术研究与应用	中国电力建设集团有限公司	中国电建集团中南勘测设计研究院有限公司、中国三峡建设管理有限公司、中国葛洲坝集团三峡建设工程有限公司、中国水利水电科学研究院、清华大学、长江水利委员会长江科学院	樊启祥、苏军安、潘江洋、李姗、彭冈、张永涛、王毅、高鹏、刘毅、胡昱、张开广、杨虎、仇成旺、周红波、石妍
23	双护盾 TBM 安全高效动态管控施工关键技术	中国电力建设集团有限公司	中国水利水电第四工程局有限公司、黄河勘测规划设计研究院有限公司	席浩、张金良、张文山、梁国辉、李清波、杨继华、曹建锋、齐三红、周永永、苗栋、武斌忠、郭卫新、张鹏、杨风威、赵东平
24	特大型地下厂房洞室群精细开挖关键技术研究与应用	中国电力建设企业协会	中国葛洲坝集团三峡建设工程有限公司	覃春安、王伟玲、黄家权、万勇、梅涵、耿冰、宋倩倩、李英、付嵩、张新宇、齐界夷、李哲朋、张家涛、张俊霞、孙华艳
25	低风速高切变风电资源关键技术研究及应用	中国电力建设集团有限公司	深能高邮新能源有限公司、中国电建集团华东勘测设计研究院有限公司、北京天杉高科风电科技有限责任公司、东南大学、河海大学、维斯塔斯风力技术（中国）有限公司	李忠、赵生校、陆健、任金明、郭晨、徐瑞龙、邓艾东、许昌、许千寿、汪敏、胡小坚、陈金军、范亮、闫嘉鸣

续表

序号	项目名称	推荐单位	主要完成单位	主要完成人员
26	竖井弯管滑模及平洞仰拱环向滑模研制与应用	中国电力建设集团有限公司	中国水利水电第七工程局有限公司	向建、王强、罗宁、李旭东、张登柱、倪坤林、王焕强、王再强、李霞、殷本林、李勇、彭世成、董树蓉、栗俊杰、李成伟
27	长隧洞水下检测成套装备及检测关键技术	中国电力建设集团有限公司	中国电建集团昆明勘测设计研究院有限公司、雅砻江流域水电开发有限公司、中国船舶重工集团公司七五〇试验场、上海遨拓深水装备技术开发有限公司	王继敏、聂强、唐力、冯永祥、王嘉禄、来记桃、陈思宇、何长青、郭盛勇、冯艺、刘明昌、闵四海、周梦樊、杨帆、钱建华
28	超大三向预应力多肋矩形预制渡槽高效施工技术研究与应用	中国能源建设集团有限公司	中国葛洲坝集团第一工程有限公司	陈谋建、熊建武、王光辉、王国旺、庞文占、冉晓兰、姜本红、支黎明、李新明、占士斌、周函、付嵩、何亮、周炼钢、黎学皓
29	水电站复杂环境下深孔大型岩塞爆破施工关键技术	中国电力建设集团有限公司	中国水利水电第六工程局有限公司	叶明、裴利民、王文博、曾仲友、王卫治、何金星
30	大跨度悬索桥非线性分析的关键技术及软件开发	中国中铁股份有限公司	中铁大桥勘测设计院集团有限公司	高宗余、霍学晋、陈佳、刘芸欣、刘杰、万田保、许磊平、苗润池、阮怀圣、钱淼、陈德柱、马润平、梅大鹏、卫毓珊、喻祥
31	复杂条件下特大型沉井精细化施工关键技术	中国交通建设股份有限公司	中交第二航务工程局有限公司、中交二航局第四工程有限公司、中交公路长大桥建设国家工程研究中心有限公司	张鸿、张永涛、何超然、潘桂林、陈培帅、杨钊、刘毅、李德杰、罗会武、王通、孔茜、徐杰、彭鹏、程茂林、黄修平
32	恶劣海洋环境下桥梁基础超大直径钻孔桩施工技术	中国中铁股份有限公司	中铁大桥局集团有限公司、中铁大桥勘测设计院集团有限公司、中铁大桥局集团第五工程有限公司、中铁大桥局集团第四工程有限公司、中铁大桥局集团第六工程有限公司	刘自明、张红心、肖世波、刘传志、姚华、左少华、李国平、张立超、王东辉、邓永锋、袁灿、徐启利、陈翔、龚金才、何万虎
33	城市地下综合管廊施工技术研究与应用	中国建筑集团有限公司科学技术协会	中国建筑第八工程局有限公司、中建八局轨道交通建设有限公司	陈俊杰、戈祥林、孙旻、唐立宪、张贺涛、冉岸绿、卢国春、何震华、张学良、李念国、方兴杰、韩应祥、吴剑秋、向远鹏、李昌泽

续表

序号	项目名称	推荐单位	主要完成单位	主要完成人员
34	严寒地区复杂环境地铁盾构施工关键技术研究与应用	中国电力建设集团有限公司	中国电建集团铁路建设有限公司、哈尔滨工业大学、黑龙江省寒地建筑科学研究院、辽宁三三工业有限公司、中国水利水电第一工程局有限公司、中国水利水电第四工程局有限公司、中国电建市政建设集团有限公司	赵春生、毛宇飞、刘昌永、朱广祥、孙宏江、冯辉、王宇声、任立志、路锦彪、刘双仲、杨永杰、常洲、杨旭东、薛清伟、李术星
35	砂卵石－泥岩复合地层地铁大直径盾构施工关键技术	中国电力建设集团有限公司	中国电建集团铁路建设有限公司、中国水利水电第七工程局有限公司、西南石油大学	蒋宗全、任跃勤、孟庆明、张军伟、王国义、祝全兵、温少鹏、王成、李正兵、谢强、房师涛、杨军、钟海军、宋立平、杨春灿
36	基于辅助轨道的多支点桥梁转体成套技术研究与应用	中国铁建股份有限公司	中铁十一局集团第二工程有限公司、中铁武汉勘察设计研究院有限公司、中铁十一局集团有限公司	邹永泉、陈冠琪、陈红兵、郭昭赢、唐达昆、马行川、李明、陈志明、郭正伟、周喜平、王刚、陈龙、杨阳、李学福、郑贺楠
37	武汉地铁泥水盾构下穿汉江施工技术研究	中国中铁股份有限公司	中铁一局集团有限公司、中铁一局集团城市轨道交通工程有限公司	林建平、骆超锋、邹宗统、王党库、余江、王建、王江卡、李霄辉、党西锋、蔡天彬、张鹏翔、周耀升、毛知新、张劲航、凌高亭
38	试车场环道曲面沥青路面施工技术	中国中铁股份有限公司	中铁四局集团有限公司、中铁四局集团第一工程有限公司	张杰胜、王安会、徐书国、刘坤、何贤军、胡柱奎、郭宏坤、沈志强、王时根、李长亮、丁圣文、徐精干、周春泽、胡秀梅
39	无缝对接既有线暨富水卵石层地铁车站安全施工关键技术	中国建筑集团有限公司科学技术协会	中建五局土木工程有限公司、中南大学	罗桂军、罗光财、傅鹤林、刘维正、郭庶、陈俊、汪庆桃、黄文杰、肖洪波、彭泽健、李泽、沈臻鑫、汤仁杰、卢志远、胡亮亮
40	考虑结构特性的沥青混合料路用性能试验评价新技术	中国交通建设股份有限公司	中国路桥工程有限责任公司、长沙理工大学	关宏信、李刚、姜旺恒、李志强、曾峰、王昊卿、周志刚、林俊、杨海荣、张超、黄拓、尚鑫、陈凯
41	热带高温沙漠地区超大型水池关键施工技术研究与实践	中国能源建设集团有限公司	中国葛洲坝集团第五工程有限公司、中国葛洲坝集团国际工程有限公司、三峡大学、中国葛洲坝集团勘测设计有限公司	冯钧、黄明星、刘怀亮、王少华、孙向楠、熊文涛、徐汉平、郭世平、史峰、张士涛、何小明、李群保、刘熠、路闯、朱蓉

续表

序号	项目名称	推荐单位	主要完成单位	主要完成人员
42	复杂地质与周边环境双护盾 TBM 设备研造与隧道建造关键技术	中国中铁股份有限公司	中铁二院工程集团有限责任公司、西南交通大学、青岛地铁集团有限公司、中船重工（青岛）轨道交通装备有限公司、中铁隧道局集团有限公司	林刚、罗世培、刘大刚、史宣陶、黄舰、方昌福、陈军、李学军、刘启峰、张建祥、柴家远、朱宏海、周明亮、陈凡、黄永生
43	港珠澳大桥珠海连接线隧道工程建设关键技术研究	中国交通建设股份有限公司	中交第二公路勘察设计研究院有限公司、港珠澳大桥珠海连接线管理中心、中铁十八局集团有限公司、中国地质大学（武汉）、同济大学	廖朝华、程勇、王啟铜、潘建立、马保松、胡向东、刘继国、周先平、刘应亮、李昕、魏龙海、舒恒、张军、杨林松、史世波
44	大直径岩石隧道掘进装备（TBM）关键技术及应用	中国中铁股份有限公司	中铁工程装备集团有限公司	贺飞、贾连辉、蒲晓波、郑永光、宁向可、田彦朝、张啸、陶磊、陈宝宗、李龙飞、杨添任、齐志冲、张文艳、黄剑、潘守辰
45	城市复杂环境下软岩浅埋超大断面地铁暗挖车站建造关键技术与应用	河北省建筑业协会	中铁隧道集团二处有限公司、中车建设工程有限公司、重庆大学	谢春来、王猛、李勇、李伟、任伟杰、周红芳、姜永东、殷立达、孙建军、易定达、李小勇、蒋伟强、武相坤、牟勇、王秋林
46	长大铁路跨海隧道工程方案及关键技术研究	中国中铁股份有限公司	中铁第六勘察设计院集团有限公司、北京交通大学、同济大学、中南大学	贺维国、宋超业、于勇、杜宝义、谭忠盛、袁勇、徐志胜、傅鹤林、田峰、范国刚、孙晓科、毕经东、吕青松、吕显福、谢宝超
47	盾构刀具破岩试验平台与刀盘选型设计技术	河南省工程建设协会	中铁隧道局集团有限公司、盾构及掘进技术国家重点实验室、洛阳理工学院、洛阳九久科技股份有限公司、中铁城市发展投资集团有限公司	张兵、韩伟锋、王海霞、张彤松、陈桥、郭璐、冯欢欢、许华国、李伟、王凯、王连山、杨延栋、赵海雷、王发民
48	大直径盾构隧道扩挖地铁车站成套关键技术研究与应用	北京市建筑业联合会	北京市政建设集团有限责任公司、北京市轨道交通建设管理有限公司、北京城建设计发展集团股份有限公司、北京市政路桥股份有限公司、天津市市政工程设计研究院、北京交通大学	孔恒、郭玉海、王全贤、郑昊、初士立、曾德光、杨冬梅、李国帅、扈延清、李洪波、路清泉、李爱民、张迎伟、李兆平、梁志海

续表

序号	项目名称	推荐单位	主要完成单位	主要完成人员
49	挤压破碎带极高地应力软岩大变形隧道建造关键技术	河北省建筑业协会	中铁隧道集团二处有限公司、中铁隧道局集团有限公司、山东建筑大学、中铁隧道股份有限公司	陈杰华、唐绍武、吴发展、周红芳、周希涛、李沿宗、李志伟、魏立、李社伟、李志军、兰晓强、肖本利、林超、朱小红、孙询
50	膨胀土地区高速铁路路基关键技术研究	中国中铁股份有限公司	中铁二院工程集团有限责任公司、西南交通大学、中南大学、云桂铁路云南有限责任公司、云桂铁路广西有限责任公司	李安洪、姚裕春、杨果林、封志军、薛元、蒋关鲁、陈伟志、王智猛、吴敏、翟建平、肖朝乾、刘建兵、王亮亮、林晓龙、伍尚前
51	高速铁路CRTS Ⅲ型先张无砟轨道板自动化生产技术	中国铁建股份有限公司	中铁二十三局集团有限公司	田宝华、林晓波、张长春、黎开政、郑红彬、艾其开、徐闯、翟勇、霍莉、奚成、谭斌、黄静、王玉策
52	跨铁路大型货运站场转体连续梁施工智能控制关键技术	中国铁建股份有限公司	中铁十二局集团有限公司、中铁十二局集团第七工程有限公司、北京交通大学、大西铁路客运专线有限责任公司	沈捍明、张建军、姜兰潮、肖乾珍、刘元杰、王奭、黄雄军、魏林、陈谦、张逆进、黄永红、陈国华、张伟、高日、符葛飞
53	基于北斗卫星系统的远海精密定位技术研究	中国交通建设股份有限公司	中交上海航道局有限公司、上海达华测绘有限公司、同济大学测绘与地理信息学院	潘贤亮、焦永强、刘宏、李博峰、田维新、吴彬、万立健、陆亚英、张治腾、张芙盛、汪俊、赵志冲、刘昆、张建良、王朝金
54	复杂环境海堤工程施工关键技术	中国电力建设集团有限公司	中国水利水电第十二工程局有限公司、中国电建集团华东勘测设计研究院有限公司、中国水利水电第八工程局有限公司、中国电建市政建设集团有限公司、中国电建集团港航建设有限公司	沈益源、刘光华、李洪林、沈仲涛、卓玉虎、汪明元、曾翼虎、张勇、杨涛、涂交三、徐学勇、刘永祥、杨明辉、邓宁宇、王丹辉
55	气膜钢筋混凝土结构设计与施工综合技术	中国煤炭建设协会	中煤建筑安装工程集团有限公司、中煤第六十八工程有限公司	范强、苗志同、吴赞、张利、程正觉、汤敬东、唐志德、马德迎、王兰兰、汤传建、邹世超、吴小军、黎勇、蒋学宁、张献
56	煤矿瓦斯安全高效环保利用发电工程关键技术研究及应用	中国煤炭建设协会	煤炭工业太原设计研究院集团有限公司、山西金驹煤电化股份有限公司、山西凯嘉煤层气发电有限公司	耿建平、徐忠和、贠利民、张树明、罗申国、吕智明、关华、张霖、时旺节、李林海、李红兵、林晓、梁麟、丁健、冯瑞峰

续表

序号	项目名称	推荐单位	主要完成单位	主要完成人员
57	大型 LNG 船用双筒相贯 C 型液货舱建造关键技术与应用	湖北省建筑业协会	中国一冶集团有限公司、华中科技大学、四川大西洋焊接材料股份有限公司	黄金祥、郭继舟、石教澜、李少祥、潘伍覃、余圣甫、李中伟、毛兴贵、吴梦先、许少华、侯华东、钟凯、闵岚、张春芳、季华荣
58	深部高应力破碎围岩锚注测试与分阶强化支护体系研究	中国煤炭建设协会	山东建筑大学、山东大学、山东天勤矿山机械设备有限公司、兖煤菏泽能化有限公司、中国矿业大学、济南大学、山东天勤工程科技有限公司	王洪涛、王琦、高红科、孟庆彬、周开放、江贝、刘博宏、许硕、张朋、李培、张皓杰、蒋振华、樊祥福、李军伟、肖宇驰
59	水下隧道和高速铁路隧道设计研究创新团队	中国铁建股份有限公司	中铁第四勘察设计院集团有限公司	肖明清、孙文昊、薛光桥、杨剑、彭长胜、姚捷、陈立保、何应道、周俊超、罗驰恒、戴林发宝、王均勇、李达、张津、王少锋
60	超深复杂地基处理创新团队	中国电力建设集团有限公司	中国水电基础局有限公司	肖恩尚、宗敦峰、刘建发、韩伟、赵明华、石峰、胡斌、赵军、孙亮、孙仲彬、刘松富、谢武、唐玉书、江志安、宋伟

二等奖（308 项）

（详细名单参见中国施工企业管理协会网站）

B.33

2019年度工程建设诚信典型企业名单

序号	企业名称
1	安徽阜阳建工集团有限公司
2	安徽宏志建设工程有限责任公司
3	安徽徽升建筑有限公司
4	安徽金煌建设集团有限公司
5	安徽金鹏建设集团股份有限公司
6	安徽龙山建设集团有限公司
7	安徽鲁班建设投资集团有限公司
8	安徽省佳鑫建筑工程有限公司
9	安徽省交通建设股份有限公司
10	安徽省金宇建设有限公司
11	安徽省新路建设工程集团有限责任公司
12	安徽水安建设集团股份有限公司
13	安徽天晟建设工程有限公司
14	安徽天筑建设(集团)有限公司
15	安徽新建控股集团有限公司
16	安徽昱天建设工程有限公司
17	安徽中擎建设发展有限公司
18	包头城建集团股份有限公司
19	包头市第四建筑有限责任公司
20	宝鸡市第二建筑工程有限责任公司
21	北京城建道桥建设集团有限公司
22	北京城建远东建设投资集团有限公司
23	北京大龙顺发建筑工程有限公司
24	北京房地集团有限公司
25	北京港源建筑装饰工程有限公司
26	北京建工集团有限责任公司
27	北京建工四建工程建设有限公司
28	北京京水建设集团有限公司

续表

序号	企业名称
29	北京首钢建设集团有限公司
30	北京万兴建筑集团有限公司
31	碧源建工有限公司
32	昌陆建筑工程集团有限公司
33	常嘉建设集团有限公司
34	成都华阳建筑股份有限公司
35	成龙建设集团有限公司
36	赤峰路达市政工程有限责任公司
37	赤峰市金川市政建设工程有限公司
38	赤峰天拓市政建设工程有限公司
39	大同泰瑞集团建设有限公司
40	迪尔集团有限公司
41	东亚装饰股份有限公司
42	东营市垦利区水利工程公司
43	发达控股集团有限公司
44	泛华建设集团有限公司
45	方远建设集团股份有限公司
46	福建金鼎建筑发展有限公司
47	福建九鼎建设集团有限公司
48	福建磊鑫(集团)有限公司
49	福建路港(集团)有限公司
50	福建省东霖建设工程有限公司
51	福建省二建建设集团有限公司
52	福建省泷澄建设集团有限公司
53	福建省兴岩建设集团有限公司
54	广东恒辉建设集团股份有限公司
55	广东省第五建筑工程有限公司
56	广东省广弘华侨建设投资集团有限公司
57	广东省水利水电第三工程局有限公司
58	广东水电二局股份有限公司
59	广田建设工程有限公司
60	广西城建建设集团有限公司
61	广西盛丰建设集团有限公司
62	广西裕华建设集团有限公司

续表

序号	企业名称
63	广州工程总承包集团有限公司
64	广州市第一市政工程有限公司
65	广州市水电设备安装有限公司
66	广州协安建设工程有限公司
67	国诚集团有限公司
68	国基建设集团有限公司
69	国网江苏省电力工程咨询有限公司
70	哈尔滨东安建筑工程有限公司
71	哈尔滨东辉建筑工程有限公司
72	海博建设股份有限公司
73	海通建设集团有限公司
74	合肥建工集团有限公司
75	河北建工集团有限责任公司
76	河北建工集团园林工程有限公司
77	河北科工建筑工程集团有限公司
78	河北省第二建筑工程有限公司
79	河北省第四建筑工程有限公司
80	河南省第一建设集团第七建筑工程有限公司
81	河南省第一建筑工程集团有限责任公司
82	河南五建建设集团有限公司
83	河南欣德源建设工程有限公司
84	衡宇建设集团有限公司
85	湖北沛函建设有限公司
86	湖北水总水利水电建设股份有限公司
87	湖南电力工程咨询有限公司
88	湖南省筱沅水利水电建设有限公司
89	济南城建集团有限公司
90	济南黄河路桥建设集团有限公司
91	济南舜联建设集团有限公司
92	济南一建集团有限公司
93	济南长兴建设集团有限公司
94	济南铸诚建筑工程集团有限公司
95	江苏江都建设集团有限公司
96	江苏溧阳建设集团有限公司

续表

序号	企业名称
97	江苏明华建设有限公司
98	江苏南通二建集团有限公司
99	江苏南通六建建设集团有限公司
100	江苏南通三建集团股份有限公司
101	江苏启安建设集团有限公司
102	江苏瑞峰建设集团有限公司
103	江苏润宇建设有限公司
104	江苏省建安建设集团有限公司
105	江苏省建工集团有限公司
106	江苏省建筑工程集团有限公司
107	江苏省金陵建工集团有限公司
108	江苏省送变电有限公司
109	江苏省住建集团有限公司
110	江苏晟功建设工程有限公司
111	江苏天目建设集团有限公司
112	江苏万年达建设集团有限公司
113	江苏正方园建设集团有限公司
114	九冶建设有限公司
115	喀什市新隆建设(集团)有限责任公司
116	兰州陇能电力科技有限公司
117	辽宁省城乡市政工程集团有限责任公司
118	龙海建设集团有限公司
119	龙建路桥股份有限公司
120	南京弘正建设发展有限公司
121	南京明辉建设有限公司
122	南京永腾建设发展集团有限公司
123	南宁市建筑安装工程集团有限公司
124	南通华荣建设集团有限公司
125	南通建工集团股份有限公司
126	南通市达欣工程股份有限公司
127	南通四建集团有限公司
128	南通五建控股集团有限公司
129	内蒙古碧轩装饰工程有限责任公司
130	内蒙古第三建筑工程有限公司

续表

序号	企业名称
131	内蒙古电子科技有限责任公司
132	内蒙古广厦建安工程有限责任公司
133	内蒙古建设股份有限公司
134	内蒙古经纬建设有限公司
135	内蒙古科汇建筑工程有限责任公司
136	内蒙古平源建工集团有限公司
137	内蒙古荣威建筑有限责任公司
138	内蒙古融泰建设有限公司
139	内蒙古银鹰建筑安装有限责任公司
140	内蒙古志信建筑工程有限公司
141	内蒙古中亿建筑有限公司
142	宁波建工工程集团有限公司
143	宁波市建设集团股份有限公司
144	启东建筑集团有限公司
145	青岛博海建设集团有限公司
146	青岛一建集团有限公司
147	泉发建设股份有限公司
148	瑞洲建设集团有限公司
149	厦门中联永亨建设集团有限公司
150	山东昌利建设工程有限公司
151	山东诚祥建设集团股份有限公司
152	山东道远建设工程集团有限公司
153	山东德标建设有限公司
154	山东方大工程有限责任公司
155	山东飞鸿建设集团有限公司
156	山东高阳建设有限公司
157	山东海润达工程有限公司
158	山东恒霖建设工程有限公司
159	山东华邦建设集团有限公司
160	山东桓台建设工程有限公司
161	山东黄河建工有限公司
162	山东金城建设有限公司
163	山东金泰建设有限公司
164	山东景芝建设股份有限公司

续表

序号	企业名称
165	山东科信达建筑安装有限公司
166	山东鲁杰建工集团有限公司
167	山东南洋建设集团有限公司
168	山东平安建设集团有限公司
169	山东省建设建工(集团)有限责任公司
170	山东寿光第一建筑有限公司
171	山东泰安建筑工程集团有限公司
172	山东泰山普惠建工有限公司
173	山东天成水利建设有限公司
174	山东天齐置业集团股份有限公司
175	山东万腾建设有限公司
176	山东新城建工股份有限公司
177	山东鑫炬建工股份有限公司
178	山东永福建设集团有限公司
179	山东淄建集团有限公司
180	山西二建集团有限公司
181	山西宏厦建筑工程第三有限公司
182	山西建筑工程集团有限公司
183	山西三建集团有限公司
184	山西四建集团有限公司
185	山西五建集团有限公司
186	山西西山金信建筑有限公司
187	陕西建工第四建设集团有限公司
188	陕西建工第一建设集团有限公司
189	上海宝冶集团有限公司
190	上海隧道工程有限公司
191	深圳市广安消防装饰工程有限公司
192	深圳市建艺装饰集团股份有限公司
193	深圳市深水水务咨询有限公司
194	深圳市中邦(集团)建设总承包有限公司
195	十一冶建设集团有限责任公司
196	四川公路桥梁建设集团有限公司
197	四川省场道工程有限公司
198	太原市第一建筑工程集团有限公司

续表

序号	企业名称
199	泰宏建设发展有限公司
200	天津港航工程有限公司
201	天津市管道工程集团有限公司
202	天津市建工工程总承包有限公司
203	天津市水利工程有限公司
204	通辽鑫达建设集团有限责任公司
205	威海水利工程集团有限公司
206	潍坊昌大建设集团有限公司
207	潍坊高新建设集团有限公司
208	无锡锡山建筑实业有限公司
209	武汉建工集团股份有限公司
210	锡林郭勒盟雄风建筑有限责任公司
211	新疆嵘源建筑装饰有限公司
212	兴润建设集团有限公司
213	云南建投第三建设有限公司
214	云南建投第十一建设有限公司
215	云南建投第五建设有限公司
216	云南省建设投资控股集团有限公司
217	云南送变电工程有限公司
218	浙江宝盛建设集团有限公司
219	浙江宝业建设集团有限公司
220	浙江省建工集团有限责任公司
221	浙江省送变电工程有限公司
222	浙江欣捷建设有限公司
223	郑州一建集团有限公司
224	中北华宇建筑工程有限公司
225	中材建设有限公司
226	中地寅岗建设集团有限公司
227	中国电建集团江西省水电工程局有限公司
228	中国电建市政建设集团有限公司
229	中国二十二冶集团有限公司
230	中国二冶集团有限公司
231	中国葛洲坝集团第二工程有限公司
232	中国葛洲坝集团建设工程有限公司

续表

序号	企业名称
233	中国葛洲坝集团三峡建设工程有限公司
234	中国核工业第二二建设有限公司
235	中国核工业二四建设有限公司
236	中国核工业华兴建设有限公司
237	中国华西企业有限公司
238	中国化学工程第三建设有限公司
239	中国化学工程第十三建设有限公司
240	中国建筑第六工程局有限公司
241	中国建筑第四工程局有限公司
242	中国建筑第五工程局有限公司
243	中国建筑一局(集团)有限公司
244	中国南海工程有限公司
245	中国能源建设集团安徽电力建设第二工程有限公司
246	中国能源建设集团安徽电力建设第一工程有限公司
247	中国能源建设集团东北电力第一工程有限公司
248	中国能源建设集团江苏省电力建设第三工程有限公司
249	中国三冶集团有限公司
250	中国十七冶集团有限公司
251	中国水利水电第十工程局有限公司
252	中国通信建设第三工程局有限公司
253	中国通信建设第一工程局有限公司
254	中国新兴建设开发有限责任公司
255	中国一冶集团有限公司
256	中化二建集团有限公司
257	中建二局安装工程有限公司
258	中建钢构有限公司
259	中建鸿腾建设集团有限公司
260	中建三局第一建设工程有限责任公司
261	中建四局第六建设有限公司
262	中建协和建设有限公司
263	中建一局集团第三建筑有限公司
264	中建一局集团第五建筑有限公司
265	中交广州航道局有限公司
266	中交上海航道局有限公司

续表

序号	企业名称
267	中交水利水电建设有限公司
268	中交四公局第二工程有限公司
269	中交四公局第三工程有限公司
270	中交四公局第十工程有限公司
271	中交天航港湾建设工程有限公司
272	中交天津航道局有限公司
273	中交一公局第七工程有限公司
274	中交一公局桥隧工程有限公司
275	中交一航局第一工程有限公司
276	中科建工集团有限公司
277	中铝国际(天津)建设有限公司
278	中煤第三建设(集团)有限责任公司
279	中煤第三建设集团机电安装工程有限责任公司
280	中启胶建集团有限公司
281	中青建安建设集团有限公司
282	中石化胜利建设工程有限公司
283	中铁二局第六工程有限公司
284	中铁二十二局集团第三工程有限公司
285	中铁二十局集团第六工程有限公司
286	中铁广州工程局集团有限公司
287	中铁七局集团第三工程有限公司
288	中铁四局集团第二工程有限公司
289	中土帝印建筑工程集团有限公司
290	中冶天工集团有限公司
291	中亿丰建设集团股份有限公司

Abstract

"China's engineering construction industry development report (2020)" is an annual research report on China's engineering construction development, which was published for the second time in 2020. This book is organized and compiled by China Construction Enterprise Management Association, which gathers the wisdom of experts and scholars from industry associations, engineering construction enterprises, colleges and universities and relevant government departments. It is a research-oriented result that comprehensively discusses the development of China's engineering construction industry.

The engineering construction industry has made outstanding contributions to China's economic and social development. In 2019, the added value of the whole industry will reach 7090.4 billion yuan, with a year-on-year growth of 5.6%, accounting for 7.2% of GDP. By the end of 2019, the number of engineering construction enterprises has reached 103814, an increase of 8.8% over the same period of last year, attracting 54.2738 million employees. Whether from the contribution of GDP or from the perspective of employment capacity, engineering construction industry is one of the pillar industries of the national economy.

In the new era, China's economy has been transferred from high-speed growth to high-quality development. At present, China is in the critical period of transforming the development mode, optimizing the economic structure and transforming the growth momentum, which also puts forward new requirements for the transformation and upgrading of engineering construction enterprises. Enterprises should gradually change from "factor driven" to "innovation driven", from "construction contractor" to "urban operator", from "labor intensive" to "construction industrialization", and from "extensive management" to "fine management".

This book aims to promote the high-quality development of the engineering construction industry, comprehensively analyzes the hot and difficult issues in the industry development. The book includes general report, industry, region, special topic and appendix.

Supported by detailed data and rich industrial materials, the book conducts a wide and in-depth study on the main problems existing in the development of the industry, which helps readers understand the development trend of China's engineering construction industry in an all-round way, and has certain reference value and reference significance for industry management, enterprise decision-making and strategic research.

Keywords: Engineering Construction Industry; Engineering Construction Enterprise; High Quality Development

Contents

I General Report

Abstract: In 2019, the output value of the engineering construction industry reached 24844579 billion yuan, with a year-on-year increase of 6. 0% . This report combs the development of the engineering construction industry. It is believed that the construction industry has the following characteristics: the growth rate of industry development scale continues to decline, the advantages of state-owned and state-owned holding enterprises are obvious, the development environment of small and medium-sized enterprises and private enterprises is continuously optimized, the industry development mode is facing a new round of reform, and the optimization of regional pattern drives the industry development This paper forecasts the development trend of domestic engineering construction industry in 2020 from the following aspects: the epidemic situation will bring new opportunities for the development of the industry, the construction of new urbanization will continue to be promoted, the construction of industry governance capacity and governance system will be further improved, and scientific and technological innovation will continue to lead the industry development Some suggestions are put forward, such as resource allocation ability, strengthening enterprise risk management and control ability, innovating enterprise business model, and improving enterprise scientific and technological innovation ability.

Keywords: Engineering Construction; Fixed Assets Investment; Infrastructure Construction

Ⅱ Industry Reports

B. 2 Development Report on China's Electric Power Construction Industry (2020)

Abstract: 2019 is a key year for the national power construction industry to continuously deepen enterprise reform, focus on promoting transformation and upgrading, and carry out in-depth quality and efficiency improvement. Under the severe situation that the total investment in power engineering construction in China continues to decline, electric power construction enterprises continue to deepen the structural reform of the supply side, have the courage to innovate marketing strategies, actively undertake non power business, expand and optimize overseas projects, clarify objectives, strengthen measures, concentrate on hard work and overcome difficulties. The total output value of the enterprise, the newly signed contract amount and other indicators have increased greatly, and the power construction industry has generally maintained a stable development trend.

Keywords: Electric Power Construction; Transformation and Upgrading; International Business

B. 3 China Railway Construction Industry Development Report (2020)

China Association Of Railway Engneering Construction / 057

Abstract: In 2019, the railway construction industry takes promoting high-quality development of railway construction as the theme, focuses on transportation power, railway first, deepens the foundation, meets the standard, improves quality and efficiency, and advances railway construction in a scientific and orderly manner, and achieves remarkable results. In the whole year, the investment in fixed assets of railway was 802. 9 billion yuan, and 8489 kilometers of new railway lines were put into operation, which is the largest number of investment completed and put into operation in recent three years. It has made positive contributions to the service of economic and social development. In 2020, the railway construction industry will continue to focus on the transportation power and the railway first, adhere to the principle of strengthening the foundation and meeting the standards, improving the quality and efficiency, focusing on saving expenditure and reducing consumption, reform and innovation. With the theme of promoting the high-quality development of railway construction, it will unswervingly promote the management of quality and safety red line, create high-quality demonstration projects, strengthen the construction of talent team, improve the construction management level, and comprehensively promote the management of railway construction The modernization of management system and governance capacity has written a new chapter of high-quality development of railway construction in the new era.

Keywords: Railway Construction; Improve Quality and Efficiency; High Quality Development

B. 4 Development Report on China's Petroleum Engineering Construction Industry (2020)

China Association of Petroleum Engineering Construction / 069

Abstract: In 2019, China's petroleum engineering construction enterprises innovated the project management mode, carefully planned and organized, contracted more than 100 key projects at home and abroad, and the business income and newly signed contract amount increased year-on-year, and the industry achieved stable and healthy development. The oil and gas field construction project remains stable, and the oil and gas storage and transportation and oil refining and chemical integration project is characterized by large-scale and intelligent, which improves the scientific and technological content of petroleum engineering construction. Large scale engineering construction enterprises continue to intensify the development of overseas oil engineering market, winning the bid and implementing a large number of projects in Southeast Asia, the Middle East, Africa, Central Asia and Russia. This report analyzes the characteristics and problems in the development of industry innovation, and puts forward suggestions for promoting the healthy development of the industry.

Keywords: Petroleum Engineering Construction; Ois & Gas Storage and Transportation; Oil Industry

B. 5 Development Report on China's Chemical Construction Industry (2020)

China National Association Of Chemical Construction Industry Enterprises / 080

Abstract: in 2019, China's chemical construction industry will actively cope with the complex and changeable economic environment and various severe challenges at home and abroad, and will rush forward against the trend. We should actively integrate into the national development strategy and make breakthrough progress; accelerate the global operation layout, sign and implement a large number of major projects; deepen enterprise reform, innovate and strengthen enterprises, and promote the transformation and upgrading of enterprises; the industry development scale will be expanded, the economic benefits will be greatly increased, and the development quality will be continuously improved. In 2019, the main economic indicators such as output value, newly signed contract amount at home and abroad, and realized profit will continue to maintain double-digit growth year on year, with growth rates higher than the average level of the national construction industry.

Keywords: Chemical Construction; Engineering Contruction; High Quality Development

Abstract: In recent years, China's urban rail transit engineering construction has developed rapidly. By the end of 2019, 56 cities in Chinese mainland city had built 6902.5 km of construction lines, an increase of 8.3% over the same period last year. China's urban rail transit projects, both in terms of construction speed and construction scale, have surpassed other countries in the world, and have become the world's largest rail transit construction market. The scale of planned and under construction lines has steadily increased, and the annual completed construction investment has reached a record high. This report combs the basic situation of rail transit construction industry development in 2019, and summarizes the development characteristics of mature equipment technology level, full urban rail transit planning mileage, and continuous growth of construction scale. It is pointed out that the travel quality is not high, the flow efficiency is not good, and the design difficulty is increased. The development suggestions are put forward from the aspects of humanized design, improving efficiency, paying attention to safety, implementing intelligent construction and strengthening information construction.

Keywords: Urban Rail Transit; Sustainable Development; Engineering Construction

Abstract: This report is a research and analysis report reflecting the development status, development characteristics, innovation ability and development trend of China's information and communication industry in 2019. The report focuses on the analysis of the problems existing in the engineering construction market of the information and communication industry in recent years, and provides the corresponding development strategy reference suggestions. This report has certain reference significance for the information and communication industry engineering construction related enterprises, can help them understand the overall situation and future trend of the information and communication industry, and provide some reference suggestions for future development.

Keywords: Information and Communication Industry; Communication Engineering; Sustainable Development Strategy

Ⅲ Regional Reports

B. 8 Jiangsu Engineering Construction Development Report (2020)

Jiangsu Construction Industry Association / 113

Abstract: In 2019, the construction industry of Jiangsu Province will continue to lead the country. The total output value of the construction industry in the whole province will reach 3677. 16 billion yuan, an increase of 7. 98% over the previous year. The scale of output value will be steady and steady. The added value of the construction industry reached a record high of 649. 35 billion yuan, accounting for 6. 5% of the province's GDP, with an increase of 1. 1 percentage points. There are 80 enterprises with special qualification in the whole province, and the number of them has reached 82, which is in the forefront of the country. The position of the pillar industry of the construction industry has been further consolidated. This report reviews the basic development situation of the engineering construction industry, summarizes the development characteristics from the aspects of construction economic operation, transformation and development, scientific and technological innovation, overseas market, industry reform, quality and safety, and analyzes the industry innovation and development from the aspects of scientific and technological innovation, standardized construction, prefabricated building, BIM Technology, new technology and new construction methods, and attacks from the target Finally, it puts forward suggestions for the next step of industry development.

Keywords: Engineering Construction; Construction Industry; Jiangsu

Abstract: In 2019, Zhejiang construction industry, based on its unique advantages, has overcome difficulties and overcome difficulties, forge ahead, and continuously improve its development quality and efficiency. This report combs the basic development situation of Zhejiang construction industry in 2019 from the aspects of construction industry's contribution to regional economy, total output value, total contract signed, housing construction area, number of employees and overseas contract turnover. It is concluded that the main economic indicators continue to maintain the forefront of the country, housing construction is still a traditional advantage, non-state-owned enterprises are still the main force of the construction industry, and special (first-class) enterprises make great contributions to the development of the construction industry in the whole province. It points out the development direction of the industry, such as correctly grasping the situation, strengthening the confidence in development, adhering to the market-oriented orientation, actively promoting the new mode, accelerating the transformation and development, promoting the "going out" development of enterprises, and strengthening the industry supervision.

Keywords: Engineering Construction; Construction Industry; Zhejiang

Abstract: In 2019, the total output value of the construction industry of Guangdong's general contracting and specialized subcontracting enterprises with qualification above 1663. 341 billion yuan will continue to maintain a rapid growth trend. This report systematically reviews the production and operation of the construction industry in the whole province, and summarizes the characteristics of good development momentum of construction production, solid promotion of construction technology innovation, constant standardization of construction market order, effective strengthening of project quality and safety management, and various highlights of in-depth cooperation between Guangdong, Hong Kong and Macao. It points out the main problems existing in policy supply, market environment and enterprises themselves. This paper puts forward some development suggestions, such as improving the scale efficiency of construction industry, creating new advantages of construction technology, vigorously promoting the general contracting mode of engineering, building a management platform for construction workers, enhancing the core competitiveness of enterprises, and further improving the construction of credit system.

Keywords: Engineering Construction; Construction Industry; Guangdong

Abstract: In 2019, Sichuan Province adheres to the supply side structural reform of the construction industry as the main line, and the reform and development of the construction industry has achieved positive results. This report reviews the changes of industrial output value, added value, contract amount and other major economic indicators, and compares the regional development differences. The development hotspots of enterprise market development, enterprise operation, prefabricated building and technological innovation are sorted out. Combined with the actual situation, it summarizes the development characteristics of adhering to the new development concept, adhering to scientific and technological innovation, adhering to structural adjustment, and insisting on optimizing the environment. It points out the development ideas and directions of strengthening policy guidance, increasing support, accelerating construction mode innovation, accelerating the reform of construction organization mode, promoting the implementation of engineering guarantee system, supporting the reform and development of private enterprises, and strengthening the construction of construction market credit system.

Keywords: Engineering Construction; Construction Industry; Sichuan

Abstract: In 2019, the construction industry of Shandong Province has made concerted efforts to overcome difficulties. The industry development speed is obviously accelerated and the development quality is obviously improved. The total output value of the construction industry in Shandong Province is 1. 43 trillion yuan, with a year-on-year growth of 10. 6. The scale and growth rate of the output value rank among the top in the country. The added value of the whole industry accounts for 7. 7% of the GDP of the whole province, and the position of the pillar industry is obvious. This report reviews the basic situation of the industry development from the aspects of output value, added value, total tax payment and number of enterprises. According to the actual development, the paper summarizes the development characteristics of the reform measures, such as the obvious effect of the reform measures, the practical reduction of the enterprise burden, the continuous optimization of the business environment, the steady improvement of the project quality, and the stable construction safety situation. For the next step of work, it puts forward some development suggestions, such as cultivating industry development backbone, expanding industry development space, promoting transformation and upgrading, increasing financial support, accelerating personnel training, and optimizing development environment.

Keywords: Engineering Construction; Construction Industry; Shandong

Abstract: In 2019, the total output value of construction industry in Hunan Province will break through the trillion yuan mark, reaching 1080. 062 billion yuan, with a year-on-year growth of 12. 72%, which will continue to provide impetus for the development of Hunan Province. This report reviews the basic situation of the whole year's development of the construction industry from the aspects of output value, added value, contract amount, number of employees, construction and completed area, total tax revenue, etc. This paper analyzes the development of the industries in various states and cities of the province, and compares the main economic indicators. Focus on the review of enterprise development, construction technology, quality and safety industry hot spots. Combined with the actual development, the paper summarizes the development characteristics of the construction industry, such as the steady promotion of the pillar position of the construction industry, the dominant position of the housing construction industry, the prominent polarization effect of the provincial capital Changsha, the continuous growth of private holding enterprises, the "big but not strong" head construction enterprises, and the "mixed joy and worry" of prefabricated buildings. This paper mainly interprets the policy advantages and the impact on the industry development, and makes an objective analysis of the development opportunities from the key investment fields, the impact of the epidemic situation, and the fixed assets investment plan.

Keywords: Engineering Construction; Construction Industry; Hunan

B. 14 Chongqing Engineering Construction Development Report (2020)

Chongqing Construction Industry Association / 204

Abstract: In 2019, the total output value of Chongqing's construction industry will exceed 800 billion yuan, the contract amount and the area under construction will continue to increase, the enterprise qualification structure will continue to be optimized, the quality of the talent team will continue to improve, and the situation of quality and safety debt clearing will be stable and controlled, and the sustainable, stable and healthy development will be realized. In 2020, Chongqing's construction industry will focus on deepening the industry's "release, management and service" reform as the main line, big data intelligence to promote the transformation and upgrading of the construction industry as the driving force, and deepening the strategic cooperation for the coordinated development of Sichuan and Chongqing construction industry as an important opportunity to coordinate the epidemic prevention and control and industry development, so as to promote the sustainable and healthy development of the industry.

Keywords: Engineering Construction; Construction Industry; Chongqing

B. 15 Jiangxi engineering Construction Development Report (2020)

Jiangxi Construction Industry Association / 215

Abstract: In 2019, Jiangxi construction industry adheres to the primary strategy of high-quality leapfrog development, and the total output value of construction industry is 794. 478 billion, with a year-on-year growth of 13. 60% . This report reviews the basic situation of the construction industry in the whole province, and combs the basic situation of the industry development from the aspects of the continuous increase of the total construction industry, the good momentum of foreign project contracting, and the leapfrog development of large backbone enterprises. This paper summarizes the development characteristics of the increasingly obvious differentiation of enterprises, the development of market environment towards fairness, competition and legal system, the construction engineering entering the quality era, and the enterprise operating costs rising. For the next step of work, it puts forward to carry out the credit evaluation of all parties in the construction market, strive to enhance the core competitiveness of enterprises, further reduce the burden of construction enterprises, and vigorously support the development of private construction enterprises.

Keywords: Engineering Construction; Construction Industry; Jiangxi

B. 16 Shanxi Engineering Construction Development Report (2020)

Abstract: In 2019, the construction industry of Shanxi Province will continue to develop with high quality. Focusing on the requirements of catching up and surpassing and the "five solid" requirements, the whole province will release its hands and help the transformation. It will further consolidate and enhance the pillar position of the construction industry in the economic and social development of Shaanxi Province, and help the "three economies". The total output value of the construction industry reached 788. 388 billion yuan, an increase of 10. 7% over the same period of last year. The growth rate of output value ranked the 12th in China. The comprehensive strength of construction enterprises has been greatly improved, and the industrial structure of enterprises is becoming more and more reasonable. The added value of construction industry accounts for 9. 6% of GDP of the whole province, and the status of construction industry as a pillar industry has been continuously consolidated. This report reviews the basic situation of Shaanxi construction industry development, combs the specific measures taken to promote the industry development, points out the main problems existing in the industry development, and points out the development trend and work focus combined with the actual situation.

Keywords: Engineering Construction; Construction Industry; Shanxi

B. 17 Hebei Engineering Construction Development Report (2020)

Abstract: In 2019, the total output value of the construction industry in Hebei Province will reach 584. 8 billion yuan, and the added value of the whole society's construction industry will reach 212. 99 billion yuan. This report summarizes and sorts out the basic development situation of the construction industry in the whole province in 2019, aiming at promoting the development of the construction industry in the whole province. Through the objective analysis of the main economic indicators, the report summarizes the characteristics and trends of the economic operation of the industry; through the review of the reform and development of the construction industry in the whole province, it summarizes the new features and new highlights of the industry in deepening the reform of "release, management and service". On this basis, combined with the key tasks of the province's housing construction work, the paper puts forward targeted suggestions for the development of the construction industry in 2020.

Keywords: Engineering Construction; Construction Industry; Hebei

B. 18 Shanxi Engineering Construction Development Report (2020)

Abstract: In 2019, the construction industry of Shanxi Province focuses on accelerating the adjustment of industrial structure and the transformation of industrial development mode, focusing on promoting high-quality development, and effectively promoting the economic development and social progress of the whole province. This report summarizes the basic situation of the development of the construction industry in the whole province, and summarizes the characteristics of the steady growth of the main economic indicators, the rapid development of the number and scale of super grade enterprises, the important role of employment, the per capita output value productivity ranking in the upper reaches of the country, and the rapid development of private enterprises. The paper points out that the market expansion ability of local enterprises still needs to be strengthened, the labor productivity of state-owned construction enterprises needs to be further improved, and the asset liability ratio of enterprises has been running at a high level in recent four years. Some suggestions are put forward, such as optimizing the market layout at home and abroad, adhering to scientific and technological innovation driven development, promoting the healthy development of construction enterprises of various qualification levels, actively expanding the financing channels of enterprises, promoting the modernization of the construction industry, and improving the market supervision mechanism.

Keywords: Engineering Construction; Construction Industry; Shanxi

Abstract: In 2019, the total output value of Tianjin's construction industry reached 409. 65 billion yuan, an increase of 8 percentage points over the previous year. This report combs the main economic data of construction enterprise development, and summarizes the characteristics of the industry development, such as the continuous expansion of the industrial scale, the more obvious export-oriented characteristics of the market pattern, the increasingly prominent short board of high-value-added capacity, the further improvement of green and high-quality development level, the safety and stability of engineering construction quality, and the continuous promotion of engineering general contracting pilot work. For the market development in 2020, it is proposed to grasp the new opportunities brought by the new infrastructure, promote the development of BIM R &D and application to highlight greater value in practice, accelerate the development of green buildings with prefabricated as the core, usher in the upsurge of investment in digital application construction, seize the new business opportunities brought by various fields, promote the development of engineering consulting services in the whole process, and firmly hold the bottom line of quality and safety and focus.

Keywords: Engineering Construction; Construction Industry; Tianjin

Abstract: In 2019, Guizhou's construction industry will focus on poverty alleviation, implement the requirements of high-quality development, and successfully complete various objectives and tasks, with a total output value of 371. 489 billion yuan and a growth rate of 11. 6% . This paper summarizes the basic situation of the development of the engineering construction industry, and systematically reviews the comprehensive work from the aspects of deepening and improving the housing system, accelerating the transformation and management mode of construction, vigorously implementing the Rural Revitalization Strategy, accelerating the transformation and upgrading of the construction industry, further optimizing the business environment, and improving the ability and level of administration according to law. The paper points out that the overall level of the construction industry is not high, the scientific and technological innovation ability needs to be strengthened, the construction market order needs to be further standardized, and the backbone enterprises need to be vigorously cultivated. It is clear that the work in 2020 will mainly focus on the following aspects: keeping the "bottom line" of ecological development of the housing and construction industry, improving the urban and rural appearance, promoting the battle of domestic sewage treatment in small towns, promoting new breakthroughs in the reform of housing system, promoting the transformation and upgrading of the construction industry, deepening the reform of the examination and approval system for engineering construction leading projects, and promoting the deep integration of big data and housing construction industry.

Keywords: Engineering Construction; Construction Industry; Guizhou

B. 21 Jilin Engineering Construction Development Report (2020)

Jilin Construction Industry Association / 272

Abstract: The reform and development of construction industry in Jilin Province will be steadily promoted in 2019. Through the establishment and support of provincial key construction enterprises, promote the development of core backbone enterprises in the market competition, and drive the development of small and medium-sized construction enterprises. Through the development of prefabricated buildings, accelerate the transformation and upgrading of the construction industry. Strengthen the supervision of construction market and supervision of engineering quality and safety process, and promote the continuous improvement of construction engineering quality in the whole province. Strengthen technological progress and innovation in building science and technology, and promote the wide application of BIM Technology and information technology. Novel coronavirus pneumonia is facing the problems of the overall development of Jilin Province, the lack of backbone enterprises and the lack of comprehensive competitiveness. As well as the new changes brought about by the normalization of the new crown pneumonia epidemic prevention and control, based on the full investigation and analysis, the countermeasures and suggestions for promoting the reform, development and transformation and upgrading of Jilin construction industry in 2020 are put forward. For example, we should speed up the transformation of the organizational mode of engineering construction, fully implement the general contracting and whole process consulting, strive to implement green building, lean construction and prefabricated building, comprehensively improve the quality and construction level of construction projects, realize sustainable development and high-quality development, and make due contributions to the overall revitalization of Jilin Province.

Keywords: Engineering Construction; Construction Industry; Jilin

Abstract: In 2019, the added value of construction industry in Hainan Province will reach 51. 447 billion yuan, with a year-on-year increase of 4. 2% . This report analyzes the composition of construction enterprises in the whole province and reviews the basic situation of industry development. This paper reviews the work of last year from the aspects of maintaining the sustained, stable and healthy development of the real estate market, promoting the obvious improvement of the urban and rural environment, leading the rapid development of prefabricated buildings, steadily improving the level of public housing security and living conditions, promoting the quality and efficiency of construction industry management, and promoting the further optimization of business environment. It also points out the following key work points, such as the overall prevention and control of epidemic situation, the resumption of work and production of engineering projects, the steady and healthy development of the real estate market, the continuous strengthening of housing security and the improvement of living conditions, the full promotion of prefabricated building development to a new level, the deepening of reform and innovation, and the refinement of urban management.

Keywords: Engineering Construction; Construction Industry; Hainan

Ⅳ Special Topics

Abstract: In 2019, the construction industry maintains a stable development trend and makes a significant contribution to the economic and social development. With the continuous deepening of the industry reform, the new supervision mechanism with credit as the core is further improved, and the construction of the industry credit system has played an important role in regulating the construction market behavior, ensuring the quality and safety of construction projects, and safeguarding the legitimate rights and interests of citizens, legal persons and other organizations. This report reviews the development of the industry from three aspects: the output value of the industry, the overall profit space and prosperity, and credit quality, and analyzes the industry credit policy environment. This paper summarizes the credit situation of the industry from the aspects of enterprise credit consciousness, enterprise dishonesty situation and industry Dishonesty Behavior, and puts forward the environmental protection dishonesty risk tips and measures and suggestions.

Keywords: Construction Industry; Industry Credit Construction; Enterprise Credit Risk

Abstract: Steel structure residential building is one of the representative types of prefabricated buildings, which is widely used at home and abroad. This report reviews the development process of steel structure residential buildings at home and abroad, and summarizes the characteristics of steel structure residential buildings, such as conforming to the concept of green and sustainable development, industrialization characteristics, integration of construction and informatization, and good environmental protection and seismic performance. This paper analyzes the development of steel structure residence in China from two aspects of material basis and technical conditions, and puts forward the development prospect of steel structure residence in four aspects: product design standardization, life cycle integrated design, construction process mechanization and EPC general contracting. Through the investigation, the paper finds out the main problems in the development of steel structure housing, such as the incomplete implementation of relevant policies to encourage development, the market recognition needs to be improved, the production capacity utilization rate of production enterprises is not high, and the shortage of professional and technical personnel restricts the market development. Combined with the actual situation, it puts forward to accelerate the implementation of relevant incentive policies, strengthen the policy guidance and public opinion propaganda, and promote the assembly type Steel structure production enterprises transformation and upgrading, and gradually establish a professional talent training system of integration of production and education.

Keywords: Steel Structure Residence; Construction Industry; Construction Enterprise

Abstract: In recent years, with the expansion of business scale, the total amount of "two funds" (accounts receivable and inventory funds) has risen sharply, the leverage ratio of enterprises is high, and the debt scale is growing, which leads to the rise of debt risk and business pressure. Reducing the leverage and risk reduction of construction enterprises has become a prominent problem. This paper first analyzes the difficulties faced by construction enterprises in the process of reducing leverage, risk and risk. Combined with the actual experience of a state-owned construction enterprise, it puts forward corresponding specific measures from three aspects: strengthening the ideological cognition, strengthening the organizational guarantee, and playing the linkage role. It mainly expounds that in the aspect of exerting the linkage function, the main measures are to strengthen the ideological cognition, strengthen the organizational guarantee and play the linkage role In order to further achieve the goal of reducing the rod and reducing the two funds of construction enterprises, we should grasp the quality of market source, strengthen business confirmation and settlement, deepen lean construction, strengthen investment business management, strengthen cash flow management, coordinate legal risk early warning, strengthen stock asset management, strictly control debt scale, orderly carry out financing innovation, consolidate enterprise benefit management, and improve financial information control.

Keywords: Construction Enterprises; Educing Leverage; Press Two Funds

V Research Articles

B. 26 Analysis of Jiangsu Construction Industry Structure

Zhang Ningning, Zhou Wenhui, Cai Jie and Fu Xiangqian / 325

Abstract: After years of rapid and solid development, Jiangsu construction industry has become the pillar industry, advantage industry and rich people industry. The comprehensive strength has been continuously enhanced, the industrial scale has been continuously expanded, and the business environment has been continuously optimized, and various indicators have been ranked in the forefront of the country. However, there are still many problems in the construction industry of Jiangsu Province, especially in the industrial structure. Therefore, Jiangsu Provincial Department of housing and urban rural development commissioned the provincial construction industry association to carry out the research on the industrial structure of the construction industry in Jiangsu Province. Through understanding and mastering the overall situation of the construction industry related enterprises in Jiangsu Province in terms of qualifications, specialties, products, competitiveness, talents and quality benefits, various economic indicators of enterprises and local governments were collected, and the current supply side structure of construction industry was analyzed The influence of structural contradictions on the high-quality development of the industry, this paper puts forward the countermeasures to solve the structural contradictions, promote the optimization of industrial structure, release the policy dividend, stimulate the market vitality, and further accelerate the transformation and upgrading of the construction industry.

Keywords: Construction Industry; Industrial Structure; Engineering Construction; Jiangsu

Abstract: In recent years, many construction enterprises in the whole region have difficulties in taking steps, operating difficulties, survival crisis and slow development, which is far from the goal of promoting the sustainable and healthy development of construction industry advocated by the government. On the basis of full investigation, this report points out the problems and difficulties existing in the development of the industry, such as the increasingly severe market competition, the still common default of project funds, the difficulty of enterprise financing, the sharp decline of profits, the increase of personnel cost and the increasing requirements of market access, and analyzes the reasons in depth. Combined with the actual situation, the paper proposes to promote the implementation of relevant national and autonomous regional policies, create more space for the development of local enterprises, lead local enterprises to conform to the market rules, integrate internal resources, support high-grade enterprises to accelerate their development, implement preferential policies for leading enterprises, strengthen service guidance for small and medium-sized construction enterprises, and support construction enterprises to " go out " development Strengthen project settlement management and other specific measures to promote the healthy development of the industry.

Keywords: Inner Mongolia; Construction Industry; Sustained Development

B. 28 Research Report on VAT and Settlement of Government Investment Projects

Jilin Construction Industry Association / 363

Abstract: In view of the problems in the implementation of the document on strengthening the management of the completion settlement of state-owned investment construction projects jointly issued by the Provincial Department of housing and urban rural development, the Department of Finance and the audit department, the problems in the implementation of the spirit of the document, the member enterprises were deeply investigated, the causes of the problems were analyzed, and the countermeasures and suggestions were put forward. In the aspect of replacing business tax with value-added tax, it is mainly suggested that the relevant government departments coordinate with the tax authorities to solve the chaos in the construction market, standardize the market behavior, and reduce the survival pressure of enterprises, so that construction enterprises can really enjoy the dividends brought by replacing business tax with value-added tax. To implement the completion settlement documents of state-owned investment construction projects, the main suggestions are to strengthen the tracking supervision in the implementation process, implement the responsibility, and prevent the process of prevarication and wrangle. Strengthen the budget supervision of state-owned investment projects and solve the problem of difficult implementation from the source. Strengthen the supervision of "clearing debts" of completed projects to help enterprises reduce their burdens.

Keywords: Construction Industry; VAT; Business Tax; State-owned Investment Project

Abstract: Real name management of construction workers is an important measure to standardize order, strengthen supervision, safeguard rights and interests, and promote the sustainable and healthy development of construction industry. In view of the "no arrears" work of construction enterprises in Hangzhou and the promotion of the implementation of the national real name management platform, construction enterprises generally reflect the existing problems. The association has set up a research group and carried out research. This paper puts forward opinions and suggestions on the establishment of special account, insufficient fund allocation, one size fits all ratio, tax risk of payment process, large docking cost of real name system platform, and payment of individual income tax for migrant workers.

Keywords: Engineering Construction; Engineering Construction; No Wages in Arrears; Hangzhou

皮 书

智库报告的主要形式
同一主题智库报告的聚合

皮书定义

皮书是对中国与世界发展状况和热点问题进行年度监测，以专业的角度、专家的视野和实证研究方法，针对某一领域或区域现状与发展态势展开分析和预测，具备前沿性、原创性、实证性、连续性、时效性等特点的公开出版物，由一系列权威研究报告组成。

皮书作者

皮书系列报告作者以国内外一流研究机构、知名高校等重点智库的研究人员为主，多为相关领域一流专家学者，他们的观点代表了当下学界对中国与世界的现实和未来最高水平的解读与分析。截至 2020 年，皮书研创机构有近千家，报告作者累计超过 7 万人。

皮书荣誉

皮书系列已成为社会科学文献出版社的著名图书品牌和中国社会科学院的知名学术品牌。2016 年皮书系列正式列入“十三五”国家重点出版规划项目；2013~2020 年，重点皮书列入中国社会科学院承担的国家哲学社会科学创新工程项目。

中国皮书网

（网址：www.pishu.cn）

发布皮书研创资讯，传播皮书精彩内容
引领皮书出版潮流，打造皮书服务平台

栏目设置

◆ 关于皮书

何谓皮书、皮书分类、皮书大事记、
皮书荣誉、皮书出版第一人、皮书编辑部

◆ 最新资讯

通知公告、新闻动态、媒体聚焦、
网站专题、视频直播、下载专区

◆ 皮书研创

皮书规范、皮书选题、皮书出版、
皮书研究、研创团队

◆ 皮书评奖评价

指标体系、皮书评价、皮书评奖

◆ 互动专区

皮书说、社科数托邦、皮书微博、留言板

所获荣誉

◆ 2008 年、2011 年、2014 年，中国皮书网均在全国新闻出版业网站荣誉评选中获得“最具商业价值网站”称号；

◆ 2012 年,获得“出版业网站百强”称号。

网库合一

2014年，中国皮书网与皮书数据库端口合一，实现资源共享。

S 基本子库
UB DATABASE

中国社会发展数据库（下设 12 个子库）

整合国内外中国社会发展研究成果，汇聚独家统计数据、深度分析报告，涉及社会、人口、政治、教育、法律等 12 个领域，为了解中国社会发展动态、跟踪社会核心热点、分析社会发展趋势提供一站式资源搜索和数据服务。

中国经济发展数据库（下设 12 个子库）

围绕国内外中国经济发展主题研究报告、学术资讯、基础数据等资料构建，内容涵盖宏观经济、农业经济、工业经济、产业经济等 12 个重点经济领域，为实时掌控经济运行态势、把握经济发展规律、洞察经济形势、进行经济决策提供参考和依据。

中国行业发展数据库（下设 17 个子库）

以中国国民经济行业分类为依据，覆盖金融业、旅游、医疗卫生、交通运输、能源矿产等 100 多个行业，跟踪分析国民经济相关行业市场运行状况和政策导向，汇集行业发展前沿资讯，为投资、从业及各种经济决策提供理论基础和实践指导。

中国区域发展数据库（下设 6 个子库）

对中国特定区域内的经济、社会、文化等领域现状与发展情况进行深度分析和预测，研究层级至县及县以下行政区，涉及地区、区域经济体、城市、农村等不同维度，为地方经济社会宏观态势研究、发展经验研究、案例分析提供数据服务。

中国文化传媒数据库（下设 18 个子库）

汇聚文化传媒领域专家观点、热点资讯，梳理国内外中国文化发展相关学术研究成果、一手统计数据，涵盖文化产业、新闻传播、电影娱乐、文学艺术、群众文化等 18 个重点研究领域。为文化传媒研究提供相关数据、研究报告和综合分析服务。

世界经济与国际关系数据库（下设 6 个子库）

立足“皮书系列”世界经济、国际关系相关学术资源，整合世界经济、国际政治、世界文化与科技、全球性问题、国际组织与国际法、区域研究 6 大领域研究成果，为世界经济与国际关系研究提供全方位数据分析，为决策和形势研判提供参考。

法律声明